国家出版基金项目
NATIONAL PUBLICATION FOUNDATION

抗日战争专题研究

张宪文 | 主
朱庆葆 | 编

第一辑
日本侵略者
研究

石原莞尔
与侵华战争

马晓娟 著

江苏人民出版社

图书在版编目(CIP)数据

石原莞尔与侵华战争/马晓娟著. —南京:江苏
人民出版社,2021.5(2021.11重印)

(抗日战争专题研究/张宪文,朱庆葆主编)

ISBN 978 - 7 - 214 - 25953 - 0

Ⅰ.①石… Ⅱ.①马… Ⅲ.①石原莞尔-生平事迹②
侵华战争-史料-日本 Ⅳ.①K833.137=5②K265.06

中国版本图书馆 CIP 数据核字(2021)第 042719 号

书　　　名	石原莞尔与侵华战争
著　　　者	马晓娟
责 任 编 辑	张晓薇
助 理 编 辑	陆诗濛
装 帧 设 计	刘葶葶
责 任 监 制	王　娟
出 版 发 行	江苏人民出版社
地　　　址	南京市湖南路 1 号 A 楼,邮编:210009
照　　　排	江苏凤凰制版有限公司
印　　　刷	苏州市越洋印刷有限公司
开　　　本	652 毫米×960 毫米　1/16
印　　　张	26.25　插页 4
字　　　数	310 千字
版　　　次	2021 年 5 月第 1 版
印　　　次	2021 年 11 月第 2 次印刷
标 准 书 号	ISBN 978 - 7 - 214 - 25953 - 0
定　　　价	98.00 元

(江苏人民出版社图书凡印装错误可向承印厂调换)

教育部哲学社会科学研究重大委托项目
2021年度国家出版基金资助项目
南京大学"双一流"建设卓越计划项目

────────── **合作单位** ──────────

南京大学　北京大学　南开大学　武汉大学
复旦大学　浙江大学　山东大学
台湾中国近代史学会

────────── **学术顾问** ──────────

总　序

张宪文　朱庆葆

日本侵华与中国抗日战争是近代中国最重大的历史事件。中国人民经过 14 年艰苦卓绝的英勇奋战，付出惨重的生命和财产的代价，终于取得伟大的胜利。

自 1945 年抗日战争结束至 2015 年，度过了漫长的 70 年。对这一影响中国和世界历史进程的重大事件，国内外历史学界已经做过大量的学术研究，出版了许多论著。2015 年 7 月 30 日，在抗日战争胜利 70 周年前夕，中共中央政治局就中国人民抗日战争的回顾和思考进行集体学习，习近平总书记发表重要讲话，指示学术界应该广为搜集整理历史资料，大力加强对抗日战争历史的研究。半个月后，中共中央宣传部迅速制定抗日战争研究的专项规划。8 月下旬，时任中共中央宣传部部长刘奇葆召开中央各有关部委、国家科研机构和部分高校代表出席的专题会议，动员全面贯彻习总书记的讲话精神，武汉大学和南京大学的代表出席该会。

在这一形势下，教育部部领导和社会科学司决定推动全国高校积极投入抗战历史研究，积极支持南京大学联合有关高校建立抗战研究协同创新中心，并于南京中央饭店召开了由数十所高校的百余位教授、学者参加的抗战历史研讨会。台湾中国近代史学会也派出十多位学者,在吕芳上、陈立文教授率领下出席会议,共同协商在新时代深入开展抗战历史研究的具体方案。台湾著名资深教授蒋永敬在会议上发表了热情洋溢的讲话。经过几个月的酝酿和准备,南京大学决定牵头联合我国在抗战历史研究方面有深厚学术基础的北京大学、南开大学、武汉大学、复旦大学、浙江大学、山东大学及台湾中国近代史学会,组织两岸历史学者共同组建编纂委员会,深入开展抗日战争专题研究。中央档案馆和中国第二历史档案馆也积极支持。在南京中央饭店学术会议基础上,编纂委员会初步筛选出130个备选课题。

南京大学多次举行党政联席会议和校学术委员会会议,专门研究支持这一重大学术工程。学校两届领导班子均提出具体措施支持本项工作,还派出时任校党委副书记朱庆葆教授直接领导,校社科处也做了大量工作。南京大学将本项目纳入学校"双一流"建设卓越计划,并陆续提供大量经费支持。

江苏省委、省政府以及江苏省委宣传部,均曾批示支持抗战历史研究项目。国家教育部社科司将本项研究列为哲学社会科学研究重大委托项目,并要求项目完成和出版后,努力成为高等学校代表性、标志性的优秀成果。

本项目编纂委员会考察了抗战历史研究的学术史和已有的成果状况,坚持把学术创新放在第一位,坚持填补以往学术研究的空白,不做重复性、整体性的发展史研究,以此推动抗战历史研究在已有基础上不断向前发展。

本项目坚持学术创新,扩大研究方向和范围。从以往十分关注的九一八事变向前延伸至日本国内,研究日本为什么发动侵华战争,日本在早期做了哪些战争准备,其中包括思想、政治、物质、军事、人力等方面的准备。而在战争进入中国南方之后,日本开始实施一号作战,将战争引出中国国境,即引向亚太地区,对东南亚各国及东南亚地区的西方盟国势力发动残酷战争。特别是日军偷袭美军重要海军基地珍珠港,不仅给美军造成严重的军事损失,也引发了日本法西斯逐步走向灭亡的太平洋战争。由此,美国转变为支援中国抗战的主要盟国。拓展研究范围,研究日本战争准备和研究亚太地区的抗日战争,有利于进一步揭露日本妄图占领中国、侵占亚洲、独霸世界的阴谋。

本项目以民族战争、全民抗战、敌后和正面战场相互支持相互依靠的抗战整体,来分析和认识中国抗日战争全局。课题以国共两党合作为基础,运用大量史实,明确两党在抗日战争中的地位和作用,正确认识各民族、各阶级对抗日战争的贡献。本项目内容涉及中日双方战争准备、战时军事斗争、战时政治外交、战时经济文化、战时社会变迁、中共抗战、敌后根据地建设以及日本在华统治和暴行等方面,从不同视角和不同层面,深入阐明抗日战争的曲折艰难历程,以深刻说明中国抗日战争的重大意义,进一步促进中华民族的伟大复兴。

对于学界已经研究得甚为完善的课题,本项目进一步开拓新的研究角度和深化研究内容。如对山西抗战的研究更加侧重于国共合作抗战;对武汉会战的研究将进一步厘清抗战中期中国政治、经济、社会的变迁及国共之间新的友好关系。抗战前期国民党军队丢失大片国土,而中国共产党在十分艰难的状况下,在敌后逐步收复失地,建立抗日根据地。本项目要求各根据地相关研究课题,应在以往学界成果基础上,着力考察根据地在社会改造、经济、政治、人才培养等方面,如何探索和积累经验,为1949年后的新中国建设提供有益的借鉴。抗战时期文学艺术界以其特有的文化功能,在揭露日军罪行、动员广大民众投入抗战方面,发挥了重要作用。我们尝试与艺术界合作,动员南京艺术学院的教授撰写了与抗日战争相关的电影、美术、音乐等方面的著作。

本项目编纂委员会坚持鼓励各位作者努力挖掘、搜集第一手历史资料,为建立创新性的学术观点打下坚实基础。编纂委员会要求全体作者坚决贯彻严谨的治学作风,坚持严肃的学术道德,恪守学术规范,不得出现任何抄袭行为。对此,编纂委员会对全部书稿进行了两次"查重",以争取各个研究课题达到较高的学术水平,减少学术差错。同时,还聘请了数十位资深专家,对每部书稿从不同角度进行了五轮审稿。

本项目自2015年酝酿、启动,至2021年开始编辑出版,是一项巨大的学术工程,它是教育部重点研究基地南京大学中华民国史研究中心一直坚持的重大学术方向。百余位学者、教授,六年时间里付出了艰辛的劳动,对抗战历史研究做出了重要贡献!编纂委员会向全体作者,向教育部、江苏省委省政府以及各学术合作院校,向江苏凤凰出版传媒集团暨江苏人民出版社,向全体编辑人员,表示最崇高的敬意和诚挚的感谢!

目　录

导　论

一、问题缘起

（一）历史背景

近代日本加强军事近代化并提升军事力量的过程，与其企图逐步蚕食侵略中国的"大陆政策"相辅相成，有相通的发展脉络。1871 年 2 月，直属于明治政府和天皇的"御亲兵"的建立，标志着日本近代陆军的诞生。同年 12 月，时任兵部大辅①的山县有朋等人向明治天皇提交了《军备意见书》（「軍備意見書」），意见书中明确提出扩充军备，在东京、仙台、名古屋、大阪、广岛、熊本六地设置镇台，对内强化中央对军队的管理，对外防备俄国的入侵，并提出日本应重视海防和海军的建设。②

1872 年，陆军幼年学校成立，该校模仿德国军事学校，采取全住

---

① 兵部省是日本管辖军政的行政机关，于 1872 年改名为陆军省。最高长官为兵部卿，一般由皇族担任，次之为大辅。

② 大山梓编『山縣有朋意見書』、東京：原書房、1966 年。

宿制教育,招收 13—14 岁的青少年男子,目的在于从幼年时期为日本陆军培养候补干部将校。1873 年,日本推行征兵制,进一步完善国家军队制度。随后,1874 年,陆军士官学校建校。该校为日本培养陆军军官,毕业生基本都是日本近代军队的中坚,日本侵略战争中的普通尉官至将军几乎都曾在这里学习过。同年,山县有朋通过《外征三策》(「外征三策」)①、《征蕃意见》(「征蕃意見」)等文书,提出侵略台湾的计划。日本武力出兵台湾,这是日本军事近代化过程中对外扩张的第一次实践,也是近代日本侵华历史的开端。

　　1880 年,日本开始把扩张的目标转向中国大陆。山县有朋于 11 月 30 日上奏《邻邦兵备略》(「隣邦兵備略」),论述了清政府的兵备情况,把中国列入俄国以外的假想敌之中,并强调,若要对抗清国强大的军备力量,就必须强化日本陆海军的实力。② 朝鲜壬午兵变之后,1882 年,为培养高级军事指挥和研究人才,陆军大学成立。同年,山县提出《朝鲜事变之际对清方针意见》(「朝鮮事変ニ際スル对清方針意見」),明确指明中国是日本对外扩张的目标。③ 1883 年 6 月 5 日,山县又在《对清意见书》(「对清意見書」)中进一步强调:如果日本不提高警惕,对清政府加以防备,则清政府有机会文武兼修,必将发展为东亚强国,因此日本当务之急应火速实施军备扩充。④

　　1885 年,明治政府制定了十年扩军计划。1888 年,日本陆军

---

① 第一,终止对台出兵,以交涉的方式解决外交问题;第二,如来不及中止出兵,则要有与
　　清国开战的决心;第三,立即开战。参见「外征三策」,大山梓编『山縣有朋意見書』。
② 徐勇主编:《侵华战争指导体制及方针》第一册,北京:社会科学文献出版社 2017 年版,
　　第 230 页。
③ 「清国公使ノ啓文ニ由リ山県参議ノ意見書」、アジア歴史資料センター、国立公文書
　　館、A03023637000。
④ 「对清意見書」、大山梓編『山縣有朋意見書』。

由侧重防守的镇台制改为侧重进攻的师团制,5月14日以旧东京镇台为母体改编而成的第一师团诞生(该师团在中日甲午战争中登陆中国辽东半岛,参与进攻金州和旅顺)。至此,日本陆军为发动对外扩张战争做好了制度保障(征兵)、人才培养(军校)、军队编制(扩军、镇台至师团)等各方面准备。1894 年,中日甲午战争爆发,日本陆军登陆朝鲜和中国东北,强迫中国签订《马关条约》,至此完成了所谓"大陆政策"的第一步(占领台湾)和第二步(对朝鲜进行殖民统治)。10 年后,日本在中国的领土上主动挑起日俄战争,攫取了在中国东北的巨大权益。1910 年,日本通过《日韩合并条约》,正式吞并朝鲜,并开始筹划如何彻底占领中国东北,也就是所谓的"解决满蒙问题"。

第一次世界大战后,民族主义运动在全世界范围内此起彼伏。中国爆发抵抗帝国主义侵略的五四运动,且各地反日运动持续高涨。进入 20 世纪 20 年代,中国国民革命运动兴起。1925 年 7 月,广东国民政府成立。次年 7 月,国民革命军开始北伐。中国民族主义兴起的同时,日本国内却面临危机,急于以侵略扩张的方式来转嫁危机。1927 年 3 月,也就是昭和天皇即位不久,日本国内爆发了"昭和金融危机",大量工厂、企业倒闭,经济一片混乱。为解决危机,田中义一内阁于 1927 年 6 月 27 日在东京召开"东方会议"。7 月 7 日,田中提出《对华政策纲》(「対支政策綱領ニ関スル訓令」),指出中国国内政局动荡,没有办法依靠自己的力量实现国家统一,因此日本政府有必要介入。① "东方会议"及其决议的制定,为日本侵略中国提供了正

---

① 「対支政策綱領ニ関スル訓令」、JACAR(アジア歴史資料センター)Ref. B02030037900、満蒙問題ニ関スル交渉一件 松本記録 第三巻(A-1-1-0-1_004)(外務省外交史料館)。

当化的借口。1927年，田中义一内阁为维护日本在中国东北、华北各地的侵略权益，以保护居留民生命财产为借口，分别于5月及7月两次派兵进驻山东，试图阻止国民革命军北上。同年，8月15—21日，日本又在旅顺秘密召开"第二次东方会议"，对入侵中国东北等地区进行了深入讨论和具体策划。

在此期间，日本陆军省、外务省、关东军相继讨论制定了一系列"满蒙问题"解决方案。其中1928年4月27日，日本驻奉天（沈阳）总领事吉田茂①撰写《对满政策私论》（「对满政策私論」），强调日本的人口及粮食问题只能靠"满洲"大陆解决，"满洲"关系到帝国的生死存亡。日本要在英国的"三Ｃ政策"②和美国的"三Ａ政策"③之间立足，完成"三分天下霸业"，必须靠夺得"满蒙"才能打下牢固的基础。④

1928年初，国民党领导的第二次北伐再起。5月，北伐军行至山东时，日本为防止北伐军北上统一东三省，再次出兵山东，制造了济南惨案。国民革命军则绕过济南继续北上。6月4日，在张作

① 吉田茂（1878—1967），日本著名政治家、外交官。1906年毕业于东京帝国大学，后进入外务省工作，被派驻奉天总领事馆担任见习领事官，1912年、1918年、1922年、1925年分别任日本驻丹东、济南领事及驻天津、奉天总领事。1927年，吉田参加了田中义一内阁召开的"东方会议"，参与拟订侵华政策，极力主张对中国采取强硬手段，出兵"满洲"。此后的吉田由于被日本军部认为是亲英美派而受到排挤，直到1946年，再度出山担任战后日本第一届首相，此后一共当选过四届首相。

② 19世纪末20世纪初英国的殖民政策，亦称"三Ｃ计划"或"二Ｃ计划"。指英国想从埃及南下，并由好望角北上，纵贯非洲，建立一个殖民帝国。同时计划修建由开普敦至开罗，再连通至加尔各答的铁路，把英属的亚洲和非洲的殖民地连成一片。

③ 19世纪末20世纪初美国的殖民政策，针对英国的"三Ｃ政策"，美国亦相应制定了在美国、阿拉斯加、亚洲之间修建铁路，把这一区域纳入自身殖民范围的计划。

④ 吉田茂「对满政策私見」，JACAR（アジア歴史資料センター）Ref. B02030036300、満蒙問題ニ関スル交渉一件 松本記録 第二巻（A-1-1-0-1_003）（外務省外交史料館）。

霖由北京返回东北途中，日本炮制了皇姑屯事件，炸死张作霖，不料却促成张学良东北易帜，宣布效忠南京中央政府。1928 年至1929 年，日本先后派员赴中国东北，或视察，或组织"参谋旅行"，实为收集相关军事、地形、民风等情报信息，并得出"中国军队的统帅指挥拙劣，军队完全如预想般脆弱"的结论。[①] 1931 年，日本终于趁蒋介石在南方"剿共"和张学良不在东北之机，发动九一八事变，占领了中国东北地区。

　　以上是对明治维新以来日本陆军勃兴、日本"大陆政策"制定、日军野心勃勃侵吞中国领土的过程所作的大致梳理，也是本书所讨论问题的长时段和整体性的历史背景。

　　（二）石原莞尔的"高光"时刻

　　"自古以来，'满洲'之地，政治上属于中国，但又别于中国本土。一直以来，朝鲜人、'满洲'人、蒙古人等混居于此。明治以后，越来越多的日本人也迁往此地。直至现在，汉民族也仅居住在'满洲'南部的一小部地区。因此，'满洲'之地是诸民族共同的财产。从各民族的立场来说，必须由他们自己来经营此地。故此，从中国本土独立的意愿，在一般民众中非常强烈。"[②]这是拉开日本侵华战争序幕的九一八事变的主要策划者石原莞尔的演说。

　　日本陆军大佐藤本治毅[③]在其撰写的石原莞尔传记中写道："'满洲'在日本人的内心深处是中日甲午战争、日俄战争以来'先

---

① 「本庄少将支那軍隊視察報告の件」、JACAR（アジア歴史資料センター）
　　Ref. C03022678000、密大日記 大正 13 年第 5 冊の内第 5 冊（防衛省防衛研究所）。
② 藤本治毅『石原莞爾』、東京：時事通信社、1971 年、99 頁。
③ 藤本治毅，旧日本陆军军人，日本陆军士官学校第三十四期毕业生。藤本曾在中国东北服役，石原莞尔在仙台任第四联队联队长时期，藤本为石原下属。

辈们洒下热血的地方'。'在那远离祖国数百里的"满洲"大地,赤色的夕阳照耀,吾友就躺在原野尽头的岩石之下啊'。这首日本军歌,在当时大人小孩皆会吟唱,可以说是国民性的歌曲。"[①]

日俄战争后,日本以惨重代价夺取了南满铁路及其附属地旅顺、大连(1905年日俄《朴茨茅斯条约》)[②],随后在中国东北大肆进行所谓的"开发",攫取中国的资源。1910年日本吞并朝鲜,"满洲"之于日本的地缘利益更加密切;而一战之后,日本受到列强压制,未能如愿在中国获取巨大利益,因此"满洲"愈发被日本视为经济与国防的生命线,必须要全力占为己有。

时至1928年6月4日清晨,主政中国东北的张作霖正乘坐在开往沈阳的专列上。列车行至京奉线和满铁两线交会点的皇姑屯处,遭遇炸弹爆炸,多次抵制日本拉拢的张作霖被炸成重伤,送回沈阳后不治身亡。由关东军高级参谋河本大作[③]策划的这一事件,

---

① 藤本治毅『石原莞爾』、88頁。

② 1905年9月5日,日俄双方在美国签订《朴茨茅斯条约》,正式结束了在中国土地上进行的日俄战争。《朴茨茅斯条约》的主要内容有:(1)俄国承认日本在朝鲜享有政治、经济及军事特权,俄国不得干涉。(2)俄国将从中国取得的旅顺口、大连湾的租界权及其附属特权,以及该租界内所造公共营造物及一切财产转让给日本。(3)俄国将其所获之中国南满铁路及其支路、利权、财产、煤矿等,无偿转让给日本。(4)俄国将库页岛南部及其附近一切岛屿,并该处一切公共营造物及财产之主权永久割让给日本,并同意日本臣民在日本海、鄂霍次克海、白令海的俄国所属沿岸一带经营渔业。(5)日俄双方在各自的铁路沿线可留置守备兵,保护铁路,但每公里不得超过15名。参见步平等编著《东北国际约章汇释(1869—1919年)》,哈尔滨:黑龙江人民出版社1987年版,第275—283页。

③ 河本大作(1883—1955),1903年毕业于陆军士官学校第十五期。1914年自陆军大学第二十六期毕业,随后被派往中国东北作为西伯利亚远征军参谋,参加日俄战争。此后留在中国,曾任驻华公使馆武官、参谋本部中国课课长兼陆军大学教官,成为日本陆军的"中国通"。与东条英机、土肥原贤二等人同属"巴登巴登集团"成员。1928年6月,时任关东军高级参谋的河本策划了震惊中外的皇姑屯事件。皇姑屯　(转下页)

被认为是"消灭反日势力的绝好机会",但也因此导致张学良东北易帜,归附国民政府,田中义一①内阁倒台,河本则被开除出陆军现役队伍。

时任首相兼外相的田中义一的对华外交方针是支持张作霖盘踞东北,使其与南京的蒋介石对抗,从而实现对两者的操纵。而河本暗杀张作霖的谋略彻底颠覆了田中内阁的方针。

在张作霖被炸死的两个月之后,1928 年 8 月 10 日,39 岁的石原莞尔晋升为陆军中佐②,10 月 10 日被任命为关东军参谋。在到达旅顺关东军③司令部后,旋即被任命为作战主任。至此,石原登上了历史舞台,并拉开了日本侵华战争的序幕,实现日本一步步攫取"满洲"的野心。

几个月后的 1929 年 4 月,当时已任步兵第三十三联队联队长

(接上页)事件后,日本陆军迫于压力将河本解职,编入预备役,相当于结束了其军人生涯。但河本仍然继续在中国东北参与日本的殖民统治,曾任南满铁路株式会社理事兼经济调查会会长、"满洲"煤业公司理事长等职。1945 年日本投降后,继续从事反共间谍活动,被阎锡山聘至山西实业股份有限公司,担任高级顾问。1949 年 4 月,河本被中国人民解放军俘虏,先后关押于北京、太原。1955 年 8 月,病死在太原战犯管理所。参见商言等《中华爱国主义新辞书》,长春:吉林人民出版社 1992 年版,第1010—1011 页。

① 田中义一(1863—1929),日本陆军大将、首相。1892 年毕业于陆军大学第八期,参加过中日甲午战争、日俄战争。历任陆军省军务局军事课课长、军务局局长、参谋次长、陆军大臣等职。1927 年起任日本首相,6 月在东京召开"东方会议"。其任内的 1928年 4 月和 5 月,日本两次出兵山东。田中于 1929 年病逝。参见中国第二历史档案馆等编《中国抗日战争大辞典》,武汉:湖北教育出版社 1995 年版,第 193 页。

② 旧日本陆军军衔分为将官、佐官、尉官、准士官、下士官和兵,共 6 等 16 级。16 级次序为:大将、中将、少将、大佐、中佐、少佐、大尉、中尉、少尉、准尉、曹长(上士)、军曹(中士)、伍长(下士)、上等兵、一等兵、二等兵。

③ 日俄战争后派驻在中国东北的日本陆军军队被称为关东军,司令部起初位于旅顺,后迁至沈阳。

的板垣征四郎①大佐,也被派往旅顺任关东军高级参谋。板垣与石原曾同被派驻中国汉口,并结为"知己"。二人搭档,随即成为关东军参谋部的核心,被称为"智谋的石原,行动的板垣"。这两位正值盛年的陆军"精英"将中国东北作为实践他们的战争野心的试验场。

九一八事变前后,中国、日本及国际的形势都处于动荡之中。中国虽然由国民革命军完成北伐,但并未真正实现统一。1930 年爆发蒋冯中原大战,张学良因归附蒋介石,率 7 万余东北军入关助蒋,使东北防务空虚,给了日军以可乘之机。中原大战后,中国又陷入国共内战,蒋介石调动数十万军队对中国共产党进行"围剿"。同时,国民党内部斗争亦十分激烈,1931 年 5 月,汪精卫等人在广州成立"国民政府",与南京的蒋介石形成宁粤对峙的局面。而日本则在一战后,迫于国际压力,进行了大规模裁军。然而,沐浴在日俄战争中战胜俄国的巨大光环下,且自幼接受"精英"式教育的

① 板垣征四郎(1885—1948),日本陆军大将,侵华日军中的"中国通",被东京审判列为甲级战犯。最初入学仙台陆军地方幼年学校,1904 年自陆军士官学校第十六期毕业,参加日俄战争,在旅顺、奉天等地与俄国军队作战。1913—1916 年就读于陆军大学。1917—1919 年作为参谋本部参谋被派往中国各地从事间谍活动。1922—1928年,历任参谋本部中国课课员、参谋本部兵要地志班班长、步兵第三十三旅团参谋、步兵第三十三联队联队长等职。1929 年 5 月 14 日起任东关军高级参谋,成为本庄繁的得力大将。被认为是与石原莞尔、土肥原贤二(九一八事变时任奉天特务机关机关长)等人一起,积极策划占领东北、制造柳条湖事件和发动九一八事变的核心人物。九一八事变后,板垣先后就任奉天特务机关机关长、伪满洲国军政部最高顾问、关东军参谋长,1934 年晋升陆军中将。1937 年 3 月,板垣任陆军第五师团团长,第五师团就是侵华战争中臭名昭著的"板垣师团"。1938 年 6 月—1939 年 8 月,出任日本陆军大臣,参与扶植汪伪政权。1939 年 9 月,任中国派遣军总参谋长,指挥侵华战争。1941 年 7 月,晋升大将,任朝鲜军司令官。1944 年 3 月起任第七方面军司令官,在新加坡、马来西亚、婆罗洲、苏门答腊、爪哇岛等地与盟军作战。参见步平《日本靖国神社七问》,北京:解放军出版社 2016 年版,第 197—202 页。

日本军人却不满政府的裁军政策和军人地位的降低，急于通过战
争提升军人的荣耀。与此同时，1929 年发生了世界性的经济危机，
西方列强纷纷陷入各自国内问题的泥淖，暂时无力东顾，这也纵容
了日本扩张的野心。

　　如果回到历史现场，九一八事变前夕的中国东北似乎并不利
于关东军行使武力。张作霖被日本暗杀后，张学良易帜，被任命为
国民革命军陆海空军副司令，着手对东北军进行了改编。当时，东
北军拥有 22 万常备兵力。张学良扩大奉天军工厂的规模；斥巨资
购置坦克、飞机等近代化武器；强化军事训练机构——东北军在量
和质上都得到了扩充。石原莞尔后来在远东国际军事法庭（东京
审判）上曾供述：张学良的"军队布置，逐渐对满铁沿线我军驻屯诸
地形成包围态势，其官兵的抗日情绪也异常高涨"。①

　　反观当时驻中国东北的关东军，仅有 1.3 万人的兵力，且分散
在满铁延长线沿线，军事上处于比较不利的状态。因此，当时关东
军在战术上的准备是集中优势兵力专攻奉天："确立无论日中在何
地发生冲突，关东军都要抢占先机，最快速度在奉天附近集结全部
兵力，一举打击奉天驻军中枢机构和东北军精锐部队，在最短时间
内解决作战的作战方针。基于此，关东军要事先做好部队教育、训
练、运输等准备……鉴于难以寄希望于陆军中央做任何增兵、补
给，关东军应充分、灵活利用'满洲'当地可利用范围之作战资材，
增强战斗能力，做到以一敌百的应对"。②关东军司令部在确立作战
方针的同时，要求下属所有各兵团、部队，制定各自的作战计划，并
进行与之相应的有针对性的训练。

　　虽然关东军在数量上逊于东北军，但东北军在军事训练、军事

①②「極東国際軍事裁判法廷証二五八四号」。转引自藤本治毅『石原莞爾』、90 頁。

指挥和士兵战斗力上却逊于关东军，而且关东军上层对东北军的军事实力也了如指掌。1931 年，陆军中将本庄繁①接任关东军司令官。本庄是也当时日本陆军中出名的"中国通"，板垣征四郎则是他的老部下。本庄曾任张作霖军事顾问、日本驻华使馆武官等职，非常了解中国的情况。他在 1924 年应张作霖之邀对吉林、黑龙江两省的东北军进行了考察。9 月 5 日，本庄将此次考察结果密报给关东军参谋长川田明治②和陆军次官津野一辅③。报告中说道：

---

① 本庄繁(1876—1945)，日本陆军大将，1897 年毕业于陆军士官学校第九期。其后，参加日俄战争。1907 年毕业于陆军大学第十九期，被选派为军事研究生，任驻华使馆副武官。1913 年任参谋本部中国班班长、"满蒙"班班长并兼任陆军大学教官。1918—1928 年，历任参谋本部中国课课长、第十一联队联队长、第四旅团旅团长、第十一师团师团长等职。其间，被张作霖聘为东北军军事顾问。1931 年任关东军司令官。九一八事变后升任陆军大将、昭和天皇侍从武官长并获得"男爵"称号。1938 年任军事保护院总裁，1945 年任枢密顾问官。由于其在日本对外侵略战争中发挥过重大作用，获得过多个勋章。日本战败后被远东国际军事法庭列为甲级战犯，1945 年 11 月自杀。参见肖黎、马宝珠、吕廷涛主编《影响中国历史的 100 个洋人》，广州：广东人民出版社 2001 年版，第 309—312 页。

② 川田明治(1875—1949)，日本陆军中将。1898 年毕业于陆军士官学校第十期，1908 年毕业于陆军大学第二十期。1919—1922 年历任步兵第二联队联队长、教育总监部庶务课课长、参谋本部庶务课课长。1923 年晋升少将，任关东军参谋长。1925 年任步兵第十八旅团旅团长。1928 年晋升中将，任下关要塞司令官，1931 年转入预备役。参见太平洋戦争研究会编著『日本陸軍将官総覧』，東京：株式会社 PHP 研究所、2010 年、213 頁。

③ 津野一辅(1872—1928)，日本陆军中将。1893 年毕业于陆军士官学校第五期，在中日甲午战争中担任近卫团步兵第二联队旗手。1902 年毕业于陆军大学第十五期，随后进入陆军省总务局任职。1904 年参加日俄战争，任第五师团参谋，战后被派驻德国 3 年。1916 年任陆军省军事课课长。1918 年晋升少将，任陆军士官学校校长。1923 年晋升中将，其后历任教育总监部部长、陆军次官、近卫师团师团长等职。1928 年病逝。参见额田坦『陸軍省人事局長の回想』，296—297 頁。

　　8月3日至13日，我作为东三省保安总司令顾问巡视了吉黑两省的部分军队。保安总司令张作霖及总参议杨宇霆电令两省督军及参谋长，以检阅使身份招待我，按照我的要求实施演习，观察其能力后向张总司令报告结果。和预想的一样，其军队不良，装备不足，缺少耐力，武器储备不足。除此以外，但看其教育程度，从直觉上来讲，我帝国军队一人就可对抗其五六人。比奉天军尚且逊色。以下为我所观察到的吉黑两省军队不振的详细情况。

　　一、拘泥于形式，缺乏灵活运用能力：中国有很多事情都常常拘于形式，军事上亦不例外。侦察时本应依托地形，采取跃进动作，但两省军队侦察时不论是在洼地还是在隐蔽位置，每次都只前进固定距离，而不是以搜索要点为中心来行动。不论哪个部队，跃进距离都是如射击标尺般地选择1 200米、1 000米、800米或600米等长距离，与实际距离也并不相符，总之是最为拙劣的一个实例。但这应该也是过去某个时期曾经采用过，并遗留至今的不良案例吧。其他方面，在低级军官乃至更高级别军官的战术指挥方法上，总体上也只是沿用一些固定模型、死记硬背一些战术理论，而几乎没有应用能力，也没有灵活运用的意愿。一般来说，多数中国的将领们一旦不能安于其位，其上级很少认可其实力，因此将领们与其学习战术，不如去考虑自己离职后的谋生之策，所以很少有人有热情去培养自身的实力。这样一来，从上到下都只是学到一些军事学的皮毛，而少有人能领会其中的精神。

　　二、缺乏独断能力、惯于回避责任：这也是中国文武官场习见的弊端。具体在低级军官的战术指挥上，也存在这种情况。例如前往进攻的中队,其先锋队队长会在敌前停止前进,无所作为地等待中队长的到来,仰求后者指示处理办法。再比如旅长原本负有最高教育训练的职责,但为了明哲保身,还是会在这些问题上完全听从副司令等人的命令。即使我们相信这么做有利于全体的进步,但在很多场合,这就是属于放任不管。

三、偏重于密集队形训练:一说到训练,多数军官如今依然认为就是密集队形训练,几乎不实施战斗演习,这已经成了习惯。不管去哪里的部队观看训练,要么就是枪械操作、走正步,要么就是班排的密集队形训练,如此循环往复。近来奉天军事当局发出训令,要求部队按战斗演习占八成、密集队形训练占二成的比例开展训练,同时明示校阅目的及科目,让部队据此演练,因此有了部分改善。但吉黑两省则如前所述,还没有看到任何进步。

四、拘泥于练兵场的倾向:在练兵场,中国军队一直以密集队形训练为主。除了部分部队之外,练兵场基本上都是边长二三百米的方形场地,部队只能在这些狭窄区域训练。要开展散兵演习,就会感到过于狭窄,射击距离、散兵线的跃进距离,都只能通过假定,而不是实际距离。这会导致各种弊端,这一点不言而喻。而由于长期因袭、拘泥于练兵场的训练,在野外展开实战化演习的风气很淡薄。这都需要加以改革。

五、军官不懂训练士兵的方法:对于士兵们的侦察动作、散兵行动、地形利用、射击姿势及枪械操作等均不熟练。军官也不能对士兵动作进行矫正指导,这并不意味着军官的素质不佳。事实上,由于低级军官对这些动作也不熟悉,因此也无法就此指导士兵。而且不仅是低级军官，其上级军官中也多不注意此类细节性基础教育。校阅军官也是如此。因此上级指挥官只能做出抽象的点评，如甲队成绩不如乙队，乙队比丙队稍好等等。低级军官也只管逢迎上意，对士兵，只能来来回回地进行长时间而无意义的操练，不能带来任何进步，反而导致逃兵的增加。这一现象很普遍。

六、高级将领不能理解新式教育：在东三省，旅长级以下的人，有不少人在东西洋留过学，或是多多少少受过新式教育的，因此就算是流于表面，也能感到教育的必要性。但是旅长级中的部分人，以及吉黑两省的吴、张两位副司令，则完全不能理解新式教育，自然也不能领会其必要性，只不过听到周围人的谈论，他们漫然附和而已。保安总司令张作霖人很聪明，他在直奉战争后也高呼军队教育的必要性。后来张学良、李景林各部在天津马厂附近及山海关一带作战，在战前完全未实施教育，因此张作霖也曾流露出这样的想法："他们既然未经教育也能如此善战，那么只要能做到军心一致，教育也不是太紧急的事。"高级将领既然如此，那些曾留学东西洋的人及其他有头脑的军人即使在中央军事会议、军队校阅等场合极力陈说教育的必要性，没文化的各级军官及士兵们也会认为那些说法并非大帅和本师师长的本意，因而不愿听从。因为高级将领们感觉不到教育的必要性，所以愿意在养兵上花钱，却对教育方面的支出很犹豫，这让人感到遗憾。

七、上级不信任下级：目前在各旅参谋长及各团副中，也不是没有具备相当的学识和能力的人，但有些旅长和团长则认为，听取部下的参谋长或团副意见并悉数采纳，有损于自己的威望,因此不愿采纳部下意见。吉黑两省副司令则怀疑部下旅长的权力太大会对自己不利,因此干涉其对属下军官的任免,在弹药供给和军费支付方面也不够痛快。中国士兵的国家观念原本就不强,也缺乏为君主献身的忠诚,除了对家乡的感情之外,就是对主官的"感激义气""士为知己者死"等观念了,在这些思想的激励下,有时也会勇猛奋战。故旅长们在处理与部下军官及士兵的主从关系时,当然要确保对部下的关照。而上述行为则可能导致部下对上级的指挥产生疑惧,招致无意义的干涉,导致中国军队的精神团结出现裂痕。

八、重要将领身兼数职:前项中谈到高级将领对部下的猜忌。与此相对的是,对自己的心腹爱将,高级将领们则会让其身兼数职,尽可能保证其更多的收入。黑龙江省的重要将领刘德权为保安副司令吴俊生所宠爱,他目前身兼该署陆军军官养成所总办、黑龙江省防军营务处总办及全省清乡局总办等要职,还负责监督省城骑兵团队的教育。因为有了实权,兼职还会进一步增加。哈尔滨的张焕相除了担任混成第十八旅旅长之职外,还兼任中东铁路护路军总司令部参谋长、中东铁路护路军长绥司令及滨江镇守使等多个要职。此类情况并非吉黑两省独有,奉天也是如此。就算张焕相、刘德权都很有能力,但如此多的重要职务兼于一身,怕是也很难履行职责吧。

九、命令的执行不受监督:在中国,无论文武,只要下达了命令,下令者的职责就结束了,没有人监督命令的执行情况。在军事领域情况也一样,下达的命令就如射出的箭,进展情况很少有人关注。这一习惯在直奉战争中也存在。在平时,这种情况也会影响部队的发展;在战时,会导致意想之外的差错。

十、校阅官的校阅多流于形式，不够认真：前清以来，中国的校阅官无论文武，均会中饱私囊。目前在东三省，这一弊端虽未出现，但正如另册中向张总司令提交的部队参观记中所述，由于校阅者本身见识有限，又不愿意引起受阅部队高级将领及重要军官的不满，故经常以含糊的点评来敷衍。校阅归来后，也无法向保安总司令交出一份对改善军队状况有实质性价值的报告。这样一来，总司令和副司令都不了解各地部队的真实情况，同时受阅部队也无法发现自身的不足。

十一、因私心而录用部下军官，其弊甚多：官员的人选，多出自录用者的私心，这也是中国无论古今、不分南北的弊端。在东三省，特别是在吉黑两省军界更为显著。据传已故的孙烈臣担任吉林督军时，吉林八个旅的旅长均与其有渊源。现督军张作相也逐步在要职上安置与自己有渊源的人，在各旅长下属军官调动时，不允许旅长们独自决定人选，而换为自己的熟人，甚至把已退出军界的人也拉来占据空位。到处都能听到对此种做法的怨言。驻扎长春的步兵第五十六团团长赵维桢，虽然只是奉天讲武堂毕业、年龄也才三十一二岁，是一个无经验的青年，也能因与孙烈臣的关系而身居要职。与他相反，从锦州随现任副司令张作相而来的步兵第二十七团长崔鸣山，年纪已近六十二岁，泪腺松弛，没文化，糊涂老耄。黑龙江省这一问题更严重，文武官员中基本没有值得一提的有识之士，皆为追随吴督军之辈。最近吴督军年仅三十多岁的侄子吴泰来跳过该师两位资深旅长，从第二十九师炮兵团团长一职，直接晋升为第二十九师代理师长。这一任命很明

　　显也出于私心。①

　　由本庄的这份报告可见，日方对东北军的情况，特别是弱点了如指掌。

　　在本庄繁上任前，1931 年 6 月 27 日发生了中村震太郎大尉被杀事件。关东军大尉中村震太郎在中国兴安岭索伦一带进行秘密军事调查，被东北军兴安屯垦公署第三团团副董昆吾发现并扣留。在证据确凿情况下，团长关玉衡下令处决了中村。日方则辩称中村是被中国士兵谋财害命，并威逼中方交出关玉衡。

　　7 月 1 日，长春郊外发生了万宝山事件。中国农民抗议朝鲜侨民在当地挖渠，日本人出动军警镇压。② 进入 9 月后，9 月 5 日，满铁总裁内田康哉③乘坐的列车遭遇"兵匪"袭击；13 日，抚顺附近发生一起中国士兵入侵日军驻地并开火事件；15 日，满铁杨木林车站遭遇"兵匪"袭击。这一系列的事件，使得当时的气氛骤然紧张起

---

① 「本庄少将支那軍隊視察報告の件」、JACAR（アジア歴史資料センター）Ref. C03022678000、密大日記 其 55 冊の内第 5 冊 大正 13 年（防衛省防衛研究所）。此处为节选，报告全文参见附录。

② 1931 年 4 月，移居中国吉林省长春县万宝山地区的 180 多名朝鲜农民，在日本长农稻田公司的偷偷支持下，借中国人的土地耕种水稻，借河渠修建水渠。这一工程侵犯了当地农民的利益，两百余名农民上告，要求停止修渠。吉林省政府批示"令朝侨出境"。日本领事馆警察则以保护朝鲜人为由出面处理争端，继续督促朝鲜人进行此工程。7 月 1 日，情绪激化的中国农民平沟拆坝进行反抗，2 日，日本警察镇压中国农民，形成朝鲜农民、日本警察与中国土地所有者、农民、警察对峙的局面。最终，中国人退出争端，朝鲜人于 7 月 5 日完成水渠的修建。但日本为捏造有利于侵略中国的舆论，将这一事件渲染为中国农民的暴动，并通过《朝鲜日报》对事件进行虚假报道，营造出朝鲜人被杀，朝鲜移民在中国受到歧视的假象。朝鲜各地爆发排华暴动，华侨伤亡严重，商店遭到破坏。

③ 内田康哉（1865—1936），1901—1906 年任日本驻北京公使馆公使，多次出任外务大臣。1925—1929 年任枢密院顾问，积极鼓吹侵略中国东北。1931 年任满铁总裁，1932 年任外务大臣。曾发表"日本就是化为焦土也要保卫'满洲'"等言论。

来。紧接着,皇姑屯事件的套路又一次上演。沈阳(奉天)北大营
西侧的柳条湖附近的满铁轨道被炸毁,北大营是张学良部下王以
哲的军营。时值 9 月 18 日晚,这就是影响中国历史进程的枢纽性
事件九一八事变的开端。

关东军司令部接到满铁轨道被炸的报告后,石原莞尔等人立
即主张:"事已至此,应在最短时间内制敌于死命。"此时,需要关东
军司令官的决断。据石原回忆:"本庄司令官闭上眼睛,沉默了约 5
分钟后,睁开眼睛,对形势进行了分析,然后做出毅然决然的判断:
'干吧,责任由我来担。'"①这短短 5 分钟便成了决定中日历史乃至
世界历史的关键一刻。

关东军司令部立即下达全军出动的命令,19 日凌晨 4 时,军司
令部乘员乘军用火车从旅顺出发北上沈阳。据陪同在本庄身侧的
石原莞尔回忆,虽然北上途中全体人员斗志昂扬,但仍有一丝不安
的情绪。本庄询问身旁的石原:"石原参谋,怎么样? 你觉得我们
可以成事吗?"石原回答:"可以!"本庄继续问:"全'满洲'的敌人大
军动静如何?"石原异常自信地回应道:"敌兵力越多,越能让关东
军扬名立万。现在全世界来袭,我军也不惧怕。"②

与此同时,战争正在进行。次日 5 时 30 分左右,北大营被攻
陷。在事变爆发 48 小时内,关东军迅速占领了沈阳、营口、长春。
期间,在宽城子、南岭地区的激战中,日方死亡 49 名,其中包括一
名中队长。攻占吉林后,日本陆军中央下达了不扩大的指示,关东
军暂时退回到满铁沿线。9 月 30 日,东北军长官部和辽宁省政府
撤至锦州。10 月 5 日,本庄繁根据石原莞尔和板垣征四郎的建议,

① 藤本治毅『石原莞爾』、94 頁。
② 藤本治毅『石原莞爾』、94—95 頁。

决定在 10 月 8 日以两个飞行中队对锦州进行轰炸。8 日，独立飞行第八、第十中队共 11 架飞机，对锦州进行了轰炸。为实地观察轰炸的效果，石原莞尔亲自乘一架运输机，随同机群飞达锦州上空。① 10 月下旬，中国东北北部黑龙江省齐齐哈尔地区的马占山起义，日本陆军中央指示关东军进行应对。关东军出动主力，对嫩江地区进行了"扫荡"。

中山优在其著作《中国的素描》中写道："柳条湖的直接点火者是不是日本，曾经是个迷。昭和 13 年（1938 年），我到新京的建国大学赴任时，就此直言不讳地询问了石原将军。将军肯定地回答是日本。我问他：'良心上不感到愧疚吗？'他回应说：'我当时最困扰的是如何使关东军的行动不给天皇陛下的德行带来伤害'。'当时处于一点就着的态势，无论哪一方点火都无可避免。'"②

那么作为战争导火索的满铁轨道被炸一事，到底是谁做的？九一八事变当时在关东军司令部和奉天特务机关任职的花谷正③少佐后来在《知性》（「知性」）杂志上公布的手记中这样记载："9 月

① 参见王辅《日军侵华战争（1931—1945）》，沈阳：辽宁人民出版社 1990 年版，第 75—83 页。
② 藤本治毅「石原莞爾」、96 页。
③ 花谷正（1894—1957），曾就读于大阪陆军地方幼年学校、陆军中央幼年学校。1914 年，陆军士官学校第二十六期毕业，同年 12 月任步兵少尉。1922 年，陆军大学第三十四期毕业。其后进入参谋本部，历任参谋本部中国研究员、关东军参谋。1929 年 8 月，晋升陆军少佐，任步兵第三十七联队大队长。1930 年任奉天特务机关辅助员，成为土肥原贤二的助手，积极与土肥原、石原、板垣等一起谋划侵略中国东北。九一八事变后，花谷历任参谋本部部员、第二师团司令部付、留守第二师团参谋长等职。1940 年晋升为少将，任第三师团步兵第二十九旅团旅团长，1941 年 12 月任第一军参谋长，1943 年晋升中将。此后至 1945 年，赴太平洋战场，历任驻缅甸的第五十五师团师团长、驻泰国的第三十九军参谋长、第十八方面军参谋长。参见金阳编《日本侵华战争罪犯实录》，哈尔滨：黑龙江大学出版社 2017 年版，第 204—209 页。

18 日晚，半圆的月亮挂在高粱地上空，天色漆黑，能看到满天繁星。奉天独立守备队岛本大队下属川岛中队的河本末守中尉担任铁道线路巡查任务，带领数名部下朝柳条湖方向进发。在距北大营兵营 800 米处，河本亲自在铁轨上安装了骑兵用的小型炸药装置，并引爆。时间是晚 10 时稍过，伴随着轰隆隆的爆炸声，被炸断的铁轨和枕木四处飞散。事先，经过工兵的精密计算，直线部分的铁轨即使一边被炸断一小段，列车高速行驶时也能顺利通过，只有一瞬会稍微倾斜。在计算了列车能够通过的安全长度后，定下了炸药的使用量。在现场监督爆破作业的是今田新太郎大尉（张学良军事顾问柴山兼四郎少佐的副官）。爆破实施后，随即用移动电话向大队本部和特务机关报告。驻扎在据爆破地点北四公里处的文官屯的中岛中队长接到报告后，直接率兵南下开始对北大营进行突击……"①

　　九一八事变爆发后不久，1932 年 1 月，战火又从东北烧到了上海，也即"一·二八"事变，而这次事变的导火索仍然是日方阴谋的产物。当时任上海驻在武官辅佐官的田中隆吉②也曾在《知性》杂志上透露内情："……昭和七年（1932 年）1 月 18 日傍晚，我收买了中国人，让他们暗杀在上海江桥路的日莲宗妙法寺僧侣。两僧人受重伤，其中一名不久后死去。由于中国巡警未能及时到达现场，

① 藤本治毅『石原莞爾』，96—97 頁。
② 田中隆吉（1893—1972），日本陆军少将。1914 年陆军士官学校第二十六期毕业，1922 年陆军大学第三十四期毕业，进入参谋本部任职。1927 年作为参谋本部中国研究员赴中国收集情报。1932 年任驻上海武官。1935 年任关东军参谋兼内蒙古特务机关机关长。1936 年为推动"华北分离工作"，制造绥远事件。1937 年任山炮第二十五联队联队长。1940 年晋升少将，任第一军参谋长、陆军省兵务局局长等职。1945 年任罗津要塞司令官。参见夏林根、董志正主编《中日关系辞典》，大连：大连出版社 1991 年版，第 465 页。

犯人逃逸。待机的日本青年团同志会员 30 余人持刀、棍棒抗议中方藏匿犯人，并对三友实业社进行了袭击和放火焚烧。过程中与当地警察队发生冲突，出现死伤者。此即上海事变之开端。"①

　　上海作为当时远东第一大都市，牵涉西方列强在华利益，因此对于"一·二八"事变，日本政府采取不扩大方针。3 月 3 日，中日签订了停战协定。在西方列强将注意力集中于上海之时，日本则已经悄然开始着手在东北成立"满洲国"的准备，而国民政府和东北军的不抵抗政策，也使关东军能轻易就掌控了中国东北的领土。

　　此时，在中国东北，日本自本土增派师团，关东军日益膨胀，开展了所谓的"匪贼讨伐"，以镇压东北的抗日反"满"活动，稳定"治安"。1933 年初，关东军对辽西地区进行了"肃清"作战。第六、第八师团一部甚至越过长城南侧，入侵华北，遇到中国军队的顽强抵抗。到 5 月 31 日，冈村宁次②与熊斌签订《塘沽停战协定》，至此，自九一八事变开始的武力战暂时息止。距柳条湖枪声，历时一年零八个月。石原莞尔在东京审判的供述中就这一系列军事行动如此说道："我们熟知政府和中央统帅部希望不扩大的方针。关东军

① 藤本治毅『石原莞爾』，97 頁。

② 冈村宁次(1884—1966)，长期盘踞中国的日本侵华将领，日本陆军大将。最初毕业于陆军中央幼年学校，1904 年毕业于陆军士官学校第十六期。在日俄战争中作为新编第十三师团的小队长参加了库页岛战役。1913 年自陆军大学第二十五期毕业。1915—1919 年被参谋本部派往中国搜集情报，从事间谍活动。1925—1927 年任北洋军阀孙传芳的军事顾问，继续收集、研究中国情报。1927 年任步兵第六联队联队长，1928 年任参谋本部战史课课长，1932 年任上海派遣军副参谋长、关东军副参谋长，1933 年任驻"满洲国"大使馆武官，1936 年任第二师团师团长，1938 年任第十一军司令官，1941 年任华北方面军司令官，1944 年任第六方面军司令官、中国派遣军总司令官。1945 年 9 月 9 日，中国战区的日本投降仪式在南京举行，冈村宁次作为日本中国派遣军总司令官签署对华投降书。参见日本近代史资料研究会编『日本陸海軍の制度·組織·人事』，東京：東京大学出版会、1982 年。

对兵力不足会带来的各方面障碍非常敏感，因此一刻也不能给中国军队反应的机会，必须抓住先机，一举制敌。关东军经常与陆军中央发生激烈的争论。但是，我可以断言，关东军在统帅作战方面，一次也没有违背过奉敕（即天皇）命令或奉敕指示。"[1]

就这样，经过石原莞尔等关东军参谋的大胆筹划，中国东北军被一举击溃，被觊觎多年的"满洲"终于落入日本之手。1931 年 11 月 10 日，奉天（沈阳）举行了"自治指导部"的成立仪式。由于冲汉出面任部长，是为"满洲国"建国之萌芽。于冲汉时年 60 岁，是张作霖时代的东北政界元老，与本庄繁熟识。在此之前，于就主张"满洲"统治的根本必须是"独立建国"。石原对此非常赞赏，称其为"'满洲国'建国最高功劳者"，并承诺："如果能成立'独立国家'，日本会把所持有的权益，作为礼物奉上，日本人也会作为'满洲国'人，与'满洲国'的构成成员共同努力。"[2]1932 年 3 月 1 日，打着"顺天安民、五族协和、王道乐土、国际亲和"等口号的"满洲国"成立。石原莞尔终于实现了日本夺取中国东北的夙愿，也达到了他人生的"高光"时刻。此后，中日之间持续了 14 年之久的战争，石原莞尔作为战争点火者、煽动战争的主谋被记入历史。

从 1928 年被派往旅顺的那一刻起，石原莞尔就已经成为近代中日关系史中不可不书的重要人物。但是，石原的"高光"时刻也很短暂。他在 1937 年后就被排挤出陆军中枢，甚至因此没有被远东国际军事法庭（东京审判）列为战犯。石原策划、发动九一八事变，无疑对整个近代中日关系史起到转折性的作用。日本侵华战争就此开端，石原是最初的推手之一。同时，石原也是那个时代受

---

① 藤本治毅『石原莞爾』、98—99 頁。

② 藤本治毅『石原莞爾』、100 頁。

过"精英"教育又陷入疯狂的日本"中坚层"军人的代表,让他有自信可以凭关东军1万兵力挑战东北军20万大军。6年后,又是与他背景相似的"精英"军人深信能够一击制服全中国,甚至以美苏为假想敌,自信能够战胜美国成为世界盟主,而石原却被他们排挤在外。

石原莞尔在日本侵华战争史中扮演的角色,其个人际遇的浮沉,促使我们进一步思考"人"在历史当中到底起到什么样的作用。是历史的结构性变化决定了人,还是人的能动性主导历史的变化?历史事实告诉我们,这种作用应该是互动的。人被历史发展的结构性变化左右;同时人在历史性的时刻,在一定的战略位置上,又能够对历史的进程做出巨大的推动作用。因此,将历史人物置于其具体的历史情境中,研究人与结构性历史进程的互动关系非常重要。这也是本书研究石原莞尔的目的所在:探究以石原莞尔为代表的日本陆军"精英"军官的成长经历和他们在侵华战争过程中所处的位置,从而分析日本军国主义思潮的源起和高涨背后的原因,发现日本侵略行动的深层逻辑,批判日本发动侵华战争的非正义性。

在年鉴学派看来,事件就像海上的浪花一样转瞬即逝,但是研究者可以通过事件观察海面之下的潜流。如果说九一八事变在近代中日关系史上是一片浪花,被之后一个又一个的后浪盖过,但它折射出的是中日关系的结构性变化。近代以来,日本对大陆资源的渴望,甲午战争后中日实力的换位,中国推翻帝制后陷入内战,列强纷纷进入东亚争夺利益,宛如一股股历史潜流,如果没有这些潜流的交错激荡,就可能掀不起这片浪花。

中日之间的恩怨纠葛从近代一直延续到今天。作为个体而言,日本人对中国的感情是复杂的。在东亚的立场上,日本和中国的利益是一体的，因此，近代一些日本志士援助中国革命，在孙中山时代就提出了大亚洲主义。石原莞尔的东亚联盟论也是受此影响。然而，另一方面，作为国与国的关系来讲，中日两国又是竞争关系。日本发动侵略战争，目的就是把中国占为殖民地，自己成为东亚霸主。今天，中日之间仍然处于这样一种时而同盟共赢，时而对立竞争的错综复杂的关系之中。通过回顾历史，希望日本能够认识到历史上的错误，认识到两国之间只有互相尊重，平等互助，才能形成真正的"东亚联盟"，实现真正的中日共赢。

（三）研究意义

战争不是个人发动的，是一个群体合力的结果。本书围绕日本陆军中具有代表性的军人石原莞尔为中心进行论述，外延扩展至石原所属的群体——日本陆军"中坚层"的侵华策略及活动。本书所定义的日本陆军"中坚层"，是指成长于 1904 年日俄战争之后，活跃于侵华战争时期的一批日本陆军中高级军官、参谋。他们或参与陆军侵华政策的制定，或在中国战场实地制定作战计划、参与指挥作战。这一群体中的大部分人生于 19 世纪末，在日俄战争后开始接受近代化军事教育，系统接受过陆军幼年学校、士官学校和陆军大学的教育。20 世纪 30 年代前后在陆军中央或关东军担任参谋或者基层指挥官，从 30 年代中期开始，或在陆军中央担任课长以上的重要职务，或在中国战场担任指挥官、参谋长，在侵华战争中逐渐成长为高级将领，参与制定、实施侵华政策，最终军衔基本都升至将军。了解这一特殊群体是如何指挥战争、在战争中发挥的作用、对日军侵华政策的影响，以及这一群体的对华观感、对战争及对当时世界局势的认识等面向，对把握日本侵华战争的实态至关重要。

石原莞尔是日本陆军"中坚层"中的代表性人物，受到中日两国及欧美学界研究者的关注。1931 年九一八事变爆发后，以石原莞尔(时任关东军作战主任、中佐)等为首的一批日本陆军大学毕业的"精英"军官,直接参与并指挥关东军迅速占领中国东北的主要城市。他们的计划是占领整个"满洲",把中国东北纳为日本的殖民地。石原莞尔是当时日本陆军中坚幕僚团体的成员,他和永田铁山①、东条英机②、武藤章③、田中新一④等人在此后日本陆军

① 永田铁山(1884—1935),日本陆军中将,下文有详细论述。

② 东条英机(1884—1948),出身军人世家,日本陆军大将,军国主义的代表人物。在第二次世界大战中,与希特勒、墨索里尼并列为三大法西斯头目,是日本侵略中国和亚洲的首要战争罪犯之一。1899—1902 年,东条分别就读于东京陆军地方幼年学校、陆军中央幼年学校。1905 年自陆军士官学校第十七期毕业,1915 年毕业于陆军大学第二十七期。1931 年任参谋本部课长,1933 年任军事调查委员长。1934 年任第二十四旅团旅团长,1935 年任关东军宪兵队司令官兼关东局警务部部长,1937 年任关东军参谋长,1938 年任陆军次官兼航空总监,1940 年任陆军大臣兼对"满"事务局总裁,1941—1944 年以现役军官身份出任日本首相并兼陆军大臣,积极主张日军南进。1948 年 11 月 12 日,被远东国际军事法庭以犯有发动战争、侵略别国、反人道罪等罪行定位甲级战犯并判处绞刑。12 月 23 日,被执行绞刑,时年 64 岁。参见日本近代史资料研究会编『日本陆海軍の制度・組織・人事』。

③ 武藤章(1892—1948),卢沟桥事变时的侵华急先锋,日本陆军中将,甲级战犯。最初毕业于熊本地方幼年学校,1913 年陆军士官学校第二十五期毕业,1920 年毕业于陆军大学第三十二期。1929 年任参谋本部德国班班员,1931 年任兵站班班长,1933 年分别被派驻中国、欧洲,1936 年任关东军参谋。1937 年任华中方面军副参谋长,曾下令日军可在南京市内宿营,造成南京大屠杀。1938 年任华北方面军副参谋长,1939年任军务局局长,1942 年任近卫师团团长,1944 年任第十四方面军参谋长。1948年被东京审判列为甲级战犯,处以绞刑。参见日本近代史资料研究会编『日本陆海軍の制度・組織・人事』。

④ 田中新一(1893—1976),卢沟桥事变时与武藤章同属侵华"扩大派",太平洋战争时的对英美强硬派,日本陆军中将。最初毕业于仙台陆军地方幼年学校、陆军中央幼年学校。1913 年毕业于陆军士官学校第二十五期,与武藤章为同学。1923 年毕业于陆军大学第三十五期。1931 年被派往苏联,任驻苏联武官。1931 年任教育总监部课员,1932 年任关东军参谋,1933 年被派驻柏林。1935 年在步兵第五联队锻炼。1936—1937 年返回陆军中央,分别任陆军省军务局课员、军事课课长,与武藤章联手反对石原莞尔。1939 年任驻"蒙"军参谋长,1940 年任参谋本部第一部部长。1942 年,(转下页)

内部的派系斗争中逐步取得胜利,掌握了日本陆军的实权。

石原莞尔是典型的日本陆军精英军官,自少年时期开始接受军事教育,13岁进入陆军幼年学校,毕业后以优异成绩先后考入陆军士官学校、陆军大学。陆大毕业后,石原被派往欧洲留学,归国后任陆大教官,从事教学与军事研究。这种完整且系统的军事教育背景为他的两个重要理论——"最终战争论"和"东亚联盟论"的形成奠定了基础。

所谓"最终战争论",是石原在对世界战史作了深入研究后得出的结论。他认为世界和平无法通过宗教、教育、政治改革等手段来实现,人类自身制造了发动战争的武器,因而无可避免要经历一场大战,使人类濒临毁灭边缘,方能认识到战争之恶,并从中解放出来。而这场最终战争将在世界两大对立阵营即东方与西方之间进行。东方与西方的对立不仅源于对领土和市场的争夺,而且,由于历史原因,两个集团的价值观是根本对立的——东方行"王道",西方行"霸道",因而必然要发生冲突。西方的代表是美国,而日本则必须成为东方的代表与美国进行最后一战。日美之战的前提则是把"满洲"作为日本的"生命线""补给线",先打败苏联,并使中国成为日本作战的"盟友"。

所谓"东亚联盟论"与所谓"最终战争论"相辅相成。石原认为东方世界自古奉行"王道",东亚国家应在"王道"之下结成联盟,与西方抗衡。具体来说就是日本、中国和所谓"满洲国"在"国防共同、经济一体化、政治独立、文化沟通"的原则下互相合作,以期在

(接上页)因与东条英机发生冲突被派任南方军总司令部付,离开陆军核心部。1943年任第十八师团师团长,1944年任缅甸方面军参谋长。1945年任东北军管区司令部付,在飞行事故中受伤,转入预备役,得以逃脱战犯审判。参见日本近代史资料研究会编『日本陸海軍の制度・組織・人事』。

最终战争中取胜。但是在这一联盟中，日本须处于领导地位。日本学者加藤阳子评价说："中日开战的目的到底是什么，没有人可以讲清楚，而石原莞尔的东亚联盟论恰恰在意识形态层面对此给出了明确阐释，因而获得了特别是地方青年的广泛支持。"①

石原的两个理论分别从世界秩序和东亚秩序两方面入手，表面看起来是站在东方文明的立场上与西方文明相抗衡，所以有一定的迷惑性，也引起当时日本朝野的共鸣。但其实质却并非弘扬其所标榜的"东方王道"，而是为日本这个新兴现代民族国家的侵略扩张提供合法性依据。他所设计的世界秩序和东亚秩序，都赋予日本"理所当然"的领导地位，迎合了日本国内日益高涨的自大情绪，对日本发动战争产生了重要影响。

发动九一八事变和制造伪满洲国就是石原对这两个理论的实践。1928 年，石原被派往中国东北担任关东军参谋，他认为日本必将先与苏联一战，然后才是对美作战，为了"以战养战"，必须使"满洲"即中国东北成为日本的"生命线""补给线"。他的设想得到关东军中不少青年参谋以及在陆军中央任重要职位的"精英"军官的支持，于是他们精心策划、发动了九一八事变，并促成伪满洲国建国，事实上使中国东北沦为日本的殖民地。

石原的这次实践，对日本的侵华政策也产生了深远影响。九一八事变之前，日本陆军的对华政策表现得较为谨慎。其背景是当时的国际和中国形势对其有所限制。国际上，华盛顿会议后，在美国策动主导下，英日同盟失去作用，日本被迫裁减海军，并从山东撤出，独霸中国的计划被列强打破。在中国，英美扶植的直系军

---

① 加藤陽子「総力戦下の政―軍関係」、倉沢愛子など編『戦争と占領のデモクラシー』、東京：岩波書店、2005 年、23 頁。

阀势力日益增强,大大削弱了日本对北京中央政府的影响和控制力。同时,中国民族主义情绪日趋高涨,日本欲凭借"二十一条"对中国实行全面侵略扩张的企图变得难以实现。因此,日本不得不改变侵略策略。

1921 年 5 月,原敬内阁召开东方会议,研讨侵华政策问题。东方会议确定的方针是:暂不直接出兵干涉中国,而是扶植奉系军阀。这样做的目的是:一方面暗中支持中国军阀混战,制造分裂,阻碍中国实现统一;一方面利用奉系军阀张作霖充当日本在"满蒙"扩张的工具,加强对"满蒙"地区的控制,以退为进。① 因此,日本在中国东北地区的主要活动方式,是通过驻中国东北的关东军,拉拢和扶植东北地方军阀,暗中进行间谍活动,逐步经营并扩大势力范围。

从策动九一八事变开始,日本陆军在华的多次军事行动都有一个显著特征。即在事变前,驻中国现地的军队多次擅自行动,而东京的陆军首脑顾虑美国等西方列强的介入,对关东军行动的态度犹疑不定,甚至采取压制态度;事变中,军队在未得到东京命令的情况下,再次采取冒进行动;事变后,陆军当局追认现地军队的做法,使事变合理化。由陆军中参谋级的军官制订计划和由在华驻军少壮派青年军官擅自实施的模式,一度对日本国内的军政关系产生了不小的冲击。而从制造事变、建立伪满洲国到分离华北再到七七卢沟桥事变,日本陆军通过这种模式下的一系列行动使其权力得以不断扩大,侵略中国的野心日益膨胀。

然而,耐人寻味的是,就在石原莞尔的理论在日本国内得到一

---

① 参见中国社会科学院近代史研究所编《日本侵华七十年史》,北京:中国社会科学出版社 1992 年版,第 209—217 页。

定程度认可时,他却与陆军当局①、其他"精英"军人甚至自己的下属在对华策略上产生诸多矛盾。卢沟桥事变爆发后,陆军当局主张向中国增兵,海军也加入进来,使得事态逐渐扩大。而石原则从其对世界和东亚局势的长期规划出发,认为此时日本不宜扩大中日间的战争。他的理由是,以日本当时的经济形势而言,如果陷入与中国的持久战,将不利于对苏、对美战争,且中国民族主义业已崛起,中国人不可能如日本所预期的那样轻易屈服。因此,他主张以"满洲"为据点,逐步蚕食中国。但是,由于当时日本已经从上到下陷入战争狂潮,石原于1938年被排挤出参谋本部。1940年,外务、陆军、海军各省和兴亚院召开联络委员会干事会,通过了《关于统一兴亚各团体指导理念件》,明确提出:"凡违反建国精神、危害皇国国家主权的国家联合理论,及试图促进据此树立国家形态之运动,皆应扑灭之。"②至此,石原提出的联合东亚国家与美国进行最终战争的理论也被否定。1941年,石原被迫转到预备役,事实上结束了军人生涯。

从提出战争理论、发动战争、指挥战争,到退出现役(也因此而在战后逃脱对其战争责任的审判),石原可以说是一位具有特殊战争经历,却又非常典型的日本陆军军人。他个人的事业起伏和思想的嬗变轨迹,也在一定程度上折射出日本陆军侵华政策的变化。他的东亚战略理论和侵华构想与日本陆军的亚太政策在很大程度上是一致的,只是在日军全面侵华之后,他一贯主张的战略构想与日益激进的日本陆军主流渐行渐远,从而被迫离开了日本陆军决策核心。

---

① "陆军当局"的情况比较复杂,负责军政的陆军省比较保守,而负责军令的参谋本部则非常激进,但大趋势和结果都是向中国增兵。此一情况,在下文中详述。

② 加藤陽子「総力戦下の政―軍関係」、倉沢愛子など編『戦争と占領のデモクラシー』、22頁。

　　石原也被称为日本陆军的"异端儿",因为他在军国主义极度膨胀的时代,坚持对中日战争的趋势做出与陆军当局不同的判断。也正因为这个原因,战后他虽然因九一八事变而在中国臭名昭著,却逃脱了远东国际军事法庭的审判,甚至被日本右翼分子美化为"和平主义者"。其经历的吊诡之处说明,日本侵华战争不能单纯从中日两国关系的角度来理解,而应置于对当时日本所处国际形势和国内政局的考量中,将日本侵略中国与近现代东亚国际关系和亚太局势联系在一起,深入全面地加以审视。

　　近年来,随着史料的开放、国际学术交流的活跃,以及研究者视野的开阔和研究方法的拓展,国内对中国抗日战争史及与之关系密切的日本侵华史的研究有了长足的进步,研究领域广泛拓展到经济、社会、文化、国际关系等各个方面,日本、韩国、西方甚至越南等东南亚国家的研究成果受到重视并被大量借鉴。

　　已有研究注意到一些戏剧性事件对日本陆军发展轨迹的影响,但也认为日本陆军中的"精英"才是塑造陆军,影响其决策的关键。[①] 然而,国内现有的抗战史研究和日本侵华史研究中专门针对日本军政人物的研究仍不够丰富,对以石原为代表的日军重要人物还有必要更系统、深入地进行研究。抗战史和日本侵华史的时段有限,而人物研究涉的时段往往更长,要纵观人物的一生,与战争进程的时段划分不尽相同。

　　但是,"人是历史研究的'题眼'"[②],人物研究的价值不应被忽略。观察身处历史大潮中的人的思考、言论、行动和选择,是理解

[①] 德瑞著,顾全译:《日本陆军兴亡史　1853—1945》,"前言",北京:新华出版社 2015 年版,第 3 页。

[②] 李细珠:《变局与抉择　晚清人物研究》,"前言",北京:北京师范大学出版集团 2017 年版。

历史的重要途径。而且，人物本身的丰富性也有助于我们突破抗战史研究的视野，超越中日两国间的冲突和战争，将视野拓展到整个东亚地区，甚至全世界。因而，对抗战时期日本军政人物的研究，能为抗战史研究提供不同的视角，启发新的研究领域，扩大抗战史研究的深度和广度。从参与并主导战争的核心人物出发，分析其经历、行动和思想，并重新梳理侵华战争的具体操作层面，从而以更多元的视角，运用新的史料、新的研究方法来研究抗日战争，对抗战史研究的突破来说非常必要。

有鉴于此，本书试图通过探讨石原莞尔为代表的日本陆军"中坚层"的侵华策略和活动，考察日本陆军的侵华政策，同时寻求在抗战人物史的研究领域有所突破。

二、学术史回顾

对于日本陆军的探讨，中外史学界以往关注的焦点是其形成或者发展的轨迹。由于立场的不同，日本史学界的研究主要侧重于回答日本是如何战败的，更注重从技术层面讨论战争失败的原因，强调侵华战争各阶段爆发事变的偶然性，而回避对国家、天皇和国民战争责任的反省。相关论著中影响较大的有日本受众最广的主流媒体之一《读卖新闻》连载的《检证战争责任：从九一八事变到太平洋战争》(以下简称"《检证》")。① 该书作者渡部恒雄是《读卖新闻》的主编，也是日本侵华战争的亲历者。他在该书序言中说："我本人作为日本陆军最后一届的二等兵(最低级别士兵)，体验过军队生活，而在应征入伍之前的学生时代也接触过自由主义

---

① 日本读卖新闻战争责任检证委员会撰稿，郑钧等译：《检证战争责任：从九一八事变到太平洋战争》，北京：新华出版社 2007 年版。

思想,如果被宪兵与思想警察发现是要被镇压的。而已经到了81岁的我,剩余的时间不多了。在担当报社的主笔期间,我意识到日本人应该亲自把那场战争的经过和其责任研究明白,这就是策划检证责任活动的动机。"①

那么渡部是如何检证日本的战争责任的呢? 在书中,他将1928年皇姑屯事件到1945年日本战败投降的战争时期纵向分为8个阶段,对每个阶段的战争责任进行了分析。比如,关于九一八事变,他认为是由关东军参谋石原莞尔、板垣征四郎,奉天特务机关机关长土肥原贤二和参谋本部第二部俄国班班长桥本欣五郎等人发动的,这一时期应由他们承担主要责任。全面侵华战争则应由先后任首相的近卫文麿、广田弘毅、奉天特务机关长土肥原贤二、陆军大臣杉山元、参谋本部作战课课长武藤章等承担主要责任,是他们使日本陷入了中日战争的泥潭。

关于天皇的责任,《检证》一书认为,虽然明治宪法第十一条规定"天皇为陆海军统帅",但实际上军事作战命令是由参谋总长制定方案,经天皇裁可,参谋总长再加以副署后,以"奉敕传宣"的方式传达给军队,天皇并没有实质性的统帅权。所以实质性的责任应由首相、大臣、参谋总长、军令部部长等人承担。《检证》一书认为战争的责任还"不全在最高层的政治军事领导人。支撑最高层的大量的参谋与官僚们的鲁莽行事和错误判断也对日本的走向产生了重大的影响"。特别专辟一章,批评日本军队的参谋制度。

此外,与战争受害国人们的思考比较起来,日本人的思考还有一个特殊的角度,那就是站在日本人的立场上,追究使日本国民成

---

① 日本读卖新闻战争责任检证委员会撰稿,郑钧等译:《检证战争责任:从九一八事变到太平洋战争》,第1页。

为受害者的国家和国家领导人的责任，即日本政府、军部等政治领导及与鼓动战争有关的机构的战争责任。总之，该书认为战争责任应基本归纳为政府首脑的"缺乏国际感觉"和"纵容军部独断专行"，军事指导层的"一系列的判断错误"，军队官僚的"鲁莽行事、介入政治、歪曲国策"等等，而普通的日本人则是受到这些官僚和军人的愚弄，甚至天皇也被这些人架空了。

《检证》一书对许多历史过程，比较侧重从偶然性的角度进行分析。比如多次讲到"卢沟桥事件本身是偶发性极高的事件，如果冷静地加以处理，全面战争的危机是有可能得到回避的"。这代表了不少日本学者的观点。比如有日本学者将日本之所以战败的原因归咎于 6 次日美间决战的失误，如没有料想到美军航空母舰出现的中途岛海战、错误地判断美军全面反攻时机的瓜达尔卡纳尔岛作战等。①

《检证》一书的观点在日本非常具有代表性，即强调偶然因素和军人的责任，从而为日本政府和天皇开脱战争责任。这正是本书重点驳斥的观点。从近代日本的发展过程来看，用偶然性显然无法解释明治维新后日本对亚洲国家的侵略历史，尤其是日本帝国主义对中国的政策以及发动战争是在一定历史条件下产生的一系列有前因后果的必然行动。孤立地研究这一过程中的具体事件，以致部分日本学者甚至对中日甲午战争和日俄战争等都只有歌颂，而没有批判。

与此相对，中国学界的研究更多的是宏观地审视近代日本发展的过程，从日本大陆政策的源起，一步步地揭示出日军如何有计划地

---

① 步平：《我读〈检证战争责任〉》，日本读卖新闻战争责任检证委员会撰稿，郑钧等译：《检证战争责任：从九一八事变到太平洋战争》，第 1—21 页。

走向侵华战争之路。① 针对日本用偶然性解释战争爆发原因，中国学者认为这是一种"无构造历史观"，即在研究历史问题的过程中，以进行微观的实证研究为理由，强调各事件之间的非连续性、偶发性、外因性，而回避诸事件之间的必然联系与事件的必然性，从而逃避对战争性质的判断，逃避对战略决策是否科学的判断。中国学者提出质问，这种"单纯从技术性的战术角度思考战争失败的原因能够成立的话，那么追究战争责任又有什么意义呢？"②

20 世纪 80 年代，日本学者户部良一等人通过对第二次世界大战期间若干战役的分析，试图阐明日本陆军在组织上存在的不足。该研究开辟了从制度、组织层面研究日本陆军的先河，对日本学界产生了深远的影响。③ 政军关系是研究日本陆军的另一个重点。日本学者北冈伸一认为，1931 年九一八事变以后，明治国家确立的政军关系随着日本陆军的发展逐渐解体。北冈伸一在研究日本陆军发展轨迹的过程中，探讨了日本陆军中坚宇垣一成④的

---

① 参见军事科学院军事历史研究部《中国抗日战争史》(上、中、下)，北京：解放军出版社1991 年版；刘大年、白介夫主编：《中国复兴枢纽——抗日战争的八年》，北京：北京出版社 1997 年版；张宪文主编：《中国抗日战争史》，南京：南京大学出版社 2011 年版；等。

② 步平：《我读〈检证战争责任〉》，日本读卖新闻战争责任检证委员会撰稿，郑钧等译：《检证战争责任：从九一八事变到太平洋战争》，第 1—21 页。

③ 戸部良一ほか『失敗の本質——日本軍の組織論的研究』，東京：ダイヤモンド社、1984 年。

④ 宇垣一成(1868—1956)，日本陆军大将。1890 年毕业于陆军士官学校第一期，1894 年参加中日甲午战争。1900 年毕业于陆军大学第十四期。随后任第三十三联队中队长、参谋本部部员。1904 年参加日俄战争，随后历任第一师团参谋、教育总监部第一课课长、陆军省军务局军事课课长等职。1915 年晋升陆军少将，后历任陆军步兵学校校长、参谋本部第一部部长兼总务部部长、陆大校长、第十师团师团长等职。1923 年被任命为陆军大臣，1925 年晋升陆军大将。1931 年因为三月事件被迫辞职，编入预备役。其后担任过朝鲜总督、外务大臣。后隐居在日本静冈县伊豆，战后未接受战犯审判。参见高全书等主编《日本百科辞典》，长春：吉林人民出版社 1990 年版，第 727 页。

活动。① 同一时期，川田稔也从人物研究出发，关注日本陆军"精英"永田铁山的政治军事构想，主张九一八事变后日本陆军破坏此前日本推行的国际和平协调外交，一步一步将日本引入侵华战争、对美开战之路，②认为陆军应该承担主要战争责任。

　　石原莞尔与永田铁山一样，同属于日本陆军中坚参谋团体"一夕会"成员。在以往研究中，中方研究者较多关注石原在九一八事变和伪满洲国建立过程中的行为和所发挥的作用，试图通过这类研究，揭示日本侵华的野心和日本大陆政策的一贯性。也有学者对石原提倡的东亚联盟论进行详细分析，着眼于揭露和批判所谓"东亚联盟"的虚伪本质。③ 但是，中文研究成果中，因研究视野和史料运用等原因，大多将石原作为陆军"中坚层"这一群体的一分子，与同时代活跃在中国战场的日本军人群体联动起来研究，更多地思考他们之间的共性，而缺少对石原侵华思想独特性的研究。日方学者则更多关注石原本人，有关著述多为对其个人的评传或对其战略思想的研究，结论倾向于把日本侵华及日本战败的原因归结为日本当局对石原构想的背离，这些研究多数是从日本国家立场出发，带有为石原和日本战败惋惜的感情色彩。

　　（一）中国研究者眼中的石原：侵略者中的急先锋

　　中国学者关于石原莞尔的专门性研究著作有限。张芝瑾的《石原莞尔的中国认识与亚洲观》④是少数以石原为研究对象的专

---

① 北冈伸一『官僚制としての日本陸軍』，東京：筑摩書房，2012 年。

② 川田稔『昭和陸軍の軌跡：永田鉄山の構想とその分岐』，東京：中央公論新社、2011 年。

③ 史桂芳：《"同文同种"的骗局——日伪东亚联盟运动的兴亡》，北京：社会科学文献出版社 2002 年版。

④ 张芝瑾：《石原莞尔的中国认识与亚洲观》，台北：台湾大学政治学系中国大陆暨两岸关系教学与研究中心 2010 年印。

书。该书侧重于思想史领域,作者结合时代背景对石原莞尔的思想脉络进行了梳理,通过分析最终战争论、东亚联盟论以及石原在"满洲"对其理论的实践,探讨中国与亚洲在石原战略思想中所处的位置。张著认为,石原的思想中一直隐含着亚细亚连带的情感,并形成一种提携东亚、东西方对抗的思考框架。但同时他又将中国视为落后,强化日本作为东方文明代表的正当性,因而必然引导日本走上与中国冲突的道路。在石原使日本成为世界领袖的计划里,无论提携还是否定,都不得不面对中国与亚洲。

有关石原莞尔的学术论文数量相对较多,但论点多集中于石原与九一八事变或伪满洲国的关系,研究范围、时段有一定局限性,在此仅择取具有一定代表性的研究进行介绍。

苏振申是中国台湾地区较早研究石原莞尔的学者。他在《石原莞尔的世界帝国构想——九一八事变背景的透视》一文中,结合石原莞尔关于"世界帝国"的思想架构、石原对"满洲占有"计划的政治和经济考虑、石原的"满蒙"统治方案,探讨了日本发动九一八事变的根本原因。苏文认为,对石原思想背景的研究的缺失,是无法厘清日本发动事变根本构想的原因。苏文进一步指出,日本陆军士官学校和陆军大学的教育以及石原留德期间对于欧洲战史的研究,加上其后对于日莲宗的狂热,构成了石原战争史观、国家观及人生观的架构,因而造成了他狂妄的"满洲领有"论调。[①]

齐福霖认为九一八事变是石原莞尔与花谷正、板垣征四郎三人合力策划的结果。齐在《三名日本少壮派将校与九一八事变》一文中,详细论证了三人从制订事变的概略计划;到为发动事变筹措

① 苏振申:《石原莞尔的世界帝国构想——九一八事变背景的透视》,台北《中华学报》第
　　6 卷第 1 期,1979 年。

资金;再到进行三次参谋旅行,为发动事变进行实地考察;最后提前发动事变,占领全东北的过程。① 齐文极大程度还原了当时的历史事实,如能更多发掘、使用一手史料,则论证结构更加完整、生动。

许育铭的《石原莞尔与九一八事变》一文从背景、战略、战术、战况四方面详探了九一八事变的发动过程,以及石原莞尔在事变中的角色和作用,指出石原是日本侵占中国东北的意志的执行者,在卢沟桥事变后主张"不扩大"事态,"充其量只不过是一个放过火的放火犯所作的灭火作业"②,批判了日本建立的石原"英雄神话"的虚伪性。许文除大量参考日文研究、引用日文史料外,还使用了如张学良自传、满铁密档等中文史料,与日文史料相互对照,这一研究方法值得本书借鉴。

王珊的博士论文《石原莞尔与中日战争》,从石原莞尔在九一八事变中的政略构想,武力占领后的理论转变,如何认识石原指导的东亚联盟运动在不同时期的作用,如何看待石原莞尔与陆军内部派系及人际关系,最终战争论与城市解体、国民皆农的关系五个方面论证了石原莞尔与日本侵华战争的关系。③

王云翠的硕士论文以《石原莞尔的"不扩大"思想》为题,引用日文文献进行研究,以时间顺序论述了所谓"不扩大"思想在日本侵华战争中发挥的作用和影响,重点分析了石原与东条英机在战

---

① 齐福霖:《三名日本少壮派将校与九一八事变》,中国社会科学院中日历史研究中心编:《九一八事变与近代中日关系:九一八事变70周年国际学术讨论会论文集》,北京:社会科学文献出版社2004年版,第131页。
② 许育铭:《石原莞尔与九一八事变》,台北《中华军史学会会刊》2003年第8期,第159页。
③ 王珊:《石原莞尔与中日战争》,南开大学博士学位论文,1999年。

争战略上的对立冲突。王文得出的结论是,石原的最终战争论、东亚联盟论以及石原关于"满蒙"的构想、主张北进的战略都是其"不扩大"思想的理论渊源。石原的"不扩大"思想,有其自身更为隐蔽的考虑,明显带有策略性的因素。这种隐蔽性战略思想一旦付诸实施,可能与东条英机的战争战略的实施同样危险,二者在侵略实质上的险恶程度难分高下。① 然而,所谓"不扩大派"是后人的评价,作为当事人石原是否从始至终就怀有所谓"不扩大"思想,石原的所有构想、理论是否可以都归结为"不扩大"思想,不应简单定论。且王文的论述重点在石原与东条的对立冲突上,对石原思想形成的根本原因、形成过程和实践过程等还需要进一步论证。

除了上述关于石原莞尔的专书、论文外,还有学者在研究东亚联盟运动时涉及石原莞尔,或在其著作中以一部分内容述及石原。史桂芳在所著《"东亚联盟论"研究》和《"同文同种"的骗局——日伪东亚联盟运动的兴亡》②中介绍了石原莞尔的东亚联盟论和以此为理论指导的东亚联盟运动的形成、发展,以及对日本侵华战争及战后中日关系的影响。史著认为,东亚联盟的最终目的,是现代以来日本军国主义称霸世界的构想,打出"王道主义""民族协和"等招牌,只是为侵略行为穿上美丽的外衣。史著的论述非常详细,使用了大量的日文档案,是目前为止研究东亚联盟运动及其与石原莞尔关系的最全面的专著。

王屏所著《近代日本的亚细亚主义》将亚细亚主义分为"思想"的亚细亚主义、"行动"的亚细亚主义、"外交战略"的亚细亚主义三

---

① 王云翠:《石原莞尔的"不扩大"思想》,东北师范大学硕士学位论文,2008 年。
② 史桂芳:《"东亚联盟论"研究》,北京:首都师范大学出版社 2001 年版;史桂芳:《"同文同种"的骗局——日伪东亚联盟运动的兴亡》,北京:社会科学文献出版社 2002 年版。

个层面,对日本不同阶段的亚细亚主义作了新的界定。王著认为,近代日本的亚细亚主义最初是产生于民间的一种理想主义,但在发展过程中因其不断地走向现实而被吸收到日本政府的"大东亚共荣圈"战略之中,成为日本侵略亚洲的意识形态之一。王著把石原莞尔的东亚联盟运动作为"行动"的亚细亚主义,专辟一章进行了论述,指出石原莞尔作为战略家的局限性:"石原为即将到来的世界最终战争而采取的现实主义方针与拥护东洋精神价值这一理想主义观念之间产生了严重的对立与矛盾。石原一方面把未来的战争定位在用东方的王道文明来战胜西方的霸道文明上,一方面又为了在'最终战争'中取胜而不择手段。近代日本历史发展中的'二律背反'现象在石原莞尔身上得到了充分的体现。"[1]

宋志勇《从"九一八事变"到"七七事变":日本军方的对华认识与侵华战争》[2]一文介绍了石原的"满蒙"观,即"满蒙"不是汉民族领土,而与日本关系更加密切,满族人和蒙古族人更接近大和民族。中国由于军阀混战,难以树立独立的主权并形成真正的国家武装力量。宋文指出,石原和板垣征四郎等代表性关东军军人只注重中国半封建半殖民地的落后一面,而轻视了中国逐渐展开的近代化进程,轻视了中国人民民族意识的觉醒和国家意识的增强。他们的这种对华认识是发动九一八事变的重要动机和思想根源之一,而这种对华认识的形成则源于当时国际形势以及近代以来日本对中国认识的积累。

除此之外,徐勇、臧运祜、熊沛彪等学者分别有专书论述日本

---

[1] 王屏:《近代日本的亚细亚主义》,北京:商务印书馆 2004 年版,第 202—203 页。

[2] 宋志勇:《从"九一八事变"到"七七事变":日本军方的对华认识与侵华战争》,《南开日本研究》2011 年。

侵华政策,对石原的战略构想有所提及或内容相关。徐著首先探讨了战前日本的军国主义源头、大陆政策的制定、军队及技术装备、中日关系及东北亚国际关系等重要问题。然后,侧重于从战略层面分析自九一八事变到日本战败前历次侵华军事行动过程中,日本军方的战略考虑以及中方的应对。臧著更侧重于外交史视角,将近代以来至侵华战争时期的日本的对外政策定义为"亚太政策",并加以全面、系统的分析。熊著运用日文史料,以日本的东亚霸权战略与东亚国际体制的演变的关系为视角,从外交、军事、经济、思想、国际关系等方面对日本近代霸权战略作了新的探索。这些研究从军、政、外交等方面对日本侵华战略、策略的详细论述,对考察石原莞尔具有重要参考价值。①

中国学者关于石原的研究,全面且深入的专书并不多见,而且研究范围和时段较多集中在九一八事变和伪满洲国建国前后,也即聚焦于石原在日本侵华战争中所起作用最大的时期。这样的研究视角有一定合理性,但也有局限性,无法从东亚多边格局的高度来考察石原的战略理论。此外,国内研究或由于日文史料运用的欠缺,还有待对基本史实作更细致的还原;某些结论稍显形式化,把石原理论简单归结为日本侵华的理论工具,对其理论背后复杂的思想来源和形成机制还需进一步系统梳理。

(二) 日本研究者眼中的石原:"军事天才""和平主义者"

日本研究者对石原莞尔的一般评价大致为"军事天才",策划占领"满蒙"、武力发动九一八事变的主谋之一,昭和时期日

---

① 徐勇:《征服之梦——日本侵华战略》,桂林:广西师范大学出版社 1995 年版;臧运祜:《近代日本亚太政策的演变》,北京:北京大学出版社 2009 年版;熊沛彪:《近现代日本霸权战略》,北京:社会科学文献出版社 2005 年版。

本实施大陆政策和大陆侵略的先驱人物,同时也是出色的军事学家,通过研究世界战争史发现战争进化规律,并据此得出战争已发展到极致阶段,不久战争将会消失并迎来永久和平的结论。另外,因其信仰日莲教,也受到日莲教信徒的推崇。有关石原莞尔的研究,在日本研究成果颇多,主要为评传类的著作,另有一部分研究石原莞尔的主要战略思想如"最终战争论""东亚联盟论",石原与九一八事变、"满洲国"的关系,石原的日莲教信仰等等。

曾为石原莞尔部下的藤本治毅,与石原有过较多直接交往,其所著石原评传《石原莞尔》(『石原莞爾』)一书,利用南部襄吉[1]、和田劲[2]等人所提供的史料及其相关回忆,对石原生平作了评述,分析了石原与板垣征四郎、东条英机的关系,并记录了日本陆军其他将领、石原莞尔的军校同学等人对石原的评价。[3]

在藤本看来,石原与板垣征四郎是日本陆军中的"最佳搭档",石原策划的各种谋略,在上司板垣的支持下得以实施。二人的这种默契,是关东军在中国东北取得一系列"成功"的重要原因。而石原离开后,板垣也随之沉寂,没有再取得任何突出"成绩"。

关于石原与东条英机的关系,藤本分析,两人的成长经历、

---

[1] 南部襄吉(1888—1975),石原莞尔在东京陆军中央幼年学校的同学,毕业于陆军士官学校第二十一期,曾任步兵第二十联队联队长、奉天陆军预备士官学校校长、独立混合第十二旅团旅团长等职。1944 年升任陆军中将。一般认为,其父南部次郎的亚洲主义思想对石原东亚联盟论的形成产生过一定影响。参见太平洋戦争研究会编著『日本陆軍将官総覧』、266 頁。

[2] 和田劲(1895—1958),日本陆军军人,曾任"满洲国"陆军中将、"满洲国"协和会监察部长、东亚联盟同志会代表,石原莞尔的"左膀右臂"。参见藤本治毅『石原莞爾』、337 頁。

[3] 藤本治毅『石原莞爾』。

性格的迥异，或许造成了两人观念上的根本对立。石原出生时，家族已经过明治维新而没落，石原在军校一直是优等生，他主张的东亚联盟论和最终战争论是通过刻苦研究国内外的学说和战史并结合实践经验而总结出来的。东条出生于东京的军人家庭，父亲东条英教当时已是陆军中将。他走上军人的道路是必然的，因此个人的努力程度不如石原，在军校表现平庸，但野心却极度膨胀。藤本认为，石原主张的"东亚联盟"是建立在各国平等基础上的联盟，而东条主张的"兴亚同盟"则露骨地主张应由日本来领导亚洲各民族的解放运动。针对石原应由一次世界大战来完结战争的"最终战争论"，东条主张"战争永久不灭论"。这种成长背景和理念的不同使他们从下级军官时期就互相轻视，彼此对立。

　　入江辰雄曾是东亚联盟运动的活跃分子，也是日莲教信徒，其所著石原评传《石原莞尔"永久和平"的先驱者》(『石原莞爾「永久平和」の先駆者』)试图以日莲教①信仰为切入点阐释石原的生平。② 入江认为石原从发动九一八事变，到放弃"满蒙领有论"，主张"满洲独立建国论"都是出于感受到大圣灵的"灵威"，是在日莲圣人的指引下，对日莲圣人《谏晓八幡抄》所授教义的一种实践行动。这与后来爆发的中日战争和太平洋战争的性质完全不同。后者是日军当局不顾石原劝阻，违背大圣灵教义的侵略战争。而日本战败后，石原虽然身为军人，却宣扬"战败乃神意"，日本应"交出所有武器""彻底放弃战争"，实现永久和平，也是受到了法华经和

① 日本佛教宗派之一，又被称为"日莲宗""法华宗"。创始人日莲，信奉《法华经》。从明治时期起，日莲教开始带有强烈的国家主义和军国主义色彩，不仅为日军念经祈祷，甚至鼓吹日本应征服世界，受到当时不少政治家和军人的追捧。

② 入江辰雄『石原莞爾 「永久平和」の先駆者』，東京：たまいらぼ，1985 年。

日莲圣人的启示。①

　　早濑利之的《石原莞尔 满洲备忘录》(『石原莞爾　満州備忘ノート』)详细介绍了"满洲国"建国前后石原莞尔的活动情况,试图通过解读石原日记和石原"满洲国"备忘录,还原石原关于"满洲国"的构想。② 在早濑的解读中,石原所构想的"满洲国"是出于自给自足和自卫的考虑,为了协助日本对抗美国的经济制裁和防御苏军的军事进攻。关于对"满洲"的支配问题,早濑认为石原的想法有一个变化过程。在"满洲国"建国以前,石原主张对"满洲"实行"领有主义",即占领。在"满洲国"成立后,应"满洲"民间人士的请求,石原转而主张将占领后的"满洲"的统治权和主权移交给"满洲人",即政治和经济领域的运营由"满洲人"承担,日本仅依据国际法负责满铁的防卫和治安。

　　早濑还认为:石原设想的"满洲国"的体制是模仿美利坚合众国,即实行"五族联合"的共和制。但参谋本部却坚持推举清朝废帝溥仪出任"皇帝",成立表面"帝制"的傀儡政权,这样一来"满洲国"实际上成为日本的殖民地。显然,早濑对石原的"满洲国"构想认识得过于理想化,他甚至提出一些假设:石原心目中理想的"满洲国"是"满洲人治理的满洲国",如果能够成功实现这样的国家,蒋介石国民政府也只会羡慕而不会加以干涉;如果"满洲国"能够保持原状,美国不仅不会实施经济制裁,也不会强化驻夏威夷的太平洋舰队;"满洲国"或许会引进美国资本,与美国共同开采石油,并形成针对苏联的共同防卫线。

　　此外,阿部博行在《石原莞尔:生涯与其所在时代》(『石原莞爾:

① 入江辰雄『石原莞爾　「永久平和」の先駆者』、14—16 頁。
② 早瀬利之『石原莞爾　満州備忘ノート』、東京:光人社、2004 年。

生涯とその時代』)中,结合时代背景,较为客观地对石原莞尔的生平事迹进行了记述。① 田中秀雄以石原莞尔的友人小泽开作②为主线,通过介绍小泽开作在中国的活动、小泽与石原的交往,展现了石原莞尔在九一八事变爆发和"满洲国"建国前后、中日全面战争开始、太平洋战争爆发以及战后等各个时期的思想与行动。③

石原莞尔留有大量书信等私人档案,且内容丰富。伊藤嘉启的《石原莞尔的欧洲体验》(『石原莞爾のヨーロッパ体験』)一书通过解读石原在赴德留学时期写给妻子的书信,探讨他性格之所以"异端"的原因,并揭示了石原在欧洲留学期间的一些侧面。④

除上述关于石原本人的著述外,日本学界关于中日战争史的研究成果中也或多或少会论及石原及其最终战争论、东亚联盟论。比如加藤阳子在《总体战体制下的政军关系》(「総力戦下の政―軍関係」)一文中提出,石原莞尔的东亚联盟论在意识形态层面为日本发动侵略战争制造了理论基础,并因此获得了广泛支持。"汪精卫的南京国民政府也于2月1日成立了东亚联盟中国总会,把'东亚联盟论'视作与重庆国民政府的三民主义相对抗的意识形态而加以重视。"⑤加藤的看法也代表了部分日本学者的观点,即认为石原的东亚联盟论明确阐释日本发动战争的目的、为战争提供了意识

① 阿部博行『石原莞爾:生涯とその時代』、東京:法政大学出版局、2005年。

② 小泽开作是在"满洲"开业的牙医,也是狂热的民族主义分子,"满洲国"建国的鼓吹者,"满洲国"协和会的创始人之一,后来又加入新民会,与石原莞尔关系密切。小泽开作也是日本当代著名指挥家小泽征尔的父亲,小泽征尔的"征"即取自板垣征四郎,"尔"即取自石原莞尔。

③ 田中秀雄『石原莞爾と小澤開作——民族協和を求めて』、東京:芙蓉書房、2008年。

④ 伊藤嘉啓『石原莞爾のヨーロッパ体験』、東京:芙蓉書房、2009年。

⑤ 加藤陽子「総力戦下の政―軍関係」、倉沢愛子など編『戦争と占領のデモクラシー』、23頁。

形态层面的支持。关于这类仅仅是在文章中有一部分涉及石原及其思想的研究,暂不作赘述,在下文中会补充更详细的介绍。

通观日本关于石原莞尔的著述,其中不少研究带有浓厚个人色彩,或把石原美化为民族英雄加以讴歌,或视为悲剧人物表示同情。这些著述很难超越日本的国家立场,其立论本身就已对石原持肯定观点,结论大多认为石原是优秀的军事学家、理想主义者、和平主义者和虔诚的宗教信仰者。在这些研究石原的论述中大都或明或暗地存在着以下几种观点:第一,日本如果按照石原的"不扩大""东亚提携""东亚和平"的构想走下去,或许不会在太平洋战争中失败。第二,石原或者说日本的本意是实现"东亚联盟",扶持中国,复兴亚洲,共同对抗欧美列强,但是在以东条英机等人为代表的激进派的"独走"之下,日本逐步走上了侵略中国及亚洲其他国家的道路。第三,"满洲人"备受军阀统治压迫,日本占领"满洲"的初衷是帮助"满洲人"建立"独立的国家",使日、"满"、汉、朝、蒙五族在"满洲"自由竞争,共建"和谐乐土"。第四,"满洲"不是中国固有领土,"满洲"北部接近苏联地区甚至是未被开垦的无主之地,日本鼓励本国国民移民"满洲"是正当合法的。

这几种逻辑与战后初期日本政府提出的"一亿人总忏悔"①的逻辑是一致的,不仅仅反映了石原莞尔研究者对日本侵华战争的

---

① 日本战败后的 1945 年 8 月 28 日,为避免天皇承担战争责任,时任日本首相的东久迩宫稔彦抛出"一亿总人忏悔"论,称"事已至此,当然是政府的政策不好。另外,国民道义的颓废也是原因之一。此时此刻我认为,军、官、民等国民全体都必须彻底反省和忏悔。我相信,全体国民的总忏悔是我国再建的第一步,也是国内团结的第一步"。这一逻辑旨在把战争责任转嫁到 1 亿日本国民的身上,从而掩盖昭和天皇的战争责任,逃脱联合国军事法庭的审判。参见王希亮《评"一亿总忏悔"与"天皇退位论"》,《抗日战争研究》2003 年第 1 期。

本质乃至日本战争责任的理解,而且时至今日仍然或明或暗地存在于整个日本社会,成为造成中日两国社会和广大民众在历史认识上存在巨大差距的原因之一。然而,战争中的日本的确有许多人循着这样的逻辑,对近代中国政治和近代东亚社会的演变做出过完全不符合事实的判断。特别是对于亚洲和中国的复兴是否应由日本主导,中国东北地区是否可以简单地看作是"化外之地"的认识,完全背离历史和现实,而对中国的民族主义兴起、中国多样的民族生态环境等问题的复杂性均认识不足,这也成为其最终走向失败的重要原因之一。因此,对石原莞尔东亚战略理论的研究,有着历史和现实的双重意义,一方面可以使我们厘清日本发动侵略战争的动机,揭示所谓"东亚联盟论"和平构想背后的侵略扩张本质,梳理"满洲国"建立过程中复杂的民族生态环境等历史问题;同时,也会对正确理解今天中日历史认识的差距和缩小这一差距提供有益的借鉴。

(三) 欧美研究者眼中的石原:值得尊重的对手

美国关于石原莞尔研究的代表性人物是约翰・博伊尔(John Boyle)和马克・皮迪(Mark Peattie)。

在《中日战争时期的通敌内幕 1937—1945》[①]一书中,博伊尔不仅大量引用了与中日战争相关的各国研究成果、回忆录以及日本外务省、美国国务院、东京审判的相关档案,还采访了今井武夫、清水董三、松元重治、陶希圣、高宗武、李圣五等相关人物。该书主要着眼于日本内部关于侵华政策的争论(即"扩大派"与"不扩大

---

① [美]约翰・博伊尔著,陈体芳、乐刻等译:《中日战争时期的通敌内幕 1937—1945》(上下),北京:商务印书馆 1978 年版。John Boyle,*China and Japan at War*,*1937—1945*:*The Politics of Collaboration*(Stanford University Press,1972).

派"之争），详细介绍了日本侵略中国并在中国扶植傀儡政权的经过。作者认为"要进一步看清楚中国事变（即卢沟桥事变——引者注）怎样使陆军系统分裂为扩张主义派和反扩张主义派这两个阵营，最好考察一下反扩张主义派的主要代表人物石原莞尔少将的观点和结局"①，"要是石原还能在中央呆下去的话，他的观点很有可能在形成汪政权的性质方面成为决定性的因素，并使该政权成为一个有活力的'独立政府'，而不是一个傀儡政府"②。因此，作者在书中对石原本人及其与"扩大派"的矛盾冲突进行了详细论述。

　　博伊尔首先肯定了石原莞尔作为军事战略家的一面。他认为，"典型的帝国陆军军官们总是一味强调纪律、优秀的精神素质以及大和魂等等之无比重要，认为这些是无价之宝，可以补日本在现代化战争装备方面的不足"③，而石原则与持这种传统意见的大多数同僚不同，他看到了经济对于战争的重要性，因而非常重视统计学家和经济计划工作者的才能。石原在任职参谋本部战争指导课时期的中心工作就是组织下属编写关于陆军未来需要的预测报告以及分析日本经济实力的状况和弱点的调查报告。根据这些调查报告，石原提出必须把经济问题置于总体战体制之上，否则无法适应陆军未来的迫切需要。必须按照轻重缓急来重新调整国民经济，以便适应远离日本本土作战的现代化、机械化、机动性高的军队的需要。

———————————

① ［美］约翰·博伊尔著，陈体芳、乐刻等译：《中日战争时期的通敌内幕 1937—1945》上，第 63 页。

② ［美］约翰·博伊尔著，陈体芳、乐刻等译：《中日战争时期的通敌内幕 1937—1945》上，第 6 页。

③ ［美］约翰·博伊尔著，陈体芳、乐刻等译：《中日战争时期的通敌内幕 1937—1945》上，第 64—65 页。

　　关于石原为何不主张扩大战争，博伊尔认为除了考虑到陷入与中国进行持久战的泥沼中会给真正的敌人苏联以可乘之隙外，还因为石原对中国国民党和对中国的民族主义力量有了新的、积极的评价。"到三十年代中期，石原一反军人中普遍存在的观点，开始感到国民党并不仅仅是一个军阀派系，它其实是民族主义潮流的领导者（或许是追随者）。而日本却冒险来顽抗这股潮流"。[①]"扩大派"则恰恰没有看清中国的变化，不了解中国的实际情况，最初企图以"闪电战"结束战争，后来又寄希望于以一次次战役，控制中国主要城市，击垮蒋介石领导的国民政府，但最终并没有打败中国的民族主义，陷入全面持久战争的泥沼。

　　在博伊尔的论述中，石原莞尔依据最终战争论理论把苏联和美国依次设定为战争对象，并出于"以战养战"方针发动了九一八事变，制造了伪满洲国，认为日本必须通过武力控制中国，建立东亚联盟，即一个包括日本、中国和"满洲国"的政治和经济集团；在卢沟桥事变后，石原开始抛弃以武力组成东亚联盟的设想，而是主张以道义劝说和以日"满"合作为范例来争取中国与日本成为同一集团。博伊尔对石原这一转变的判断是，石原首先是一名日本帝国的军人，并不是日本研究者眼中的"和平主义者"，他从来没有主张过日本应放弃对"满洲国"的控制。但是，后来石原认识到自己所发动的九一八事变，促进了中国民族主义的觉醒，因而开始主张"日本有一切理由去促进——而不是阻挠——中国发展成一个强大的、统一的和独立的国家"[②]。与此同时，石原出于对欧洲战史的

---

① [美]约翰·博伊尔著，陈体芳、乐刻等译：《中日战争时期的通敌内幕 1937—1945》上，第 67 页。

② [美]约翰·博伊尔著，陈体芳、乐刻等译：《中日战争时期的通敌内幕 1937—1945》上，第 6 页。

深入研究（特别是拿破仑的失败）、对中国情势的了解、对战时经济的深入调查统计，得出与中国作战将使日本陷入泥沼的结论，因此反对"扩大战争"。博伊尔故而得出结论：石原的所有行为、思想变化都是出于一名军人对如何在战争中取胜，如何更好地维护国家利益所做出的考虑。

博伊尔的观察视角有一定的客观性，值得本书借鉴，但他的研究仍然倾向一种假设，即如果日本政府采纳以石原为代表的"不扩大派"的方针，则中日之间可能不会发生战争。这种假设是否合理？是本书需要探讨的课题之一。

皮迪运用英文和日文资料对石原莞尔进行了全面研究。他认为以石原为代表的出生于19世纪末20世纪初的日本将校，大部分接受过从陆军地方幼年学校、陆军中央幼年学校、陆军士官学校到陆军大学的完整的军事教育。与明治时期的军人不同的是，这一批军人在军校中接受了较为先进的西式教育，了解一战中世界各国的战术、战略、战史。他们中的许多人还有到欧洲留学的经验。因此，他们对军中元老、旧派阀深为不满，热切希望日本陆军进行军事改革。另外，因日本在日俄战争中取得胜利，且自日俄战争后日本的军事教育开始强调"国体"精神，因而这一代军人更具有自信，于是在他们中间滋生了由日本领导东亚对抗西方的所谓的亚洲主义。[1]

关于石原，皮迪认为石原通常被视为"军人""军国主义者""帝国主义者"，但其战略思想、宗教思想及为人处世之原则，又与这些称谓多有矛盾。他以石原"日美决战"的构想即石原的对美认识为焦

---

[1] 参见［美］マーク・R. ピーティ著、大塚健洋等訳『「日米対決」と石原莞爾』、東京：たまいらぼ、1993年、33—35頁。

点,分析石原"最终战争论"的"成败得失",指出石原虽然预测到日美战争的趋势,但是缺乏对日美国力巨大差异的判断是其理论的根本缺陷,也因此导致日本走向灾难性结局。皮迪的研究结合了日美两国已有的成果,对石原莞尔的最终战争论有着较为完整且严谨的学术评价。他在该书日文版序言中提到,他的研究跳出日本学界的范畴,也有日本学者评价该书为最公正且最值得信赖的石原研究。但是,综观全书,其所谓"脱离日本史研究的范畴"更多体现在从美国的立场来评价石原的战略理论,对中国的抗日战争史则鲜有涉及。因此,皮迪的研究虽然启发我们不应局限于石原本人所持的立场,跳出以日本为主体的逻辑,也提示了我们既有研究的缺憾,应该从东亚各势力角逐的多边视角来思考这个问题。①

从对既往研究的比较分析来看,在中日两国,研究者对石原的评价和关注点存在明显的对立与差异。在中国,石原通常被视为不折不扣的侵略者,有学者认为他的"不扩大"战争的主张实际是更为隐蔽的侵略方式;在日本人的认知里,或把战争责任归结于石原等陆军"精英"军官,或视石原为反对日本扩大侵略战争的"和平主义者"。② 既往研究中,中方研究者较多关注石原在九一八事变和伪满洲国建立过程中的行为和所发挥的作用,试图通过此类研究,揭示日本侵华的野心和日本大陆政策的一贯性;而对石原提倡的东亚联盟论的考察,主要着眼于揭露和批判其虚伪的本质。③ 不过,总体而言,中国学界深入研究石原的成果不多,且较集中出现在 21 世纪初期。部分成果存在史料运用单一、研究视野有待拓宽

---

① ［美］マーク・R. ピーティ著、大塚健洋等訳「「日米対決」と石原莞爾」。

② 参见王云翠《石原莞尔的"不扩大"思想》,东北师范大学硕士学位论文,2008 年;入江辰雄『石原莞爾 「永久平和」の先駆者』。

③ 参见史桂芳《"同文同种"的骗局——日伪东亚联盟运动的兴亡》。

等问题，往往局限于石原在某一事件中的作用，研究时段也缺乏连续性。日方学者则更多关注石原本人，有关成果多为其个人评传或对其战略思想的研究，结论倾向于把日本侵华及日本战败的原因归为日本当局对石原构想的背离，这些研究多数是从日本国家立场出发，带有为石原和日本战败惋惜的感情色彩，①而欧美研究者的观察视角看似中立，但其更偏重于从美国立场来评价石原和中日战争，缺少对中国抗日战争史的关注。

三、研究思路

（一）研究主旨

石原莞尔从提出战争理论，到策动战争、指挥战争，后来又被迫退役，战后逃脱战犯审判，既有其特殊的战争经历，也与同时期的日本陆军"中坚层"军人存在共性。本书的写作初衷之一，是尝试弥补既有研究中存在的视角单一、史料缺失、时段碎片化、研究深度不够、系统性欠缺等问题，探析这些"中坚层"军人的共性和个性。为此重点考察三个问题。

其一，追溯日本明治建军时期的对外扩张政策及为此进行的军事近代化改革之过程，重点关注军事教育对侵华战争中成为中坚的军人的影响，重新梳理自九一八事变开始的日本侵华战争过程，着眼以石原莞尔为代表的日本陆军"精英"即所谓"中坚层"对战争发展的导向，驳斥所谓"下克上"论，日本陆军侵华政策的制定是由于"精英"军人误国，侵华战争具有"偶然性"等日本社会中存在的错误历史认识。

---

① 参见藤本治毅『石原莞爾』；入江辰雄『石原莞爾　「永久平和」の先駆者』；早瀬利之
　　『石原莞爾　満州備忘ノート』；阿部博行『石原莞爾：生涯とその時代』。

　　其二,如果单纯看石原莞尔针对与欧美作战的战略理论,在东亚多元格局下思考东西对抗,提倡东亚国家间的合作互助,似乎是近代日本"尊皇攘夷",争取民族解放主张的顺理成章的发展。然而结合实际战争过程来看,石原的理论非但没有阻止战争,反而恰恰扩大了战争。因为日本当局正是打着对美作战的旗号,来说服国民,对中国行使武力。那么石原的战略理论对日本的侵华战争到底起到了怎样的影响?

　　其三,为了解释对石原莞尔及其战略理论的评价中存在的矛盾,必须首先阐明石原对"满洲"、东亚乃至世界局势的认识和石原理论中存在的根本错误。石原提出"满洲"有别于中国,标榜要建立"满洲人"治理的"满洲国",将其变成五族共和的乐土。但实际上,"满洲"在他的战略构想中只是为了抵抗苏联和实施对美作战的"补给线"。而另一方面,日本当局不会让"满洲国"真正独立;同时"满洲人"也不可能脱离中国,接受日本的统治。他对待"满洲"的出发点是占领,强行割裂"满洲"与中国的关系。因此,其标榜的理想的"满洲国"构想必然失败。同样,在东亚联盟论中,石原虽然表面上把中国定位为日本的"盟友",但并没有把中国当成一个有力量的独立政治实体来平等看待,更无视在受到来自西方压力后孕育在中国内部的民族独立与解放的政治要求,看不到日本已经成为"东洋列强"的中国视角,反而始终强调日本的主导地位。石原的认识和逻辑的背后是日本越来越大的侵略野心,这种野心导致战争欲望越来越狂热。直至战后,这种认识和逻辑的侵略本质仍未得到彻底的清算。

　　本书希望突破既往研究把中日战争作为双边关系考虑的局限性,综合探讨石原莞尔对中国、美国、苏联的不同认识,将石原的战略构想和中日战争置于东亚复杂的国际局势中考察。石原战略构想的主线是以东亚联盟为基础,以"满洲"为日本的"生命线",先同苏联作战,最后同美国进行决战。这一主线的核心理论就是最终战争论与东亚联盟论。其战略考虑范围至少涵盖了日本、中国、苏联和美国。为叙述方便,本书将石原的战略构想概括为石原莞尔的东亚战略理论,但这并非认为石原有着一成不变的战略构想,相反,其战略构想一直随着东亚局势的变化而不断调整。因此,本书将重点考察其理论与其军事和政治行动的相互影响,并置于东亚的国际环境中,分析石原战略理论形成的动态过程。

石原莞尔以最终战争论和东亚联盟论为核心的东亚战略理论,萌发并成长于20世纪初期(尤其是日俄战争后)的东亚新格局中。在这一新格局中,日本作为一个现代国家在政治、经济、军事和文化上迅速崛起,并与原来的东亚强国中国、外来的西方俄美势力,形成了多边角力的局面。石原的东亚战略理论正是在这一复杂多元的局势中发展起来,并具体体现在九一八事变、"满洲国"的建立、中日全面战争爆发等一系列重大事件中。其流行和破灭与其自身逻辑的内在缺陷有关,也与当时历史情境的变化紧密相连。本书试图跳出中日战争的既有框架,从东亚国际局势的战略高度分析和评价石原的东亚战略理论,以期充分理解其理论的内在脉络,从而更好地揭示日军侵华的战略意图,在清理史实的基础上对其思想做出更全面、客观的评价,促进中日间历史认识差距的弥合。

在研究过程中,本书将着力爬梳中日史料,通过归纳、对比中日双方研究,同时借鉴美苏相关研究,以更为多元的视角对九一八事变、日本陆军、东亚联盟论等重要事件和问题进行全面的梳理,分析石原战略理论形成的思想根源、石原的战略理论于中日双方的影响、日本战败是否源于对石原构想的背离等问题,揭示石原理论的本质缺陷。同时,通过观察石原与其陆军同僚的合作与对立,勾画侵华日本陆军"中坚层"的群体像。

档案资料方面,本书主要利用《石原莞尔选集》《石原莞尔资料》《日本军队教育相关史料集》,日本官方编修的战史《战史丛书》,《现代史资料》所收"十五年战争"各阶段重要政军文件、密电,日本亚洲历史资料中心公开的陆军省、外务省、参谋本部相关档案,日本国立国会图书馆和国立公文书馆网站公布的陆军省档案,关东军对苏情报战资料,满铁相关资料,台湾档案部门收藏相关资料以及日本陆军军人的回忆录、日记,张学良回忆录、蒋介石日记等。

(二) 章节构成

结合上述历史大背景,同时结合中国近代历史进程以及世界局势对东亚近代历史的影响等综合因素考虑,本书主要由四章构成。

第一章追溯明治维新以来日本陆军的建军过程和军人培养制度,讨论日本"精英"式军事教育对石原等陆军"中坚层"军人的战争观的影响,并以石原莞尔的生平经历和主要军事战略思想为例,说明该影响的深度和广度,以此加深对日本军国主义、日本大陆政策形成过程的理解,并追溯日本军国主义形成的思想根源。

第二章讨论日本陆军"中坚层"在中国东北地区的侵略计划和战争实践。这同时也是石原对其东亚战略理论的实践。1928 年,石原莞尔被派到"满洲"任关东军参谋。他通过参加参谋旅行等活动对"满洲"各地进行调研,实地考察了将"满洲"作为日美作战"生命线""补给线"的必要性和可行性。在陆军中央的"精英"参谋的配合下,他们经过周密计划,策动了九一八事变。"满洲国"建国后,石原希望依据他的"东亚联盟论",在"满洲国"进行一些尝试。但是,因为这些构想的前提是以日本人为中心的虚假的平等,因此

"满洲"沦为日本殖民地是必然的,"满洲国"也不可能成为石原所构想的"王道乐土"。

第三章从组织派系和战略思想两个层面,分析自九一八事变至七七事变期间,石原莞尔的事业晋升与日本军队派系争斗之间的关联,及其战略思想与陆军主流思想的离合。本章以一夕会为切入点,介绍这一陆军"中坚层"军人团体从诞生至壮大,逐渐掌握陆军中央权力的过程,并以一夕会的灵魂人物永田铁山的军事和政治思想入手,阐释日本陆军统制派的总体战思想。通过石原莞尔的履职轨迹和政策斗争,透视日本陆军中央内部、中央与地方的人事矛盾和政策走向,进而深入理解日本侵华政策的形成过程。

第四章在国际视野下,考察日本陆军战争理论的形成和发展过程。深入分析石原莞尔在退出陆军中央后最终成文定型的两个主要理论,即最终战争论和东亚联盟论的理论背景、思想脉络、主要内容、个人特点,以及东亚联盟论的酝酿、出台、主要体系和内容及其最终走向。从战争理论层面探讨、分析石原战略构想的流产及日本侵华战争失败的最根本原因。

第一章 日本近代陆军教育体系的形成:陆军"中坚层"的培养轨迹

明治35年(1902年)8月31日,一个骄阳似火的午后,在日本仙台市东部广阔的宫城野附近的道路上,一对看上去满身乡土气息的父子,一边用衣襟擦着汗,一边不歇脚地走着。终于,两人来到了一座庄严的建筑物的正门前。

这里是仙台陆军地方幼年学校。明天就要入学了,这名叫作石原莞尔的少年,在父亲石原启介的陪伴下长途跋涉,刚刚从老家赶到仙台。当时的石原莞尔是山形县立鹤岗中学的初二学生。

次日的9月1日,是仙台陆军地方幼年学校第六期的开学典礼日。所有来自日本东北地区和北海道的新生,加上部分来自关东以西地区的新生共50人,在典礼前换上了公家发的纯白色陆军夏季军装,然后到二层大讲堂集合。

在全体新生进行宣誓完毕后,是开学典礼最重要的环节,即由校长朗读明治天皇在1882年颁布的《明治十五年御赐陆海军军人之敕谕》(『軍人勅諭』)。这则敕谕要求所有陆海军军人必须会背诵,敕谕开头就是"我国军队世代为天皇所亲御","一、军人当以尽忠尽节为本分。夫既享生于我国,其谁复无报国之心,而况于为军人者……一、军人须以礼仪为重。凡为军人者,上自元帅、下至兵卒,期间自有官职阶级之分。即同列同级之中,停年亦有新旧。其新任者自当服从于旧任者,须知下级者之承上命,实无异承朕命。纵非己所隶属,亦当视同一律。上级者固不待言,即论停年较己为旧者,亦当尽礼表示敬意……一、军人当尚武勇。夫武勇为我国古之所重,凡我臣民自非武勇不可,况军人以临战杀敌为职志,又安可一时忘乎哉……一、军人当以信义为重……一、军人应以质素为旨。"规定军人必须忠君报国,崇尚武勇,下级服从上级,新人服从旧人。自此,这段敕谕将贯穿这些年仅十二三岁的少年的一生,成为此后他们接受军队训育指导的唯一依据。"军人敕谕是建军的骨髓、军队的支柱,全体陆海军军人都要铭记在心,无论平时战时,都据此磨砺操守"。①

以上这段描写出自石原莞尔的传记,记录了石原莞尔少年时代进入仙台陆军地方幼年学校时的情景。

说到明治 35 年,正处于日本在中日甲午战争后的所谓"卧薪尝胆期"。中国的义和团事件的余温尚在,日俄之间的紧张气氛又日益加剧。年初,日英同盟成立,日本对俄感情也变得尖锐起来。就在如此复杂的国内外局势中,石原莞尔等一批少年作为军校学生开始接受培养。经过数年的精英式军队教育和军国主义的思想洗脑,期间被日本在日俄战争取得的胜利所鼓舞,这些军国少年逐渐成长为日本发动对外侵略战争的"中坚"。他们把所受的军国主义教育和训练积极付诸实践,其中有人如石原莞尔,成为发动九一八事变的元凶,后又因与同僚产生侵华方向性分歧,被迫离开陆军,摇身一变为军事理论家、"和平主义者";也有人孤注一掷,把中国乃至全世界民众拖入残酷的战争,最终被国际军事法庭处以

---

① 藤本治毅『石原莞爾』、18—20 頁。

极刑。

　　研究日本陆军"中坚层"侵华政策的演变轨迹,首先有必要厘清日本近代陆军的战争观,特别是其对华认识的形成过程。不了解这一点,就很难解释日本陆军"中坚层"何以敢不断挑衅并不断扩大侵华规模,并最终发动全面侵华战争。而石原莞尔的成长轨迹,正是其中一个极具共性又有其特性的难得个案。

　　1868年明治维新以后,为了彻底摆脱西方列强的蚕食,实现国家的近代化,日本很快走上了"脱亚入欧"的道路。而保障国家强大的根基之一,就是要建立起一支强大的军队。1870年,明治政府开始效仿法国和德国的军队制度,创建不同以往的日本近代陆军体系,并迅速建立起一套完整而系统的军事教育制度。在这套军事教育体系之下,陆军择优录取日本青少年(初中生)进入陆军幼年学校,经过三年严格的军事化教育,再从中择取优秀学员送入陆军士官学校。其中那些能自陆军士官学校顺利毕业者,要再经过基层联队锻炼后,方可报考陆军大学。最终,陆军大学毕业生中,也只有优等生才有机会进入陆军核心部门。这三个层级的每一次筛选,都是一次优胜劣汰的过程。因此,日本陆军的军事教育可谓名副其实的"精英"教育。这批毕业生在此后日本的对外侵略战争中,无论是服务于陆军中央具有决策权的"精英"分子,还是在战争中实地参与作战指挥和计划制订的各级军官或参谋人员,大部分都是在这套军事教育系统下培养的"中坚层"。

　　这一教育体系中所贯穿的皇军至上、日本民族至上的军国主义思想,从青少年时期就灌输给陆军幼年学校的学员,直至其自陆军大学毕业。因此,作为这种教育体系的产物,日本陆军的"精英"军官们,其人生观、世界观、战争观等方面都具有相当多的共性。他们所接受的军事教育是陆军军人系统形成战争观的第一步,在潜移默化中对其战争决策产生了不可忽视的影响。作为日本对外侵略政策的执行者，这些"精英"军官参与策划、发动了侵华战争，并将战争扩大至整个东亚。石原莞尔就是其中的典型人物。

　　既往研究中，中国学界对日本陆军军事教育问题的关注尚不多见，日本学界虽有针对单独个别军校的研究，但缺乏把三个层级的军校视为整体，对整个日本陆军军事教育体系的系统研究，更少有研究将其与个别军人的成长轨迹相联系。另外，有日本学者倾向把日本对外侵略及战败的原因归结为这些受过陆军高等教育的"军事精英"们个人的"独断专行"，从而为日本国家、天皇开脱罪责。本章拟对日本陆军的"精英"式军事教育体系作一概述，以求从中窥见军事教育对成为陆军中坚的日本军人的普遍影响，进而探讨这种影响与他们制定、实施侵华政策的关系，指出日本"军事精英"培养体系的结构性问题。最后，以石原莞尔的生平及其战争思想为例，分析日本近代"军事精英"培养体系造就的"优秀"军事人才，为何同时也是日本侵略扩张政策的始作俑者。

第一节　近代日本陆军的创立

一、军事近代化改革

　　明治维新中的军事改革是日本向近代化国家转型过程中的重要步骤之一，也与日本近代史上的对外扩张政策有着密不可分的关系。

　　明治政府成立后的两大首要任务，就是建立天皇中央集权的政治体制与建设天皇统领的国家军队。明治维新以前，日本社会处于幕藩体制①之下,日本的军制是封建藩兵制度,各藩藩主掌握军队,一遇战事,中央政府向各藩抽调藩兵。藩兵由武士阶级构成,指挥官为本藩大姓、高级武士,士兵为中下级武士,普通百姓没有成为藩兵的资格。武士阶级崇尚个人的武学修为,热衷于研习武道,不注重集体战术。自幕府末期到西南战争时期,武士阶级普遍存在轻视西洋武器的态度,对引进西方军事制度怀排斥心理。

明治政府成立之初,依然沿用藩兵制度,军队由各藩藩主控制,上至将帅下至士兵对所在藩籍仍抱有根深蒂固的归属感。1868 年,时任兵库县知事的伊藤博文②提出军队改革,建议将文武大权归还天皇,把各地征讨幕府的军队改编为常备军并以此为国

---

① 江户日本时代的封建体制。天皇居住在京都,但权力被架空,由居住在江户的德川家将军掌握实际权力。将军将直属领地以外的地区分封为大名领国即所谓"藩",大名在其领地内拥有一定程度的经济、政治和社会自主权,实际相当于一个小的国家。大名被称为"藩主",其家臣被称为"藩士"。在明治维新之前,日本有大大小小 276 个藩。其中,长州藩(今山口县一带)、萨摩藩(今鹿儿岛县北部)、肥前藩(今佐贺县一带)、土佐藩(今高知县一带)被称为"四强藩",是明治维新运动中倒幕派的主要力量。长州藩的代表人物有:吉田松阴、井上馨、伊藤博文、木户孝允、高杉晋作、山县有朋、井上闻多、乃木希典、儿玉源太郎、寺内正毅等;萨摩藩的代表人物有:西乡隆盛、大久保利通、东乡平八郎等;肥前藩的代表人物有:大木乔任、大隈重信、江藤新平等;土佐藩的代表人物有坂本龙马。

② 伊藤博文(1841—1909),近代日本著名政治家,明治维新元老之一。长州藩出身,师从吉田松阴。1863 年,与井上馨等人赴英国留学。1866 年,带领长州藩与西乡隆盛为首的萨摩藩结成倒幕联盟。明治政府成立之初,任外交事务交涉员、兵库县知事等职,向政府提出废藩改县、统一货币等重要建议。1871 以副使身份随岩仓具视使节团寻访欧洲,考察西方先进技术。回国后先后任工部卿等职。1883 年主导订立日本宪法,故被称为"明治宪法之父"。1884 年受封为伯爵。1885 起出任日本首相,共担任四届。在其任期内发动中日甲午战争,与李鸿章在今长崎下关签订《马关条约》。其后担任第一任韩国总监,于 1907 年迫使韩国签订第三次日韩协约,成为日本保护国。1909 年 10 月 26 日,在哈尔滨火车站被朝鲜爱国义士安重根刺杀身亡。

家军队的基础。[①] 1869 年 1 月,政府实行"版籍奉还"政策,即令各地大名向天皇交还领土,以实现中央集权统治。而中央政府若要能真正实现集权并有效控制长期拥兵自重的诸藩,就必须迅速建立起一支强有力的直接隶属于天皇的军队。

最早提倡国家进行近代军事制度改革的是大村益次郎[②],他被后人视为日本的"军制之父"。青年时代,大村就热衷于研究西方兵制兵法,译有大量荷兰陆海军兵法书籍。明治政府成立后,大村任兵部大辅,积极致力于日本军事近代化改革,创建近代军制。大村主张统一各藩军队,习用法国军制,并推动兴办军事学校,培养具有近代军事科学技术的军事人才。1869 年 6 月,作为军事改革派,时任兵部大辅的大村在御前会议上提出创立御亲兵(即天皇军队)的设想,首先倡导国民征兵制度。国民征兵制度势必要取消武士特权,吸收平民组建国家军队,因此触动了旧封建士族武士阶级的利益。结果大村的设想尚未实现,就受到士族的疯狂攻击,于当年被过激武士刺杀而亡。

与此同时,时任兵库县知事的伊藤博文亦提出:"文武之权皆

---

① 上法快男编『陸軍大学校』,東京:芙蓉書房、1977 年、35 頁。

② 大村益次郎(1825—1869),近代日本军制之父,长州藩出身。自幼学习医学和荷兰语,青年时代热衷于研究兵法,翻译了大量荷兰陆海军兵法书。1866 年,大村被任命为相当于长州藩陆海军大臣兼参谋长职务的三兵教授、军政用挂和海军御用挂。此后,他对长州藩军的军制、军备等各方面进行了改革,使长州藩军从上至下实现全藩"一体化",并在掌握枪炮等军事武器方面加强训练。在倒幕战争中,他和高杉晋作等人率兵打败幕府军队,表现出杰出的军事指挥才能。明治政府成立之初,大村先后任军务官副知事、兵部大辅,对日本军队的近代化改革提出具体设想。主张陆军可先采用当时比较先进的法国军制,培养掌握近代军事科学技术的军事人才,广兴军事学校。在大村建议下,京都、东京、大阪分别建立了海军操练所和陆军兵学寮。大阪建立了兵工厂,宇治建立了火药制造厂。1869 年 7 月下旬,大村在视察京都、大阪地方军事设施时,被伪装成长州藩同乡的士族过激派刺伤后,不治身亡。

应归于朝廷,然讨贼之兵力,皆出自诸侯,朝廷无一兵一卒亲卫,何以威震诸侯? 何以应对海外? 夫治国岂可仅论仁德? 亦应常备军威之盛","朝廷应设常备队,设立总督、军监、参谋等职,以下亦应设立相当之爵位,兵卒亦应各有职位,从而折中欧洲各国兵制,改革我国兵制"。[1] 当年 7 月,天皇正式颁诏设立兵部省。兵部省不仅准备从各藩征集兵员,还计划建立学校,"雇佣外国人等为师,选拔各藩藩士为学生"。[2]

1870 年,明治政府开始推行军制改革。是年,大村益次郎的后继者山县有朋、西乡从道[3]从欧洲视察军制归国。山县出任兵部少辅,西乡任兵部权大丞。在他们的倡导下,政府决定将各藩军队进行统一改编,制定征兵规则,并布告全国,不论士族、庶民,每禄米 1

---

[1] 伊藤博文「兵庫県知事伊藤博文兵制更革及ヒ凱旋兵士統馭ノ議ヲ上ル」、1868 年 10 月 17 日、『太政類典・第一編・慶応三年～明治四年・第百十四卷・兵制・雑』、国立公文書館。https://www.digital.archives.go.jp/das/image/M0000000000000-834705.

[2] 太政官「兵部省前途之大綱ヲ禀ス」、1869 年 11 月 24 日、『太政类典・第一編・庆应三年～明治四年・第百十四卷・兵制・雑』、国立公文书馆。https://www.digital.archives.go.jp/das/image/M0000000000000834706.

[3] 西乡从道(1843—1902),萨摩藩(鹿儿岛县)出身,西乡隆盛之弟。参与过幕末的戊辰战争(1868 年 1 月 27 日,萨、长两藩为主力的天皇军 5 000 人,在京都附近与幕府军 1.5 万人激战,幕府德川庆喜败走江户。此后,天皇军大举东征,1868 年 5 月 3 日占领江户城,11 月初平定东北地区,1869 年 6 月 27 日攻下北海道函馆幕府最后的残余势力。这一系列战争被称之为戊辰战争)、萨英战争(1862 年 9 月,数名英人为萨摩藩武士所杀。次年 8 月,英国派舰队进驻鹿儿岛湾,在与萨摩藩交涉过程中,双方发生互相炮击事件)。1869 年与山县有朋赴欧洲研究兵制,1873 年被任命为陆军大辅。因未参与西乡隆盛发动的西南战争,得以留在明治政府。日本出兵台湾后,其认为日本发展海军甚为迫切,故由陆军转入海军。1885 年任海军大臣,1892 年晋升为海军大将。中日甲午战争时兼任陆军和海军大臣,是侵华战争的主要决策者。1898 年受封为元帅,是日本海军中的第一位元帅。

万石征招 5 名壮丁。① 同时,命令陆军仿效法国军制,海军仿效英式军制进行改革。② 1871 年,日本政府实行"废藩置县",同时将萨摩(今鹿儿岛县)、长州(今山口县)、土佐(今高知县)三藩的藩兵共计 1 万名,③调集至东京,改编为隶属于兵部省的御亲兵,这就是日本陆军最初的正规部队。④ 同年,山县等人联名上奏军事改革议案,提出日本应逐渐将军备重点由对内改向对外;以不断东进的俄国为假想敌,充实对俄军备;采用征兵制,完善教育机构,为陆海军培养人才;军备优先其他国政。⑤ 此后,中央政府开始逐渐解散藩兵,取而代之的是实行镇台制⑥,即政府在重要地区派驻军队。8 月,政府制定了东京、大阪、熊本、仙台 4 个镇台,分别驻扎常备军,把全国城防、武器、舰队都移交兵部省掌管,完全控制了全国军权。⑦ 1872 年 2 月,为了进一步加强天皇对军队的统治,努力发展海军,兵部省一分为二,扩编为各自独立的陆军省与海军省。11 月,天皇颁布征兵诏书,明确征兵总方针。1873 年 1 月,正式颁发

---

① [日]坂本太郎著,汪向荣、武寅、韩铁英译:《日本史》,北京:中国社会科学出版社,2008 年,第 368 页。

② 太政官「常備兵員海軍ハ英式陸軍ハ仏式ヲ斟酌シ之ヲ編制ス因テ各藩ノ兵モ陸軍ハ仏式ニ基キ漸次改正編制セシム」、1870 年 10 月 2 日、『太政類典・第一編・慶応三年～明治四年・第百十四巻・兵制・雑』、国立公文書館。https://www. digital. archives. go. jp/das/image/M0000000000000834708.

③ 其中包括萨摩藩步兵四大队、炮兵四队;长州藩步兵三大队;土佐藩步兵二大队、炮兵二队、骑兵二小队。[日]坂本太郎著,汪向荣、武寅、韩铁英译:《日本史》,第 367 页;大日方純夫『はじめて学ぶ日本近代史——開国から日清・日露まで』、東京:大月書店、2002 年、64 頁。

④ 森松俊夫『図説日本陸軍史』、東京:建帛社、1992 年、6 頁。

⑤ 上法快男編『陸軍大学校』、200 頁。

⑥ "镇台"系 1871 年至 1888 年的日本陆军编制单位,后改组为"师团"。

⑦ [日]坂本太郎著,汪向荣、武寅、韩铁英译:《日本史》,第 368 页。

征兵令，实行征兵制度。

　　征兵制彻底打破了武士阶级的特权，从社会各层招募兵源，士兵不再为本藩领主效命，而是作为国家常备军隶属天皇。同时，政府将镇台增设为 6 处，分别设于东京、仙台、名古屋、大阪、广岛、熊本，开始陆续从全国征兵，这样就逐步建立起直接效命于天皇的国家军队，新政府的军制也完全确立。

　　1874 年，这支军队在对外侵略扩张的道路上试探性地迈出了一步。早在 1871 年 12 月，60 余名琉球人遇台风漂流到台湾南部，其中部分为台湾原民所杀，余下被清政府送回琉球。此事件正好给了日本侵略中国台湾的借口。1873 年 11 月，日本政府派外务卿副岛种臣及随员柳原前光前往中国，向清政府发难。1874 年 2 月，时任日本陆军大辅的西乡从道被任命为台湾蕃地事务都督。5 月22 日，西乡率领舰队登陆台湾，攻打牡丹社原住民。10 月，清政府与日本议和，赔偿日本白银 50 万两，日本更借口出兵台湾为"保民义举"，企图一并解决琉球的归属问题。①

　　1878 年，在山县有朋等人的主导下，参谋本部从陆军省中独立出来，日本形成了陆军省、参谋本部、监军部（后改为"教育总监部"）并立的三部编制，逐渐确立了近代化的陆军军制。

　　从日本陆军的组建过程可以窥见日本军事近代化道路的两个目标：一是建立为中央集权统治服务的军队，二是为对外扩张做准备。②

---

① ［日］坂本太郎著，汪向荣、武寅、韩铁英译：《日本史》，第 367 页。

② 1868 年（明治元年），伊藤博文和"维新三杰"之一的木户孝允均主张要发扬皇威于四海，扩张军备。木户更具体提出须以国家五分之三之收入用于扩张陆海军军备。参见上法快男编『陸軍大学校』，36—37 頁。

二、简论近代日本海军的创立

日本实现对外扩张,不仅仅依靠陆军,海军也发挥了必不可少的作用。陆军军人石原莞尔的弟弟石原二郎就是日本海军军人,任海军大佐,在卢沟桥事变后死于飞行事故。[①] 故此,本书有必要对日本海军有一简要评价。

近代日本海军的创立要追溯到明治维新以前的幕府时代。嘉永6年6月3日(1853年7月8日),日本历史上发生了一件影响近代日本巨变的大事件。美国海军准将马修·佩里[②](Matthew Calbraith Perry)率领舰队强行驶入日本江户湾浦贺,打破了一直奉行锁国政策的东亚岛国的平静。日本幕府被迫同意开港要求,与美国签订了《日美亲善条约》(亦称《神奈川条约》),给予美国最惠国待遇。因佩里舰队由四艘先进的黑色铁甲军舰组成,故这一事件又被称为"黑船"事件。佩里舰队共配备63门大炮,与江户湾仅有20门海防炮的火力形成鲜明对比。此后,英、俄、荷等西方列强也借机向日本提出通商要求,日本不得已大开国门。"黑船"事件对日本上下震撼极大,全国各阶层掀起了要求近代化改革的救国浪潮。这一事件既是导致封建幕藩体制瓦解的导火索之一,也为日本此后奉行强兵国策拉开序幕。

这里有必要对一个重要人物有所交代,即被后世称为"日本海军之父"的胜海舟(亦称"胜麟太郎""胜安房",1823—1899)。胜海舟是幕府海军的创始人之一,也是明治政府的第一任海军卿,还

---

① 藤本治毅『石原莞爾』、15頁。

② 马修·佩里(1794—1852),美国海军将领。1846年参加过墨西哥战争,1852年被任命为东印度舰队司令官。其以1853年率领黑船舰队登陆日本江户湾,打开闭关锁国的日本国门而著名。

曾担任过外务大丞、兵部大丞、海军大辅、元老院议官等要职,著有《陆军历史》《海军历史》《幕府始末》《开国起源》《胜海舟全集》等书。他自青年时代起学习兰学①,研究西方军事学和航海技术。早在 1850 年,胜海舟就开办私塾,传授所学。1853 年 7 月 12 日,也就是佩里率舰队到达江户湾的 5 日之后,胜海舟就提交了一份意见书。意见书中谈道:"美国军舰之所以能够轻易就入侵到我江户湾深处,盖因我海防方式不佳,应采用十字射击方式,同时必须加紧制造军舰。"他还建议:"第一,重用人才,打开言路。第二,制造炮舰,积极与清朝、俄国、朝鲜等进行贸易,将贸易所得用于国防。第三,巩固江户海防。第四,救助贫困的下级武士,将其编入西洋化编制,在江户周边开设训练军校。第五,加强整顿武器制造体制,囤储火药原料硝石。"②

受到西方势力入侵的威胁,幕府不得不放弃坚持了近两百年的闭关锁国政策,决定着手建设近代化的西式海军。在锁国期间,日本幕府仅允许在长崎与荷兰、中国通商。因此,日本在进行海军近代化改革之初是向荷兰学习。1853 年 10 月 15 日,日本通过在长崎的荷兰商人秘密向荷兰政府提出请求,希望荷兰援助日本筹建西式海军,向日本出售军舰。经过一段时间的交涉,荷兰政府答应派海军顾问到日本,为日本青年讲授近代科学知识、船舰操作技

---

① 自江户时代起,日本通过长崎港的荷兰商人和传教士等吸收和学习西方的语言、文化、宗教、科学技术,这些学问被统称为"兰学"。兰学主要分:荷兰语和语言学研究,医学、天文学、物理学、化学等自然科学研究,西洋历史、世界地理、外国文化等人文科学研究,测量术、炮术、制铁等近代化技术的研习等几个领域。代表性的兰学家有绪方洪庵,其在大阪开设兰学私塾。后来活跃于幕末和明治维新时期的著名人物福泽谕吉、大鸟圭介、桥本左内、大村益次郎、长与专斋、佐野常民、高松凌云等人都是他的弟子。

② 実松譲『海軍大学教育　戦略・戦術道場の功罪』,東京:光人社,1993 年、20—21 頁。

术等。1855 年 6 月，荷兰赠予日本一艘蒸汽军舰（后被命名为"观光丸"）。7 月，日本最初的近代化海军军事学校海军传习所在长崎成立，聘请荷兰海军士官担任教官。胜海舟和其他 30 名日本青年被幕府选为第一期传习生，于 1855 年 9 月 1 日从江户乘船出发，10 月 2 日到达长崎，正式入学。当时，传习所共聘请了 22 名荷兰教官，其中两名后来先后成为荷兰政府的海军大臣。传习所教授的科目有：航海学、应用技术、船具学、测量学、机关学、造船学、炮术、算术和炮术训练。① 长崎海军传习所的建立可以说是日本发展近代海军的开端。

1857 年 4 月，幕府认为有必要也在江户设置海军教育机构，故此要求荷兰所赠"观光丸"回航（即从长崎返回江户）。于是 130 名长崎海军传习生乘"观光丸"回到江户。这次回航是日本人第一次乘坐西洋军舰进行航海。4 月 11 日，军舰教授所（后改称"军舰操练所""海军所"）在筑地成立，主要招收下级武士和将军家臣子弟为学生，由长崎海军传习所的毕业生担任教官。②

19 世纪中期以来，西方国家频繁进入东亚，为东亚地区社会带来巨大动荡。1860 年就是极为不平静的一年。在中国，英法联军入侵北京，清政府被迫签下不平等的中英、中法、中俄《北京条约》。朝鲜半岛也面临被迫开国。在日本，1858 年幕府与美国缔结《日美友好通商条约》，于 1860 年派员赴华盛顿与美国互换批准书。这段本属屈辱的行程反而促成了著名的日本海军船舰"咸临丸"（从荷兰订购、排水量 700 吨、木制军舰）实现第一次横渡太平洋。当年 2 月 10 日，日使节乘美舰从浦贺港出发。"咸临丸"作为陪同，尾

---

① 実松譲『海軍大学教育 戦略・戦術道場の功罪』、22—26 頁。

② 実松譲『海軍大学教育 戦略・戦術道場の功罪』、28 頁。

随而行,船长由胜海舟担任,船上共有 200 名日本船员。3 月 18 日,一行到达旧金山港。5 月 8 日返航,23 日到达夏威夷檀香山,6 月 22 日返回浦贺,全程共航行约 16 666 公里。完成这次大航海的日本船员基本都是长崎海军传习所的毕业生。①

"咸临丸"返回日本后,幕府进一步加紧了海军的建设。1863 年 4 月,幕府在神户设立海军操练所,由军舰奉行胜海州总管,招收京都、大阪及西日本各藩的士族子弟甚至部分平民子弟入学。在操练所,学员不论出身,一律平等——海军在明治维新前就打破了封建等级制度。起初,神户海军操练所聘请法国人担任教官。后来,驻日法国公使建议幕府,海军的训练更宜聘请英人担任,自此日本开始从英国聘请教官,学习英国的海军战术。主要学习科目有:测量、炮术、腰刀术、航海术、算术、英语等。② 这也成为明治维新后海军效仿英国进行改革的背景。

受被迫开港的冲击,日本社会对幕府愈加不满,各地纷纷掀起"倒幕运动",本就摇摇欲坠的封建幕府统治终于崩塌。1868 年,日本天皇颁布《王政复古大号令》,废除幕府,日本进入明治维新的时代。明治政府在成立之初,暂设立"总裁""议定""参与"三职,处理国家政务。三职之下又设七科,七科中专门有一科为"陆海军科",负责管理国家军务,这是近代日本陆海军最初的行政管理机构。

1869 年 7 月 8 日,明治政府成立兵部省(嘉彰亲王任兵部卿、大村益次郎任大辅),陆海军归由兵部省管理。1871 年 9 月 8 日,兵部省之下成立陆军部和海军部。海军部下辖五局:第一局为秘史局,主要负责收发、整理文件,后勤行政等诸事务;第二局为军务

① 実松譲『海軍大学教育　戦略・戦術道場の功罪』、32—33 頁。
② 実松譲『海軍大学教育　戦略・戦術道場の功罪』、35—36 頁。

局,主要负责人事及与军务相关诸事务;第三局为造船局,主要负责制造和修理船只、船具、大炮等;第四局为水路局,主要负责水路勘测、管理灯塔浮漂等事务;第五局为会计局,主要负责被服、粮食等后勤支出事务。这样,近代日本陆海军并列的体制正式形成。1872年2月27日,兵部省被废止;28日,海军省(陆军省亦同时)正式独立,带领日本船舰实现横渡太平洋的胜海舟任初代海军大辅,次年升任海军卿。至此,明治政府开始进一步加大建设近代化海军的力度,其首要任务就是购买船只,培养海军人才。[①]

三、西南战争对日本陆军的影响

1877年2月,日本爆发了"西南战争",以西乡隆盛为首的萨摩藩武士宣布"起义",对抗中央政府。中央政府派出军队征讨叛军,这可以说是日本新式军队的第一役。

明治维新初期,日本政府的近代化和中央集权化政策,加深了中央与地方士族即武士阶级的矛盾。"版籍奉还"政策实施后,政府把武士阶级划归为"士族"。但是,由于士族为国家所奉养,造成了政府财政的极大负担。且士族武士多数仍然效忠于本藩,故不利于天皇直接统率的国军的创设。因此,政府不得不采取弱化士族身份的政策。1873年开始实行的征兵制度规定全民皆兵,打破了武士阶级的军事特权。1876年颁发的"废刀令"及封建俸禄制度的废除则剥夺了武士最后的特权。"废刀令"禁止武士佩刀,使武士失去了身份象征;封建俸禄制度的废除,使得大量武士失去生活来源,陷入经济窘困。在此背景下,日本各地相继发生了武士阶级的叛乱。

---

① 実松譲『海軍大学教育　戦略・戦術道場の功罪』、38—40頁。

武士阶级的代表旧萨摩藩的西乡隆盛原本为明治开国的功臣之一,与木户孝允①、大久保利通②并称"维新三杰"。西乡 1828 年出生于萨摩藩(今鹿儿岛县)的武士家庭,自幼尚武,年轻时曾与大久保利通一起学习儒学和佛学。1854 年,西乡成为开明派藩主岛津齐彬的随从,随其参与"尊王襄夷"运动。后又至江户积极投身倒幕运动,于 1866 年 3 月与长州藩的倒幕派领袖木户孝允、伊藤博文等人缔结了萨长倒幕联盟密约。

1868 年 1 月 3 日,西乡隆盛与岩仓具视③、大久保利通等人发动王政复古政变,推翻了德川幕府的统治。同年,西乡又在戊辰战争中任大总督参谋,指挥讨幕联军,取得了战争的胜利。1870 年初,由于与大久保等人在内政方面的分歧,西乡辞职回鹿儿岛任萨摩藩藩政顾问。1871 年,西乡到东京就任明治政府参议,参与废藩置县,1872 年任陆军元帅兼近卫军都督。

1873 年 10 月,因坚持征韩论遭大久保利通等人反对,且不满政府针对士族的改革政策,西乡再次辞职回到鹿儿岛,在鹿儿岛地区开办名为"私学校"的军事学校,拥兵自重。私学校毕业生及相关人士占据了鹿儿岛县政府及地方各行政机构的重要职位,形成

① 木户孝允(1833—1877),山口县出身。明治政府成立后,历任参与、总裁局顾问等要职。反对西乡隆盛的征韩论,后又因反对日本征台而辞职。

② 大久保利通(1830—1878),鹿儿岛县出身。1866 年成为倒幕派领袖。明治政府成立后,成为政府主要领导人,主导了版还奉籍、废藩置县等运动。

③ 岩仓具视(1825—1883),明治初期的日本政治家。出身贵族,曾担任孝明天皇的侍从,是天皇宫中倒幕势力的核心人物。为打倒幕府,与萨长联盟联合,组成宫廷—萨长联盟。1867 年主导、策划王政复古,支持年幼的明治天皇即位。明治维新后,岩仓历任大纳言(相当于中国古代的御史)、右大臣。1871 年,带领大久保利通、木户孝允、伊藤博文等人组成岩仓使节团,访问欧美,考察西方近代化科学技术。1873 年与大久保利通一起反对征韩,导致西乡隆盛等 600 名军人、官僚辞职,即明治六年政变。

"私学校党"。因此鹿儿岛的士族成为明治政府的重点防范对象。1876 年 12 月,政府向鹿儿岛派遣了 10 余名萨摩藩出身的警察,目的在于时刻监视该地区的局势。

1877 年 1 月,陆军省下令将存放于鹿儿岛的一部分武器、弹药运往大阪。此举极大地刺激了鹿儿岛的"私学校党"①,并演变为事件的导火索。1 月 29 日,"私学校党"袭击了火药局和海军造船所,夺取了武器和弹药。2 月 3 日,日本中央政府派去鹿儿岛的警察被"私学校党"拘捕。2 月 12 日,西乡隆盛被旧萨摩藩士族推为首领,带领萨摩武士宣布起事。随之,九州岛各地的士族也追随西乡,相继叛乱。2 月 20 日,中央政府派出征讨军前往九州岛平乱,史称"西南战争"。

西南战争初期,西乡隆盛率领的萨摩军占据上风,但萨摩军从最高指挥到一般士兵皆为武士阶级,未得到当地一般百姓的支持,很快就被征讨军控制了局势。9 月,征讨军将西乡包围在鹿儿岛城山,经过 23 天的围城战斗,城山为政府军所攻破,西乡中弹后切腹自杀。

西南战争是日本新军的第一战,虽然以取胜告终,但也暴露出许多弱点。首先,从军官到士兵接受新式军事教育的程度各不相同。征兵制实施之后,虽然士兵大多来自普通百姓,但各级军官中仍有不少出身武士。这些军官在指挥中依然固守武士之道,排斥新式战术。比如,武士出身的将官认为利用有利地形掩护部队、向他部求援等都是不战而退的懦夫行为,甚至与在兵学寮②接受过新式教育的军官围绕战术运用产生激烈的意见对立。因此,在西南战争后,明治政府认为有必要对军官一级进行更系统的近代化战

---

① "私学校"是西乡隆盛于 1874 年在鹿儿岛创设的两所军事学校的统称,西南战争中的主要参与者大部分是"私学校"的毕业生,故被称为"私学校党"。

② 日本近代最初的军事学校之一,1869 年成立于大阪,陆军诸校的前身。

斗训练,提高其指挥能力。

四、从法式军制到德式军制

日本在明治维新中最初学习的对象主要是荷兰和法国。特别在军事上,受拿破仑时代的影响,明治政府非常推崇法式军制。山县有朋、大山岩[1]等陆军创始人都曾留学法国。1870 年,山县等人更促使政府将陆军正式统一改革为法式军制。其后创立的陆军士官学校等诸校皆聘请法籍教官,普及法式战术。陆军大学在建校的最初两年亦采取法式教育,招聘法籍教官。但实际上受 1871 年普法战争结果的影响,日本陆军中已有人对法式军制产生怀疑,桂太郎[2]就是提出质疑的第一人。

桂太郎是山县有朋的弟子,他在 1870—1878 年曾两度赴法、

---

[1] 大山岩(1842—1916),近代日本政治家,明治维新元老之一,陆军元帅。萨摩藩出身,倒幕战争中带领新式枪队与幕府军队作战,并研制出轻便灵活、火力凶猛的新式山炮。1870—1874 年赴欧洲学习军事,经历了普法战争。回国后致力于陆军近代化建设,力主把学习法国陆军改为学习普鲁士陆军。1877 年参加西南战争,镇压了同乡萨摩藩的武士。1891 年晋升陆军大将。1894 年作为陆军大臣积极参与策划发动中日甲午战争,并亲自任第二军司令官,指挥攻占中国金州、旅顺和围攻威海卫等战役,造成旅顺大屠杀。1898 年晋升为元帅,1899 年任陆军参谋总长。1904 年日俄战争爆发后,任"满洲"军总司令官,指挥日军在中国东北的几次会战中,将数量居于优势的俄军击败,为最终获得战争胜利奠定基础。1907 年受封为公爵,1912 年退役。

[2] 桂太郎(1848—1913),长州藩出身,山县有朋的弟子,曾三次出任日本首相(第 11、13、15 任)。1868 年参加倒幕战争,1870 年赴德国留学,学习军事和军制。1873 年归国后任陆军大尉,1875 年任驻德国公使馆武官,1885—1886 年任陆军省总务局局长、陆军次官兼陆军省军务局局长。1883 年随大山岩赴欧洲考察,中日甲午战争时任第三师团师团长。1896 年任台湾总督,1898—1900 年任陆军大臣,1898 年晋升陆军大将。分别于 1901 年、1907 年、1912 年三次组阁担任首相。其间主导了日英同盟、日俄战争、日韩合并等日本对外侵略扩张过程中的几大事件。1907 年 9 月 21 日受封侯爵,1911 年 4 月 21 日升公爵。

德留学，实地考察过两国的军事情况，对普法战争亦有切身感受。普法战争中暴露出法军许多劣势，法式军制更适用于个人教育、小部队训练；而在操纵大部队上，新兴的德式军制表现出更多优势。桂太郎在留学归国后结合自己的实际观察，开始主张陆军采用德式军制，他提出："德国军制为欧洲之楷模，日本陆军宜学习德国军制并扬长避短，创立日本特殊之军制。我国陆军采用德式军制，并不仅因其军制为欧洲各国之冠首，还因其立宪君主制之政体、君民一心之国民性与日本相当一致。"①

1883 年，陆军卿大山岩率领桂太郎、陆军大学副干事小坂千寻等人赴欧洲进行军事考察，任务之一是为士官学校和陆军大学招聘法籍教官。但是，途中在桂太郎的建议下，对德国军制进行了深入的实地考察后，大山决定转向与德方接洽，为陆军诸学校招聘德国教官。德方为大山推荐了兵学权威梅克尔（Klemens Wilhelm Jakob Meckel）少校。

1885 年，梅克尔正式受聘为陆军大学教官，兼任参谋本部顾问，成为陆大教育的奠基之人。梅克尔强调战术能力、实战能力是军官所应具有的基本能力："惟论理与学术是用，缺乏实战万万不可。不能有效施行战术，反而因修读书籍众多而自负者，甚为危险"，"将校应有迅速观察地形，了解战况，于战场上做出神速、适当、果断决策之能力。欲有此能力，应深刻修习陆军学，即战术、兵器学、城塞术、地形学等，但且不可惟书籍是用，务必要应用其原理，进行实际演习"。② 此后，日本陆军开始由法式军制向德式军制

---

① 上法快男编『陸軍大学校』、50 頁。

② 「メッケル氏将校教育統論」、1886 年 6 月 19 日（訳）、JACAR（アジア歴史資料センター）Ref. C10073005300、明治 18 年より 25 年　條例改正其他要書（防衛省防衛研究所）。

改革,提倡攻击、偏重战术和重视实战的德式军队教育思想开始贯穿陆军教育的始末。

1888 年 5 月,在梅克尔的影响下,日本将以防卫为主的镇台编制改编为攻击型的师团编制,六师团编制的近代化日本陆军自此诞生。梅克尔的直接弟子、陆军大学的前三期毕业生,大都在中日甲午战争时出任参谋本部、军司令部和各师团的参谋。截至日俄战争爆发,陆军大学的毕业生已达约 350 名,占据了参谋本部部长、军司令部和师团参谋长及各战线主要幕僚等要职,成为指挥作战的中心。

第二节　日本陆军的"精英"式军事教育体系

建设新式军队,必须对旧有军制进行彻底改革,其中最重要的一点就是要完善近代化的军事教育体系,努力培养近代化军事人才。这是明治维新后日本政府的重要课题之一。

早在 1869 年 9 月 27 日,明治天皇与集议院(相当于临时议会)议员围绕陆海军体制改革进行讨论时,其中一项重要议题就是创设陆海军学校,培养新型人才。[1] 同年,日本政府于大阪设立兵学寮。兵学寮是其后陆军创立的各类学校的母体。从 1873 年开始,随着征兵制的确立及国家军队的日渐成熟,陆军教导团、陆军士官学校、陆军幼年学校、陆军户山学校等教育机构作为培养下级军官的学校分别从兵学寮中独立出来。1874 年培养初级军官的陆军士官学校正式成立;1882 年专门培养高级参谋人才的陆军最高学府——陆军大学成立。自此,形成了日本陆军军人

---

[1] 上法快男编『陸軍大学校』、39 頁。

的一条重要的培养和晋升途径，即进入幼年学校，然后升入士官学校，最后自陆军大学毕业。

随着德式军事教育制度的确立，日本陆军各类军事院校体制逐步完善。通过幼年学校、士官学校、陆军大学的严格选考，并在这三级军事学校接受完整、系统的军事教育，最终通过毕业考试，才能完成通往陆军中高层的晋升之路，这就是日本陆军的"精英"教育体系。

当然，成为陆军军官，不一定需要接受全部三个层级的军事教育，有些军官没有进入过幼年学校，而是从一般中学毕业后，直接考入士官学校或陆军其他学校，也有些军官没有接受过陆军大学的教育。但是，未接受幼年学校教育而直接进入陆军士官学校的学员，除非有显赫出身或资格较老，否则很难顺利晋升，毕业后通常在陆军系统内或多或少受到歧视。特别是活跃于侵华战争及二战时期的日本陆军军官的中坚分子大部分经由这三个层级的学校，一路接受军队特有的"精英"式教育，最终进入陆军的决策中枢。

表1-1为在侵华战争中担任过重要职务，且接受过完整三级教育的日本陆军代表军人。由表1-1可见，昭和时代（1926—1945年）活跃在陆军中枢和中国战场的陆军"中坚层"们大多出生于19世纪末，在日俄战争后开始接受近代化军事教育，在明治后10年（1901—1912年）接受完士官学校教育，到大正年间（1912—1926年）接受完陆大教育。20世纪30年代初在陆军中央或关东军担任参谋，30年代中期，或在陆军中央担任课长以上的重要职务，或在中国战场担任指挥官、参谋长，最终军衔基本都是将军。其中较为人熟知的有阿南惟

几①、梅津美治郎②、冈村宁次、土肥原贤二③、东条英机、松井

---

① 阿南惟几（1887—1945），日本陆军大将。1900 年入广岛陆军地方幼年学校，1905 年毕业于陆军士官学校第十八期，1918 年毕业于陆军大学第三十期，1919 年进入参谋本部。1927 年，留学法国，研究法国及欧洲各国军事。回国后于 1929 年任天皇侍从武官，1930 年任东京陆军中央幼年学校校长。1938 年，阿南惟几晋升为中将后，来到中国战场，在山西与阎锡山部作战，指挥第二、第三次长沙会战。1943 年晋升大将，赴新几内亚战场与美、澳联军作战。1945 年 4 月任陆军大臣，积极主张"本土决战"，反对接受《波茨坦公告》，反对向盟军无条件投降。他说："我们在本土决战，虽然不能确定胜利，但还可一战，打得好还可以击退登陆敌军。所以我坚决反对无条件投降！"8 月，日本天皇宣布决定投降，感到大势已去的阿南于寓所自杀身亡。阿南的第三子阿南惟晟，1943 年战死在中国常德；第六子阿南惟茂为外交官，曾于 1994 年和 2001 年分别任驻华公使和大使。参见金阳编《日本侵华战争罪犯实录》，第 126—129 页。

② 梅津美治郎（1882—1949），日本陆军大将。在侵华战争中罪行累累，被东京审判列为甲级战犯。1897 年入熊本陆军地方幼年学校，1903 年自陆军士官学校第十五期毕业。1904 年参加日俄战争，1911 年毕业于陆军大学第二十三期。1912—1930 年晋升少将期间，历任第一联队中队长、驻德国武官、参谋本部德国班班长、陆军大学教官、陆军省军务局军事课课长、第一旅团旅团长等职。1934 年起任中国驻屯军司令官，1935 年迫使国民政府与日本签订《何梅协定》，武力威胁中央军撤出华北。卢沟桥事变后，积极主张扩大侵华战争。1938 年任第一军司令官，放任日军在中国华北烧杀掠夺，实施"三光政策"。1939 年任关东军司令官，支持 731 部队进行细菌实验与细菌作战。1944 年任参谋总长，调动大批关东军部队至太平洋战场与盟军作战。1945 年 9 月 2 日，与外务大臣重光葵一起在"密苏里号"上签署投降文件。1946 年接受远东国际军事法庭审判时拒不认罪，1948 年被列为甲级战犯，判处无期徒刑。1949 年病逝于东京鸭巢监狱。参见步平《日本靖国神社七问》，第 206—210 页。

③ 土肥原贤二（1883—1948），日本陆军大将。长期在中国从事特务活动，被东京审判列为甲级战犯。1897 年毕业于仙台陆军地方幼年学校，1904 年毕业于陆军士官学校第十六期，1912 年毕业于陆军大学第二十四期。随后进入参谋本部，被派往北京特务机关担任辅佐官，此后一直在中国从事特务活动，能说流利的北京话和几种中国方言。1931 年 3 月任天津特务机关机关长，策划将溥仪挟持至中国东北，8 月转任奉天特务机关机关长，1935 年参与策划分裂中国的"华北自治运动"。卢沟桥事变后，指挥日军在华北作战，是花园口决堤的日方直接责任人。1938 年在上海成立"土肥原"机关，拉拢汉奸、策划扶植汪伪政权。1943 年任东部军司令官，1944 年调任新加坡第七方面军司令官，与盟军作战。1945 年任教育总监。1948 年，被列为甲级（转下页）

石根①、石原莞尔、矶谷廉介②、板垣征四郎等。

表1-1　侵华战争时期日本陆军代表军人履历

姓名	出生年月	幼年学校（入学时间）	士官学校（毕业时间、期）	陆军大学（毕业时间）	最终军衔及曾任主要职务
阿南惟几	1887年2月	广岛地方幼年学校（1900年）	1905年11月，第十八期	1918年	大将，1938年第一〇九师团师团长，1939年第十一军司令官，1942年第二方面军司令官，1945年陆军大臣
朝香宫鸠彦亲王	1887年10月	东京地方幼年学校（时间不详）	1908年5月，第二十期	1914年	大将，1937年上海派遣军司令官

（接上页）战犯，执行绞刑。参见步平《日本靖国神社七问》，第252—256页。

① 松井石根(1878—1948)，日本陆军大将。南京大屠杀元凶，被东京审判列为甲级战犯。1896年进入陆军中央幼年学校，1897毕业于陆军士官学校第九期，1904年参加日俄战争。1906年毕业于陆军大学第十八期，后进入参谋本部中国班，被派往中国任驻广东武官。1922年任哈尔滨特务机关机关长。1937年8月15日任上海派遣军司令官，指挥淞沪会战。11月，兼任华中方面军司令官，在未报日本统帅部批准的情况下，下令日军进犯南京。日军占领南京后在其默许下制造了南京大屠杀惨案。1938年日本政府迫于国际社会舆论将松井召回国内，1942年日本天皇授予其一级勋章。1948年远东国际军事法庭将其列为甲级战犯，执行绞刑。参见步平《日本靖国神社七问》，第210—214页。

② 矶谷廉介(1886—1967)，日本陆军中将。早年毕业于大阪陆军地方幼年学校，1904年毕业于陆军士官学校第十六期，1915年毕业于陆军大学第二十七期。1930—1936年分别任教育总监部第二课课长、驻中国大使馆武官、陆军省军务局局长等职。1937年卢沟桥事变后任第十师团师团长，制造了屠杀无辜村民的小王庄惨案。1938年指挥与李宗仁部的台儿庄激战，6月任关东军参谋长。1939年5月，与苏军在诺门坎发生冲突，遭遇惨败。1942—1944年任香港总督，曾造成香港市民大饥荒。1944年12月任台湾行政司长。1946年被国民政府南京军事法庭逮捕，次年被判无期徒刑，1952年假释出狱。参见金阳编《日本侵华战争罪犯实录》，第138—145页。

续表

姓名	出生年月	幼年学校（入学时间）	士官学校（毕业时间、期）	陆军大学（毕业时间）	最终军衔及曾任主要职务
甘粕重太郎	1886 年 1 月	仙台地方幼年学校（时间不详）	1905 年 11 月,第十八期	1917 年	中将,1927 年第七师团参谋,1939 年第三十三师团师团长,1941 年驻"蒙"军司令官
雨宫巽	1892 年 12 月	名古屋地方幼年学校（时间不详）	1914 年 5 月,第二十六期	1925 年	中将,1931 年参谋本部中国课课员,1934—1937 年驻南京武官,1938 年华北方面军参谋,1943 年独立混合第九旅团旅团长,1944 年第二十四师团师团长
绫部橘树	1894 年 4 月	熊本地方幼年学校（时间不详）	1915 年 5 月,第二十七期	1924 年	中将,1935 年关东军参谋、作战主任,1939 年骑兵第二十五联队联队长,1941 年关东军副参谋长,1942 年第一方面军参谋长,1943 年南方军副总参谋长,1944 年第七方面军参谋长
有末精三	1895 年 5 月	仙台地方幼年学校（时间不详）	1917 年 5 月,第二十九期	1924 年	中将,1939 年华北方面军参谋,1941 年华北方面军副参谋长
井上忠男	1907 年 4 月	东京地方幼年学校（时间不详）	1928 年 7 月,第四十期	1939 年	中佐,1940 年第十一师团参谋,1941 年第二十军参谋,1942 年关东军参谋,1944 年第十一军参谋、第六方面军参谋、大本营参谋

续表

姓名	出生年月	幼年学校（入学时间）	士官学校（毕业时间、期）	陆军大学（毕业时间）	最终军衔及曾任主要职务
井本雄男	1903年5月	熊本地方幼年学校（时间不详）	1925年7月，第三十七期	1934年	大佐，1939年中国派遣军参谋，1942年第八方面军参谋，1944年第十一军参谋，1945年第十三军参谋、第二总军参谋
饭田贞固	1884年2月	仙台地方幼年学校、中央幼年学校（时间不详）	1905年3月，第十七期	1912年	中将，1914年青岛守备军参谋，1917年派驻法、意，1926年近卫骑兵联队联队长，1931年军务局马政课课长，1933年骑兵第三旅团旅团长，1935年参谋本部总务部部长，1937年近卫师团师团长，1939年第十二军司令官
饭沼守	1888年11月	名古屋地方幼年学校（时间不详）	1909年5月，第二十一期	1919年	中将，1930年第三师团参谋，1937—1938年上海派遣军参谋长，1939年第一一〇师团师团长，1945年第九十六师团师团长
饭村穰	1888年5月	东京地方幼年学校（时间不详）	1909年5月，第二十一期	1921年	中将，1933年参谋本部课长，1939年陆大校长、关东军参谋长，1941年第五军司令官，1944年南方军总参谋长

续表

姓名	出生年月	幼年学校（入学时间）	士官学校（毕业时间、期）	陆军大学（毕业时间）	最终军衔及曾任主要职务
池田纯九	1894年12月	熊本地方幼年学校（时间不详）	1916年5月,第二十八期	1924年	中将,1935年中国派遣军参谋,1940年奉天特务机关机关长,1941年关东军第五课课长,1942年关东军副参谋长
池谷半二郎	1900年1月	名古屋地方幼年学校（时间不详）	1921年7月,第三十三期	1929年	少将,1937年第十军参谋,1938年第十一军参谋,1940年参谋本部课长,1941年第二十五军参谋长,1944年第一方面军第三军参谋长
谏山春树	1894年2月	熊本地方幼年学校（时间不详）	1915年5月,第二十七期	1924年	中将,1937年参谋本部课长,1939年独立第十一联队联队长,1940年东部军参谋长,1941年第二十五军参谋长、第十五军参谋长,1942年第二十六步兵团团长,1944年第十四军参谋长、台湾军参谋长、第十方面军参谋长
石井秋穗	1900年11月	广岛地方幼年学校（时间不详）	1922年7月,第三十四期	1932年	大佐,1933年第十六师团参谋,1935年参谋本部战史课课员,1937年华北方面军第一兵站参谋,1939年军务局军务课课员,1941年南方军参谋

姓名	出生年月	幼年学校（入学时间）	士官学校（毕业时间、期）	陆军大学（毕业时间）	最终军衔及曾任主要职务
石井正美	1895 年 12 月	中央幼年学校（时间不详）	1918 年 5 月，第三十期	1927 年	少将，1941 年第二十三军参谋，1944 年第三十六军参谋长，1945 年第十一方面军参谋长、第一总军副参谋长
石原莞尔	1889 年 1 月	1902 年仙台地方幼年学校，1905 年中央地方幼年学校	1909 年 5 月，第二十一期	1918 年	中将，1920 年华中派遣队参谋，1928 年关东军参谋，1933 年步兵第四联队联队长，1935 年参谋本部作战课课长，1936 年参谋本部战争指导课课长，1937 年关东军副参谋长，1939 年第十六师团师团长
矶谷廉介	1886 年 9 月	大阪地方幼年学校（时间不详）	1904 年 10 月，第十六期	1915 年	中将，1930 年第一师团参谋长，1931 年教育总监部第二课课长，1935 年驻中国大使馆武官，1936 年军务局局长，1937 年第十师团师团长，1938 年关东军参谋长，1942—1944 年香港总督
板垣征四郎	1885 年 1 月	仙台地方幼年学校、中央地方幼年学校（时间不详）	1904 年 10 月，第十六期	1916 年	大将，1919 年华中派遣队参谋，1924 年中国公使馆武官辅佐官，1927 年步兵第三十三旅团参谋，1928 年步兵第三十三联队联队长，1929 年关东

续表

姓名	出生年月	幼年学校（入学时间）	士官学校（毕业时间、期）	陆军大学（毕业时间）	最终军衔及曾任主要职务
					军参谋,1932 年"满洲国"执政顾问,1934 年"满洲国"军政部最高顾问,1936 年关东军参谋长,1937 年第五师团师团长,1938—1939 年陆军大臣,1939 年中国派遣军总参谋长,1941 年朝鲜军司令官,1945 年第十七方面军司令官、第七方面军司令官
牛岛满	1887 年7 月	熊本陆军地方幼年学校(时间不详)	1908 年 5 月,第二十期	1916 年	大将,1936 年步兵第一联队联队长,1937 年步兵第三十六旅团旅团长,1939 年第十一师团师团长,1944 年第三十二军司令官
梅津美治郎	1882 年1 月	熊本陆军地方幼年学校(1897 年)	1903 年 11 月,第十五期	1911 年	大将,1930 年步兵第一旅团旅团长,1931 年参谋本部总务部部长,1934 年中国驻屯军司令官,1935 年第二师团师团长,1936 年陆军次官,1938 年第一军司令官,1939 年关东军司令官,1942 年关东军总司令官,1944 年参谋总长

续表

姓名	出生年月	幼年学校（入学时间）	士官学校（毕业时间、期）	陆军大学（毕业时间）	最终军衔及曾任主要职务
冈村宁次	1884 年 5 月	中央幼年学校（时间不详）	1904 年 10 月，第十六期	1913 年	大将，1927 年步兵第六联队联队长，1928 年参谋本部战史课课长，1932 年上海派遣军副参谋长、关东军副参谋长，1933 年驻"满洲国"大使馆武官，1936 年第二师团师团长，1938 年第十一军司令官，1941 年华北方面军司令官，1944 年第六方面军司令官、中国派遣军总司令官
河边虎四郎	1890 年 5 月	名古屋地方幼年学校（1905 年）	1912 年 5 月，第二十四期	1921 年	中将，1934 年关东军参谋，1937 年参谋本部战争指导课课长，1940 年第七飞行团团长，1943 年第二航空军司令官，1944 年航空总监部次长，1945 年参谋次长
北野宪造	1889 年 8 月	大阪地方幼年学校（时间不详）	1910 年 5 月，第二十二期	1919 年	中将，1928 年步兵第三联队大队长，1929 年总务课课员，1930 年人事局课员，1935 年步兵第三十七联队联队长，1937 年珲春驻屯队队长，1938 年朝鲜军参谋，1939 年华中宪兵队司令官，1940 年第四师团师团长，1943 年第十九军司令官，1945 年第十二方面军司令官

续表

姓名	出生年月	幼年学校（入学时间）	士官学校（毕业时间、期）	陆军大学（毕业时间）	最终军衔及曾任主要职务
河本大作	1883 年	大阪地方幼年学校（1897 年）	1903 年 11 月，第十五期	1914 年	大佐,1926 年关东军参谋
真田穰一郎	1897 年 11 月	仙台地方幼年学校（时间不详）	1919 年 5 月,第三十一期	1927 年	少将,1939 年步兵第八十六联队联队长,1940 年中国派遣军参谋,1941 年参谋本部军事课课长,1942 年参谋本部作战课课长,1943 年参谋本部第一部部长,1944 年陆军省军务局局长
铃木宗作	1891 年 9 月	名古屋地方幼年学校（1905 年）、中央幼年学校（1908 年）	1912 年 5 月,第二十四期	1919 年	大将,1928 年陆军省军务局军事课课员,1931 年军事课编制班班长,1933 年关东军参谋（警务部警备课课长）,1935 年步兵第四联队联队长,1937 年教育总监部第二课课长,1938 年华中方面军副参谋长,1939 年中国派遣军副参谋长,1941 年第二十五军参谋长,1943 年运输部部长,1944 年第三十五军司令官,1945 年于菲律宾战死

姓名	出生年月	幼年学校（入学时间）	士官学校（毕业时间、期）	陆军大学（毕业时间）	最终军衔及曾任主要职务
七田一郎	1886 年 11 月	东京地方幼年学校（时间不详）	1908 年 5 月，第二十期	1919 年	中将，1929 年陆军省人事局课员，1932 年步兵第二十二联队联队长，1933 年教育总监部第二课课长，1937 年步兵第二十四旅团旅团长，1939 年第二十师团师团长，1942 年驻"蒙"军司令官，1943 年第二军司令官，1945 年第五十六军司令官
下山琢磨	1892 年 12 月	中央幼年学校（时间不详）	1913 年 5 月，第二十五期	1921 年	中将，1930 年陆军省军务局课员，1934 年第十一师团参谋，1935 年"满洲国"军事顾问，1937 年华北方面军参谋，1938 年飞行第十六战队队长，1939 年航空兵团参谋长，1942 年第四飞行师团师团长，1944 年第五航空军司令官
田代皖一郎	1881 年 10 月	熊本地方幼年学校（时间不详）	1903 年 11 月，第十五期	1913 年	中将，1930 年步兵第二十七旅团旅团长，1931 年驻中国公使馆武官，1932 年上海派遣军临时参谋长，1934 年关东军宪兵队司令官，1935 年第十一师团师团长，1936 年中国驻屯军司令官

续表

姓名	出生年月	幼年学校（入学时间）	士官学校（毕业时间、期）	陆军大学（毕业时间）	最终军衔及曾任主要职务
多田骏	1882 年 2 月	仙台地方幼年学校（时间不详）	1903 年 11 月，第十五期	1913 年	大将，1930 年第十六师团参谋长，1932 年"满洲国"最高顾问，1934 年野重第四旅团旅团长，1935 年中国驻屯军司令官，1936 年第十一师团师团长，1937 年参谋次长，1938 年第三军司令官，1939 年华北方面军司令官
土肥原贤二	1883 年 8 月	仙台地方幼年学校（时间不详）	1904 年 10 月，第十六期	1912 年	大将，1928 年奉天督军顾问，1929 年步兵第三十联队联队长，1931 年奉天特务机关机关长，1937 年第十四师团师团长，1940 年军事参议官、陆军士官学校校长，1941 年航空总监，1943 年东部军司令官，1944 年第七方面军司令官，1945 年教育总监、第十二方面军司令官兼第一总军司令官
东条英机	1884 年 12 月	东京地方幼年学校（1899 年）、中央幼年学校（1902 年）	1905 年 3 月，第十七期	1915 年	大将，1931 年参谋本部课长，1933 年军事调查委员会委员长，1934 年第二十四旅团旅团长，1935 年关东军宪兵队司令官兼关东局警务部部长，1937 年关东军参谋

姓名	出生年月	幼年学校（入学时间）	士官学校（毕业时间、期）	陆军大学（毕业时间）	最终军衔及曾任主要职务
					长，1938年陆军次官兼航空总监，1940年陆军大臣兼对"满"事务局总裁，1941—1944年首相
田中新一	1893年3月	仙台地方幼年学校、中央幼年学校（时间不详）	1913年5月，第二十五期	1923年	中将，1931年驻苏武官、教育总监部课员，1932年关东军参谋，1933年派驻柏林，1935年步兵第五联队付，1936年军务局课员，1937年军事课课长，1939年驻"蒙"军参谋长，1940年参谋本部第一部部长，1942年南方军总司令部付，1943年第十八师团师团长，1944年缅甸方面军参谋长，1945年东北军管区司令部付
永田铁山	1884年1月	东京地方幼年学校（1898年）	1904年10月，第十六期	1911年	中将，1928年步兵第三联队联队长，1930年参谋本部军事课课长，1932年参谋本部第二部部长，1933年步兵第一旅团旅团长，1934年陆军省军务局局长

续表

姓名	出生年月	幼年学校（入学时间）	士官学校（毕业时间、期）	陆军大学（毕业时间）	最终军衔及曾任主要职务
沼田多稼藏	1892 年 4 月	广岛地方幼年学校（时间不详）	1912 年 5 月,第二十四期	1919 年	中将,1928 年陆军省整备局课员,1931 年动员课课员,1932 年关东军参谋,1934 年驻意大利武官,1936 年步兵第三十九联队联队长,1938 年第十一军副参谋长,1941 年第三军参谋长,1942 年第十二师团师团长,1943 年第二方面军参谋长,1944 年南方军总参谋长
畑俊六	1879 年 7 月	中央幼年学校(1896 年)	1900 年 11 月,第十二期	1910 年	元帅,1927 年参谋本部第四部部长,1928 年参谋本部第一部部长,1933 年第十四师团师团长,1935 年航空本部长,1936 年台湾军司令官,1937 年教育总监,1938 年华中派遣军司令官,1939 年陆军大臣,1941 年中国派遣军司令官,1945 年第二总军司令官
松井石根	1878 年 7 月	中央幼年学校(1896 年)	1897 年 11 月,第九期	1906 年	大将,1922 年哈尔滨特务机关机关长,1929 年第十一师团师团长,1933 年台湾军司令官,1937 年上海派遣军司令官、华中方面军司令官

姓名	出生年月	幼年学校（入学时间）	士官学校（毕业时间、期）	陆军大学（毕业时间）	最终军衔及曾任主要职务
牟田口廉也	1888 年 10 月	广岛地方幼年学校（时间不详）	1910 年 5 月,第二十二期	1917 年	中将,1929 年派驻法国,1931 年陆军省庶务课庶务班班长,1933 年庶务课课长,1936 年驻屯军步兵队队长、驻屯军步兵第一联队联队长,1938 年关东军司令部付、第四军参谋长,1941 年第十八师团师团长,1943 年第十五军司令官
武藤章	1892 年 12 月	熊本地方幼年学校（时间不详）	1913 年 5 月,第二十五期	1920 年	中将,1929 年参谋本部德国班班员,1931 年兵站班班长,1933 年派驻中国、欧洲,1936 年关东军参谋,1937 年华中方面军副参谋长,1938 年华北方面军副参谋长,1939 年陆军省军务局局长,1942 年近卫师团师团长,1944 年第十四方面军参谋长
土桥勇逸	1891 年	熊本地方幼年学校（时间不详）	1912 年 5 月,第二十四期	1920 年	中将,1930 年步兵第一联队大队长,1931 年陆军省军务局军事课外交班班长,1935 年步兵第二十联队联队长,1937 年派驻法国,1939 年第二十一军参谋长,1940 年中国派遣军副参谋长,1941 年第四十八师团师团长,1944 年第三十八军司令官

姓名	出生年月	幼年学校（入学时间）	士官学校（毕业时间、期）	陆军大学（毕业时间）	最终军衔及曾任主要职务
村上启作	1889 年 6 月	中央幼年学校（时间不详）	1910 年 5 月,第二十二期	1916 年	中将,1927 年参谋本部课员,1931 年陆军省军务局军事课课员,1933 年步兵第三十四联队联队长,1935 年军事课课长,1939 年第三十九师团师团长,1944 年第三军司令官、病死于西伯利亚

资料来源:根据日本近代史资料研究会编『日本陆海军の制度・组织・人事』整理。

一、陆军幼年学校

陆军幼年学校是日本培养陆军军官的最初一级教育机构。1896 年 5 月,遵照明治天皇圣旨,日本陆军制定并颁布了"从幼年时代开始接受特别教育"的陆军地方幼年学校条例,[1]并分别于全国 6 地(东京、仙台、名古屋、大阪、广岛、熊本)开设 6 所地方幼年学校。地方幼年学校每年招收 13—16 岁的青少年学员约 50 名,采取寄宿制,学期 3 年,除学习一般中学课程外,还须兼习军事教育和军人精神教育。学员从地方幼年学校毕业后经过选考进入中央幼年学校(所在地东京),继续学习两年,毕业后作为士官候补生在军队接受半年训练,继而进入陆军士官学校,接受初级士官的培养。[2]

---

[1] 「幼年学校の沿革」,高野邦夫编集『近代日本军队教育史料集成』第四卷、东京:柏书房、2004 年、171—172 页。

[2] 日本陆军幼年学校最初成立于 1872 年,1875 年正式成为陆军省直属教育机构。当时主要招收 13—16 岁志愿从军的青少年和战死陆军军官的遗属。教学内容(转下页)

　　陆军幼年学校的教育纲领虽然在不同时期略有修订,但其主旨、内容变化不大,强调作为军校,其教学目的是对学员进行培养军官的预备教育。主要内容大体上可以概括为四点:第一,培养学员忠君爱国的精神;第二,教授学员军纪、礼仪等军人必要的操守;第三,锻炼学员强健的体魄;第四,教授文化知识。以 1926 年修订的教育纲领为例:

　　　　陆军幼年学校的教育目的是培养学员成为将校所需的德行,同时教授学员一般学科的知识。另外,作为军人预备教育,为学员升入陆军士官学校预科奠定基础。为达到上述教育目的,须特别注意以下各项的教养。

　　　　一、培养尊皇爱国之精神。我国拥有世界最卓群之国体,沐浴诸圣人之仁慈。故此,千年来所形成尊皇爱国之心,我国国民应永久继承。尤其幼年学校学员,来日作为将校,成为天皇肱骨、国家栋梁,若要担此巩固皇基、昌盛国运之重责更须富有此一精神。

　　　　二、培养堪当军人之节操。军人常临生死存亡之境,不论战时与否,须常有百折不挠之节操。尤其未来成为军队骨干

（接上页）除一般中学的学习内容外主要还教授外语。1877 年,幼年学校一度被取消,学员作为幼年学员并入陆军士官学校。1887 年,日本陆军在德国军制影响之下,重新恢复幼年学校,并采纳德式陆军士官候补生制度,即从幼年学校毕业后,作为士官候补生在部队服役半年,然后进入士官学校学习。自士官学校毕业后,先成为实习军官再被任命为少尉军官。在此基础上,1896 年,陆军又进行了一次制度改革,把幼年学校划分为地方幼年学校(相当于初中,招收 13—16 岁学员,3 年制)和中央幼年学校(相当于高中,招收 16—18 岁学员,2 年制),自此确立了日本陆军由地方幼年学校至中央幼年学校再至士官学校最后至陆军大学的将校培养之路。所谓陆幼第几期一般指 1896 年改革以后的入校学员。1896 年以前入学的学员则被称为"旧陆幼"。参见黑泽文貴『大戦間期の日本陸軍』,東京:みすず書房、2000 年、190—193 頁。

之幼年学校学员,不仅应有作为一般国民之常识,更应修炼坚定、高尚之将校品性,确立超群军人节操。

三、锻炼强健体魄。若无强健体魄,则精神缺乏灵气,虽有才能亦难发挥。尤其幼年学校学员,他日作为国之栋梁,担负忍耐饥寒酷暑、克服艰难困苦之重任,更须锻炼强健体魄。

四、培养文化知识。民智开化与否,关系国之盛衰。尤其将来为社会中坚、国家栋梁之幼年学校学员更须开发智识,顺应时代发展与军事发达,培养代表帝国品味与文化之基础。[1]

陆军幼年学校的教育分为教授部和训育部。教授部重在文化知识和精神的教育,由文职人员担任教官,开设文科课程。主要科目有伦理(以明治天皇的教育敕谕、军人敕谕为基础,重在培养人伦常理,传授军人本分、锻炼军人意志、培养德行涵养)、国语汉文、外语(俄、德、法)、历史(对比本国历史与外国史,特别注意宣扬皇室尊严、国体优秀、祖先宏业、人情醇厚等)、地理(配合历史教育,培养爱国心)、数学、理科化示教(即理科入门)、博学、物理、化学、矿物、绘画、习字、唱歌、理论。

训育部的目的在于"让学生熟习军纪,并使身体依授课内容得以相应程度的发育"。[2] 强健学员身体,培养其军人意志和涵养,让学员初步掌握军事技能。训育部开设初等教练课程,主要对学员进行最基本的军事训练,教官一般由现役军官、下士担任。学员在地方幼年学校主要接受初级训练,学习体操、游泳及军队内一般训

---

[1]「昭和 2 年印刷　訓育提要　陸軍幼年学校用　全」、高野邦夫編集『近代日本軍隊教育史料集成』第四卷、76—77 頁。

[2] 陸軍省「陸軍幼年学校教育綱領定む」、1889 年 6 月 11 日、JACAR(アジア歴史資料センター)Ref. C08070196600、明治 22 年　陸軍省達書下　第 3 号(防衛省防衛研究所)。

海,中央幼年学校则在此基础上增加射击、剑术、马术。此外,还包括个别操练至中队操练,初步野外勤务训练等。

在陆军幼年学校的课程中,伦理、外语、初等教练与一般日本中学中所教授的科目有显著不同。"伦理"根据教育敕谕和军人敕谕的要求,除讲授人伦道德、国民义务外,特别强调对军人本分的教养和军人意志的锻炼,而一般学校教授的"修身"课程则只讲授一般意义上的思想道德。当时,一般日本中学校已开设外语课程,主要以英语为主,而陆军幼年学校则设有法、德、俄语,学员可在此三语种中任选一种学习,不教授英语。这既源于日本陆军军事教育有效仿法德之传统,也与陆军内部轻视、敌视英美的习惯有关。初等教练科目属于军事训练,更是区别于一般中学,体现军校特点的课程。

二、陆军士官学校

日本陆军士官学校成立于 1874 年 10 月,隶属于陆军省。至 1945 年 10 月闭校,历时 71 年,是日本近代军事史上与海军兵学校并立的军事教育机构,从中日甲午战争前就开始为陆军培养、输送中下级军官。因其设立目的是为陆军培养战争所必要的大量的基层指挥官,因而招收学员人数较多,既包括陆军幼年学校毕业生,也招收一般中学学生,最多一期学员甚至达千余名,至该校关闭时,共招收有 61 期学员,5 万余人。

1878 年 6 月,陆军士官学校迁至东京市谷台新建成的校址。明治天皇亲临开校式,并发表敕谕说:

> 朕之所以设立本校,实因兵之强弱,端赖于士官之精良与否。如今建筑已告竣工,朕亲自前来,举行开学典礼。今后所望于本校者,乃培养优良士官,由此促进我陆军之日益进步也。

对天皇的敕谕，时任陆军卿的山县有朋奉答道：

> 正如圣谕所示，兵之强弱，端赖于士官之精良与否……本
> 邦陆军夕磨朝炼，据此维护纲纪，日精月进，从而确立捍卫国
> 家之基础。自今日始，此亦本校之职分。

校长曾我祐准①亦奉答曰：

> 国家荣辱系于兵之强弱，兵之强弱系于士官之精良与否。
> 若比之于草木，则兵卒为枝叶、士官为根干；若比之于身体，则
> 兵卒为四肢、士官为精神。根干培育不善，则枝叶焉能繁茂；
> 精神发育不盛，则四肢岂可望其活跃！……陛下御宇之初，先
> 于京都创设兵学校，次于大阪设立兵学寮，终又迁址于东京并
> 扩充为数校，又于此地修建士官学校。如今工程已告完竣，又
> 值圣驾亲临盛典，方知圣意之所在……士官之教习若无缺憾，
> 则兵不期而致精强，庶可使国家之荣名日加旺盛。②

由此可见天皇和日本军政要人对陆军士官学校的重视。

　　日本陆军从下级军官（第一线的小队长）到高级将领，甚至最
高指挥官（参谋总长）几乎都是陆军士官学校的毕业生。陆军士官
学校聚集了来自日本全国各地、陆军各兵种的士官候补生，是日本
陆军极其重要的将校培养机构。这是当时西方列强国家所没有
的、日本独具特色的军事教育制度。陆军军官全部都出自这一学
校，这为贯彻陆军高层乃至日本国家的政策、意志提供了便利，在

---

① 曾我祐准（1844—1935），日本陆军中将。1874 年任陆军士官学校第一任校长。1877
　年兼任东京镇台司令长官，参加西南战争。此后先后担任熊本镇台司令长官、大阪镇
　台司令长官、仙台镇台司令官、参谋次长等职。参见太平洋戦争研究会编著『日本陸
　軍将官総覧』，245 頁。
② 高野邦夫『近代日本軍隊教育史料集成　解説』，東京：柏書房，2004 年、20 頁。

约束、团结军队方面也具有重要意义。

根据《陆军士官学校条例》规定,陆军士官学校招收陆军各兵种士官候补生,对其进行初级军官所必须的军事教育。① 其教育纲领择要如下:

将校为军队之骨干、军人精神和军纪之根本、国家精神之支柱,因此本校奉圣谕在下列要领基础上实施教育:

（一）彻底教育学员国体及建军本义,培养尊皇爱国之心。

（二）锻炼坚定的军人精神,贯彻严肃的军纪,陶冶高洁的品性。

（三）锻炼强健的体魄、旺盛的精力、顽强的意志。

（四）教授士官候补生初级士官所必要之学识,并培养其日后能够独立自主学习的素养。②

据陆军士官学校的毕业生三根生久大的回忆,陆军士官学校的管理极为严格,课业和训练非常紧张。学校的一天从军号声开始,以军号声结束。早上,起床号响起,学生收拾寝具,快速穿好军服,飞奔出寝室,接受点名。点名之后,要在一小时内完成洗漱和奉读军人敕谕、朝着各自家乡的方向问候父母、参拜雄健神社、整理武器等仪式性的固定程序,方可吃早餐。早餐后,进行自习,接受服装检查,然后进入讲堂。上午一般学习普通学校的课程;下午为训练、体操、剑术、柔道、马术等术科教育。之后是自由运动、洗

---

① JACAR（アジア歴史資料センター）Ref. A03020160400、御署名原本・明治二十六年・勅令第二百三十三号・陸軍士官学校条例改正（国立公文書館）。

② 「陸軍士官学校教育綱領」、高野邦夫編集『近代日本軍隊教育史料集成』第五巻、東京:柏書房、2004 年、157 頁。

澡。晚餐后,仍须进行两小时的自习,然后是晚间点名,熄灯号响起后上床睡觉。一天下来,几乎没有喘息的时间。①

　　陆军士官学校的教育具体分为训育、学科和术科。训育贯穿在整个陆军士官学校教育之中,使学员随时随地接受军事实践和军队精神教育。训育或由负责学员日常生活的教官担任,或由训育中队(各兵科学员在校期间被分配到不同中队,实际体验军队生活,使其逐渐被军队同化)担任,除了对学科和术科所教授内容进行补充,同时也在实践中培养学员作为初级士官的实际教导、指挥小部队的能力。②学科教育包括军事学和普通学(具体科目及内容见表1-2)。军事学教授各兵科尉官所必要的基础军事知识,并培养其将来进一步学习的能力;普通学则教授将校应掌握的一般常识。术科教育(具体科目及内容详见表1-3)主要训练各兵科尉官在完成战斗任务时应掌握的必要事项。③

　　注重军人精神教育是陆军士官学校教育的一大特点。评价学员是否合格时,比起学识技能,军人精神更加重要,尤其是军官阶层,"将校之所以贵重者,乃因军人精神之故也,故将校教育之先者,应为此精神之养成"。④"军队教育主要着眼于培养坚定之军人精神及严肃之军纪,即舍生取义、知耻惜命、重于责任、吃苦耐劳、奋起奔赴国难、欣悦死于任务,是我国民自古以来继承尊重之大和

---

① 三根生久大『参謀本部の暴れ者　陸軍参謀朝枝繁春』、東京:文芸春秋、1992 年、47 頁。

② 河辺正三『日本陸軍精神教育史考』巻二、東京:原書房、1980 年、11 頁。

③「陸軍士官学校教育綱領」、高野邦夫編集『近代日本軍隊教育史料集成』第五巻、158 頁。

④ 陸軍省「将校団教育令ヲ定ム」、1889 年 5 月 17 日、『公文類聚・第十三編・明治二十二年・第十六巻・兵制七・兵学一』、国立公文書館。https://www.digital.-archives.go.jp/das/image/M0000000000001722558。

魂是也"。① 所谓军人精神教育,包括培养作战时临机应变的能力、鼓舞精神、陶冶军人的节操等等,但实际上其最核心的内容是培养忠君爱国的思想。由于这种精神教育贯穿于陆军士官学校教育的始终,一旦后来军事扩张成为日本的国策,战争被煽动为"为天皇而战",陆军军人就会不加批判地接受,甚至沦为狂热军国主义分子。

同时,军人的主要任务是战斗,以实战训练为基础的军事教育也是陆军士官学校教育的重点。学员除了在校内学习各类军事技能,还于在校期间被分配到陆军各中队受训,以便更快地对所学技能加以实践,并培养学员尽快习惯军队、军人生活。② 另外,贯穿军事教育中的一条主要原则是"战斗的关键在于容许适度的独断专行,使攻击精神发挥到极致,同时也要求统一指挥,尽全力求成功"。③ 这种允许"适度的独断专行"的教育理念,后来成为日本陆军在侵华战争中不断挑起事端、制造事变的原因。

表1-2　陆军士官学校学科科目及内容

	科目	教学内容及要求
军事学	战术学	学习战斗及战时勤务的相关原则、要塞战术的概要、初级尉官所必要的应用技能
	战史	学习帝国参加主要战役及事变概要,学习师团以下部队在战场的实际作战情况,以激励学员士气

---

① 陆军省「军令陆第一号军队教育令」,1913 年、『公文類聚・第三十七編・大正二年・第十五ノ二卷・軍事・別册』、国立公文書館。https://www.digital.archives.go.jp/das/image/M0000000000001749337.

② 参见河辺正三『日本陸軍精神教育史考』卷二、11—12 頁。

③ 河辺正三『日本陸軍精神教育史考』卷二、11—12 頁。

续表

	科目	教学内容及要求
	军制学	学习军制的要义,学习帝国陆军诸制度、与战时事变相关诸制度,深刻理解建军之本义
	兵器学	学习与兵器构造、机能相关之原理,日本主要兵器性能及结构之概要,兵器制造及保存之常识
	射击学	学习射击之学理,了解主要火器的射击效果,掌握射击准备及实施的一般常识
	航空学	学习飞机构造、机能、性能、使用之概要,了解军事航空的趋势
	筑城学	学习筑城相关诸原则之概要,与攻守相关的筑城的素质、编成、设备、作业实施之要领
	交通学	学习军事上必要的交通设施机构及其性能之概要,学习对交通设施的利用、设防及破坏的要领
	军队教育	贯彻军队教育令的纲领,讲授各科的教育目的、精神、教育实践之要领、教育计划等
普通学	一般教育	与军队教育相关的一般教育学
	法制经济学	讲授帝国宪法概要,特别是其特质及将校所应掌握的法制经济常识
	外国语学	英、法、德、俄、汉任选一种语言,重点提高与军事相关的阅读能力

资料来源:高野邦夫编集『近代日本軍隊教育史料集成』第五卷、附表第一其一、159頁。

表1-3　陆军士官学校术科科目及内容

科目	教学内容及要求
教练、阵中勤务、射击	培养锻炼学员作为小部队指挥官及教官的资质、能力
野营	进行联合演习,以提高教练、阵中勤务、射击等能力

续表

科目	教学内容及要求
体操	熟练掌握基本应用体操,并教授教育指导法
剑术	作为兵科必修科目熟练掌握剑术、两手军刀术,并教授教育指导法
马术	熟练掌握骑术,并学习驯养、调教法之概要
马匹管理	掌握马匹的驯养、管理相关事项
规章规范等	学习教练、阵中勤务、射击等相关必要事项;了解将校服务的要义、作为初级尉官执行实际任务时应了解的必要事项

资料来源:高野邦夫编集『近代日本軍隊教育史料集成』第五卷、附表第二其一、162頁。

三、陆军大学

日本军事近代化的一项重要标志是引进参谋制度。近代参谋制度源于法国,发展于德国。日本的第一个参谋机构是 1871 年设立于兵部省下的陆军参谋局。普法战争后,普鲁士的胜利使得普鲁士·德意志独立的参谋本部机构在世界上得到普遍认可。而西南战争后,日本的新陆军已经具备了炮兵、工兵、骑兵等兵种,初具综合性部队之规模。因此,山县有朋等人认为,无论从强兵,还是对外扩张的角度考虑,全盘指挥一支近代化的综合性部队,都需要拥有完善的幕僚机构和优秀的参谋人才。1878 年,在山县的主导下,明治政府借鉴德国体制,使陆军统帅权自政府中独立而出。12月 15 日,废除参谋局,设立了直接隶属天皇的军令机构——参谋本部。

参谋本部具有独立的统帅权,可以直接上奏天皇,可无视政府,自然包括陆军省、海军省的命令,因此敢于独断,使得其权力在日后不断膨胀,并成为日本策划对外扩张政策的中心机构。而陆军的参谋只能由参谋本部派遣的陆大毕业生担任,这也使得这些"精英"出身的参谋在军队中享有特殊权力,成为日本对外侵略战争中的主要将领,他们大都在第二次世界大战结束后作为战犯接受审判。

1878年参谋本部成立之初,日本陆军中受过正规教育的参谋,仅有自法国陆军大学毕业归国的小坂千寻中尉。因此,参谋本部也亟待为自身培养人才。西南战争之后,日本陆军主要从陆军士官学校选拔军官。陆军士官学校培养的是中下级军官,学员如希望继续深造,只能选择出国留学,而能够得到公派留学机会的人毕竟寥寥无几。因此,舍远求近,在日本国内成立一所教授及研究参谋业务的高等教育机构,既是为政者也是陆军士官学校学员的迫切需求。在此背景下,由参谋本部长山县有朋等人主导,于1882年11月创办了陆军大学,主要目的是培养运用近代战略战术之参谋人员。1883年招收了第一期学员。[1] 陆大聘请德籍教官,采用德式军事教育,自此日本陆军开始学习德国,从最初效仿法国的军制和军队转向以德为师。根据陆大条例规定,陆军大学直属于参谋本部,职员及毕业生的人事安排皆听由参谋本部调配,听从参谋本部长[2](参谋总长)命令。[3] 从此,这批"精英"出身的参谋在军队中享有特殊权力,逐步成为日本对外扩张过程中的骨干。

自1882年11月明治政府颁布《陆军大学条例》,1883年4月6日陆大正式建校,至1945年8月6日闭校,历经中日甲午战争、日俄战争、第一次世界大战、日本侵华战争及太平洋战争,陆军大学

---

① 黒野耐『参謀本部と陸軍大学校』、東京:講談社、2004年、9頁。

② 自1889年(明治22年)起,参谋本部改称参谋总长。

③ 「陸軍大学校条例之定件」、JACAR(アジア歴史資料センター)Ref. C04030602900、明治
　　15年「大日記 本省達書7月より12月達乙 陸軍省総務局」(防衛省防衛研究所)。

为日本陆军各重要机构培养了众多参谋和高级指挥人才。日本陆军中枢以及发动侵华战争之主要策划者大都由陆大毕业生所构成。由此可见,陆军大学在日本强兵与扩张的军事近代化过程中占据重要地位,是日本对外扩张史上不可不书的一笔。

关于陆军大学的研究,在日本主要有上法快男主编的《陆军大学校》(『陸軍大学校』)和黑野耐论述陆大教育成败、探究日本二战战败原因的《参谋本部与陆军大学校》(『参謀本部と陸軍大学校』)。① 而在中国则相关研究甚少。基于现有研究状况,本书对日本陆军大学的基本情况作一详细梳理。

(一) 陆大的教育目的

根据最初的《陆军大学条例》总则规定:陆大的教育目的为"从步、骑、炮、工兵科士官中选拔学员,精进其学术,培养使其日后胜任参谋之职"。② 这一教育目的在 1887 年的修订条例中被具体化为:"从各兵科中尉及少尉中选拔学术才能超群者,教授其军事诸般教育及高级兵学,培养使其日后担任参谋官、高级司令部副官及教官,并使其修养胜任高级职务之基础学问。"③1891 年,教育目的中又被加入了"培养高级指挥官"的内容。④ 1887—1891 年这 4 年间,恰为日本陆军把以防守为主的镇台编制改变为以进攻为主的师团编制的时期,也是中日围绕朝鲜不断发生冲突,甲午战争爆发

---

① 上法快男編『陸軍大学校』;黑野耐『参謀本部と陸軍大学校』。

② 「陸軍大学校条例之定件」、JACAR(アジア歴史資料センター)Ref. C04030602900、明治 15 年「大日記 本省達書 7 月より 12 月達乙 陸軍省総務局」(防衛省防衛研究所)。

③ 「御署名原本・明治二十年・勅令第五十三号・陸軍大学校条例」、JACAR(アジア歴史資料センター)、国立公文書館、A03020015100。

④ 「御署名原本・明治二十四年・勅令第百七十一号・陸軍大学校条例改正」、JACAR(アジア歴史資料センター)、国立公文書館、A03020110300。

的前夕。因此,陆大条例的修订充分配合了采用师团编制的日本近代陆军的诞生,旨在为日军各师团培养大批参谋和指挥官人才。

不过,到了 1897 年,条例中的教育目的被修改为"教授高等兵学,培养参谋及其他枢要职务"①,去掉了"培养高级指挥官"一项。至 1901 年条例再次改为"选拔少壮军官,教授与高等用兵相关之学术及军事研究所必须之学识"。②此后,直到 1945 年陆大关闭的 60 余年间,条例虽做过若干次修改,但教育目的中始终未明确规定陆大到底是以培养参谋人才为主,还是培养"高级职务"的将帅人才。仔细考察陆大的教育内容,可以发现陆大明显注重参谋教育,主要教授实地作战的战术,而忽略战略教育。由于教育目的不明确,加上"精英"教育对升等的保证,使得日本陆军中的指挥官入校后接受的多是参谋训练。这也是以后研究者批评日军高级将领缺乏将帅应有的国家战略高度和军事战略素养的原因之一。③

（二）入学资格

陆军大学对学员的入学资格和入学考试均有明确规定。学员的入学资格,必须是步、骑兵中、少尉具有两年以上军职者;炮、工兵中、少尉具有一年以上军职者。中尉年龄须 30 岁以下,少尉年龄须 28 岁以下。在符合以上条件的基础上,须品行端正、勤奋努力、身体强健,并首先由所属部队长官推荐成为候补学员,方始具考试资格。而考试则极为严格,分为初审和再审两次。初审主要测试基础学识(参见表 1－4),再审则以面试方式考验考生的人格、应对能力等综合素质。考生为应付初审考试的题目往往需要 2—3 年的准备时间,而即便能够通过第一关,也经常会于面试阶段落

---

① ② 上法快男编『陸軍大学校』、238 頁。

③ 上法快男编『陸軍大学校』、221、223 頁。

第。因此陆大的录取率常有不足一成的情况。

　　当然一旦通过考试，便犹如鲤鱼跃龙门。陆大毕业生能够得到定期升级的保证，毕业后天皇亲授菊花奖章。作为优等毕业生的特别奖励，陆大还设有完备的留学制度。凡毕业成绩在前 10 名的学员，毕业后可以出国留学 2—3 年。而经过明治年间的甲午、日俄两次大战，陆军中的高级将校、参谋本部中的重要职务已逐渐为陆大毕业生所占据。可以说"陆大毕业"是日本军人升迁的一条重要途径，是当时众多青年憧憬将军梦想的摇篮，并逐步在陆军中形成一个重要派别——"陆大毕业生"。

表 1 - 4　陆军大学候补学员初审试验日程表(1894 年)

明治二十七年陆军大学学生候补者初审试验日程表		
步骑炮工兵科		
	上午	下午
七月二十五日	算学 甲 两小时三十分	算学 乙 两小时三十分
七月二十六日	基本战术 甲 两小时三十分	基本战术 乙 三小时
七月二十七日	地理地图 两小时	步骑工兵科兵器学 两小时三十分 炮兵科兵器学 两小时三十分
七月二十八日	步骑炮兵科:临时筑城 两小时 军路 两小时 工兵科:永久筑城 两小时 军路 两小时	外语:德语 两小时 法语 两小时

　　资料来源:「参謀本部より 陸軍大学校 学生候補者初審試験の件」、JACAR(アジア歴史資料センター)Ref. C03023043100、密大日記 明治 27 年(防衛省防衛研究所)。

　　关于陆军大学的修学年限，1882 年的条例规定步骑兵科的修学年限为 3 年,炮工兵科为 2 年。至 1886 年各兵科的修学年限均统一改为 3 年,此制度一直持续到 20 世纪 30 年代。1938 年,自第 45 期毕业生以后,随着侵华战争和太平洋战争的激化,修学年限不得不逐渐缩短至两年半、两年、一年半和一年。最后一期学员(1945 年 2 月 11 日—8 月 6 日)仅入学半年便草草毕业。

（三）教育课程

把握陆大教育课程的整体情况,可参考 1907 年版的《陆军大学教育纲领》。陆大教育的主旨为研究高级用兵(指挥旅团以上部队的战术和狭义的战略)所必要的学术原理(军事学),训练学员的实际应用能力。教育重点在战术、战史与参谋要务。其中战术为中心课程,其次为战史,第三为参谋要务。另外,与军事制度相关的法学、数学、物理、化学等自然科学以及军人所必须具备的一般学识也在被列为必修课程(参见表 1 - 5)。①

表 1 - 5　陆大第十一期课程安排(1892 年)

第一学期		第二学期		第三学期	
科目	次数/天数	科目	次数/天数	科目	次数/天数
交通学	29 次	战术	63 次	参谋服务学	50 次
测量学	15 次	兵器学	23 次	算学	31 次
马学	19 次	筑城学	36 次	历史	27 次
地理学	33 次	经理学	6 次	德语	166 次
战术	95 次	算学	27 次	法语	166 次
兵器学	24 次	参谋服务学	33 次	兵棋	46 次
筑城学	21 次	德语	166 次	战史	53 次
经理学	13 次	法语	166 次	军法	23 次

① 高野邦夫编集『近代日本軍隊教育史料集成』第七卷、東京:柏書房、2004 年、210 頁。

续表

第一学期		第二学期		第三学期	
科目	次数/天数	科目	次数/天数	科目	次数/天数
参谋服务学	34 次	兵棋	35 次	应用率兵术	75 次
算学	31 次	战史	53 次	要塞战法	43 次
历史学	31 次	军法	23 次	军事地理学	21 次
德语	166 次	率兵术	33 次	国际公法	27 次
法语	166 次	马术	80 次	马术	75 次
马术	155 次	野外战术演习	12 周	东京湾炮兵学演习	10 周
野外战术实施	12 周	东京湾炮兵学演习	10 周	炮兵学研究	7 周
野外测量	14 周			参谋旅行	21 周

资料来源:「明治二十五年课程实施情况」、高野邦夫编集『近代日本軍隊教育史料集成』第七卷、88 頁。

1. 战术教育

陆大的战术教育一般可分为图上战术、现地战术和兵棋。图上战术主要在教室采取以地图为基础假定作战情况,设计并讨论作战计划。现地战术则须赴实地考察,根据当地的实际情况制定计划、实施演习等。兵棋为根据地图所示情况,以棋子作为敌我标志,演示战争过程,制定作战计划。梅克尔认为,"日本的将校虽然很擅长书本的学习,但理解力偏弱,不经过实际演习就不能真正将书本上的原理加以运用",因此"士官学校的学习要以战术演习为主","只有接受了士官学校的教育方法,并且在部队表现称职的学生,才能在陆军大学里接受真正的高等用兵术的教育"。[1]

---

[1]「メッケル氏将校教育統論」、JACAR(アジア歴史資料センター)Ref. C10073005300、明治 18 年より 25 年　條例改正其他要書(防衛省防衛研究所)。

梅克尔时代建立的战术教育传统为三段式教育:第一阶段讲授原理原则;第二阶段通过图上战术和兵棋锻炼学员的理论应用能力;第三阶段为实践演练亦即所谓现地战术,根据当地情况进行参谋业务的指导训练,培养学员的实际应战能力。秉此传统,陆大一般在第一学期讲授基本战术,第二和第三学期主要讲授实用战术并辅以兵棋演习。各学期在期末都要进行以现地战术教育为目的的演习旅行。第三学期期末的演习称为参谋旅行,是为宣告结业的旅行,其目的在于考验学生三年以来所习得的综合能力和实际应战能力。

陆大的战术课程中也涉及战略教育,但并非高度的国家战略或军事战略,而是指作战战略,即大部队的指挥战略,严格来说这种战略仍属战术范畴。战略教育被狭义化或许是出于日本陆军所贯彻的"军队之首要任务乃战斗"的思想①,故而政治经济学、外交学和历史学等国家战略范畴内的学科在陆大教育中未受重视。

梅克尔思想指导下的陆大教育,强调进攻,重视实践性战术和现地战术的教育,这对培养参谋人员起了至关重要的作用。日本在明治时期取得的两次对外战争的胜利,陆大的近代化军事教育固然"功不可没",但在此后的军事扩张中,随着世界形势和战争形态的变化,偏重战术的教育则成为陆大的一大问题点。在以后的两次世界大战中,战争形态已演变为多国之间的持久战,军队需要的不仅仅是参谋人员,还更需要具备指挥才能的将校甚至将帅人才。虽然 1891 年的陆军大学条例中,教育目的曾被修改为"教授高等兵学,培养参谋和高级指挥官",或者说当时的陆大也许同时追求过参谋教育和将帅教育,但作为高级指挥官的将帅必须具有

---

① 黑野耐『参謀本部と陸軍大学校』、72 頁。

统揽大局的能力，必须能够结合政治局势和经济条件等多方面因素制定政策，必须掌握如何利用外交、政治等手段在战争中赢得有利形势等等。而仅从明治时期的陆大的课程来看，自始至终并未做出相应改变，日俄战争后亦仍然一味追求战术教育，而缺少培养战略性思考的人文社会科学科目。

2. 战史教育

战史教育乃通过战术运用的实例来传授指挥、统率之技巧，使学生体察用兵奥妙，领略战争实况。陆大教育纲领中评述：战史对战术研究者至关重要。在战役中军队士气的盛衰、统率者的拙巧，直接关系到战争的胜败。而战术队形、武器等虽随时代变化，但用兵的原理却古今一辙。故研究战史可总结以往经验教训，探知成败之根本原因。教育纲领规定各学期战史教育内容大致如下：拿破仑战争、1866 年普奥战争、1870 年普法战争、1877 年俄土战争，以及陆大建校后爆发的中日甲午战争、日俄战争。[1] 由此可见陆大的战史教育主要以个案分析，即教授作战战斗史为主。

3. 参谋要务

参谋要务由陆军省或参谋本部的课长或高级课员任教官，[2]主要讲授军队建制和陆军编制、参谋本部的组织和历史、欧洲各大国参谋本部的组织、平时与战时的参谋业务及责任、战时高等司令部各部及特务队业务的概要、铁路和海上运输，以及兵站、战时通信、邻国的兵力及其编制等与用兵相关的实际业务。[3]但参谋要务仅作为战术教育的辅助，相对战术和战史在陆大课程中所占比重最小。

---

①③ 高野邦夫编集『近代日本軍隊教育史料集成』第七卷、210 頁。

② 黒野耐『参謀本部と陸軍大学校』、69 頁。

4. 非军事课程

值得注意的是,非军事课程中,授课次数最多者为外语。陆大自创设时起,入学考试即考验学生外语。而入学后开设有德语和法语课程。自1897年始,外语课程中增设了英语和俄语。[1] 1899年,又增设了汉语,入学考试时亦可选择汉语作为应试科目。[2] 陆大对外语课程的要求为"须可直接阅读原文了解其义;须可直接以原文写作;须可直接以原文一般会话"。[3] 陆大教育重视外语课程的原因既有便于向先进国家取经之义,同时又可视为其观时局而推行对外扩张政策之准备。从明治建军到日俄战争,日本已视中、俄为假想敌,而到第一次世界大战结束后,则依次以俄、美、德、法为假想敌,可见日本为争夺利益,早在军事教育中即将假想敌国语言列入必修课程。

(四) 与陆军士官学校的区别

前文提到,日本陆军士官学校是日本近代军事史上一所重要的军事教育机构,日本陆军从下级军官到高级将领几乎都是士官学校的毕业生。陆军士官学校与陆军大学的区别简要介绍如下:

首先,两校的教育目的不同。《陆军士官学校条例》规定,陆军士官学校乃召集陆军各兵种士官候补生,对其进行初级军官所必须的教育,[4]即培养下级军官。而陆大则以培养参谋和高等军事人

① 「明治三十年課程実施情況」、高野邦夫編集『近代日本軍隊教育史料集成』第七巻、110頁。

② 「明治三十二年課程実施情況」、高野邦夫編集『近代日本軍隊教育史料集成』第七巻、124頁。

③ 「陸軍大学校教育綱領」、高野邦夫編集『近代日本軍隊教育史料集成』第七巻、210頁。

④ 「御署名原本・明治二十六年・勅令第二百三十三号・陸軍士官学校条例改正」、JACAR(アジア歴史資料センター)、国立公文書館蔵、A03020160400。

才为目的。另外,陆大采取的是精英式教育,通过严格的考试,从中少尉以上的军官中选拔极少数的佼佼者。而陆军士官学校则对入学条件和考试的要求相对宽松,因此,最多一期学员甚至达1 000余名。

　　由于教育目的不同,教育的内容自然也相异。陆军士官学校的教授科目主要有:战术学、战史、军制学、兵器学、射击学、航空学、筑城学、交通学、军队教育、一般教育、法制经济学、外语。① 陆军士官学校教学中并不开设陆大教授的参谋要务、兵棋、军法、应用率兵术等面向高级军官的科目。另外,陆大的学员几乎全部来自陆军士官学校,陆大从建校到闭校的所有学员中不属于陆军士官学校出身者仅有3名。②

　　此外,两校还有一点根本不同,即陆大直属于参谋本部,而士官学校及其他陆军诸学校则隶属于教育总监部。因此,不能简单地将士官学校理解为陆大的下级学校。如前文所述,参谋本部在日本陆军中掌握军令大权,甚至压过管理军政的陆军省。而陆大直接为参谋本部培养人才,从陆大毕业生和陆军主要将领的履历来看,陆大学员毕业后多数先进入参谋本部,而后被派往其他重要部门,并享有定期升等的特权,以致陆军中的指挥、统帅职务以及作为军令机构的参谋本部的要职多数由陆大毕业生担任。从陆大学员几乎全部出自士官学校这点可见,要想在日本陆军中出人头地,第一步是进入士官学校,完成鲤鱼跃龙门的一跳则在陆军大学。

---

① 高野邦夫编集『近代日本軍隊教育史料集成』第五卷、159頁。

② 外山操编『陸海軍人事総覧・陸軍篇』、東京:芙蓉書房、1981年、付録1。

（五）陆大的人事组织及毕业生

1．人事组织

陆大为参谋本部下属机构,人事调配与参谋本部密切相连。在创设初期甚至不设校长而由参谋本部长直接管理。参谋本部长任命参谋大佐或中佐 1 名任陆大干事,负责学校日常事务。自1887 年起陆大开始设立校长一职,但仍直接隶属参谋本部长。陆大的这一制度在日本陆军中属于特例,陆军其他诸校均由教育总监部管理,唯有陆大自始至终隶属参谋本部。这就造成陆军的最高指挥权、最高军令、最高作战计划均为陆大毕业生所掌控。由此既可窥见参谋本部权力膨胀之要因,亦可见在日本对外扩张、制定大陆政策、发动侵华战争,并进而卷入太平洋战争的过程中,陆大的地位和作用非同一般。

1887 年陆大设置校长后,对人事组织较建校之初有了更为明确的规定。陆大职员由校长(参谋大佐)、干事(中佐或少佐)、教官(参谋官、佐官、大尉或陆军教授)、课僚(各兵科士官或陆军军属)、厩长(骑兵科士官)、军吏、兽医组成。校长隶属参谋本部,总理校务,对学术精进负责;干事辅佐校长工作;教官负责教学及翻译;课僚充当秘书事务;厩长总管学校马匹。①

在日本近代对外扩张过程中,许多代表性军人多有出任陆大校长的经历,这也是陆大地位的反映。陆大首任校长儿玉源太郎(1852—1906),任期是 1887—1888 年。② 儿玉是明治维新后追随大山岩和山县有朋推行军队近代化改革,倡导德式军队教育的主

---

① 「御署名原本・明治二十年・勅令第五十三号・陸軍大学校条例」、JACAR(アジア歴史資料センター)、国立公文書館蔵、A03020015100。

② 「陸軍大学校略史」、高野邦夫編集『近代日本軍隊教育史料集成』第七卷、460 頁。

要将领之一，也是中日甲午战争和日俄战争的实际策划者及指挥官。甲午战争中，儿玉已升至陆军少将，担任陆军次官，时称"日清战争的萧何"。甲午战争后，儿玉被授予男爵、中将，并历任台湾总督、陆军大臣、内务大臣等职。1903 年，为谋划日俄战争，儿玉出任参谋次长。至日俄战争爆发，儿玉被晋升为大将，任"满洲"军总参谋长。1904 年 7 月随日军侵入中国。日俄战争期间，日军在中国的军机要务由其一手策划。日俄战争后曾任参谋总长，加封子爵，死后追封伯爵。[①]

明治时期陆大校长中较有影响的人物还有寺内正毅（任期 1901—1902 年）和井口省吾（任期 1906—1911 年）等。[②] 寺内正毅（1852—1919）曾于 1887 年任陆军士官学校校长，中日甲午战争时任运输通信长官，是日军兵站的最高负责人。日俄战争期间任陆军大臣，总管军政。1906 年寺内晋升大将，次年授子爵。1910 年日本吞并韩国，于朝鲜半岛设立朝鲜总督府，寺内出任第一任朝鲜总督，次年授伯爵。1916 年被加封元帅，并担任日本首相。[③]

井口省吾（1855—1925）亦属中日甲午战争和日俄战争时期日本陆军的代表军人。井口为日本陆军大学第一期毕业生，也是陆大毕业生出任陆大校长的第一人。[④] 井口毕业后曾担任陆大教官，中日甲午战争时任第二军作战参谋，日俄开战时任参谋本部总务部部长，其后作为"满洲"军参谋出征中国。日俄战争后被任命为陆大校长，晋升中将。1915 年任朝鲜驻屯军司令官，晋升大将。井口出身静冈县，不属于以长州藩出身的山县有朋等为首的陆军主流"长州阀"。井口任陆大校长期间曾罢免和弃用长州籍教官，成

---

① 日本近代史資料研究会編『日本陸海軍の制度・組織・人事』、30 頁。

②④「陸軍大学校略史」、高野邦夫編集『近代日本軍隊教育史料集成』第七巻、460 頁。

③ 日本近代史資料研究会編『日本陸海軍の制度・組織・人事』、49 頁。

为当时日本陆军中反藩阀运动的先锋,故此也受到"长州阀"的排挤,以大将为最终官衔而晚年未有所成。[1]

明治以后,在一战和二战期间,即大正和昭和时代,陆大校长中的代表人物还可历数时任陆军中将的宇垣一成(任期 1919—1920年)和荒木贞夫(任期 1928—1929 年)[2]、陆军少将牛岛贞雄(任期1930—1933 年)[3]、陆军中将杉山元(任期 1934—1935 年)[4]、陆军

---

① 额田坦『陸軍省人事局長の回想』、東京:芙蓉書房、1977 年、240 頁。

② 荒木贞夫(1877—1966),日本陆军大将,"皇道派"的精神领袖。1897 年毕业于陆军士官学校第九期,1907 年毕业于陆军大学第十九期。1909—1918 年任驻俄国翻译官、武官、西伯利亚远征军司令部参谋。1927 年晋升中将,1928 年任参谋本部作战部部长,支持日本出兵山东,造成济南惨案。1929—1931 年历任陆军大学校长,第六师团师团长,教育总监部本部长。1931—1934 年任陆军大臣,1938 年任文部大臣。担任陆军大臣期间极力推动日军扩大对华侵略范围。九一八事变后,主张日本退出国联;"一·二八"事变爆发后,又屡次促成对华增兵,不断使战争扩大。日本战败后,被远东国际军事法庭判定为甲级战犯,以一票之差逃过绞刑,被判处无期徒刑,1966 年病逝。参见太平洋戦争研究会编著『日本陸軍将官総覧』、127 頁。

③ 牛岛贞雄(1876—1960),日本陆军中将,1900 年陆军士官学校第十二期毕业,1904 年参加日俄战争。1912 年毕业于陆军大学第二十四期。1913 年进入参谋本部,其后历任步兵第五十四联队大队长、陆大教官、步兵第三联队联队长、参谋本部课长等职。1930 年晋升为陆军少将,担任丰予要塞司令官、步兵第二十九旅团旅团长、陆大校长等职,1931 年晋升陆军中将。1937 年 9 月任第十八师团师团长,从杭州湾登陆,自广德、宜城打到芜湖,截断南京上游的中国军队援兵。战役结束后在杭州维持"治安"。1938 年退役,任陆军司政长官,帝国退伍军人协会副会长。参见太平洋戦争研究会编著『日本陸軍将官総覧』、196—197 頁。

④ 杉山元(1880—1945),日本陆军元帅。1900 年毕业于陆军士官学校第十二期,1904年参加日俄战争。1910 年自陆军大学第二十二期毕业后进入参谋本部,1914—1923年历任步兵第十四联队大队长、驻英属印度武官、第二航空大队大队长、陆军省军务局航空课课长、陆军省军务局军事课课长。1925 年晋升为少将,1928 年调任陆军省军务局局长,1930 年晋升为中将、陆军次官。九一八事变后,支持关东军一举侵占中国东北。1933 年任日本陆军航空本部长,1934 年晋升为参谋次长兼陆军大学校长,1936 年晋升为陆军大将,1937 年任陆军大臣。卢沟桥事变爆发后,杉山反对石原莞尔的"不扩大",极力主张增加驻华兵力,扩大战争规模,并向昭和天皇担保,(转下页)

少将及侯爵前田利为(任期 1936—1937 年)①、时任陆军中将的今井清(任期 1937 年)②等等。③ 这些校长基本都是明治时期的陆大毕业生。

2. 明治时期的毕业生

明治时期,陆大共有 24 期、675 名毕业生,以后成为陆军大将者共 54 名。④ 至 1908 年陆大第二十期学员毕业时已有 463 名毕业生进入陆军,除了担任参谋本部和各师团的参谋、陆大教官

(接上页)3 个月解决"中国事变"。1938 年调任华北派遣军司令官,指挥日军进行数次"治安肃正"作战。1940 年任参谋总长,提出《中国事变处理要纲》。1941 年珍珠港事件后,指挥日军迅速入侵东南亚各国,摧毁了英国、荷兰在当地的殖民统治。1943 年获元帅称号,1944 年再次任陆军大臣,主张同美军顽抗,进行焦土作战。1945年任第一总军司令官,为本土作战的最高负责人之一。1945 年日本战败后自杀。参见太平洋戦争研究会编著『日本陸軍将官総覧』、60—63、150—151 頁。

① 前田利为(1885—1942),贵族出身,日本陆军大将。1905 年毕业于陆军士官学校第十七期,参加日俄战争。1911 年毕业于陆军大学第二十三期后进入参谋本部,曾赴德、法留学。回国后任近卫步兵第四联队大队长、陆大教官、驻英国武官、近卫步兵第二联队联队长等职。1931 年九一八事变时任参谋本部战史课课长,1933 年晋升陆军少将。此后任步兵第二旅团旅团长、参谋本部第四部部长。1937 年卢沟桥事变时任陆大校长、第八师团师团长,1939 年转入预备役。1942 年重入现役,任婆罗洲守备军司令官。同年 9 月因飞机事故身亡,被追封为陆军大将。参见太平洋戦争研究会编著『日本陸軍将官総覧』、168 頁。

② 今井清(1882—1938),日本陆军中将。早年就读于名古屋陆军地方幼年学校、中央陆军幼年学校,1903 毕业于陆军士官学校第十五期。1914 年毕业于陆军大学第二十六期,随后进入参谋本部,历任参谋本部驻瑞典和丹麦武官、陆大教官、步兵第八十联队联队长、参谋本部演习课课长、作战课课长等职。1930 年晋升陆军少将,任步兵第三十旅团旅团长。1934 年晋升陆军中将,随后历任参谋本部第一部部长、陆军省人事局局长、军务局局长、第四师团师团长等职。1937 年卢沟桥事变爆发时任参谋次长兼陆大校长。1938 年病逝。参见太平洋戦争研究会编著『日本陸軍将官総覧』、193 頁。

③『陸軍大学校略史』,高野邦夫编集『近代日本軍隊教育史料集成』第七卷、460 頁。

④ 額田坦『陸軍省人事局長の回想』、219—221 頁。

外,还占据了陆军省和教育总监部的主要职位。而自明治末期到大正初期,属陆军省核心位置的陆军大臣、陆军次官、军务局局长等职位亦皆为陆大毕业生所占据。[1] 这些毕业生先后在中日甲午战争和日俄战争中初试身手,不少人日后成为侵华战争中的主要策划者和指挥者,甚至担任日本政府的首脑。其中不乏在日本"声名显赫",却在中国"臭名昭著"的人物。比如第六期学员、陆军大将宇都宫太郎(1890 年毕业)[2],第八期学员、首相田中义一(1892 年毕业),外相宇垣一成(第十四期,1900 年毕业),支持孙中山革命且为南京大屠杀主要责任人的陆军大将松井石根(第十八期,1906 年毕业),陆军大臣、战后侥幸逃脱死刑的荒木贞夫(第十九期,1907 年毕业),九一八事变的主要策划者、陆军大将本庄繁(第十九期,1907 年毕业),陆军元帅、支那派遣军司令畑俊六(第二十二期,1910 年毕业)[3],陆军元帅杉山元(第二十二期,1910 年毕业),日本首相、甲级战犯小矶国昭(第二十二期,1910

---

[1] 黑野耐『参謀本部と陸軍大学校』、114—115 頁。

[2] 宇都宫太郎(1861—1922),日本陆军大将。1879 年进入陆军幼年学校学习。1885 年毕业于陆军士官学校第七期,1890 年毕业于陆军大学第六期,随后进入参谋本部任职。1894 年中日甲午战争时任大本营陆军参谋。其后历任参谋本部第三部部员、驻英国武官、驻瑞典武官、步兵第一联队联队长、参谋本部第一部部长等职。1904 年参加日俄战争,1909 年晋升陆军少将,历任参谋本部第二部部长、第七师团团长、第四师团师团长、朝鲜军司令官。1919 年晋升陆军大将,1922 年去世。参见太平洋戦争研究会编著『日本陸軍将官総覧』、134—135 頁。

[3] 畑俊六(1879—1962),日本陆军元帅,被东京审判列为甲级战犯。1896 年进入陆军中央幼年学校,1900 年毕业于陆军士官学校第十二期,1904 年参加日俄战争。1910 年毕业于陆军大学第二十二期。1927—1937 年历任参谋本部第四部部长、第一部部长、第十四师团师团长、航空本部长、台湾军司令官、教育总监等职。全面侵华战争爆发后,1938 年任华中派遣军司令官,1939 年升任陆军大臣,1941 年任中国派遣军司令官,1945 年任第二总军司令官。日本投降后,被列为甲级战犯,判处无期徒刑。参见夏林根、董志正主编《中日关系辞典》,第 501 页。

年毕业)①，日本最后一任参谋总长、陆军大将梅津美治郎(第二十三期，1911年毕业)，陆军大将、甲级战犯土肥原贤二(第二十四期，1912年毕业)，等等。东条英机的父亲东条英教则是陆大第一期以第一名成绩毕业的学员。②

明治时期是日本陆军大学的创成期和发展期。从1882年颁布最初的《陆军大学条例》，到1883年正式建校，两年后招聘德国教官梅克尔，确立德式军队教育。最初的教育目的在于培养参谋人才，其后增加了培养高级指挥官一项，再后，教育目的被逐渐泛化为教授高等兵学。陆大早期毕业生是中日甲午和日俄两次战争中的参谋主力，并从明治中后期开始逐步充任军令和军政两大机构的重要职务，陆大的教育成果已见端倪。

作为日本军事教育的最高学府，明治时期的陆大教育的特色可归纳为：培养青年精英将校的教育；入学考试制度严格，合格率不足一成；教育内容以战术、战史、参谋要务为中心；学生与教官具有一体性(即学生毕业后不久返回陆大任教)；除初创期外基本不聘任外籍教官。③ 另外，陆大在人事制度方面也具有特殊性，由参谋本部直接掌管，教职员的任命和毕业生的配属都由参谋本部一手控制。毕业生多经参谋本部任职后升入陆军各部门，遂使"陆大毕业生"成为日本陆军仕途中的一条重要人脉关系及陆军

---

① 小矶国昭(1880—1950)，日本陆军大将，被东京审判列为甲级战犯。1900年毕业于陆军士官学校第十二期，1904年参加日俄战争，1910年毕业于陆军大学第二十二期。1931年九一八事变时任陆军省军务局局长，支持关东军侵占中国东北。1932年任关东军参谋长。1933年指挥关东军进犯热河，与中国军队进行长城战役。1935年任朝鲜军司令官，1937年晋升陆军大将，1942年就任朝鲜总督。1944年接替被迫辞职的东条英机任首相，继续推行战争政策。1948年被列为甲级战犯，判处无期徒刑，次年病逝于东京巢鸭监狱。参见步平《日本靖国神社七问》，第219—222页。

② 额田坦『陆军省人事局长の回想』，219—221页。

③ 梅克尔之后曾先后聘请过3位德籍将校任兵学教官。此后为防止军事泄密，教官基本由本国人担任。

主要派阀。据战后统计，日本陆军司令官以上的主要将领共 819
人中有 611 名为陆大学员。① 由此可见，陆大在日本军事近代化
发展中占据重要地位，作为参谋本部培养人才的关键部门，陆大
的教育思想深深影响到日本的对外扩张计划。因此深入了解其
鼎盛期大正、昭和时代的教育思想，将更有助于研究日本的侵华
政策，这也是本书继续关注的课题。

第三节　"精英"式军事教育体系的侵略本质

一、"精英"式教育在日本军事近代化过程中的作用

陆军幼年学校、士官学校和陆军大学三级军事教育体系是
日本陆军近代军事教育的一个显著特征。首先，这一教育体系
下的陆军学员，受到了系统且严格的近代化军事教育。日本陆
军主要效仿德国，采用德式军事教育，重视战术，兼修与军事制
度相关的外语、法学、数学、物理、化学以及军人所需具备的一
般学识，培养出来的学员具有相当高的军事素养。其次，对学
员（尤其是陆军幼年学校和士官学校的学员）近乎洗脑式的高
度集中的精神教育，有利于提升军人之于军队的忠诚度，以及
他们在日后作战中的团队精神。由于日本陆军的中坚军官全
部出自这一教育体系，这为在军队中贯彻陆军高层及日本国
家的政策、意志提供了便利，对实际的指挥作战也具有重要
意义。

在主管陆军军事教育的教育总监部服役过 9 年、侵华战争中

---

① 参见日本近代史资料研究会编『日本陸海軍の制度・組織・人事』一书对日本主要陆
　海军将领履历的整理。

担任高级指挥官的日本陆军大将河边正三①曾指出：日本陆军从
幼年学校起招收 13—16 岁的幼年学员，让他们自幼离开父母，在
与社会隔绝的特殊环境里接受特别教育，然后一步一步被培养为
军队中坚和骨干，成为日本现役将校补充的核心体系。这也是为
何接受过完整三级军事教育的"三校生"在陆军系统中尤为受器重
的原因之一。这种被认为是正统主流的"国军"培养体系，确实培
养出大批"高素质"的军官，为日本陆军在对外扩张战争中迅速取
得"成绩"奠定了基础，可以说陆军的军事教育在日本达成军事近
代化的过程中起到了一定"积极"作用。

　　不过，这种从小刻意培养的"精英"式教育体系虽然成就了日本
军事近代化，造就了昭和时代所谓的"精英"军人，然而，这些具有"较
高军事素养"的军人却最终成为发动侵略战争、实施殖民统治、屠杀
平民的战争罪犯。这也充分暴露出日本陆军"精英"教育制度的本质
缺陷，即这一教育制度是服务于近代日本对外扩张侵略的立国政策
的，因此其造就的"人才"很容易成为疯狂的战争"机器"。

　　参加过侵华战争的旧日本陆军军人在反思日本战败原因时也
多对日本陆军的"精英"式教育提出批评。虽然是站在日本军人立
场上的分析，试图把战争责任归结为军人乃至军队，使政府、国家、
天皇免责，但从这些分析中反而可以印证，近代日本发展过程中，
政治与军人和军队是紧密相关、相辅相成、互相联动的。集权的军
国主义政府在一个阶段加速了国家的近代化发展，最终把国家引

---

① 河边正三(1886—1965)，日本陆军大将。1907 年毕业于陆军士官学校第十九期，1915
年毕业于陆军大学第二十七期。历任陆大教官、驻德武官、步兵第六联队联队长、教育
总监部第一课课长、中国驻屯军步兵旅团旅团长（在任期间参与卢沟桥事变）、华北方面
军副参谋长、华中派遣军参谋长、第十二师团师团长、第三军司令官、中国派遣军总参谋
长、缅甸方面军司令官、中部军司令官、第十五方面军司令官、航空总军司令官、第一总
军司令官等职。1945 年 12 月 2 日被指定为甲级战犯嫌疑，但未被起诉。参见太平洋戦
争研究会编著『日本陸軍将官総覧』、143—144 頁。

向极端。军人、军队、政府、国家乃至天皇的责任是一体的。

比如，曾任陆军中将、航空总监的菅原道大[1]指出：近代日本的国势、政治、行政等各方面的飞速发展都是建立在陆海军的发展的基础之上的。陆军过度介入政治，同时又以介入政治作为陆军发展的原动力。这最早可以追溯到陆军的创始者、政界大佬山县有朋和桂太郎，而后来做过首相的田中义一、小矶国昭、东条英机，以及陆军大将宇垣一成、荒木贞夫、真崎甚三郎[2]等人都是陆大毕业生。他们或明或暗有着左右日本政治甚至国家走向的势力，以这些人为中心的中央官僚群体也几乎都有陆大背景。[3]

曾任日本陆军主计大佐，同时也是中国问题专家的田崎末松评价说：参谋本部从军政机关独立，直接辅佐天皇对军队行使统帅权的所谓统帅权独立，在近代化主权国家中实属特例。而日本陆军"精英"奉行的权力至上主义，正是接受陆军大学式教育的典型结果——陆大教育的性格中包含有对介入政治的强烈热情。

关于"精英"式的军事教育，田崎认为：陆军大学过于重视技术

---

① 菅原道大（1888—1983），日本陆军中将。1909 年毕业于陆军士官学校第二十一期，1919 年毕业于陆军大学第三十一期。历任航空本部第一课课长、第二飞行团团长、第三飞行团团长、下至津飞行学校校长、第一飞行集团团长、第三飞行集团团长、第三飞行师团师团长、第三航空军司令官、航空士官学校校长、航空总监、第六航空军司令官等职。参见太平洋戦争研究会编著『日本陸軍将官総覧』，241 页。

② 真崎甚三郎（1876—1956），日本陆军大将，被东京审判列为甲级战犯嫌犯。1897 年毕业于陆军士官学校第九期，1904 年从陆军大学中途退学，参加日俄战争。1906 年陆大复学，1907 年毕业于陆军大学第十九期。随后进入陆军省军务局军事课，并赴德国学习研究军事。归国后历任教育总监部第二课课长、陆军省军务局军事课课长、近卫步兵第一联队联队长。1922 年晋升陆军少将，随后历任步兵第一旅团旅团长、陆军士官学校校长、第八师团师团长、第一师团师团长，台湾军司令官。1931 年九一八事变时任参谋次长，1933 年晋升陆军大将，1934 年任教育总监，1936 年编入预备役。1945 年被远东国际军事法庭指定为甲级战犯嫌疑，1947 年做不起诉处理释放。参见太平洋戦争研究会编著『日本陸軍将官総覧』，168 页。

③ 「菅原道大氏の見解」，上快法男编『陸軍大学校』，東京：芙蓉書房、1973 年版、337 页。

层面的教育,而欠缺文化层面的教育。日本的军事教育从陆军士官学校开始就一味追求技术的娴熟即如何在作战中取胜。到陆大仍然延续这一理念,这使得军队教育与普通技术学校一样,只能培养出用兵技术优秀的人才,而缺乏对真理的探究。

田崎以被称为"陆军战术家"的石原莞尔为例,指出石原作为拿破仑战术的研究者非常出名,但也只是研究拿破仑与正规军队之间的华丽战争,而忽略了其受挫的重要原因之一,即西班牙游击队的抵抗。① 日本陆军也犯有同样的错误。从九一八事变开始到之后的"十五年战争"②,日本陆军一直轻视中国民间的抵抗力量,同时把中国共产党领导的军队也简单视为民间力量,低估了其实

① 1802 年,法国在与西班牙的战争中,被西班牙游击队拖入持久战泥潭,耗时 6 年损失 60 余万精锐部队。

② 关于侵华战争,日本学界部分进步派学者采用"十五年战争"这一名称。现任早稻田大学研究员的周俊对这一观点进行过综述。周俊指出:"这与中国新近确立的十四年抗战的框架基本一致,双方都将战争起点定义为 1931 年的九一八事变,只是在时间计算上,日方采用了 1931 年至 1945 年经历了 15 个年头的算法,因此称作十五年战争。1956 年,鹤见俊辅首次提出十五年战争的概念,之后不仅得到许多学者的支持,明仁天皇也在 2015 年的新年感想中明确表示战争始于 1931 年的九一八事变。也就是说,明仁天皇是十五年战争史观的支持者。十五年战争史观的中心论点在于强调九一八事变、卢沟桥事变、美日开战之间的连续性,认为九一八事变带来的'满洲国'的问题是中日、美日间不可调和的矛盾(日本在九一八事变后便退出国际联盟,外交上陷入孤立),所以中国问题才是战争的核心问题。但是,十五年战争同样受到了一定的质疑。主要是,一、将 1931 年九一八事变、1937 年卢沟桥事变、1941 年日美开战放在一个连续性的逻辑中进行理解,意味着 1931 年的九一八事变是战争爆发不可逆转的时间点,这可能导致过低评价 1932 年淞沪停战协定、1933 年塘沽停战协定后的和平时期(1935 年中日两国还将外交关系由公使级提升为大使级),以及英日和谈、美日和谈等一系列外交和平工作。二、十五年战争没有涵盖 1910 年日本吞并韩国的行为,韩国及朝鲜方面无法接受这一称呼。三、即使从九一八事变开始计算,战争时间约为 13 年 11 个月,因此称十四年战争更为恰当。"周俊:《八年抗战还是十四年抗战? 日本视角下的战争认识》,爱思想网:http://m.aisixiang.com/data/102843.html,2007 年 1 月 6 日。

力,没有认清这场战争是基于民族主义的中国全体国民的抵抗战。石原莞尔如果能够在年轻时就看清游击队的本质的话,也许九一八事变就不会发生。①

二、灌输忠君爱国、对外扩张思想的精神教育

比较陆军三校的教育纲领和设置科目可见,三校的共同特点是高度重视精神教育。评价学员是否合格时,军人精神比学识技能更加重要。

所谓精神教育包括日本陆军学校标榜的培养作战时临机应变的能力、鼓舞精神、陶冶军人节操,但实际上最核心的内容是灌输忠君爱国、维护以天皇制为本的国体思想,强调军人的本分即忠于天皇、服从上级。②陆军学校的学员每天早上需要遥拜和奉读敕谕,还要定期参拜神社。遥拜就是对着皇宫、伊势神宫以及故乡的父母方向遥遥礼拜,以培养学员的所谓忠孝之心;奉读敕谕即朗读明治15年(1882年1月4日颁发)天皇赐予军人的敕谕,内容包括忠义、礼仪、武勇、信义等(具体内容详见附三)。③

将《军人敕谕》熟记于心,是日本陆军学校精神教育最重要的一环。《军人敕谕》开篇即写道:"我国军队世为天皇所亲御。"强调天皇对军队的绝对统帅权,要求所有日本军人必须将此奉为圭臬。

日本学者小森阳一指出:"富国强兵"政策就是基于1882年出台的《军人敕谕》而制定的。他说:"福泽谕吉的'脱亚论'与此不无关系。'文明'国的最重要的证明是拥有现代化的军事力量。但不能忽视《军人敕谕》这部文书高度的意识形态性,

①「田崎末松氏の見解」、上快法男編『陸軍大学校』、338—341頁。
② 参见河辺正三『日本陸軍精神教育史考』卷二、11—12頁。
③ 堀江好一『陸軍エリート教育　その功罪に学ぶ戦訓』、東京:光人社、1987年、17頁。

因为它以前所未有的形式将天皇与大日本帝国臣民牢牢结合起来。"①

《军人敕谕》又云:"是以际此之时,即思改更兵制,以光我国。遂于十五年之间,规定今日陆海军之制度,兵马大权,由朕亲统,所司之事委诸臣下。然其大纲仍归朕总揽,不可委之于臣下。后世子孙须善体斯旨,保存天子掌握文武大权之义,勿复蹈中世以降之覆辙,是则朕所深望者也。朕既为汝辈军人之大元帅,故即倚汝辈为股肱。汝等亦当仰朕为元首,效其亲爱。朕之能否保卫国家,上应天心,以报祖宗之殊恩,全视汝辈军人之能否克尽其职。我国威之不振,汝辈当与朕共其忧。我武惟扬光耀四海,汝辈亦当与朕共其荣。汝辈各尽其职,与朕一心,竭力卫国,则我国苍生将享太平之福,吾国之威,亦可光耀于世矣。"

《军人敕谕》以第一人称"朕"为主语展开叙述。对此,小森阳一指出:"明治维新的划时代意义,就在于通过'朕'与'臣民'的新关系而在事实上'更改兵制'。……'朕'这一第一人称向'汝辈'第二人称宣布,'朕既为汝辈军人之大元帅'。'军人'这一新的主体在此被分离出来。在'朕'这一第一人称的国家主体天皇,与被称为'汝辈'的第二人称的'极深'的'亲密'结合关系中,保护国家才成为可能。而且,这种'亲密'是通过诸如'朕'即'元首'、'汝辈'即'股肱'之类的身体性合一的比喻而表征的。'汝辈'与'朕'结成'一心',保护国家,'我国苍生'因之才能享受'太平之福',云云。这样,当士兵们被要求朗声再现《军人敕谕》这部内涵了特殊的第一人称和第二人称关系的文本时,这种唤起的结构内涵了神人之间应答式的宗教性心理。"《军人敕谕》成为一种意识形态。在这种意识形态下,帝国主义的侵略战争被赋予强烈的宗教性色彩,

①［日］小森阳一:《天皇制与现代日本社会》,《清华大学学报(社会科学版)》2007 年第 1 期,第 6 页。

它俨然被作为宗教国家主义的圣战而被描述。"①

卢嘉洋的解读则更为简单明了,即:"这是日本天皇首次以第一人称和第二人称的形式,直接称呼日本的军队,意味着军队已经独立于政府,军部大臣可以直接越过政府而向天皇上奏。这种亲密的关系,在7年后日本颁布明治宪法、开启君主立宪制之后,仍然使军队拥有超越议会和政府的权力,从而为后来的军部内部以下克上,军国主义的日益嚣张并最终控制日本,埋下了伏笔。"②

如前所述,《军人敕谕》的核心内容为五条,因此又被称为"五条敕谕":(1)军人当以尽忠尽节为本分。即必须尽忠报国。(2)军人须以礼仪为重。要求必须下级服从上级,后辈服从前辈。(3)军人当尚武勇。要求军人必须要勇敢,把自身安危之置于身后,以杀敌为职业和志向。(4)军人当以信义为重。即必须守信。(5)军人应以质素为旨。即军人应该是质朴的。

日本陆海军通过要求每日背诵《军人敕谕》,对士兵彻底地灌输、洗脑,从而强化了军人对天皇的忠诚、对忠勇的信仰、对赴死的追求。

日本陆海军的精神教育中还有一个重要的环节就是让学员参拜神社。这就必须要提一下臭名昭著的靖国神社。靖国神社的前身是东京招魂社。日本自古有为阵亡或死于战乱之人举办招魂祭的习俗,这是一种祭奠的仪式。明治维新之后,日本政府逐步把这种民间祭奠上升为国家祭祀,起初是祭祀倒幕战争中"保皇"有功的军人。1869年6月28日,明治天皇在东京九段临时搭建的神殿中举办了招魂仪式。之后,这一临时场所被正式固定下来,即为东京招魂社。"天皇与明治维新政府对招魂社的重视,是因为当时明

---

① [日]小森阳一:《天皇制与现代日本社会》,《清华大学学报(社会科学版)》2007年第1期,第7页。

② 卢嘉洋:《山县有朋和日本陆军》,吉林大学东北亚研究院硕士学位论文,2008年5月。

治政府正在处心积虑地建设新式的军队,对阵亡军人的祭祀,其实也表明了对军队的关注。"①

1874 年 1 月 27 日,明治天皇第一次参拜东京招魂社,行礼之后又观看了陆海军士兵的参拜,这在日本历史上是绝无仅有的。因为,历史上的天皇都只参拜过与皇族直接相关的等级最高的神社,而东京招魂社作为新成立的神社,在此之前并无等级。1874 年秋,陆军省发表公文称:"被合祀到东京招魂社是对阵亡军人最优厚的待遇。"②自此,东京招魂社正式成为鼓励日本人为天皇尽忠赴死的场所。

1879 年 6 月 4 日,在陆军大臣请求下,明治天皇将东京招魂社改名为靖国神社,并列为高等级神社。此后直到侵华战争时期,日本又在各地建立了大大小小的护国神社,这些神社与靖国神社形成了庞大的军人祭祀、参拜体系。

东京招魂社和靖国神社自成立起就与天皇、日本政府、军队有着密切关联,到第二次世界大战日本战败前都归属陆军省与海军省管辖。靖国神社突出"为国捐躯",把阵亡的日本军人变为祭祀在神社的"英灵",接受上至天皇下至普通民众的参拜,使其社会地位发生了巨大提升。军人只有效忠天皇和大日本帝国,战死后才有资格进入神社,享受此等莫大"荣耀"。③

《军人敕谕》是灌输"忠实、勇敢、服从"的军人精神,而靖国神社则从正面激励军人捐躯、献身。日本陆海军军人自青少年时期起就接受这样的思想教育和控制,变为极端军国主义分子实属必然。

精神教育的另外一项内容是宣扬日本是世界上最优秀的民族,是东亚的领袖,要带领东亚对抗西方并必然取得最终胜利。而

---

① 步平:《靖国神社与日本军国主义》,黑龙江人民出版社 2011 年版,第 35—36 页。

② 步平:《靖国神社与日本军国主义》,第 39 页。

③ 参见步平《靖国神社与日本军国主义》,第 38—46 页。

日俄战争的胜利更加深了学员对这一点的自信。陆军学校注重教授俄语、法语、德语、汉语,而轻视英语,禁止学员使用当时社会上已经出现的英语外来语,要求必须使用军队特殊的汉语(指日语中使用的汉语词汇,如口袋、裤子、非军人、考试、笔记本等词汇,当时已经流行使用英语外来语,但军人要求必须使用物入、军袴、地方人、考查、手簿等相应的军队用语)。[1]

　　侵略中国的思想也贯穿于精神教育中,伊藤正德分析:"占领'满洲'是幼年学校养成的假想战略,这种战略在教科书上虽然无正史记载,但是幼年学校学生的心灵中,被灌输了将来成长指挥陆军时,应使'满蒙'成为日本领土的思想。鬼岛的桃太郎虽然是一部说明桃太郎征服鬼岛的童话故事,但是对于幼年学校的学生来说,鬼岛的名称,已被具体定为'满蒙'地方,也就是在他们的教育中,以侵略视为发展,而不视为罪恶。"[2]这种精神教育贯穿于日本陆军学校教育的始终,因此,它培养出的军人,头脑中有顽固的必胜信念,盲目信仰日本是神国,同时具有过盛的战斗精神。

　　正如博伊尔所评价:"典型的帝国陆军军官们总是一味强调纪律、优秀的精神素质以及大和魂等等之无比重要,认为这些是无价之宝,可以补日本在现代化战争装备方面的不足。"[3]石原莞尔的话也印证了这一点:"我等因接受了幼年学校以来的教育,故从未对国体的信仰产生过动摇。尽管如此,如无十足把握令士兵、世人乃至外国人也能理解此一信仰,则仍难以安心"[4]可以说这种精神教

---

① 堀江好一『陸軍エリート教育　その功罪に学ぶ戦訓』,16 頁。

② [日]伊藤正德著,尹友三译:《日本军阀兴亡史》,台北:"国防部"联合作战研究委员会
　　1970 年版,第 112 页。转引自张芝瑾:《石原莞尔的中国认识与亚洲观》,第 84 页。

③ [美]约翰·博伊尔著,陈体芳、乐刻等译:《中日战争时期的通敌内幕 1937—1945》
　　上,第 64—65 页。

④ 石原莞爾著、玉井禮一郎編『石原莞爾選集』第 3 卷、東京:たまいらぼ、1986 年、
　　115 頁。

育是导致日本陆军军人沦为狂热军国主义分子的重要因素之一。这些狂热的陆军"精英"们，悍然策动侵略战争，轻视中国及东亚各国人民的抵抗决心，同时既忽略了日美间国力的巨大差距，也未能准确把握日本进行总力战的实际能力，一步步扩大战争，最终走向不可避免的失败。

三、德式教育的影响

贯穿于日本陆军军事教育中的另一条主要原则是"战斗的关键在于容许适度的独断专行，使攻击精神发挥到极致，同时也要求统一指挥，尽全力求成功"。①这种允许"适度的独断专行"的教育理念，成为日本陆军在侵华战争中不断挑起事端、制造事变的原因。1939 年 7 月 5 日，由于陆军首脑不顾外务省反对，强行推进日本与德、意结盟，昭和天皇曾对时任陆军大臣的板垣征四郎抱怨"陆军走上不择手段、独断专行之路，正是陆军幼年学校教育的结果，是陆军采取德式教育的结果"。②

德式教育对日本陆军的重要影响还体现在，由于教学偏重战术，培养出来的指挥官大多具有参谋才干，而缺乏能够全局指挥的帅才。参谋们往往擅长具体战役的作战，而不具备指挥官应有的政治、经济、外交等常识和综合战略能力。在他们控制下的陆军虽然具有相当高的战斗力，但是对于战争与政治的关系缺乏足够的认识，结果在内政外交中一味持好战立场，而一旦陆军军人掌握了国家政治，更使整个国家在战争的泥潭中越陷越深。

---

① 河辺正三『日本陸軍精神教育史考』卷二、11—12 頁。
② 伊藤隆、照沼康孝編『続現代史資料4　陸軍　畑俊六日誌』、東京：みすず書房、1983 年、218—219 頁。

四、"精英误国"？

毕业于陆军幼年学校和陆军士官学校的堀江好一在其回忆录中说："战后很长一段时间，我都对时下的青少年心存鄙视。他们姿态懒散、懈怠，说话没有规矩，与当年那些昂首挺胸、说话掷地有声、英姿飒爽的幼年学校学生相差甚远。然而，正是我的这些幼年学校的优秀前辈们毁灭了国家。这些接受幼年学校、士官学校、陆军大学教育的陆军军人们在昭和史上留下了鲜明的影子。掀起那场十五年战争、扩大战争并最终导致国家大溃败的大部分责任，应该由他们承担。"①

堀江的话在一定程度上揭示了日本陆军教育的本质缺陷。这也是"精英"式教育的局限所在，即接受了"精英"教育的"精英"们有强烈的自豪感，并且极度自以为是，顽固地认为自身所处圈子以及源自于这一圈子的认知都是正确的，超出这一范围的认知就是错误的，共同的价值观、道德观并不一定是他们的行为准则。另外，堀江的话中同时反映了一种逻辑，这种逻辑实际上也暗含于部分日本研究者的观点之中，即把日本对外侵略及战败的原因归结为这些受过陆军高等教育的"军事精英"们的独断专行，从而为日本国家、天皇开脱罪责。这种逻辑不仅仅反映了日本研究者对中日战争的本质乃至日本战争责任的理解不足，而且时至今日仍然没有在日本社会得到彻底的反省、清算，因而造成中日在历史认识上一直存在难以逾越的鸿沟。

从对日本军事教育体系的梳理过程中不难看出，日本军队从最初的建军，到采取德式军制，并逐渐完善建立起近代化的高度集中的军事教育体系，培养军事人才，都是自上而下的国家政策，目的不仅是增加国防军备力量，强化中央政府权力，也是为了对外扩

① 堀江好一『陸軍エリート教育　その功罪に学ぶ戦訓』、1頁。

张。日本最终因挑起侵略战争而走向失败,表面上看起来陆军"中坚层"军人有"独断专行""精英误国"之嫌,但这并不能简单理解为这些军人个体的错误,而是培养他们的国家的罪恶。从日本近代陆军教育体系可见,他们从小受到的教育使他们对军事扩张和武力解决国际争端有着根深蒂固的认知,而培养他们的学校本质上也是国家一手建立的军国主义体制的结果。日军侵华战略的制定与实施也只有在考虑到其近代军事教育体系的前提下,才能被充分理解和批判。

第四节　"精英"式军事教育体系下的典型人物——石原莞尔

接受了完整的陆军军事教育的陆军"精英"们或在陆军中央担任重要职务,或在中国战场担任中高级指挥官、参谋,成为日本陆军的"中坚层"。日本陆军的侵华政策、中国战场上的作战计划,多是由这批"精英"分子参与策划、决策和实际操作的。了解这些"中坚层"军官如何策动、指挥战争,如何一步步影响日本的侵华政策,以及这一群体的对华观感、对战争及对当时世界局势的认识等面向,对把握日本侵华战争的实态至关重要。

石原莞尔是完整接受了日本陆军"精英"式教育并成为日本陆军"中坚层"的代表性人物。这种完整且系统的军事教育,把石原培养成一名军人,同时也为其成为军事理论家、提出最终战争论和东亚联盟论奠定了基础。

石原被公认为是制造九一八事变的首谋,在所谓"满蒙"问题上,石原得到了陆军"精英"的支持。但是,卢沟桥爆发事变后,石原主张不扩大战争,与陆军中央产生分歧,1938年就被排挤出参谋本部,1941年转入预备役。淡出战场的石原继续参与东亚联盟运动,被奉为东亚联盟运动的领袖。在日本近代军事教育体系的大背景下,考察石原的人生轨迹、他与其他陆军

"精英"分子的交往和冲突，以及他的战争观和他对未来世界图景的展望，将石原莞尔个人的思想和野心与整个日本陆军"中坚层"的集体意识联系起来，有助于更透彻地理解日本侵华战略的形成和发展。

一、石原莞尔生平

1889 年 1 月 18 日，石原莞尔出生于日本山形县鹤冈市。石原的祖父是汉学家，父亲本为旧藩士（即武士），后来做了警察。受家庭影响，石原自幼尚武。[①]

1902 年石原莞尔考入仙台陆军地方幼年学校（第六期生），正式接受陆军军事教育。[②] 1905 年，他进入东京陆军中央幼年学校学习。1907 年 6 月，18 岁的石原作为士官候补生被配属到山形步兵第三十二联队。同年 12 月，考入陆军士官学校（第二十一期生）。1909 年 6 月，石原自陆军士官学校毕业，12 月，成为陆军步兵少尉，被配属至会津若松步兵第六十五联队。1910 年 10 月，石原随部队前往韩国春川驻防。这是他第一次接触日本以外的东亚国家。韩国给他的印象是穷困不堪，这使他有了作为先进国家的日本应该提携韩国的想法。[③]

1915 年 11 月，石原莞尔考入陆军大学（第三十期生），成为若松步兵第六十五联队自建队以来第一个考入陆大的军官，[④]并于 1918 年 11 月以优异的成绩毕业。1919 年 4 月，石原被任命为步

① 阿部博行『石原莞爾：生涯とその時代』、35 頁。

② 石原的老家山形县属于日本的东北地区。仙台是东北地区的军事重镇，日本全国共 6 所陆军地方幼年学校，东北地区的幼年学校即设在仙台。侵华战争中的陆军"中坚层"甘粕重太郎、有末精三、饭田贞固、板垣征四郎、真田穰一郎、多田骏、土肥原贤二等人都毕业于仙台陆军地方幼年学校。参见日本近代史资料研究会编『日本陸海軍の制度・組織・人事』。

③ 横山臣平『秘録石原莞尔』、東京：芙蓉書房、1986 年、70 頁。

④ 石原莞爾著、玉井禮一郎編『石原莞爾選集』第 3 卷、115 頁。

兵大尉,7 月调任教育总监部。1920 年春,因看到国柱会①张贴的有关日莲主义讲座的海报,石原到国柱会馆听了日莲僧人田中智学的讲座,当即加入国柱会。4 月,石原被派往驻中国汉口的日军华中派遣队司令部②。在此期间,他结识了同为参谋的板垣征四郎,板垣后来成为石原任关东军参谋时期的"最佳拍档",是石原策动九一八事变的协作者。1921 年,石原回国任陆军大学兵学教官。

在陆军大学任教的第二年,石原莞尔获得赴德国留学 3 年的机会。留学德国期间是石原战争史观和战争理论初步形成的关键时期。这一时期,他重点研究持久战争,用大量时间研习以拿破仑战史为主的欧洲战史,对战争发展的规律和今后日本可能进行的持久战争进行了论证,其研究成果曾为日本天皇亲览。

1925 年,石原莞尔结束留学生活回国,重返陆军大学任教。在此期间,他进一步将留学期间的研究成果进行整理,提出西洋文化和东洋文化分别以美国和日本为中心。美日之间只有一战,才能最终统一人类的文明。这就是日莲宗所谓的"前所未有的大战"的结果,也是马克思主义所谓的"人类历史前期的终结"。日本国民应时刻为这场大战做好准备,并帮助没有能力对抗西方入侵者的中国,维持"满蒙"地区治安和经济。为了持久战作部署,日本应考

---

① 日本新兴宗教团体,属于佛教日莲宗的一个派系,由日莲宗僧侣田中智学创立,该会是日本侵略口号"八纮一宇"的最初标榜者。

② 中日甲午战争后,日本取得在新开通商口岸苏州、杭州、沙市、重庆以及天津、上海、厦门、汉口 4 个旧有通商口岸设立租界的权利。1898 年 7 月 16 日,中日签订《汉口日本专管租界条款》,规定汉口日租界位于汉口德租界以北,西抵京汉铁路,面积约 200 亩。汉口日租界设立之初,在汉口仅有 13 名日本侨民,数年内增加到千人以上。1911 年辛亥革命期间,日本借口保护侨民和租界,派遣 500 名陆军来汉口,此后便长期驻扎汉口,称为华中派遣队。

虑在中国占领地的兵力，威胁到"满蒙"的俄国军队的兵力，一旦失去制海权后如何对抗登陆中国的外国军队，日本本土的守备，夺取菲律宾、香港等地所需的兵力等问题。[①] 石原将上述想法在陆军大学中宣讲，受到了学员的推崇。可以说这是结合了日莲教思想的石原战争观和战略部署的初步体现。

1928 年，石原莞尔被派往中国东北担任关东军参谋。通过对中国东北的实地考察，石原分别提出了《扭转国运的根本国策——满蒙问题解决案》（「国運転回の根本国策たる満蒙問題解決案」）、《关东军满蒙领有计划》（「関東軍満蒙領有計画」）、《满蒙问题之我见》（「満蒙問題私見」）等一系列企图占领中国东北的计划。他在九一八事变爆发前的 4 个月所撰写的《满蒙问题之我见》，就明确提出要通过"谋略"来制造机会，不待统帅命令，以军事政变方式进行武力占领的设想。[②]

1931 年九一八事变爆发后，石原莞尔等日本陆军大学毕业的"精英"军官协助指挥关东军占领了"南满洲"的主要城市。他们的计划是占领整个"满洲"，建立伪满洲国。1931 年 10 月，石原被任命为关东军作战课课长。1932 年 3 月，在石原等人的推动下，由土肥原贤二诱导清废帝溥仪至沈阳出任"元首"，伪满洲国成立。

虽然石原莞尔对伪满洲国的发展有一系列构想，但是 1933 年他就被调离中国东北，担任仙台步兵第四联队联队长。1935 年 8 月，石原回到陆军中央，任参谋本部作战课课长，当时的石原已成为日本陆军中坚幕僚团体的成员。1936 年 2 月，他与永田铁山、东条英机、武藤章、田中新一等人在日本陆军内部的派系斗争中取得胜利，掌握了日本陆军的实权。1936 年 6 月，石原任参谋本部战争

---

① 「現在及将来ニ於ケル日本の国防」、角田順編『石原莞爾資料　国防論策』、東京：原書房、1975 年、58—68 頁。

② 许育铭：《石原莞尔与九一八事变》，台北《中华军史学会会刊》2003 年第 8 期，147 页。

指导课课长。1937 年 3 月任参谋本部第一部部长。

　　1937 年 7 月,卢沟桥事变爆发后,石原莞尔担忧中国人的激烈反抗以及日本的实际国力,主张采取不扩大战争的方针以免陷入战争泥潭。他的"不扩大"方针与武藤章、东条英机等发生矛盾。9月,石原被排挤出指挥战争的中枢部门参谋本部,改任关东军副参谋长。1938 年,甚至被遣离中国,回到日本任舞鹤要塞司令官。1941 年,石原被排挤到预备役,事实上结束了军人生涯。其后,石原到立命馆大学任教,但是受到东条英机的严密监视,以石原为核心的东亚联盟运动也遭到取缔。迫于压力,石原不得不辞职,返回山形老家。

　　1947 年 5 月,石原莞尔以证人身份参加东京审判,获判不起诉。1949 年 7 月 8 日,石原曾给驻日盟军最高司令麦克阿瑟提交了一份建议书,为他主导的东亚联盟运动辩解,希望美国解除禁止日本右翼团体活动的禁令。虽然这一建议未被美方接受,但东亚联盟反而成为战后日本右翼势力信奉的经典,因为所谓东亚联盟正好可以用来为日本发动侵略战争进行辩护。① 1949 年 8 月 15日,石原因病去世。

二、最终战争论和东亚联盟论

　　最终战争论是石原莞尔军事理论的核心。在石原的墓碑上刻有其弟石原六郎撰写的墓志铭:"石原莞尔在大正十四年(1925年)发表最终战争论,到昭和二十四年(1949 年)去世为止,他的一切思想、行动皆是基于此史观。"②最终战争论的主要内容是,石原认为只能通过一场世界大战才能最终实现世界和平,这场最终

---

① 步平、王希亮:《日本右翼问题研究》,社会科学文献出版社 2005 年版,第 222—
　　224 页。
② 转引自张芝瑾:《石原莞尔的中国认识与亚洲观》,第 44 页。

战争将在世界两大对立阵营即东方与西方之间进行。西方的代表是美国，日本必须成为东方的代表与美国进行最后一战。也就是日莲预言的"前所未有的大战"。这场大战将以世界最终战争的形式出现，然后进入以天皇为中心的和平时代。其前提条件有三：（1）日本彻底确立其在东洋文明的中心地位。（2）美国彻底确立其在西洋文明的中心地位。（3）飞机可以持续环绕地球飞行一周。具体到实际操作层面，日美之战的第一步要把"满洲"作为日本的"生命线""补给线"，先打败苏联，同时使中国成为日本作战的"盟友"。

　　最终战争论萌芽于石原莞尔所受的完整的军事教育及多年对战争历史的研究。根据张芝瑾对最终战争论形成过程的梳理，最终战争论大约于1925—1928年成形，正式发表前，又经过了石原反复的思索和考虑。在德国留学期间，石原基于对欧洲战史的深入研究，初步形成最终战争论的想法。1925年，石原从德国回国途中，途经哈尔滨，在国柱会为其举行的欢迎会上，对国柱会成员首次发表了关于最终战争论的论述。

　　1926年，石原莞尔回国后，担任陆军大学教官，开设欧洲战史讲座，为此他用一年时间整理了详细的讲义，介绍欧洲中古世纪至第一次世界大战的战争历史。这份讲义的内容是最终战争论的基本雏形。1927年，石原发表《现在及将来的日本国防》。1928年，石原任关东军参谋后，相继发表《战争史大观》（「戦争史大観」）、《扭转国运的根本国策——满蒙问题解决案》、《关东军满蒙领有计划》、《满蒙问题之我见》等文章和建议，提出了系统的战争理论。1940年5月29日，石原在京都做了以"人类前史终将结束"为题的演讲，内容由立命馆大学整理，并以《最终战争论》为名出版，这是对石原莞尔战争观和战争理论的一个完整总结，也是现在广为流传的《最终战争论》文本。其内容共分为六章：第一章是《战争史大观》；第二章是《最终战争》，即日美战争的预想图；第三章《世界的统一》,描述最终战争的结果;第四章《昭和维新》,论述东亚"民族协和";第五章《佛教预言》,讲述日莲教关于世界末日的二章说;第六章是结论。①

　　东亚联盟论则是石原莞尔构想的关于东亚国际秩序的理论,石原认为东亚国家应在"王道"之下结成联盟,与西方抗衡。具体来说就是各国(主要是日本、中国、"满洲国")之间在"国防共同、经济一体化、政治独立、文化沟通"的原则下互相合作,以期在最终战争中取胜。这个理论的核心内容即通过联合东亚各国与以美国为代表的西方进行最终战争,但前提是日本须在联盟中处于领导地位。

　　东亚联盟论是石原莞尔受日本亚洲主义思潮影响的产物。石原在陆军幼年学校求学期间即接触到亚洲主义。同学南部襄吉的父亲南部次郎是当时日本有名的"中国通",主张"东洋王道一定能打败西洋霸道,日本不应漠视中国被西方列强瓜分,一旦中国被列强瓜分,将很快会波及到日本,中日两国应该共同合作"。② 石原经常拜访南部次郎,深受其对中国认识的影响。1906 年元旦,石原在日记中写道:"梦中,清国大革命之时到来,我国为对抗帝国主义而出兵。呜呼! 我虽不才,必要献身报国。"③

　　1920 年 4 月,石原莞尔被派驻汉口。在此期间他对中国各地进行了考察,拜访中国要人、收集军事情报、绘制地图,对中国军阀割据的混乱现实有了直观的认识。在到达汉口 12 天后的日记中,石原写道:"现今还没见到中国的政治安定,要增进中国国民的幸福,首先必须由清廉的外国人来统治。国际管理不管用。我们大

----

① 张芝瑾:《石原莞尔的中国认识与亚洲观》,第 44—46 页。

② 参见山口重次『悲劇の将軍石原莞爾』,東京:世界社、1952 年。

③ 佐治芳彦『天才戦略家の肖像　石原莞爾』,東京:経済界、2001 年、100 頁。

和民族会断然担此重任。"①石原在 6 月 12 日写给妻子的信中也写道："西方人当中主张必须以列国的干涉对中国实行国际共管的人有很多，我也是这样认为。但我觉得其主动者无论如何必须是日本，只可惜现在我们还没有足够的力量。"②

1932 年，石原莞尔在《满洲国建国前夜之心境》（「満州建国前夜の心境」）中谈道："从孙文革命到其与袁世凯妥协，到袁世凯背叛革命，再到袁死后军阀混战，可见汉民族虽有高度文明，但是不可能建设现代化的国家。"③在石原的这一认识脉络下，东亚联盟的概念最早出现于伪满协和会④ 1933 年 3 月制定的《"满洲国"协和会会务纲要》中：

> "满洲国"协和会根据王道主义，向国民彻底地普及建国精神，团结有明确信念之国民，排除反国家思想和反国家运动，以期建成民族协和与理想之地。同时向全国普及民族协和运动，进而把民族协和运动扩展到整个东亚，结成东亚联盟，以重建东洋文化，确保东亚之永久和平。⑤

1936 年 6 月，石原在其提出的《从军事看皇国的国策国防计划要

---

① 转引自张芝瑾：《石原莞尔的中国认识与亚洲观》，第 42 页。

② 石原莞爾著、玉井禮一郎編『石原莞爾選集』第 1 巻、東京：たまいらぼ、1986 年、24 頁。

③ 「満州建国前夜の心境」（昭和十七年）、角田順編『石原莞爾資料　国防論策』、90 頁。

④ 伪满协和会成立于 1932 年，前身为山口重次、小泽开作等人组成的"满洲协和党"，再前身为"满洲青年联盟"。该组织与石原莞尔关系密切，石原曾期待伪满协和会能成为伪满洲国执政党。但关东军反对伪满洲国出现一个独立的政党，以免出现干预行政或者夺取政权之类的行动，因而将其改组为"满洲国协和会"。伪满协和会主要起政治思想宣传教化作用，配合日本对中国东北的殖民统治。参见刘建华《伪满协和会研究》，吉林大学博士学位论文，2010 年。

⑤ 山口重次「民族協和運動と当面の課題」、『東亜聯盟』1942 年 8 月号。史桂芳：《"同文同种"的骗局——日伪东亚联盟运动的兴亡》，第 57 页。

纲》(「軍事上ヨリ見タル皇国ノ国策竝国防計画要綱」)中更具体地提到"东亚联盟"一词:为做好战争的准备,目前的国策就是要先完成东亚联盟,并希望能将中国大陆、"满洲"作为世界战争到来时日本的基地,短期则可以作防备苏联南下之用。① 1939 年石原发表《东亚联盟建设要纲》(「東亜聯盟建設要綱」)和《昭和维新论》(「昭和維新論」),全面阐述了东亚联盟理论。1939 年 10 月,东京成立东亚联盟协会,东亚联盟运动正式开始。②

　　石原的构想虽然武断且充满偏见,但对部分日本军人而言却十分有魅力。尤其他主张完全占领"满蒙"为最终战争做准备的构想,对当时正苦恼于"满洲"问题的日本军人和一部分日本国民而言,自然具有特别的吸引力。同时,也为日本发动战争,侵略亚洲提供了理论支持。③

　　最终战争论与东亚联盟论相辅相成,在石原的考虑中,实现东亚联盟就是为日美间的最终战争做准备。日美国力间存在巨大差距,在与美国进行决战前,日本必须确保"满蒙"地区,以获取物资上的保障。因此需要日本与中国、"满洲国"组成东亚联盟,并确立日本为东亚领袖的战略地位。最终战争论和东亚联盟论是石原战略思想的核心部分,从其在陆军大学学习和在德国留学期间开始酝酿,并在其后的军事生涯中不断修正、思考,并与其在华的经历相印证。虽然其最终成体系的提出已经到了 20 世纪 30 年代后期,甚至迟至 1940 年,而且那时他作为陆军军官的军事生涯已经在走下坡路,并在日本军界被逐渐边缘化,但不可忽略其战略思想在此前日本陆军的对华战略乃至全球战略布局中所起的重要作用。

------

① 「軍事上ヨリ見タル皇国ノ国策竝国防計画要綱」(昭和 8 年 6 月)、角田順編『石原莞爾資料　国防論策』、113—114 頁。

② 参见史桂芳《"东西文明对立"下的东亚联盟论》,《首都师范大学学报》2014 年第 6 期。

③ 加藤陽子「総力戦下の政―軍関係」、倉沢愛子など編『戦争と占領のデモクラシー』、23 頁。

　　本章主要论述了日本陆军采取德式军制进行近代化改革的过程,日本的"精英"式军事教育体制、"精英"式教育体制的利弊、对陆军"中坚层"军人战争观的影响,以及典型人物石原莞尔的东亚战略理论产生的背景。

　　日本陆军的教育系统从低到高大致分为陆军幼年学校(具体又分为地方幼年学校和中央幼年学校)、陆军士官学校、陆军大学三个层级。日俄战争之后,一批接受了三级学校完整军事教育的"精英"军人在日本陆军中脱颖而出,成为发动侵华战争和太平战争的中坚分子。故而本书将这批军校"精英"称之为日本陆军"中坚层"军人。日本陆军在近代化过程中按德国模式进行大幅改革,接受过德式先进军事教育的军人业务能力强、职业素养高、意志坚定、富有团结精神,但因自幼在军校接受军国主义和忠君爱国思想的洗脑,早就顽固地将"满蒙"地区视为日本领土,将侵略视为发展而非罪恶。

　　石原莞尔的"满蒙"观、中国观乃至战略思想,就是对这种"精英"式教育的继承和发展。日本最终因挑起侵略战争而走向失败,表面上看起来是因为陆军"中坚层"军人的"独断专行""精英误国",但这并不能简单理解为这些军人个体的错误,而是某种结构性的偏差。从日本近代陆军教育体系可见,日本军人从小受到的教育使他们对军事扩张和武力解决国际争端有着群体性偏好,而陆军的军事教育体系实质上是军国主义国家体制的产物。这一体系下培养出的个体固然应承担实施战争过程中的罪责,但发动战争的主体责任必然在"制造"他们的军国主义国家。

第二章　九一八事变爆发与伪满洲国成立:石原莞尔与日本陆军"中坚层"的战争实践

　　1928 年(昭和 3 年),日本开始实施普通选举(只限于男性),昭和天皇的继位式也在这一年的秋天举行。在中国东北,以大连的日本人社会为中心,一种意见在日本侨民间日益盛行:"何不趁着新时代奔腾的大趋势,在'满洲'召开一次模拟议会呢?"当然同时也要实施选举,确定首相、各大臣和政党,然后在议会平台上讨论"满洲"的各项问题。

　　这次模拟议会在 5 月 4 日召开,名为"满洲"青年议会,为期 3 天。《大连新闻》对这一活动进行了支持,社长宝性确成出席会议。其在致辞中指出:"之所以举办这次模拟议会,就是为了实现理想'满洲'的建设、日本帝国的百年大计、日中两国国民的共存共荣、人类共同福祉等目标。"这听起来是很宏大的抱负,"对于这一时期生活在大连和旅顺等租界以及延伸至长春满铁沿线地带的、充满生气的日本青壮年们来说,大概也是他们所共有的心境吧。"①参加这次模拟议会的成员除满铁职员外,还包括从个体经营者到企业管理者等社会各阶层的在"满"日本侨民。

　　模拟议会召开前后一个月,分别发生了日本第二次出兵山东、济南惨案、皇姑屯事件,张作霖在沈阳被关东军炸死。除了这些轰

---

① 田中秀雄『石原莞爾と小澤開作―民族協和を求めて―』、18—19 頁。

动的事件外,当时中国人民的排日事件也频频发生,而币原外交对此束手无策。日本侨民们深深忧虑于"母国"的未来,虽说只是"模拟议会",但围绕如何思考"满洲"的将来这一议题,会场的讨论非常热烈。

这次议会所讨论的议案中,值得注意的是以下几项:成立"满洲"拓殖银行和"满蒙"拓殖会社的法案,有关成立日"满"商工协会的法案,此外最令人吃惊的是有关"满洲"司法权独立的法案及"满蒙"自治的法案。所有这些法案,都在伪满洲建国后被付诸实施。

这次议会还对设立"满洲"青年联盟进行了准备。在这一年11月召开的第二次议会上,"满洲"青年联盟正式成立。《联盟宣言》中写道:"'满蒙'作为日华共存的地区,要隆盛其文化、开拓其富源,使彼此互相受益。确立两民族的无限繁荣与东洋的永久和平,乃我国永远之使命。吾人之先辈付出薨天之牺牲,倾注长年之努力,勠力开发'满蒙',正是排除外来暴力,为中华民国获得完全的独立与自由而贡献的善邻之大义。继承先辈遗志,为'满蒙'开发奉献毕生心血,方为吾同胞之民族责任与愿望。"

这里的"薨天之牺牲",指的就是日俄战争,而"外来暴力",当然就是西方帝国主义的侵略了。

成立后没多久,"满洲"青年联盟就拥有了5 000名会员。当时居住在中国东北的日本侨民约有20万人,"满洲"青年联盟是以其中活跃的青壮年为中心的组织。该组织应运而生,作为一个身负巨大期待的团体而备受瞩目,为人热议。"满洲"青年联盟成立后,任命山口重次为大连支部部长,小泽开作为长春支部干事。

这一年的10月10日,石原莞尔奉命出任关东军参谋,并于20日抵达旅顺任职。第二年5月,板垣征四郎出任关东军高级参谋。九一八事变的前兆就此开始孕育。[①]

---

① 田中秀雄『石原莞爾と小澤開作—民族協和を求めて—』、18- 19頁。

占领"满蒙",是日本大陆政策的关键步骤。为此,理论家想尽方法,为侵略制造合理性。石原莞尔的东亚联盟论,正是在这样的背景下逐渐酝酿成形的。而他有别于一般理论家之处,在于他同时也是受过完整军事教育的"精英军人",因此他不仅有着战略眼光和意识,更有军事实践的机会,在中国实施其战略。发动九一八事变和制造伪满洲国,可以说是石原莞尔对其东亚联盟战略理论的具体实践。

石原的战略实践,对日本的侵华政策产生了深远影响。九一八事变之前,日本陆军的对华政策表现得较为谨慎,在中国东北地区的主要活动方式是通过驻中国东北的关东军,拉拢和扶植东北地方军阀,暗中进行间谍活动,逐步经营并扩大势力范围。从策动九一八事变开始,日本陆军的多次军事行动都有一个显著特征,即在事变前,驻中国现地的军队屡有动作,东京的陆军当局虽然不予以明确支持,甚至采取压制措施,但占据重要位置的少壮派"精英"军官们或早就参与其中,或实际上给予各种便利;事变中,军队在未得到东京命令的情况下,擅自采取冒进行动;事变后,陆军当局追认现地军队的做法,使事变合理化。从制造九一八事变、建立伪满洲国,到分离华北,再到七七卢沟桥事变,日本陆军正是通过这种模式下的一系列行动使其权力得以不断膨胀。

本章通过再度梳理九一八事变爆发和伪满洲国成立的过程,试论以石原莞尔为代表的日本陆军中坚军人,如何主动实施其侵占"满蒙"以备未来美日作战的全球性战略布局,迈出其侵略战争实践的第一步。

第一节　日本陆军对“满蒙”①的设想

一、“满蒙”问题的由来

近代以来，日本一步步蚕食周边邻邦，不断试图拓展势力范围，其眼界也从东亚走向世界。通过中日甲午战争，迫使清政府订立《马关条约》，清政府承认朝鲜为“完全无缺之独立自主”之国，中朝宗藩关系至此宣告结束。② 三国干涉还辽后，日本与俄国矛盾日益加深。为了能在东北亚抗衡俄国，1902 年 1 月，英日缔结同盟。通过英日同盟，日本具备了在东北亚发动对俄战争的外交环境。③ 在日俄战争中，日本战胜俄国，在美国调停下，日俄订立《朴茨茅斯条约》，取得中国东北长春以南的“势力范围”，取得旅大租借地和南满铁路，并以保护日本权益及铁路为名，派驻军队。这支军队就是关东军。1905 年，日本又把朝鲜变为自己的保护国，实际上将其据为殖民地。此后，确保并扩大在中国东北及蒙古东部地区所得利益，成为日本对外政策的焦点之一，也就是所谓的“满蒙问题”。

1908 年 9 月 25 日，桂太郎内阁通过《对外政策方针决定》（「对外政策方针决定の件」），其中对中国政策这样写道：“应在该国扶持我国势力，万一该国发生不可预测之事变时，须确保我国优势地位，且要以永远维持‘满洲’之现状为目的，为此我国须考

---

① 日本对中国东北地区及蒙古觊觎已久，把两地统称为“满蒙”，史料中亦经常使用“满蒙”一词，本文为行文方便不再一一注解。

② 参见王铁崖编《中外旧约章汇编》第一册，北京：生活·读书·新知三联书店 1959 年版，第 614 页。

③ 参见张振鹍等《日本侵华七十年史》，北京：中国社会科学出版社 1992 年版，第 93 页。

虑制定相应对策……关于我国在'满洲'之特殊地位,应采取一定手段,逐渐获得列强承认。"①1912 年,日本在对俄谈判中擅自将"特殊利益"的分界线扩大至内蒙古,为"满蒙分离"做准备,企图把整个蒙古从中国分割出去为日本所有。1921 年 5 月 13 日,原敬内阁通过的《对满蒙政策》(「满蒙に对する政策」)中进一步写道:"我国在'满蒙'的特殊地位和权益,当然要确保并充分利用,并且,今后应进一步努力争取关系我国国防及国民经济生存所必要的地位及权益。"②

　　日本的野心之所以如此膨胀,是因为日俄战争结束后,日本独占朝鲜半岛,扩大了其在东亚地区的影响力,而第一次世界大战更成为其进一步扩大影响力的契机。1914 年 7 月,第一次世界大战刚一爆发,日本元老井上馨就声称:"此次欧洲大乱,实为上苍对日本国运发展的大正时代之护佑。"他认为欧洲各国之间爆发战争,正是日本在东亚扩张,进而提高国际地位的机会。③ 一战开战一个月后的 1914 年 8 月 23 日,日本向德国宣战,参与到了大战之中。日本虽与德国作战,但没有将战场扩大到东亚地区以外。因为日本参战的目就的是企图接收原德国在亚洲地区的权益,扩大其在中国东北和内蒙古地区的势力范围,提高其在帝国主义列强中的地位。④ 9 月,日本侵略山东龙口,随即占领青岛,接管了德国在山东的全部权益。10 月,日本海军占领了赤道以北原属德国的诸多岛屿。对此,美国感觉日本威胁到了其在菲律宾的统治而开始

①「对外政策方针决定の件」、日本国际政治学会、太平洋战争原因研究部编『太平洋战争への道　第一卷　满州事变前夜』、东京:朝日新闻社、1963 年、6 页。
②「满蒙に对する政策」、日本国际政治学会、太平洋战争原因研究部编『太平洋战争への道　第一卷　满州事变前夜』、6—7 页。
③ 中日韩三国共同历史编纂委员会:《超越国境的东亚近现代史》(上),北京:社会科学文献出版社 2013 年版,第 124 页。
④ 中日韩三国共同历史编纂委员会:《超越国境的东亚近现代史》(上),第 126 页。

警惕。①

　　1915 年,日本迫使中国接受"二十一条",在东亚确立了以日本为中心的统治秩序根基。"二十一条"要求主要包括:第一,承认日本继承德国原来在山东的一切权益。第二,承认日本在南满和内蒙古东部居住、往来、经营工商业及开矿等特权。第三,汉冶萍公司改为中日合办,附近矿山不准公司以外的人开采。第四,所有中国沿海港湾、岛屿概不租借或让给他国。第五,中国政府聘用日本人为政治、军事、财政等顾问;中日合办警政和兵工厂;武昌至南昌、南昌至杭州、南昌至潮州之间各铁路建筑权让与日本;日本在福建省有开矿、建筑海港、建造船厂及筑路的优先权;等等。对日本的"二十一条",列强采取否定态度。美国、英国、俄国等列强认为这是日本趁欧洲各国忙于战争无暇顾及东亚的机会扩大其在东亚的支配权的行为,从而表示抵制态度。

　　一战虽始于欧洲战场,但在东亚,特别是在中国,形成了日本与英美对立的局面。日本提出的"二十一条"更激化了这一对立。开战初期,日本仍通过中立国瑞典和挪威不断进口德国的商品,因此受到与日本建立同盟关系的英国的指责。美国则将俄国、英国、法国拉进来联合反对日本的"二十一条"。因为美国提出了门户开放的主张,要求与列强在中国获得均等的通商机会,而且要求保障中国的领土与行政主权,其立场与日本大有区别。与其他列强不同,美国没有向中国要求划定租借地和势力范围,但却最先承认中华民国,并向中国提供借款,在中国设立美系银行,因此,中国对美的态度比较友好,而对日本则十分反感。②

　　不过,1917 年 4 月,参与第一次世界大战的美国为专心欧洲战场而希望与日本妥协。日本为维护在中国的特权,也认为有必

---

① 中日韩三国共同历史编纂委员会:《超越国境的东亚近现代史》(上),第 126 页。

② 中日韩三国共同历史编纂委员会:《超越国境的东亚近现代史》(上),第 128—129 页。

要与美国妥协。于是,美日两国无视中国北京政府的意愿,于 11
月签订了相互尊重的《蓝辛—石井协定》。① 美国承认日本在中
国的特殊权益,日本尊重中国的独立与门户开放、机会均等。②

　　1918 年,《凡尔赛和约》签署后,国际上一度出现了和平的
局面,但是不久,列强就开始了新一轮竞争。美国、英国、日本
三国为强化海军以获得军事优势地位,开始了建造军舰的竞
争。为了将海军主力集中转移到太平洋地区,自 1919 年起,美
国开始大规模建造舰艇。日本将美国海军定为假想敌,于 1920
年制定了"八八舰队"海军扩军计划,即计划建造战列舰 8 艘、
巡洋舰 8 艘。英国当时的主要舰艇已经陈旧,对美国海军力量
迅速崛起并超过英国十分焦虑,也于 1921 年制定了建造 4 艘
超大型军舰的计划。尽管人们担心这样的造舰竞争可能引发
新一轮战争,但竞争仍非常激烈,美国和欧洲的军备竞赛舆论
十分高涨。

　　1921 年 11 月,为商讨中国问题,协商减少海军军费问题,
美国、英国、法国、意大利、中国、比利时、荷兰、葡萄牙、日本等
国在华盛顿召开会议,会议持续到次年 2 月。在此次会议上,
美国建议与会国从调整利益角度,搁置一些问题而签署相关协
议。最后,与会国签订了《四国条约》(即(《关于太平洋区域岛
屿属地和领地条约》)、《五国条约》(即《华盛顿海军条约》)和
《九国公约》(即《九国关于中国事件适用各原则及政策之
条约》)。

　　《四国条约》由美、英、日、法四国共同签订,规定缔约各国

① 1917 年 11 月 2 日美国国务卿蓝辛与日本全权代表石井菊次郎间的外交换文。美
　 国承认日本在中国享有特殊权益,两国政府重申在中国尊重"门户开放"和"机会均
　 等"的原则。华盛顿会议后该协定被废除。
② 中日韩三国共同历史编纂委员会:《超越国境的东亚近现代史》(上),第 130 页。

互相尊重他国在太平洋区域内岛屿属地和领地的权利,并废除英日同盟条约。《五国条约》由美、英、日、法、意五国签订,规定美英日主力舰总吨位的保有比例为 5∶5∶3。出席会议的九国代表还签订《九国公约》,规定尊重中国之主权与独立及领土与行政之完整;不承认列强在中国的优越权与独占权,努力维持各国在中国全境之商务实业机会均等之原则。但是,北京政府代表团提出的废除治外法权和恢复关税自主权,以及收回租借地等要求均未被列强接受。最终,《九国公约》对列强在中国的利益关系没有予以根本否定。《九国公约》虽然是为了阻止日本侵略中国大陆而签订的协议,但并没有否认日本在中国东北和内蒙古地区的权益。随着《九国公约》的缔结,美国与日本之间的《蓝辛—石井协定》也被废弃。①

　　列强通过 1921 年的华盛顿会议对各国在东亚地区的利害关系进行了调整。华盛顿体系作为东亚国际关系的协调机制,与之前相比较尽管相对稳定,但因俄国十月革命的影响,东亚各国民众开始展开新的独立解放运动,这一秩序也由此开始出现裂痕。中国的北伐运动正是这一背景下展开的一次国民革命运动。以北伐运动为契机,朝鲜人的民族解放运动力量一度准备发展成为反日独立运动。但是,日本为了维护和扩大在中国的影响力,一方面出兵山东,对北伐加以阻止;一方面为稳固其在中国东北和内蒙古地区的利益,企图独占中国东北地区。这使得华盛顿体系逐步出现裂痕,在 1931 年最终走向破裂。②

　　日本这一排除他国企图独占"满蒙"地区的策略,即日本所谓的"大陆政策",与美国的"门户开放"主义相对立,并损害了美国

---

① 中日韩三国共同历史编纂委员会:《超越国境的东亚近现代史》(上),第 146—148 页。

② 中日韩三国共同历史编纂委员会:《超越国境的东亚近现代史》(上),第 123 页。

在中国东北的利益,①导致日美关系恶化。日本认为"美国在西伯利亚及'满蒙'地区有两个诉求:一是确立自身经济地位;二是试图妨碍日本确立自身经济地位,并促进日本的孤立"。② 如日本关东厅③当局报告,"美国在'满蒙'地区极为活跃,企图排除帝国的优越状态,此为众所周知之事实","美国势必要在'满蒙'采取积极政策,帝国应确立对'满蒙'政策,从而对抗列强侵入之

① 日俄战争后,日本通过与英国签订《日英同盟条约》,与俄国协定《日俄密约》,获取并巩固其在中国东北的特殊权益。美国认为这一做法侵害了美国的利益,在"门户开放主义"名义下,希望在中国东北进行投资,排除日本在该地区的优势地位。为实现这一目的,美国于1905年提出"满铁收购计划"、1907年提出"铺设满铁平行线计划"、1909年提出"满洲铁路中立化建议",但由于受到日俄的反对,这些计划均以失败告终。参见日本国际政治学会、太平洋战争原因研究部编『太平洋戦争への道　第一巻　満州事変前夜』、11—12頁。

② 「米人の西伯利及満蒙地方に対する経済の進展に関する件」、1921年12月27日、JACAR(アジア歴史資料センター)Ref. C03010390900、大正15年「西密受大日記全」(防衛省防衛研究所)。

③ 1898年俄国强行租借旅顺、大连并将两地命名为"关东州",对关东州从城市到乡村进行了行政设置。1904年日俄战争爆发,日本战胜俄国成为"关东州"的"新主人"。日本对关东州的统治,在日俄战争期间既已开始,包括战时和战后,统治方式大体可分为三个时期:军事管制时期(1904年5月至1905年5月)、军民合治时期(1905年6月至1919年4月)、军民分治时期(1919年4月至1945年8月)。前两期分别由军政署、关东总督府、关东都督府等机构管理。1906年9月成立的关东都督府不仅管辖关东州,还负责保护南满铁路及监督南满铁路会社的业务,统辖南满铁路附属地警察和司法。但是日本在中国东北的侵略机构除都督府外,还有驻奉天总领事馆和满铁。这是三个平行的机构被称为"三头政治",它们的职权范围虽有分工,但也有交叉的地方,三者之间经常发生矛盾。为巩固日本的殖民统治,日本政府不得不对都督府重新调整,进行机构改革。1919年4月12日,日本政府以大正8年第94号敕令发布《关东厅官制》,废止关东都督府官制,实施关东厅官制。即在废除关东都督府的基础上将原军政部分离出去成立关东军司令部,将原民政部改为关东厅(1919年4月至1934年12月),设关东长官。参见王健《"关东州"的殖民统治机构》,《日本学论坛》2006年第3期,第19—25頁。

政策"。① 然而，一旦日本要排除美国势力干扰，武力侵占"满蒙"，很可能会引发日美战争，美国成为日本制定侵略"满蒙"政策时的最大顾虑。但是，日本一直以来将中国东北视为"生命线""补给线"，即便日美开战，只要入手"满蒙"，也能支持日美持久战争。在这一认识的前提下，日本国内的陆军省、参谋本部和驻中国现地的关东军，开始着手制定周密、翔实的占领"满蒙"计划。

二、是否武力解决"满蒙"问题

日本学界有观点认为九一八事变是日本为了应对 20 世纪 30 年代的世界经济危机，由石原莞尔等关东军参谋策划并发动的。但实际上，在 1929 年底世界经济危机爆发的一年半前，日本陆军中央的参谋们就已经提出了与九一八事变相关联的"满蒙"领有方针，只不过，当时日本国内高层担心行使武力会遭到美国的经济封锁，甚至引发日美战争。是否武力占领"满蒙"，美国的反应是其犹豫不决的最重要因素。②

在 1928 年 3 月前，日本对"满洲"政策存在三种设想：第一，田中义一内阁主张的"满蒙"特殊地区论，即承认国民政府对长城以南中国本土的统治，而日本在"满蒙"扶植日本影响之下的奉天军阀张作霖，以获取日本在"满蒙"的特殊权益。③ 第二，滨口雄幸等在野党民政党的立场，即基本上承认国民政府对包括"满蒙"在内的中国的统

---

① 関東庁警務局「米国ノ経済的満蒙活躍計画説ニ就テ」、1923 年 6 月 20 日、JACAR（アジア歴史資料センター）Ref. B08060425800、各国ノ对中国経済発展策関係雑件/米国ノ部　第一巻（E-1-1-0-1_1_001）（外務省外交史料館）。

② 参见川田稔『満州事変と政党政治　軍部と政党の激闘』、東京：講談社、2010 年、73—74 頁。

③「对支政策綱領ニ関スル訓令」、JACAR（アジア歴史資料センター）Ref. B02030037900、満蒙問題ニ関スル交渉一件 松本記録 第三巻（A-1-1-0-1_004）（外務省外交史料館）。

一领导，主张与国民政府建立友好关系，扩大与中国的经济交流。第三，策划了暗杀张作霖的河本大作等当时关东军首脑的方针，即排除张作霖势力，在"满蒙"建立日本实际控制的新政权，也就是所谓的"满蒙"分离论，不过其前提仍是在"满蒙"保留中国的主权。[1]

1928 年 3 月 1 日，在陆军省和参谋本部少壮派参谋的集会——第五次木曜会[2]上，时任陆军省军事课高级课员的东条英机进一步提出"满蒙"领有论。东条的"满蒙"领有论主张："国军的战争准备主要以对俄战争为主体。第一阶段的目标是要在'满蒙'树立完全控制该地区的我方的政治势力。不过，在这次战争过程中，顾虑到美国参战的可能性，我方应做好防御准备。而对中战争的准备则无需过虑，我们仅仅是夺取资源"，"未来的战争是为了生存的战争，美国有足够赖以生存的大陆"，介入东亚的可能性较小，"应尽量采取外交手段避免美国介入日俄之战，同时也要做好防御准备"，"中国不足为虑，日本用半年时间即可整备对中作战的兵力，而满蒙向来被中国视为'化外之地'，不可能倾全国之力与日本一战"。[3] 东条的这些观点，实际上等于已将"满蒙"视为日本的囊中之物，完全否定中国的主权，是一种不同于以前的新主张。于是，作为木曜会讨论议题的所谓的"满蒙"领有方针，在陆军中央被提出来。[4]

---

[1] 参见川田稔『満州事変と政党政治　軍部と政党の激闘』、73—74 頁。

[2] 木曜会，由陆军中坚参谋组成的小团体，成立于 1927 年 11 月。主要成员由铃木贞一、石原莞尔、根本博、村上启作、土桥勇逸等陆军士官学校第二十一期至二十四期毕业生，以及第十六期毕业生永田铁山、冈村宁次，第十七期毕业生东条英机等组成。该会定期于木曜日（即星期四）聚会，讨论和研究军备、国防等军政问题。参见川田稔『満州事変と政党政治　軍部と政党の激闘』、講談社、2010 年、83 頁。

[3] 铃木贞一「木曜会記事」、『鈴木貞一氏談話速記録』下巻、東京：日本近代史料研究会、1974 年、375—379 頁。转引自川田稔『満州事変と政党政治　軍部と政党の激闘』、18、32 頁。

[4] 川田稔『満州事変と政党政治　軍部と政党の激闘』、63 頁。

尽管日本陆军当局并未正式肯定并公开发表"满蒙"领有论，但是根据日本学者川田稔的研究，当时这一论调受到了以一夕会①成员为主的陆军中央中坚参谋的广泛支持，而这些支持者又恰恰在九一八事变爆发前，有计划地占据了陆军省、参谋本部的重要部门的重要职位（详见附二）。正是在这一背景下，石原莞尔等人提出的全面占有"满蒙"的战略部署能够获得陆军内部和关东军的支持，并逐步获得实施是必然的。②

---

① 1927 年，陆军士官学校第十六期毕业生永田铁山、冈村宁次、小畑敏四郎等人结成军人团体"二叶会"。随后，成员中又加入了陆军士官学校第十五期至十八期的河本大作、东条英机、板垣征四郎、土肥原贤二、山下奉文等 20 人。二叶会的宗旨主要是与当时掌握陆军实权的长州阀对抗，推动军队改革。1929 年 5 月，木曜会与二叶会合并，结成新的团体"一夕会"。成员 40 名左右，以陆军士官学校第十四期至二十五期生为主。除木曜会、二叶会原成员外，又新加入了武藤章、田中新一等中坚参谋，这些成员当时都是受过精英教育的陆军中央的中坚参谋，也是在后来的侵华战争中发挥过重要作用的关键人物（如，永田后升任军务局局长、冈村曾任中国派遣军总司令、河本炮制了刺杀张作霖事件、板垣担任过陆军大臣、土肥原曾任特务机关长。太平洋战争开战时，武藤任陆军省军务局局长，田中则是参谋本部作战部部长，二人是陆军中央参谋层的实际领导者，可以说开战就是时任首相的东条英机与此二人的共同决定）。一夕会在第一次会议上就讨论了武力解决"满蒙"的问题，实际上继承了木曜会的"满蒙"领有方针。参见川田稔『満州事変と政党政治　軍部と政党の激闘』、123 頁。

② 1929 年 8 月，一夕会成员冈村宁次任陆军省人事局补任课长，这一位置对陆军佐官级以下人事任免有很大权限。1930 年 8 月，永田铁山就任陆军省军务局军事课课长，军事课课长是全陆军掌管实务最重要的位置。此后至 1931 年 8 月，在陆军省，饭田贞固任马政课课长、村上启作任军事课高级课员、铃木贞一任军事课"支那"班班长；在参谋本部，东条英机任动员课课长、渡久雄任欧美课课长、武藤章任作战课兵站班班长、根本博任"支那"课"支那"班班长。一夕会拥立的荒木贞夫就任教育总监部本部长。加上分别于 1928 年和 1929 年赴关东军任参谋的石原莞尔和板垣征四郎，在九一八事变爆发前，陆军中央（陆军省、参谋本部、教育总监部）和关东军的主要实务负责人的位置都被一夕会成员所占据。据此，川田稔主张九一八事变并非是一般日本人所认为的关东军独断专行的结果，而是一夕会有计划地策定、实施的。参见川田稔『満州事変と政党政治　軍部と政党の激闘』、82—149 頁。

第二节　石原莞尔提出的一系列"满蒙"占领方案

一、占领方案的初步提出

1925 年,从德国留学归来的石原莞尔开始在陆军大学任教,当时其不过 36 岁,意气风发、雄心勃勃,但还没有机会真正在军队中实践其理念。在德国的学习经历使他接受了当时在德国流行的"总体战"观念,坚信总体战争需要全民族的总体力量,"只有当整个民族的生存真正受到威胁,全民决心投入战争时,总体战才能付诸实施"。① 而经济状况关系到民族生存以及与人民和军队供给有关的原则问题,也就是说总体战是对经济全面依赖的战争。因此,作为教官的石原在其讲义中鼓吹,日本必将要与俄、中、美之间发生战争,日本国民必须要为战争做好准备,而进行战争就必须将"满蒙"甚至中国作为日本的"生命线""补给线"。

1928 年,机会终于来临。石原莞尔晋升为中佐,被派去关东军担任参谋。去关东军赴任前,石原在陆军大学作了题为《现在及将来日本的国防》(「現在および将来の日本の国防」)的报告(1931 年被印刷发给新设的关东军调查班)。这一报告是他在陆大讲义的集成,对日本的总体战进行了具体分析,反映了石原战争理论的初步构想。报告共分为五部分:(1) 世界之大势,(2) 日本之使命,(3) 战争的现在和未来,(4) 日本现在的国防,(5) 日本将来的国防。其内容要义概约如下:

> 西洋文化集中在美国,日本实现日本文化之大成,科学家则制造出两国战争所需之武器。这并非偶然而乃神意、人类文化自然的大势所趋。东西之间将发生前所未有的大战,世

---

① 〔德〕鲁登道夫著,戴耀先译:《总体战》,北京:解放军出版社 1988 年版。

界人类文明最终将实现统一,人类将迈入实现人类共通理想的黄金世界的第一步。日俄战争后,日美关系恶化,因而这场大战即将爆发,日本国民应该有时刻为此作准备的觉悟。对此,日本国防应作的重要准备就是对"满蒙"的经济开发。

　　"满蒙"地区无论从历史上还是经济上都与日本更为接近。日本在开发"满蒙"的同时,还应出兵维持"满蒙"地区的治安和经济。中国军阀为私利混战,至四亿人民生灵涂炭,军队亦无能对抗西方入侵者。西方列强意图以国际共管名义瓜分中国,此终将引起围绕中国的战争,日本应迅速以歼灭战形式使中国屈服,由日本一国进行管理。为了持久战作部署,日本应考虑在中国占领地的兵力,威胁到"满蒙"的俄国军队的兵力,一旦失去制海权后如何对抗登陆中国的外国军队,日本本土的守备,夺取菲律宾、香港等地所需的兵力等问题。[1]

　　这份报告中提到的"日本国防应作的重要准备就是对满蒙的经济开发"实际上就是从"满蒙"掠夺支持日本总体战、持久战的物资。为此,石原还提出应出兵维持"满蒙"地区的治安和经济,进而主张中国军队无力对抗西方列强的瓜分,日本应迅速以歼灭战的形式使中国屈服,由日本一国管理中国。对武力出兵"满蒙",继而占领中国及东南亚提出了初步的设想。

　　从这份报告中我们还可以窥见,石原之所以将美国视为假想敌,除了他所说的日美各为东西霸主,两国争端是人类文化大势所趋以外,主要还在于美国的门户开放、机会均等政策,妨碍了日本在"满蒙"地区以及中国大陆的利益,美国会干涉日本在中国乃至亚洲地区的对外侵略和扩张行为。

---

[1] 「現在及将来ニ於ケル日本の国防」、角田順編『石原莞爾資料　国防論策』、東京:原書房、1975 年、58—68 頁。

二、占领方案的进一步论证和完善

为了配合东条英机 1928 年在木曜会上提出的"满蒙"领有论，当时驻防中国东北的关东军高级参谋板垣征四郎等人，开始不断制造日本恐与东三省中国军队发生全面军事冲突的气氛。同时，日本与张作霖之间矛盾的激化也是气氛日益紧张的原因。

1927 年 4 月，军人出身的田中义一当上首相后，向张作霖强索东北铁路路权，激起了东北人民的反日怒潮。9 月 4 日，沈阳举行了 2 万人的反日示威游行，关东军断定反日游行系张作霖煽动所致。1928 年 5 月，日本继续向张作霖施压，逼迫他与日本签订密约，并撤回东北。张作霖拒绝了日本的无理要求。为逼其就范，关东军开赴沈阳、锦州、山海关等地，并将关东军司令部由旅顺迁至沈阳，制造剑拔弩张之势，威胁张作霖如不答应日方要求就解除其在东北的武装。6 月，张作霖不得已返回东北，在途中被日军阴谋炸死，即为皇姑屯事件。

1929 年 7 月 3—12 日，为了最终在"满蒙"实施策动军事事变，关东军还组织了一次重要的参谋旅行，为此后行动做好全方位的调研。①

7 月 4 日，关东军参谋旅行的第二日，石原莞尔在长春的名古屋酒店为参加参谋旅行的板垣征四郎等关东军参谋作了题为"战争史大观"的讲座。"战争史大观"可以说是石原最终战争论的前身。石原在这一报告中，进一步强调日美之间必有一战，解决"满蒙"问题是为日美战争做准备。② 次日，石原又提出了《扭转国运的

---

① 参见日本国际政治学会、太平洋战争原因研究部编『太平洋戦争への道　第一卷　満州事変前夜』、366 頁。

②「戦争史大観」(昭和四年七月四日)、角田順編『石原莞爾資料　国防論策』、35—39 頁。

根本国策——满蒙问题解决案》。这一方案则是后来他提出的解决"满蒙"问题计划的基础，也是后来关东军发动九一八事变、扶植成立伪满洲国，并进一步蚕食整个中国的全盘规划的雏形。全文如下：

一、"满蒙"问题的解决是日本生存的唯一途径。

1. 需要通过对外"进出"①，以消解国内的不稳定因素。

2. "满蒙"的价值。

（1）"满蒙"的巨大价值尚未被多数日本人所理解。

（2）要解决"满蒙"问题，同时要消灭中国本土②的排日运动。

3. 积极解决"满蒙"问题不仅为日本之所需，也是为了多数中国民众，此为正义之行为，日本必须推进。从历史关系等方面看，与汉民族相比，"满蒙"更应该属于日本民族。

二、解决"满蒙"问题的关键是由帝国军队对其进行控制。

1. 要完全解决"满蒙"问题，日本必须占领该地区。对中国外交也就是对美外交，为达到武力控制"满蒙"之目的就要有与美国一战之觉悟。若不能对抗美国，则立即解除武装对我有利。

2. 相信在对美持久战中日本几无获胜之机，则说明未能理解对美战争之本质。俄国之现状正给予吾人绝好之时机。

三、"满蒙"问题的解决方针。

1. 为日美战争做准备，或假设日美马上开战，则必须将"满蒙"政权收入我国之手。通过对"满蒙"进行合理开发，日

---

① 所谓对外"进出"，实际上就是对外"侵略"，"进出"是对"侵略"的美化。现在仍有日本学者坚持把日本侵略中国描述为"进出"中国。

② 当时日本把中国东北以南关内地区称为"中国本土"。

本经济自然可以得到恢复,使失业者得到救济。

2. 如果战争持续则须有东亚被封锁之觉悟,因而有必要占领中国本土之重要地区,以我之武力消除阻碍中国民族前进道路之障碍,给中国经济新的生命力,确立东亚自己自足之道路,有利于领导长期战争,实现我之目的。

四、为对美战争做准备的调查方针。

1. 假设东亚被封锁,应事先调查其经济状况,以确定对策方案(政府各部门的业务水平存在一定差距,应借助专门机构满铁经济调查局进行调查)。调查方式不应采取西方学问式调查,应以我之武力破除中国之积弊,赋予四亿中国民众经济上的新生命,并借此机会振兴我国工商业。为迅速与欧美列强对抗,要使我国工业完全独立,此为根本。

2. 应确立占领"满蒙"及中国本土后的占领方案(应由军部立案,细部则参考各专家的具体研究)。以战养战为根本方针,也就是说海军所需军费的一部分或大部分应由中国负担。

统治中国的根本要领

(1)"满蒙"总督(长春)　针对"满洲"及热河特别地区

该地区完全由日本军队实施彻底的治安维持

(2)黄河总督(北京)　针对直隶、山东、山西、河南、察哈尔特别地区

(3)长河总督(南京)　针对江苏、浙江、安徽、福建

(4)湖广总督(武昌)　针对湖北、湖南、江西

以上三总督由日本军队担任,地方治安等使用中国军队(即清政府对中国的统治方式)

(5)西方总督(西安)　针对陕西、甘肃、青海、新疆、外蒙

(6)南方总督(广东)　针对广东、广西

(7)西南总督(重庆)　针对四川、云南、贵州、川边特别地区

以上三总督通常启用中国人,原则上由中国军队驻守。①

这份方案的内容在理念构建上有关键的三点,也是后来日本侵华政策的核心。第一,"东亚"作为一个整体的提出,这也是其后来东亚联盟论的核心内容。他将"东亚"视为与美国对抗的整体,并将日本作为代表"东亚"各民族和国家的唯一核心,从而在理论上使日本侵犯并占领其他主权国家的行为具有所谓的"正当性"。从"东亚"的视角来看,日本积极介入"满蒙",不仅是为了日本的利益,也是为了大多数中国国民的利益(帮助他们摆脱美帝国主义的控制),因此石原莞尔认为日本采取的行动是正义的。但其实质是日本为了解除国内的不稳定要素,需要对外扩张,并构建一个假想的外部敌人——美国。

第二,从历史的观点来看,尤其是建立在清朝对汉族的异族统治的历史基础上,石原莞尔主张"满蒙"原本并不属于中国,而是在语言、历史等方面与日本有更深的渊源,因此应该属于日本。这一点在很大程度上借鉴了日本当时的汉学家、考古学家等所谓的"东亚研究"的成果。为配合日本的侵略政策,证明"'满洲'非'支那'领土",其时的日本学界作了各种考证。日本学者加藤阳子对日本陆军宣扬"满洲"不是中国固有领土的目的,总结如下两点:一,对内(日本国内),通过列举详细的数据和分析"满蒙"历史变迁,说明"满蒙"对日本的经济、政治、军事价值,煽动、鼓励日本人移民"满蒙",为陆军出兵"满蒙"制造正当性的借口。二,对外,武力侵占"满蒙"毫无疑问是违反国际法的。因此,强调"满蒙"不是中国固有领土,强调"满洲人"的独立愿望,实际上是为了躲避国际法制裁寻找依据。②

---

① 「国運転回の根本国策たる満蒙問題解決案」(昭和四年七月五日)、角田順編『石原莞爾資料　国防論策』、40—41頁。

② 加藤陽子『満州事変から日中戦争へ』、東京:岩波書店、2010年、14—19頁。

　　第三,石原莞尔不仅提出了由日本军队直接控制"满洲"和热河的方案,与东条英机的"满蒙"领有论一致,还提出了有必要占领整个中国本土的长期战略布局,并认为只有这样才有在对美国的持久战中获得胜利的可能性。这一设想,完全无视中国主权,目的是使中国沦为日本的殖民地,这成为日后日本侵华政策的雏形。①

　　参谋团在旅行途经满洲里时,石原莞尔进一步提出《关东军满蒙领有计划》。其核心内容如下:第一,平定。消灭中国东北地区的军阀、官僚并没收其私有财产,关东军代替中国旧有体制,对该地区进行支配、统治。第二,统治。在军政体制下,日本、朝鲜、中国人自由竞争。但日本人经营大规模企业,从事需要运用智力的事业;朝鲜人开拓水田;中国人从事小商业劳动,即按士农工商对三国人进行分工。行政上则为了稳定暂保留原有制度。第三,国防。派驻四个师团,以防止俄国入侵。②

　　1930年,由参谋部本部第一部部长畑俊六率领的参谋演习旅行和陆军大学学生组织的战史旅行,同时在中国东北进行。5月20日,石原莞尔在长春对参加这两次旅行的学员作了题为《从军事上看日美战争》(「軍事上より観たる日米戦争」)的讲话。在这次讲话中,石原提出其所预想的日美战争,分为日美持久战和日美决战。决战将在数十年后爆发。日美持久战的原因则在于中国问题。拯救动乱的中国是日本的使命,同时也是日本自救的唯一途径。为此,必须要排除美国的阻碍。通过近期应实施的日美持久战,完成国内统一,巩固国运基础;最终,通过日美决战完成统一世

---

① 参见日本国際政治学会、太平洋戦争原因研究部编『太平洋戦争への道　第一巻　満州事変前夜』、366—368頁。

② 「关东军满蒙领有计画」(昭和四年七月)、角田順编『石原莞爾資料　国防論策』、42頁。

界之大业。①

　　石原莞尔的这一思想得到了关东军和军部同僚的广泛认同。在这一思想的指导下,1930 年 6 月,关东军调查班②就占领中国东北展开了密集的调查。③ 调查方针为"以获取资源为目的占领东北四省的情况下,为了作战军进行自治而制定占领法、统治法,为此所进行的调查研究"。调查内容包括中国东北地区的统治组织(司法、立法、组织、制度、治安维持)、地志(兵要地志、都市状况、交通状况、兵营工厂等)、产业(预计会受战争影响的产业、农产品特别是稻米作物、矿山开采、林业、需要指导日本人或朝鲜人从事的产业)、交通("满洲"各铁路的经营管理计划、军事或工业开发为目的的新建铁路计划、汽车行驶道路及汽车利用计划、邮电统制计划)、财政(东三省财源及获取方式、税则现状、金融机构的统制指导、统治该地所必要的总预算及各行政部门的预算)。④ "调查计划根据参谋总长之训令制订,但根据(关东)军之要求及调查进展的情况,可对计划有所调整"。⑤

　　由此可见以军事占领"满蒙"为目的进行的调查,不仅仅是以石原莞尔为首的关东军参谋们的初衷,更是得到了日军高层的批准和推动。但石原等人并不满足于"参谋总长之训令",而敢于针

---

① 「軍事上より観たる日米戦争」(昭和五年五月二十日)、角田順編『石原莞爾資料　国防論策』、48 頁。

② 关东军调查班,日本陆军情报机构,起初名为中国马调查班,以掩人耳目,九一八事变前更名为关东军调查班。

③ 関東軍調査班「調査永久計画」、1930 年 6 月、JACAR(アジア歴史資料センター)Ref. C13010348500、教育資料(一)　住谷悌史資料(防衛省防衛研究所)。

④ 関東軍調査班「調査永久計画・占領地統治」、1930 年 6 月、JACAR(アジア歴史資料センター)Ref. C13010348800、教育資料(一)　住谷悌史資料(防衛省防衛研究所)。

⑤ 関東軍調査班「調査永久計画・兵要地誌及資源調査」、1930 年 6 月、JACAR(アジア歴史資料センター)Ref. C13010348900、教育資料(一)　住谷悌史資料(防衛省防衛研究所)。

对未来战场的情况,结合关东军的实际,对计划"有所调整"。

日本人自明治维新以来就到中国东北进行各种形式的调查,比如曾任海军少尉的曾根俊虎自 1873 年开始多次游历中国各地,收集情报,编写了《中国近世乱志》《中国诸炮台图》《北中国纪行》等调查报告。日本陆军参谋本部曾于 1894 年编纂名为《满洲地志》的调查报告。① 日本对中国东北地区开展大规模的调查始于日俄战争之后,特别是自 1906 年南满洲铁道株式会社(简称"满铁")成立至1945 年解体,其持续 40 年对中国的政治、经济、军事、文化、社会等各方面进行了广泛深入的调查。② 满铁以对华"调查"作为专门业务的组织形式,其先后经历满铁调查部(1907 年 4 月—1908 年 12 月)、调查课(1908 年 12 月—1932 年 11 月)、经济调查会(1932 年 1 月—1936 年 9 月)、产业部(1936 年 10 月—1938 年 3 月)、调查部(1938 年4 月—1939 年 3 月)、大调查部(1939 年 4 月—1943 年 4 月)、调查局(1943 年 5 月—1945 年 8 月)等几个时期,③且规模不断扩大,高峰时来自日本的专业调查人员就高达 2 500 余人,且不含其外围组织成员,调查范围也逐步扩大到中国全境。④ 这批调查成果,更加坚定了日本陆军对"满蒙"是日本未来发展的"生命线""国防线"的认定,也更加坚定了石原莞尔占领中国东北的设想。

1931 年 3 月,在给关东军调查班的讲座中,石原莞尔提出:"日本与全世界为敌亦不足为惧的理由是,这一战不是消耗战,而是决战,因此,如果从占领下的'满蒙'调派所需物资和战争经费,我国就可以像拿破仑对英战争那样,甚至与拿破仑相比更加占据有利

---

① 参见曹雯《日本早期的对华策略:甲午战争前后日本对东北地区的调查状况》,《江海学刊》2011 年第 4 期,第 178—187 页。

② 解学诗《评满铁调查部》,北京:人民出版社 2015 年版,第 2 页。

③ 松村高夫、柳沢遊、江田憲治编『満鉄の調査と研究　その「神話と実像」』,青木书店、2008 年,2 页。

④ 解学诗《满铁与华北经济 1935—1945》,社会科学文献出版社 2007 年版,第 14 页。

地位"。①4月，石原进而提出了详细的《为解决满蒙问题的战争计划大纲》（「満蒙問題解決ノ為ノ戦争計画大綱」）。其主要内容如下：

> 第一，战争的目的。一、使"满蒙"成为我国领土。二、确保西太平洋制海权。三、使菲律宾、关岛成为我国领土，万不得已时，令其独立。四、争取使夏威夷成为我领土，或撤去其守备。

> 第二，战争指导方针。一、争取仅以美国为敌。尽量避免出兵中国本土。通过威胁，防止中国的反日活动及参战。二、如果这样行不通则占领中国中部以北的重要地区。三、努力争取英国的认可，但亦不惜与英国为敌。四、继续与苏联保持亲善关系，如万不得已，则迅速进攻，速战速决。五、与欧洲各国保持亲善关系以牵制英、俄。六、日本国内必须进行适应战争体制的社会改革。七、如果战争过程不顺利，并受到经济封锁的话，日本国内和占领地应实行计划经济，并确立以我国产业的大跃进和中国大革新为目的的军事法西斯体制。如果日本本土遭遇空袭，则考虑将政治经济设施迁往中国大陆，为此，日本国民必须有忍耐一切牺牲的觉悟。②

在这份大纲中，除"满蒙"地区和中国本土外，东南亚也被列入了日本的占领计划，并且提出了战时实行军事法西斯体制的计划。而确立军事法西斯体制的前提是"汉民族没有维持治安的能力"，必须接受日本人的领导，使日本军队对"满蒙"的占领和对中国本土的政治指导合理化。这些对东亚的战略构想和对世界局势的预

---

① 日本国際政治学会、太平洋戦争原因研究部編『太平洋戦争への道　第一巻　満州事変前夜』、383頁。

② 「満蒙問題解決ノ為ノ戦争計画大綱」（昭和六年四月）、角田順編『石原莞爾資料　国防論策』、原書房、1971年、70—73頁。

测与推演,如今看来充满了石原莞尔的一厢情愿和异想天开,甚至可以说是狂妄自大,但在当时日本陆军"中坚层"看来,恰好符合他们所受的"精英"教育,反而颇能引起共鸣。石原构想的本质是"我国对中国的统治是受到中国人衷心欢迎的,我国的武力的真正价值应永远留在历史上"。①

　　曾先后出任参谋本部作战参谋、关东军作战主任参谋,在战后转向为中日友好奔走的远藤三郎②在当时也认为:"中国人是不是能够建设近代国家,这是颇有疑问的,不如说在我国的维持治安下,汉民族才能得到自然的发展,我确信这也是为了他们的幸福。所以说,打倒'满洲'三千万民众共同的敌人——军阀官僚,是我日本国民的天赋使命。"③这也是普遍存在于日本陆军"精英"层中的无视中国民族主义的单纯的中国观,反映了他们以代表"东亚"利益为名、行奴役他国之实的自负和虚伪。

---

① 日本国際政治学会、太平洋戦争原因研究部編『太平洋戦争への道　第一巻　満州事変前夜』、384 頁。

② 远藤三郎(1893—1984),日本陆军中将。早年毕业于仙台陆军地方幼年学校和中央陆军幼年学校,1914 年毕业于陆军士官学校第二十六期。1922 年自陆军大学第三十四期毕业后,进入参谋本部,并赴法国陆军大学留学。1929 年 5 月毕业回国后成为参谋本部作战课谋谋,参与草拟第一次上海事变时陆军登陆作战方案。1932 年作为关东军作战参谋在中国东北一带收集情报,次年起草热河进攻作战方案,关东军据此侵占热河首府承德。此后历任关东军作战主任参谋、陆军大学教官、野战重炮兵第五联队联队长等职。1937 年 12 月改任陆军航空兵大佐,1939 年任关东军副参谋长。1940 年任陆军第三飞行团团长,5 月与海军联合实施了为期 3 个月的重庆大轰炸。1941 年指挥第三飞行团与盟军在东南亚作战,1942 年回国担任陆军航空士官学校校长,并晋升为中将。日本战败后,曾作为战犯嫌疑在巢鸭监狱关了一年。被释放后,参加日中友好和平反战运动,著书披露日本在中国东北进行细菌战罪行。分别于1956 年和 1972 年访问中国,受到毛泽东主席和周恩来总理的接见。参见太平洋战争研究会编著『日本陸軍将官総覧』、198 頁。

③ 遠藤三郎「対満要綱/満蒙問題解決」、1934 年 8 月、JACAR(アジア歴史資料センター)Ref. C13010095800、満蒙計略計画　昭和 9 年 8 月(防衛省防衛研究所)。

1931 年 5 月，石原莞尔应关东军要求撰写了《满蒙问题之我见》。对"满蒙"之于日本的政治、经济价值，解决"满蒙"问题的时机、方策等进行了论述（全文详见附十）。

第一，"满蒙"的价值

经过欧洲大战，全世界正趋形成五个超级大国。这一形势进一步发展，最终将归于一个体系，该体系的统制中心，将由代表西洋的选手美国与代表东洋的选手日本之间的争霸战来决定。即我国应以迅速获得东洋选手的资格为国策之根本意义。

为打开目前不景气之局面，获得东洋的代表权，应将我势力圈扩张至必要范围。"满蒙"虽非解决我人口问题之适宜地区，亦不能为大日本提供充足的资源，但因以下诸点，必须承认"满蒙"问题之解决为目前首要之事（参考板垣大佐《从军事上所见到的满蒙》）。

一、政治价值

1. 为使国家雄飞于世界，良好的国防地位为其最重大之条件。德国如今的状态，多源自其不稳定的国防地位；十九世纪英国的霸业，亦多受惠于其有利之国防状态。美国海军的发展，使英帝国之国防陷于危殆，加上美国经济实力的增长，使西洋民族之代表权日渐落入美国手中。我国在应对北方俄国侵入之同时，亦须应对南方美英之海军力量。但呼伦贝尔、兴安岭一带具有战略上特别重要之价值，我国若将北"满"地区完全置于己方势力下，则俄国之东进将极为困难，我方仅靠"满蒙"之力也不难阻止之。换言之，我国于此首次免于应对北方之负担，可依据国策或向中国本土，或向南洋勇敢地谋求发展。"满蒙"正是我国运发展最为重要的战略据点。

2. 将"满蒙"置于我势力之下之后，对朝鲜的统治方能稳定。

3. 我国以实力解决"满蒙"问题，显示断然决意，就能立于指导中国本土的地位，促进其统一和稳定，最终确保东洋的和平。

二、经济价值

1. "满蒙"的农产品足以解决我国民的粮食问题。

2. 鞍山的铁、抚顺的煤等足以确立目前我重工业的基础。

3. "满蒙"的各种企业能解救我国现有的有识失业者，打破不景气局面。

要言之，"满蒙"的资源虽不能使我国成为东亚代表，然足以救眼下之急、形成大飞跃之根基。

第二，"满蒙"问题之解决

解决方策之前提为以下两点：

(1) 将"满蒙"并入我领土须具备正义性

(2) 我国应具备实施之实力

有观点认为：因汉民族社会也逐渐进入资本主义经济，我国也应撤出"满蒙"的政治军事设施，与汉民族革命一道发展我国经济。此观点固然值得倾听、研究，但据吾人直感，中国人是否有能力建设近代国家，深有疑问。不如说吾人确信汉民族在我国维护治安之下的自然发展，会真正给他们带来幸福。

打倒"满洲"三千万民众共同敌人的官僚军阀，是我日本国民肩负的使命。我国的"满蒙"统治还能带来中国本土的统一，为欧美各国对华经济发展上最受欢迎之处。

然而欧美人妒忌心强，必然以恶意对我。首先是美国，根据情况俄英的武力反对也须加以预见。因此中国问题及"满蒙"问题并非对华问题，而是对美问题。没有击破此敌之决心却欲解决"满蒙"问题，无异于缘木求鱼。

这场战争乍看对我国困难极大，但如从东亚兵要地理关系考察，则并非如此。即：

1. 俄国已从北"满"撤退，对于占有该地的我方难以发动有力攻势。

2. 以海军迫使我国屈服，为难事中之至难之事。

3. 因经济因素对战争悲观之士甚多，但这场战争所需战费不多，大部分可从战场获得，故不但在财政上无需任何担心，且可在国民经济所必要之时，在本国及占领地之范围内施行计划经济。此举固然会导致经济界一时之大动摇，但只有打开困境，日本方能跃进至先进工业国之水准。

此次战争在俄国复兴及美国海军实力增加之前（即最迟1936年之前）开战为有利。而战争将持续相当长时期，因此国家预先制定战争计划至为关键。

第三，解决"满蒙"问题的时期

以我国之现状，战争时难以期待举国一致，此事非常值得忧虑。因此首先进行国内改造之观点乍看极为合理。但进行内部改造也很难期待举国一致，获得政治稳定恐怕需要相当之年月。即使获得了政治稳定，若未能确立改变经济组织的详细恰当计划，则有可能出现经济上暂时的大衰落，俄国革命即为前车之鉴。

若确立了战争计划，资本家确信我方胜利之时，则促使现政权采取积极方针亦绝非不可能。特别在战争初期的军事成功，将促使民心沸腾团结，此亦历史上多有前例。

战争必然使景气好转，其后战争长期持续，经济上发生显著困难之时，可在戒严令下施行各种改革，远较平时的内部改造更为自然可行。因此若确信政治稳定，且改造之具体计划已经确立，同时不以1936年为解决问题之目标，则优先进行内部改造亦无不可，但以我之国情，应迅速驱动国家猛烈对外发展，途中根据情况实施国内改造更为适当。

第四，解决之动机

　　国家正确判断"满蒙"问题之价值,相信解决措施具有正义性,为我国之责任,且战争计划已经确定时,则不问其动机。

　　确定时间之后,以日韩合并之要领,向中外宣布"满蒙"合并即可成事。

　　如果国家之情况不足以实现以上计划,则军部可团结一致,树立战争计划大纲,通过谋略制造机会,以军部主导的形式迫使国家行动,也非困难。

　　若好机会到来,则关东军通过主动行动,成此回天伟业之希望亦绝非不可能。

　　第五,陆军目前的当务之急

　　1. 坚信欲解决"满蒙"问题,则必须将之收入我领土之中。

　　2. 战争计划本应由政府及军部协作制定,但时间上不可空费一日,故应率先迅速着手制定方案。

　　3. 中心力量之形成

　　若得不到皇族殿下的支持,则解决问题将极为困难。①

　　这份文件是为了促使关东军干部实现思想统一的宣传性文件。其内容虽然与以往石原莞尔的主张多有重复,但是此时,世界性的经济危机已经发生,日本也受到波及,于是"满蒙"的战略重要性和经济价值尤其凸显,在石原看来入侵"满蒙"的紧迫性也日益加剧,因此,这份文件的措辞更加直白和激烈,主张在政治、经济、军事上,日本已具备出兵条件和果机,明确提出了通过谋略制造机会、解决"满蒙"问题,以及将解决"满蒙"问题作为日本国内国家改造计划发展的一大契机的主张。②

————————————

① 山田朗编『外交资料 近代日本の膨張と侵略』,東京:新日本出版社、1997年。

② 当时,日本陆军内的激进派将校之间,围绕国家改造的手段存在对立,有的主张在国内发动军事政变排挤政党政治,然后树立军部政权;有的主张在国外挑起事端,并以此为契机图谋建立高度国防的国家。石原莞尔的主张接近后者。

三、日本陆军"中坚层"对石原方案的回应

石原莞尔提出的一系列"满蒙"占领方案,得到了关东军内部的认可,特别是他的上司关东军高级参谋板垣征四郎,成为他在"满蒙"问题上最坚定的支持者。1931 年 3 月,板垣给日本陆军步兵学校教官作了题为《从军事上所见到的满蒙》(「軍事上より見たる満蒙について」)的报告。该报告通过分析"满蒙"的军事战略地位和日本的贸易往来、日本移民、"满蒙"问题与美国等问题得出结论:"满蒙"问题不可能通过外交手段解决,"满蒙"将成为日本对俄作战的主要战场、对美作战的补给线。可见,"满蒙"与对美俄中三国作战密切相关,所以必须要从军事上解决"满蒙"问题。主要内容如下:

国防上:西方势力入侵东方的道路目前只有通过西伯利亚铁路,因此"满蒙"地区是日本国防的第一线,日本如从"满蒙"退出不但立刻会危及帝国的生存,并且会破坏东洋的和平。所以这一问题是超过了经济问题的重大问题。

经济上:"满蒙"地区原本是荒地,日本在此地投入了大量人力、物力进行经营。"满蒙"资源丰富,有着作为国防资源所必须的所有资源,是帝国自给自足所绝对必要的地区。并且未来开发的余地仍然很大。

关于"满蒙"问题和美国:美国不仅对中国本土且对"满蒙"地区也意图扩张,如有国家干涉日本的"满蒙"问题,则一定是美国。

关于在"满"日本人的现状和中国方面的态度:日本为建设"满洲"投入巨款,但大部分普通日本人都是在与中国人之间的生存竞争中艰苦地维持生计。中国当局不守信用,没有履行二十一条规定中承诺给日本的在"满"居住权、营业权及在内蒙东部的以农业为主的合办事业权。归附中国的朝鲜人也受到中国官民的虐待。中国打着收回路权、利权的口号,反

日、排日运动此起彼伏。对中方来说,日华亲善不过是外交辞令,实际上,无论在政治和经济层面,都是日华抗争的时代,这也是在"满州"日本人的一致呼声。因此,"满蒙"问题,必须引起日本国内舆论的足够重视。

结论:从中国方面的态度来看,单纯用和平的外交手段,无法解决"满蒙"问题,在对俄作战上,"满蒙"是主战场;在对美作战上,"满蒙"是补给源。"满蒙"在对美、俄、中的作战上都有重大关系。因此,"满蒙"在军事上的地位十分重要。[1]

板垣征四郎的这份报告鼓吹中国东北是日本"国防的第一线",被印刷成册,广为散布,在日本国内为石原莞尔构想的通过谋略武力占领"满蒙"的计划制造舆论。

1931 年 6 月中旬,在参谋本部作战部部长建川美次[2]的主持下,日本陆军中央召开了一个以陆军"中坚层"参谋为中心的陆军省和参谋本部五课长会议,就"满蒙"问题进行形势分析,研究对策。参会的五课长分别是陆军省军事课课长永田铁山(下章详述)、人事局补任课课长冈村宁次,参谋本部编制课课长山胁正隆[3]、欧

---

[1] 板垣征四郎「軍事上より観たる満蒙に就いて」(昭和六年三月)、小林龍夫、島田俊彦解説『現代史資料7 満州事変』、みすず書房、1972 年、139 頁。

[2] 建川美次(1880—1945),日本陆军中将。1901 年毕业于陆军士官学校第十三期。1904 年参加日俄战争。1909 年毕业于陆军大学第二十一期。1931 年九一八事变爆发前作为参谋本部作战部部长奉命劝阻关东军的行动,他却故意留下 3 天时间,通知板垣征四郎和石原莞尔提前发动事变。其后任第四师团师团长等职,1936 年因"二二六"事件被编入预备役。1940 年任驻苏大使。参见太平洋戦争研究会编著『日本陸軍将官総覧』、251 頁。

[3] 山胁正隆(1886—1974),日本陆军大将。1900 年毕业于广岛陆军地方幼年学校,1905 年毕业于陆军士官学校第十八期,1914 年毕业于陆军大学第二十六期。随后进入参谋本部,1927 年任参谋本部编制课编制班班长,1931 年升任编制课课长。1935—1938 年历任陆军省整备局局长、教育总监部本部长、陆军次官兼任陆军省军务局局长等职。1939 年任第三师团师团长,被派往中国驻扎信阳。1940 年(转下页)

美课课长渡久雄 ①和中国课课长重藤千秋③。6 月 19 日,拟成
《对满方策》。之后,五课长会议多次召开,经过一再讨论,在《对
满方策》基础上形成了《解决满洲问题方策大纲》(「満州問題解決
方策の大綱」)。③ 大纲的要点如下:

　　一、如果(中国东北的)排日运动再发展下去,也许不得不
采取军事行动。

　　一、要解决"满蒙"问题,必须完全取得国内外的谅解。
为此,陆军大臣应努力通过内阁会议使各大臣都能知悉当地

（接上页）参加枣宜会战,与汤恩伯部作战,随后出任驻"蒙"军司令官。1941 年任陆
军大学校长,因反对对美开战,被迫转入预备役。1942 年被重新招入现役,任婆罗洲
守备军司令官。1944 年任第三十七军司令官,晋升大将。1944 年任参谋次长,1945
年因反对本土决战,再次被转入预备役。参见太平洋戦争研究会编著『日本陸軍将官
総覧』,173—174 頁。

① 渡久雄(1885—1939),日本陆军中将。1905 年 3 月毕业于陆军士官学校第十七期后
即赴中国参加日俄战争。1913 年陆军大学第二十五期优等生毕业,进入陆军省军务
局,随后被派往英国和美国留学。1925 年被派往天津,任中国驻屯军参谋。1930 年
进入参谋本部担任欧美课课长,九一八事变后曾任李顿调查团日本人随员。1932 年
任步兵第一联队联队长,在黑龙江省哈尔滨地区"围剿"马占山部。1933 年晋升少
将,任第六旅团旅团长。1937 年晋升陆军中将,卢沟桥事变爆发时在参谋本部任职,
协助参谋总长部署对华战争。1938 年任第十一师团师团长,再次入驻黑龙江地区,
1939 年病逝于黑龙江日军军营。参见太平洋戦争研究会编著『日本陸軍将官総覧』、
309 頁。

② 重藤千秋(1885—1942),日本陆军中将。1905 年毕业于陆军士官学校第十八期,
1918 年毕业于陆军大学第三十期。1923 年起历任驻华公使馆武官辅佐官、参谋本部
驻广东和上海武官。1930 年起任参谋本部中国课课长,九一八事变后历任步兵第七
十六联队联队长、第十一师团参谋长、台湾守备队司令官等。1937 年率部入侵上海,
参与制造南京大屠杀,因受国际舆论谴责,1938 年被召回国,晋升中将。随后转入预
备役,到中国东北就任大东公司社长,"满洲"劳工协会会长。参见太平洋戦争研究会
编著『日本陸軍将官総覧』,235 頁。

③ 复旦大学历史系编译:《1931—1945 日本帝国主义对外侵略史料选编》,上海:上海人
民出版社 1983 年版,第 13—14 頁。

情况。

　　一、让全国国民特别是新闻界了解"满洲"的实际情况。

　　一、陆军省军务局和参谋本部情报部要密切和外务省有关局、课联系,使有关各外国都能知道"满洲"的排日运动的实际情况。万一出现我军有必要采取军事行动的事态,要使各外国都能谅解日本的决心,不至于对我们采取无理反对或压迫的行动。

　　一、采取军事行动时所需的兵力,与关东军协商后由参谋本部提出计划,请上级批准。

　　一、尽力使关东军首脑部熟悉中央的方针和意图,避免卷入排日运动所产生的纠纷中,万一发生纠纷则在局部范围内处理,不扩大其范围。①

　　大纲传达了两个重点:一是驻中国现地的关东军在必要时将采取军事行动,二是在日本国内的陆军中央要为关东军的行动做好舆论准备和外交保障。7 月,陆军省密令关东军参谋长三宅光治②返回东京,把这份大纲作为指令,传达给关东军司令官本庄繁。这份由陆军中坚参谋制定的大纲实际上已经成为日本侵略中国东北的行动纲领。

---

① 「満州問題解決方策の大綱」、小林龍夫、島田俊彦解説『現代史資料 7　満州事変』、東京:みすず書房、1972 年、164 頁。

② 三宅光治(1881—1945),日本陆军中将。1901 年毕业于陆军士官学校第十三期,1910 年毕业于陆军大学第二十二期。1914—1927 年历任陆军省军务局课员、陆军大臣秘书官、驻奥地利和匈牙利使馆武官、陆军省军务局新闻班班长、近卫师团第四联队联队长、第四师团参谋长、第五旅团旅团长等职。1928 年任关东军参谋长,1931 年 4 月,假借拜访王以哲之名,带领石原莞尔亲赴北大营,实则为化装成司机的情报人员作掩护,以便他们在兵营内部拍照、搜集情报。1932 年晋升为陆军中将,1936 年因"二二六"事件被转为预备役。1940 年起任臭名昭著的伪满洲国协和会中央本部部长,在中国东北从事殖民侵略活动。1945 年日本投降后,被关押至苏联监狱,并于同年病逝于监狱。参见太平洋戦争研究会编著『日本陸軍将官総覧』、290 頁。

至此,在九一八之前,日本陆军中央和关东军内部已达成共识,"满蒙"问题必须尽快由军事方式解决,以疏解日本日益严峻的内政外交等诸多问题。

第三节　战争实践:九一八事变

随着第一次世界大战结束后华盛顿体系的建立,以美国为首的西方列强开始重返东亚,并逐步限制日本在远东的扩张。而在中国,由苏联支持的国共合作和北伐战争,迅速结束了北洋军阀的分裂统治,中国的国家统一逐步实现。执政的国民党开始实行"革命外交",要求收回晚清和北洋时代与列强签订的不平等条约。这一切都深刻影响着日本对外扩张的进程。为此,以石原莞尔等为首的日本陆军中央中坚军官(主要指主管军务的陆军省和主管军令的参谋本部)和关东军少壮派"精英"们提出一系列关于"满蒙"问题的主张,制造日苏、日中、日美战争即将爆发的紧张气氛,通过分析所谓"满蒙"地区的历史变迁,说明"满蒙"对日本的经济、政治、军事价值,强调"满蒙"不是中国固有领土,而与日本更为接近,强调"满洲人"的独立愿望,从舆论、外交等方面为日本武力出兵中国东北做好了充分准备。战争,在理论上已经打好了基础,接下来就是要以一场实际的、真正的战争来把这些陆军中坚军官多年来在军校受到的"精英"教育付诸实践,以实现其自身价值。

一、九一八事变的策划过程

20 世纪 20 代日本政界的对华政策曾一度表现出极大的克制,主要是由于 1924 年 5 月政友会、宪政会、革新俱乐部三党结成了护宪三派,并于同年 6 月三党联合推选宪政会总裁加藤高明担任首相,币原喜重郎担任外相。币原在对华外交政策上的最大特点就是重视与英美等列强的协调。

　　但此时，日本陆军的"精英"们并没有停止思考如何把战争付诸实践。除了上节所述战略设想外，关东军对用军事方式获得"满蒙"也有诸多战术上的准备工作。比如，通过在中国东北地区实施军事调查、参谋旅行等活动以熟悉地形、收集情报等等。

　　在发动九一八事变前，关东军对中国东北、中朝边境、中俄边境的军事要塞进行了充分的探查。而这些军事探查前的准备工作以及一些具体活动，都是在满铁的协助下完成的。其中，最重要的是 1925 年 6 月开始的为期半个月的"满鲜视察旅行"和1926—1929 年为期 3 年多的中国东北参谋旅行。满铁一些要员不但参与其中，还利用满铁附属地的特殊权力，为关东军的参谋旅行提供掩护，以掩盖其对中国东北进行军事情报探查的真实目的。

　　1925 年 6 月，也就是九一八事变爆发的五年前，关东军以"满鲜视察旅行"为名，秘密对中国东北和中朝、中俄边境进行了军事情报探查，并完成一份秘密军事战略调查报告，即《大正十四年满鲜视察旅行报告（以铁道为中心的战略研究）》（「大正十四年満鮮視察旅行報告（鉄道を中心とする戦略的研究）」）。该报告中指出："这次视察旅行主要目的在于审查满鲜军事运输规程中的一项重要事项，即战时利用第三国铁道计划。从国军在'北满'作战的战略及战术考虑，对北满铁道进行全面的或局部的研究实为重要。"①基于此目的，1925 年 6 月 6 日，关东军与满铁要员在大连召开了战争军事运输会议。7 日，关东军"满鲜视察旅行"一行人员便从大连出发，开始进行军事探查。8 日，到达鞍山，视察鞍山制铁所。随后抵达辽阳，对道路情况进行实地调查，以确定关东军唯一的装甲车能否开进。当天傍晚到达沈阳，并详细考察了后来炸死

---

①「大正十四年満鮮視察旅行報告（鉄道を中心とする戦略的研究）」、C13010139000、防衛省防衛研究所（アジア歴史資料センター）、満洲-全般-264、356 頁。

张作霖的地点。从 9 日开始至 23 日,主要对中国东北的各个铁道运输情况进行了详细考察。具体探查铁道线路如表 2-1。[1]

表 2-1　1925 年 6 月关东军"满鲜视察旅行"铁道线路探查表

时间	探查地点	经营状况
9 日	沈海铁道(奉天至朝阳沟间)235 公里;吉海铁道(朝阳沟至吉林间)183 公里	中国国有
10 日	吉敦铁道(吉林至敦煌间)210 公里	满铁委托
11 日	吉长铁道(吉林至长春间)127 公里	经营中
12 日	中东铁道南线(长春至哈尔滨间)	中俄合办
13 日	哈尔滨铁道工场及机关库	
14 日	呼海铁道(马船口至海伦间)221 公里	省民合办
15 日	中东铁道西线(哈尔滨至满洲里间)	中俄合办
16 日	中东铁道西线(哈尔滨至满洲里间)	中俄合办
17 日	中东铁道西线(满洲里至昂昂溪间)	中俄合办
18 日	奇昂铁道(昂昂溪至齐齐哈尔间)29 公里	省民合办
19 日	奇克铁道(昂昂溪至齐齐哈尔间)32 公里	省民合办
19 日	洮昂铁道(洮南至昂昂溪间)224 公里	中国国有、日本借款
20 日	四洮铁道(四平街至洮南间)128 公里	中国国有、日本借款
21 日	满铁本线、铁岭军用铁道材料	
22 日	抚顺线及抚顺煤矿	
23 日	安东及新义州木材状况	

经过半个月的"视察旅行",关东军对中国东北的沈海铁道、吉

---

[1]「大正十四年満鮮視察旅行報告(鉄道を中心とする戦略的研究)」、C13010139000、防衛省防衛研究所(アジア歴史資料センター)、満洲-全般-264、357—358 頁。

海铁道、吉敦铁道、吉长铁道、中东铁道南线、呼海铁道、中东铁道西线、奇昂铁道、奇克铁道、洮昂铁道、四洮铁道、满铁本线、抚顺线13 条铁道沿线的地形地貌、起始站台、线路里程、沿途城镇、运输状态、运输货物、周边连接线路等进行了充分了解，尤其是重点探查了铁桥的建造规格、轨道材料的成分与厚度、给水设备、停车站的物资供应和利用程度等，对此进行了充分了解和掌握。[①] 并且，根据关东军军用作战所需，将上述铁道周边的兵要地形绘制成军事地图，形成了 83 页的"视察旅行"报告书，作为对华进行军事准备行动的秘密情报加以研究利用。

"视察旅行"报告还对中苏边境的军事防御进行了预判，并进一步提出了对中国东北的侵略目标。报告中指出：

> 日本把东洋和平之盟主视为己任，而对于日本维持东洋和平之一大障碍便是俄罗斯在东方经略上的抗击，故此，我国以无限生灵为国运之赌注，此为保全"满洲"之根本目的之所在。"满洲"与我日本生存有莫大之关系，此二十年来这种关系不曾有任何之变化，且此等关系愈来愈密切矣。然如今我国民在"满洲"之志向乃为主张继续保持自日俄战争后在"满洲"之各项权利，以图达成国际之圆满解决。然而我国内面临一系列之生活困难、就业困难等问题，今日日本将举上下之力以除却此烦恼，日本国民今将何去何从此乃问题之所在。或曰将日本国民移民至南洋进行移居，以实现产业之合理化，此想法实难实现。"满洲"问题一旦解决将会使一切问题迎刃而解，此乃日本及日本人的绝对使命。"满洲"问题从

---

① 「大正十四年満鮮視察旅行報告（鉄道を中心とする戦略的研究）」、C13010139000、防衛省防衛研究所（アジア歴史資料センター）、満洲-全般-264、359—407 頁。

日本今后海外发展意义上来看，对于素有对外事业之兴趣的资本家、开拓新天地的有志之士来说，是一个重要的新课题。现在的"满洲"问题关系到日本及日本人的生死存亡之意义，是国民生死攸关的关键之所在，应举朝野上下之力量进行全国动员，以解决"满洲"问题。①

通过上述内容可以看出，这是日本为了进一步展开对中国东北的军事侵略，所进行的"满洲乃为日本生命利益线"的政治舆论造势。

随后，关东军又对关东州及附属地、延边地区、中国东北内地、"满蒙"及俄国势力状态等进行了探查，提出《从铁道所见之满蒙问题之意见书》（「鉄道の見地よりする満蒙問題に対する意見」）。意见书分析了对中国进行军事行动前首先应该做好的几件事：一是促进图们线、吉会铁道的全线开通；二是朝鲜国境铁道及满浦镇线的开通；三是在洮索线建设中加强日本援助势力；四是实现上述目标前应使满铁的势力向"北满"进行延伸。②

关东军的"满鲜视察旅行"及中国东北军事探查报告得到了日本参谋本部的高度重视，尤其是对中国东北及中朝边境、中俄边境的铁道军事运输状况进行探查后，为关东军在对华进行武力行动前做好军事行动准备提供了重要的情报支持。随后，关东军又在满铁的协助下，以"参谋旅行"为名对中国东北各地区的城镇军事布防进行了为期 3 年的 5 次军事考察活动。

---

① 「大正十四年満鮮視察旅行報告（鉄道を中心とする戦略的研究）」、C13010139000、防衛省防衛研究所（アジア歴史資料センター）、満洲-全般- 264、410—412 頁。
② 「大正十四年満鮮視察旅行報告（鉄道を中心とする戦略的研究）」、C13010139000、防衛省防衛研究所（アジア歴史資料センター）、満洲-全般- 264、435 頁。

　　第一次是从 1926 年 7—8 月，为期 1 个月。这次参谋旅行考察的地点是从旅顺到长春的满铁沿线地区，沿途探查的城市主要是大连、普兰店、瓦房店、盖平、大石桥、鞍山、辽阳、沈阳、虎石台、开原、铁岭、公主岭、长春、本溪湖、连山关、凤凰城、汤山城、丹东、大东港等地。考察的重点是了解上述满铁附属地日本军队部署及驻扎情况，尤其是对各地驻军的军事情报的掌握情况进行了全面考察。参加人员主要由关东军和满铁的两方人员构成。关东军方面主要是驻奉天（沈阳）独立守备队第二大队、步兵第三十三联队的中尉级以上军官，共 50 余人。1926 年 8 月，在奉天满铁俱乐部，由关东军情报参谋河本大作、满铁关东军嘱托后宫淳①、关东军参谋尾崎义春②等人，围绕此次视察做了演讲："当前日本对中国的政策在所谓应列国协调的基调下显得比较软弱，美国指使的哈里曼对'满洲'的铁道收买计划，侵犯了日本在'满洲'的既得利益，最后在小村外交的努力下才使得哈里曼收买计划最终落

① 后宫淳（1884—1973），日本陆军大将。1905 年毕业于陆军士官学校第十七期，1917 年毕业于陆军大学第二十九期。1925 年任关东军满铁嘱托，1929 年任步兵第四十八联队联队长，1931 年任第四师团参谋长，1932 年任关东军驻"满洲国"交通部顾问兼特务部铁道主任。1934 年晋升陆军少将，任参谋本部第三部部长。1935 年任陆军省人事局局长，1937 年任陆军省军务局局长，晋升中将。1939 年升任第四军司令官，1940 年任华南方面军司令官。1941 年任中国派遣军总参谋长、华中方面军司令官，晋升大将。1944 年起任军事参议官、参谋次长、陆军航空总监等职，8 月赴中国东北任第三方面军司令官。1945 年在中国东北投降，作为战犯被关押在苏联西伯利亚。1956 年自西伯利亚回国。参见太平洋戦争研究会编著『日本陸軍将官総覧』，134 頁。
② 尾崎义春（1890—1973），日本陆军中将。1911 年毕业于陆军士官学校第二十三期，1919 年毕业于陆军大学第三十一期。1926 年任关东军参谋，1937 年任步兵第十七联队联队长。1938 年晋升陆军少将，任步兵第二十师团旅团长。1939 年任独立混合第十三旅团旅团长，1940 年任陆军户山学校校长。1941 年任留守第十九师团师团长，晋升中将。参见太平洋戦争研究会编著『日本陸軍将官総覧』、206 頁。

空。"①演讲中还进一步重申了满铁的历史使命，即满铁作为日本的"国策会社"，是日俄战争中日本用生命换来的成果，满铁是日本在"满洲"多年来所保存下来的日本利益之所在，从设立时起就承担着特殊使命。儿玉源太郎大将曾向后藤新平做出指示："满铁是日本开发满洲的基石，具有与东印度公司相同性质，满铁必须谨记以上历史使命，这也是天皇的本意，必须强化铁道警备来守卫满铁的成果。"②

第二次是 1926 年 9—10 月，也是为期 1 个月。这次参谋旅行探查的地点主要是黑龙江地区的哈尔滨、掖河、绥芬河、东宁、宁古塔等地。参加人员主要是关东军和满铁人员，军方主要是高级参谋河本大作和参谋本部的川越守二③。这次军事考察的重点是中苏边境的苏联军事防御设施，以及上述地区日本对苏谍报工作的部署情况和日本侨民的生活情况等。经过考察，日本发现中苏边境的日本谍报工作比较薄弱，便增派大量间谍人员进入中国东北地区加强对苏谍报战，使情报经费由原来的每年 10 万日元增加到 20 万日元。④与第一次参谋旅行相比，第二次更注重的是日本对苏联的军事防御和情报搜集。

第三次是 1926 年 11 月至 1927 年 1 月中旬，为期 3 个月。

---

①《河本大作笔供》，中央档案馆档案 119 - 2，1103，2，第 26 号。转引自解学诗主编：《关东军满铁与伪满洲国的建立》，北京：社会科学出版社 2015 年版，第 84 页。

②④《河本大作笔供》，中央档案馆档案 119 - 2，1103，2，第 26 号。转引自解学诗主编：《关东军满铁与伪满洲国的建立》，第 85 页。

③ 川越守二（1895—1976），日本陆军中将。1916 年毕业于陆军士官学校第二十八期，1924 年毕业于陆军大学第三十六期。1926 年任关东军参谋，1938 年任野战炮兵学校教导联队联队长，1940 年任第四十八师团参谋长，1942 年晋升陆军少将。1944 年任第一船输司大阪支部支部长，1945 年兼任大阪输送统制部部长，升任中将。参见太平洋战争研究会编著『日本陸軍将官総覧』，213 頁。

这次参谋旅行的地点主要是黑龙江至内蒙古铁道沿线城镇的军事要塞,主要是齐齐哈尔、不哈图、海拉尔、满洲里、洮南、昂昂溪、郑家屯、兴安岭等地。这次探查的重点是加强中苏边境的对苏军事布防,以便在对华行使武力侵略时对苏起到军事防御的作用。

第四次是 1927 年 2 月开始,为期 10 天左右。这次参谋旅行的地点主要是吉林、辽宁间铁道经过的城市,主要有公主岭、四平、开原和铁岭。这次的参加人员除河本大作以外,还有满铁经济调查局经济部部长奥村慎次、满铁本社铁道部次长谷川善二郎等。之所以有满铁高层人员参加,主要是由于要在满铁附属地公主岭及其附近地区对张作霖的征收赋税情况进行调查,目的是要作成张作霖修筑的大郑铁道、沈海铁道运输对满铁的运输产生了竞争的"事实"。这样便可以向日本参谋本部进行报告,以便采取必要之行动。这次考察后得出如下结论:张作霖修筑的大郑铁道和沈海铁道的运输线路,与满铁主线在东北的货物运输上产生了竞争,导致满铁主线货物运输量较上一年减少了 6％,并将这一结论向关东军和满铁总部进行了汇报。此后,日方据此决定满铁不再依靠中国铁道进行货物运输,并进一步扩大抚顺煤炭的开采量,以此增加对中国东北煤炭的掠夺。抚顺煤炭由原来年产量的 600 万吨增加到 1 000 万吨,其中的 400 万吨煤炭从大连的甘井子直接运往日本。①

第五次是从 1927 年 8 月上旬开始,为期 3 天。这次的参加人员主要是河本大作、石原莞尔、川越守二等人。他们全部隐藏身份

---

① 《河本大作笔供》,中央档案馆档案 119-2,1103,2,第 26 号。转引自解学诗主编:《关东军满铁与伪满洲国的建立》,第 86—87 页。

化装成满铁社员，主要对锦州以西 50 公里处的高桥镇进行现场勘察。勘察原因是关东军司令部决定要解除张作霖在东北的军队武装。经过此次调查，关东军敲定高桥镇是解除张作霖武装的最佳地点。

以上是九一八事变前关东军对中国东北进行的两次军事调查。通过这两次调查，关东军对当时中国东北的军事要塞、军事设施、军事运输、铁路经营、中苏边境的苏军军事设施部署、张作霖东北军的军事布防，以及满铁附属地的日本驻军情况做出了深入调查了解，调整了日本在中国东北的防御部署。除了以上两次调查外，关东军又策划了多次参谋旅行，一直持续到 1929 年 4 月。

此外，如在本书导论中已介绍过的，早在 1921 年，九一八事变爆发时担任关东军司令的本庄繁，就曾被张作霖聘为东三省保安总司令顾问。1924 年 8 月，张作霖请本庄以检阅使身份检阅军队，并向张报告结果。本庄遂借此名义对吉林、黑龙江两省的中国军队进行了暗中调查。本庄繁事后将调查结果密报给时任关东军参谋长的川田明治，川田又将这份命名为《黑吉两省军队视察报告》的文件上报给东京陆军次官津野一辅。报告称："8 月 3 日至 13 日，我作为东三省保安总司令顾问巡视了吉黑两省的部分中国军队。保安总司令张作霖及总参议杨宇霆电令两省督军及参谋长以检阅使身份招待我，按照我的要求实施演习，观察其能力，向张总司令报告其结果。"根据本庄的观察：黑龙江、吉林两省的中国军队"和预想一样，军队不良、装备欠缺、没有耐久力、武器储备不足"。本庄认为，日本军队以一人就足可对抗中国军队五六人。[①]

---

① 「本庄少将支那軍隊視察報告の件」、JACAR（アジア歴史資料センター）Ref. C03022678000、密大日記 大正 13 年第 5 冊の内第 5 冊（防衛省防衛研究所）。

　　1929 年,中苏之间围绕收回苏联在中国东北铁路的特权爆发了中东路事件。这是中苏历史上最大的一次武装冲突,结果东北军战败,实力大为削弱。而日本趁中方无暇顾及之便,又组织了多次参谋旅行,借此机会进一步侦察中国地形、中苏之间的作战指挥、兵力分配、兵员素质、战斗形势等。板垣征四郎、石原莞尔等人还在辽西实施了一次参谋旅行,主要是考察锦州附近的地形,为攻占锦州做好准备。后来石原实施的锦州轰炸就是在此次考察的基础上进行的。①

　　在上述调查的基础上,1930 年,石原针对武力占领"满蒙"作了更具体的战术研究,他和关东军参谋佐久间亮三②分别制订了《弓张岭夜袭计划之现地研究》《奉天城攻击要领》。③上述参谋旅行形成的军事调查报告,大体得出同一结论,即中国军队不堪一击。这极大增强了关东军用武力夺取"满蒙"的自信心。

　　1931 年 9 月 18 日,经过石原莞尔等人的周密策划,关东军暗中炸毁南满铁路柳条湖段,以此为借口对中国发动九一八事变,迅速控制了东北主要地区。所谓周密策划,不仅仅指军事上的部署。选在 9 月 18 日发动事变的原因很多,其中一个主要原因是当时执政的国民党再次形成分裂。林森、邓泽如、萧佛成、古应芬、陈济棠等党内反蒋势力在广州成立广州国民政府,与南京的蒋介石间爆

---

①③ 参见日本国際政治学会、太平洋戦争原因研究部编『太平洋戦争への道 第一卷 満州事変前夜』、372 頁。

② 佐久间亮三(1894—1969),日本陆军中将。1915 年毕业于陆军士官学校第二十七期,1925 年毕业于陆军大学第三十七期。1927 年任关东军参谋,1938 年任骑兵第二十五联队联队长,1939 年任第一〇四师团参谋长。1941 年晋升陆军少将,任陆军骑兵学校校长。1944 年任第十四方面军参谋长,1945 年晋升中将,任第五十五师团师团长。参见太平洋戦争研究会编著『日本陸軍将官総覧』、231 頁。

发"宁粤对峙"，双方大战一触即发。而主持东北事务的张学良也参与其中，希望借此进一步扩大自身势力，为此坐镇北平而不在东北。[①] 这正是日本挑起军事行动的绝好机会。另外，此前关东军也大造舆论，宣扬"满洲"人希望"满洲"独立，希图借此将军事行动正当化，躲避国际法的制裁。[②] 这正充分体现了接受过德式"精英"教育的策划者们的思维缜密之处。

二、九一八事变后关东军、陆军中央的反应

九一八事变爆发之后，关东军迅速占领了辽宁和吉林的大部分地区，而日本政府则在此时做出抑制战线扩大的姿态，并于 1931 年 9 月 24 日发表《帝国政府关于满洲事变的第一次声明》(「満州事変ニ関スル帝国政府第一次声明」)。[③] 声明称：

> 帝国政府常以敦睦日华两国的邦交，实现共存共荣为一贯之方针，自始至终为实现此方针而处心积虑，全力以赴。不幸过去几年来，中国官民屡有刺激我国国民感情的言行，特别是在与我国利害关系最为密切的"满蒙"地区，最近屡次发生不愉快的事件，以致在我国一般国民的心目中造成一种印象，认为中国方面对我方友好公正的政策并未报以同样的精神，于是群情为之骚然。恰逢此时，九月十八日夜半，在奉天附近的一部分中国军队破坏南满铁路的铁道线，袭击我方守备队，以致发生冲突。

---

① 参见金以林《国民党高层的派系政治——蒋介石的领袖地位是如何确立的》，北京：社会科学文献出版社 2009 年版。

② 加藤陽子『満州事変から日中戦争へ』、4 頁。

③「満州事変ニ関スル帝国政府第一次声明」、JACAR（アジア歴史資料センター）Ref. B02130938000、満州事変及上海事件関係公表集（情-96）（外務省外交史料館）。

当时守卫南满铁路沿线的日军兵力,总计不过一万零四百人,而在其周围有二十二万中国军队,情况突然紧急起来。同时,居住该地的一百万帝国臣民也陷于严重的不安状态之中。有鉴于此,我军认为有必要先发制人,以铲除危险的根源。为了这个目的,迅速开始行动,排除抵抗,解除附近中国驻军的武装,至于地方治安,则督促中国自治机关负责维持。

我军达到上述目的后,大部分立即返回并集结于南满铁路附属地。

这样,日本把事变的责任全部推给中国方面,并狡辩称:"帝国政府在'满洲'没有任何领土欲望,这一点已无需在此反复说明。我方所期待的,归根到底在于使帝国臣民能够有机会安心从事各种和平事业,用他们的资本和劳力参加开发该地"。并且向国际社会承诺:"在尊重日华善邻友好方面,帝国政府当恪守既定方针,因此,为使此次不幸事件不至破坏邦交,并进而研究将来切断祸根的建设性计划,帝国有决心和中国真诚合作。如能因此打开目前两国间的困难局面,转祸为福,帝国政府感到不胜欣幸。"①虽然日本在这份声明中表示有意改善日中关系,但是,这不过是表面上的姿态。事实上在声明发出之后,关东军并未撤兵,战线反而在继续扩大。

关东军对中国东北地区的主要城市进行了无差别轰炸,其中包括 1931 年 10 月 7 日对辽宁省锦州市进行的轰炸。日军出动了11 架飞机的机队,石原莞尔也跟随其中,轰炸的重点目标是辽宁军政两署办公地的东北交通大学、天泰合商号栈、东北军长官公署办公地、东北军驻地、张作相官邸,以及锦州火车站和多个居民区。

―――――――――――――

① 「満州事変ニ関スル帝国政府第一次声明」、JACAR(アジア歴史資料センター)Ref. B02130938000、満州事変及上海事件関係公表集(情- 96)(外務省外交史料館)。

锦州轰炸冲击了在该地区持有权益的欧美各国，国际舆论和国联都开始出现对日本的抗议之声。

但是，战争仍旧完全没有停止的征兆。鉴于针对日本军队及日本政府的严厉的国际舆论，日本政府于 1931 年 10 月 26 日再一次向国际社会发出《帝国政府关于满洲事变的第二次声明》(「满州事变二関スル帝国政府第二次声明」)。[①] 内容上没有改变，依旧把责任归咎于中国："此次'满洲'事变，完全起因于中国军事当局的挑衅行动"。就拒不撤兵的原因，日方辩称"目前，帝国军队的少数部队仍驻扎在南满铁路附属地以外的几个地点，这是为了保护帝国臣民的生命财产，出于万不得已"，"这当然不是帝国把解决纠纷的条件强加给中国的手段，帝国政府也丝毫没有预想用军事压力来对待与中国的谈判"。针对国联欲促成中日两国谈判，协商解决问题，敦促日本撤兵之举，日本以"帝国政府素来关注日华关系的大局，曾在各种场合一再表明立场，绝不允许在构成日中紧密复杂的政治及经济关系的各种成分中存在改变帝国国民生存权益的因素。不幸，近来中国的所谓收回国权运动渐趋极端，并在各级学校教科书中公然鼓吹排日思想，根底已深；现在更显然出现了不顾条约和历史，甚至有企图逐步破坏有关帝国国民生存权益的倾向。此时，如帝国政府单凭中国政府的保证，把军队全部撤回南满铁路附属地内，则事态将更加恶化，并使帝国臣民的安全濒于危险"。

关东军更是以此为借口，拖延谈判，拒绝撤兵，并进一步扩大事态，将作战区域扩大至"南满"以外原沙俄势力范围的"北满"地区，出兵侵略黑龙江。1931 年 11 月 4 日，为抵抗进犯省会齐齐哈

① 「满州事变二関スル帝国政府第二次声明」、JACAR(アジア歴史資料センター)
Ref. B02130939100、满州事变及上海事件関係公表集(情-96)(外務省外交史料館)。

尔的日军,时任黑龙江省代理主席的马占山带领中国军队,与日军在齐齐哈尔市泰来县江桥蒙古族镇的哈尔戈江桥发生激战,这就是著名的"江桥抗战"。马占山率部顽强抵抗,关东军不得不先后调入主力第二师团和朝鲜援军投入作战。最终,因敌强我弱,1931年11月19日,日军占领齐齐哈尔,马占山退至海伦。

　　面对日本在中国东北的侵略行为,美国政府鉴于其对美国在华利益以及对东亚既有国际格局的挑战,终于同时向中日两国发出"不承认主义照会",不承认因九一八事变而对中国东北造成的任何变动。在1932年1月7日致中、日两国的照会中,美国完整表达了其对事变的态度。照会指出"中华民国政府于1931年9月18日以前在南满所有的行政权的最后残余,业已随同锦州附近的军事行动而遭受摧毁",但美国政府"仍继续信任近经国际联盟理事会授权的中立委员团的工作,定会帮助最后解决中日间现存的困难"。照会称"美国政府不能允许任何事实上的情势的合法性,也不拟承认中日政府或其代理人间所缔订的有损于美国或其在华国民的条约权利——包括关于中华民国的主权、独立或领土及行政完整,或关于通称为门户开放政策的对华国际政策在内——的任何条约或协定"。[1]

　　昭和天皇获知九一八事变爆发的消息后,起初并不掩饰对欧美的反应的担忧,但在关东军迅速占领中国东北地区的主要城市并连续取得战果后,态度开始转变,对关东军的军事行动予以了肯定。1932年1月8日,昭和天皇在给关东军的《敕语》(「関東軍に勅語下賜」)中称:

---

[1]《美国政府致中日两国政府的照会》,1932年1月7日,王建朗主编:《中华民国时期外交文献汇编 1911—1949》第六卷(上),北京:中华书局2015年版,第34页。

此前"满洲"爆发事变，出于自卫之必要，关东军官兵果断神速，以寡克众，迅速将其平定。迩来耐艰苦、克严寒，扫荡各地蜂起之匪贼，圆满完成警备任务，或在嫩江、齐齐哈尔，或往辽西、锦州地方，爬冰卧雪，勇战力斗，终于斩除祸根，宣我皇军之威武于中外。朕对此等忠烈之行深为嘉许。尔等官兵应愈发坚忍自重，以期确立东洋和平之基础，报朕之倚信也。①

1月16日，日本政府正式回复美国，称门户开放政策"为远东政治之枢轴，惟惜其效果，因中国全境不安定之状况，而严重减少，日政府于能获得效果之限度下，将时常维持'满洲'门户开放政策，一与在中国本部无异"。至于美国所称的不能承认任何条约变动，日本照会称："在某项事件中，方法之不适当是否时常不免令所获目的为无效，此节在学理上或为疑问。"事实上拒绝承认美国的不承认主义。②

日本陆军"中坚层"在中国导演的第一次战争实践，以胜利告终，并获得了日本政府和天皇的肯定。而众所周知，他们所顾虑的欧美国家的干涉，并未以战争的形势出现。虽然此后国联派出李顿调查团调查事变经纬，调查团的报告书也否定了日本对中国东北的占领，但西方列强并没有做出任何实际的动作，日本政府也因此借机退出国联，实际上也没有受到国际法的限制。加之中国内部的不统一，面对国难，蒋介石仍然优先执行"攘外必先安内"的政策，重点"围剿"中国共产党，因此日本的野心得以进一步膨胀。

---

① 「関東軍に勅語下賜」，JACAR（アジア歴史資料センター）Ref. C13050014600、天津事件について　昭和6年11月8日～6年12月3日（防衛省防衛研究所）。
② 《日本政府复美国政府的照会》，1932年1月16日，王建朗主编：《中华民国时期外交文献汇编1911—1949》第六卷（上），第36页。

第四节 石原莞尔的"满洲国"设想

  经过周密的策划,日本陆军"中坚层"们发动九一八事变,实施了其武力夺取"满蒙"计划的第一步。接下来如何善后是他们对日本陆军"精英"教育的第二次实践。"满洲国"的建国可谓是这些陆军"精英"们在推进实践其战略设想,并与陆军中央进行磨合过程中的产物。

一、"占领"还是"独立"

  当初,东条英机雄心勃勃地在木曜会聚会上提出"满蒙"领有论,受到与会陆军"精英"们的认可。石原莞尔也是坚定的"满蒙"领有论者。1928 年,石原在《现在及将来日本的国防》中提出:"日本在开发满蒙的同时,还应出兵维持满蒙地区的治安和经济。"[①]到了 1929 年,在《扭转国运的根本国策——满蒙问题解决案》中,关于如何解决"满蒙"问题变成了"日本必须占领该地区"。[②] 而至 1931 年九一八事变前,石原在《为解决满蒙问题的战争计划大纲》一文中更是赤裸裸地声称要使"满蒙成为我国国土"。[③] 也就是说,按照石原当时对"满蒙"的设想,日本应该军事占领"满蒙"地区,然后把该地区划入日本领土,由关东军进行统治。日本人从事高端事业,中国人和朝鲜人则经

---

①「現在及将来ニ於ケル日本の国防」、角田順編『石原莞爾資料　国防論策』、58—68 頁。

②「国運転回の根本国策たる満蒙問題解決案」(昭和四年七月五日)、角田順編『石原莞爾資料　国防論策』、40—41 頁。

③「満蒙問題解決ノ為ノ戦争計画大綱」(昭和六年四月)、角田順編『石原莞爾資料　国防論策』、70—73 頁。

商、务农。① 石原的设想也是关东军大部分人的主张。

1931 年 4 月,日本陆军参谋本部提出分三个阶段解决"满蒙"问题的策略。第一阶段,日本根据条约或契约等正当手段取得的权益因中国方面的背信弃义而受到阻碍,须打破这一局面,确保日本权益之实际效果,并进一步扩大之。为此,在"满"树立取代张学良的亲日政权,但该政权仍在中国中央政府主权之下。第二阶段,在"满蒙"建立新政权,使其从中国中央政府独立。即在"满蒙"地区成立新的国家。第三阶段即关东军主张的"满蒙"占领方案。②

九一八事变后第二天,日本陆军中央首脑部决定先采取第一阶段,即建立亲日政权的方案,不同意直接进行军事占领。但这一方案受到"中坚层"军人的反对。东京参谋本部作战课课长今村均③直接

①「关东军满蒙领有计画」(昭和四年七月)、角田顺编『石原莞爾资料　国防論策』,42 页。
② 参见日本国际政治学会、太平洋战争原因研究部编『太平洋戦争への道　第二卷　满州事变』,東京:朝日新聞社、1963 年、24—25 页。
③ 今村均(1886—1968),日本陆军大将。1907 年毕业于陆军士官学校第十九期。1915 年以第一名成绩毕业于陆军大学二十七期。毕业后进入陆军省军务局,被派驻英国两年。回国后进入参谋本部,1926—1931 年历任驻朝鲜和印度武官、陆军省军务局征募课课长、参谋本部作战课课长等职。1932—1935 年任步兵第五十七联队联队长、步兵第四十旅团旅团长,晋升陆军少将。1936 年任关东军副参谋长、驻伪满洲国武官。1938 年任陆军省兵务局局长、第五师团师团长,晋升陆军中将,被派驻中国青岛。1939—1940 年率部南下,入侵广西南宁,与国民革命军白崇禧、杜聿明部展开桂南会战。著名的昆仑山战役就发生在此时,此役双方都投入巨大兵力,中国军队抵抗顽强,战斗异常激烈,双方损失惨重。桂南会战后今村被召回国,任教育总监部本部长,1941 年再次被派驻中国,历任驻广东第二十二军司令官、第十六军司令官。1942 年任第八方面军司令官,1943 年晋升大将,在太平洋战场上指挥过拉包尔作战、瓜岛争夺战等。日本战败后作为乙级战犯,被判处 10 年徒刑。参见额田坦『陆军省人事局长の回想』、427—430 页。

向参谋总长金谷范三①提出反对意见。② 同日,在沈阳,参谋本部作战部部长建川美次向关东军参谋板垣征四郎、石原莞尔、花谷正、片仓衷③等人提出采取第一阶段方案,板垣和石原相继反驳,主张直接采取第三阶段方案。④ 9 月 20 日,建川向关东军司令官本庄繁建议:"消灭东北现政权,建立以宣统帝为盟主的日本支持下

---

① 金谷范三(1873—1933),日本陆军大将。1889 进入陆军幼年学校,1894 年陆军士官学校第五期毕业,同年参加中日甲午战争,任第三联队中队长。1901 年陆军大学第十五期军刀组毕业。1904 年参加日俄战争,任第二军参谋。战后于 1906 年派驻德国。1908 年进入参谋本部,再次被派往德国任驻德武官辅佐官。1909 年任参谋本部部员兼陆军大学兵学教官。1912—1916 年历任驻奥匈帝国大使馆武官、步兵第五十七联队联队长、参谋本部作战课课长兼海军军令部参谋。1918 年晋升陆军少将,任中国驻屯军司令官。1919 年任参谋本部作战部部长。1922 年晋升陆军中将,任第十八师团师团长。1925—1927 年历任参谋次长、陆军大学校长、朝鲜军司令官。1928 年晋升陆军大将,1930 年任参谋总长。九一八事变后,因应对不力及饮酒过度造成健康问题,辞去参谋总长职务。1933 年病逝。参见额田坦『陆军省人事局长の回想』、289—291 頁。

② 参见日本国際政治学会、太平洋戦争原因研究部編『太平洋戦争への道　第二巻　満州事変』、25—28 頁。

③ 片仓衷(1898—1991),陆军少将。早年进入熊本陆军地方幼年学校和陆军中央幼年学校。1919 年毕业于陆军士官学校第三十一期,1928 年毕业于陆军大学第四十期,次年任步兵第二十七联队中队长。1930 年任关东军参谋见习,次年 10 月任参谋。积极参与策划伪满洲国成立。1932 年 9 月 8 日曾与本庄繁、板垣征四郎、石原莞尔等人一起受到昭和天皇接见。1933—1939 年历任参谋本部第二部课员、对"满"事务局事务官、陆军省军务局课员、关东军参谋、关东军第四课课长、步兵第五十三联队联队长等职。1942—1943 年任第十五军参谋、缅甸方面军作战课课长。1944 年晋升少将,任第三十三军参谋长,同年转入陆军航空总监部任下志津教导飞行师团师团长,1945 年任第二〇二师团师团长。战后任大平商事会长、旧"满洲国"关系者国际善邻协会理事长,从事收集缅甸战死日军士兵遗骨等活动。参见太平洋战争研究会编著『日本陆军将官総覧』、340 頁。

④「満州事変機密政略日誌」(9 月 19 日)、小林龍夫、島田俊彦解説『現代史資料 7　満州事変』、184 頁。

的政权为良策。"①

在双方僵持不下的局面下，最终关东军司令部和陆军中央决定折中采取第二阶段方案，即"满蒙"脱离中国政府，成立一个"独立的国家"。9月22日，在关东军参谋长作战办公室，参谋长三宅光治、土肥原贤二、板垣征四郎、石原莞尔、片仓衷等举行会议，共同制定了《满蒙问题解决策案》(「満蒙問題解決策案」)，提出伪满洲国建国的方针和要领："建议由我国支持、领土包括东北四省及蒙古、以宣统皇帝为元首的中国政权，成为'满洲'各民族的乐土"。"根据新政权的委托，国防和外交由日本帝国掌管。对交通、通讯的主要部分也加以管理"。②

关东军主张的第三阶段，即由日本直接将"满蒙"吞并为领土的计划，面临着重重困难。如关东军主任作战参谋远藤三郎所言，"解决'满蒙'问题的唯一办法，就是将之纳入我领土，以之作为国防上之据点，统治朝鲜、指导中国之根据，同时挽救目前经济之急迫"局面。③ 然而，"要实现'满蒙'成为我国领土的目标，我国就要有实现之的能力"④，也就是说，与各利益相关国爆发战争。但根据远藤三郎的判断，日本要直接将"满蒙"纳入领土，就要做好战争准

---

① 「満州事変機密政略日誌」(9 月 20 日)、小林龍夫、島田俊彦解説『現代史資料 7　満州事変』、187 頁。

② 「満蒙問題解決策案」(1931 年 9 月 22 日)、角田順編『石原莞爾資料　国防論策』、85 頁。

③ 遠藤三郎「対満要綱/要旨」、1934 年 8 月(史料標注 1934 年 8 月，但本文所用远藤三郎之资料，根据其内容，应为九一八事变前后，远藤任参谋本部作战参谋时所制订)、JACAR(アジア歴史資料センター)Ref. C13010095600、満蒙計略計画　昭和 9 年 8 月(防衛省防衛研究所)。

④ 遠藤三郎「対満要綱/満蒙問題解決」、1934 年 8 月、JACAR(アジア歴史資料センター)Ref. C13010095800、満蒙計略計画　昭和 9 年 8 月(防衛省防衛研究所)。

备,尤其是对美国的战争准备:"努力届时仅以美国为敌,在领有'满蒙',进军占领菲律宾、关岛之外,尽量用兵威吓中国,防止中国的排日和参战,如果无法改变中国的态度,则一举攻占南京,占领华中以北各个要点","以菲律宾和关岛作为我国领土,不得已时让菲律宾独立,如果有可能,让夏威夷成为我国领土,或者非常时期解除武装"。①

这样一个宏大的战争计划,显然日本不是在短期内所能实现的。最终,军部上层考虑国际国内因素,决定在占领地建立"独立国家"。

二、石原对"满洲国"的设想

基于形势,日本陆军"中坚层"们在吞并"满蒙"后,进一步使其成为日本领土的打算暂时落空,被迫采取"满洲""独立建国"的方案。石原莞尔在《满蒙问题解决策案》后写了一小段注记,反映了他当时的心情:"由于9月19日中央对'满蒙'占领意见不予采纳,且建川少将也不同意,故占领计划无法实施,只能忍泪接受'满蒙''独立国家'方案,期待再有好的时机,能早日实现'满蒙'领土论。"②

面对即将成立的"独立国家",石原莞尔按照理想对"新国家"的行政建设等提出了一系列设想。1931年12月2日,石原在《满蒙问题之走向》(「満蒙問題ノ行方」)一文中写道:"中央政权应在日本的监督指导下实施简明直接的统治,尤其国防应委任日本管

---

① 遠藤三郎「満蒙問題解決の為の戦争計画大綱/第2　戦争指導方針」、1934 年 8 月、JACAR(アジア歴史資料センター)Ref. C13010096400、満蒙計略計画　昭和 9 年 8 月(防衛省防衛研究所)。

② 「満蒙問題解決策案」(1931 年 9 月 22 日)、角田順編『石原莞爾資料　国防論策』、85 頁。

理。地方则可以适合汉民族性情的自治形式为主……新'满蒙'的
建设不能由中国人担任最高领导者。中央政府应该完全委托给日
本。日本担此重任并非为了自己，而是为了三千万'满洲'民众乃
至世界和平。"[1]

1932 年 1 月 25 日石原提出《在新国家内有关日本人的地位》
(「新国家内に於ケル日本人の地位に就テ」)，就"新国家"中日本
人和中国人的分工问题作了详细的论述：

> 日本及中国住民的地位是平等的。为此日本人尤其应舍
> 弃其优越感，反之也不要误解觉得"新国家"是中国住民的，对
> 加入"新国家"产生犹豫。
>
> 一、官吏
>
> （一）"新国家"的官吏以在"满洲"生活的人为主要候选
>
> 1. 日本人中优秀人才更多。
>
> 2. 为了增加作为多数民族的中国人的幸福感，合适人选
> 多为通晓民情习俗的中国人。
>
> 从以上两点来看，高级官吏应多任用日本人，下级、从属
> 可适当增加中国人。
>
> （二）同级的日本人与中国人官吏，俸禄也应相同。
>
> （三）原则上不安排专给"日本人的位置"，不得已的情况
> 下控制在最低程度。
>
> （四）不设置监视中国人官吏的顾问。
>
> 二、日本的农业移民
>
> 为日本民族的发展并为了在"满洲"的朝鲜和中国农民的

---

[1] 「満蒙問題ノ行方」(1931 年 12 月 2 日)、角田順編『石原莞爾資料　国防論策』、
88 頁。

进步,希望尽可能多地让日本农民移民。但是范围限于日本农民中能力优秀、有周密计划、敢于献身努力付诸实践的人。拒绝寻求政治保护的人。

三、工人移民

为了"满洲"能生产品质良好的制造品,迫切需要各工业的技术人员,应限定日本工业劳动者的活动范围。

四、从中国本土来的中国人移民

为日本移民能有更多土地而禁止中国本土的移民的意见不能赞同,然而放任移民涌入,增加"满蒙"人口,提高购买力的意见也有待商榷。"满蒙"是和平之地,中国本土的移民超过了"满蒙"的收容量,致使居民的素质降低,"盗匪"丛生。为合理开拓"满蒙",需要妥当调节移民方法。[①]

文章虽然在开篇中标榜中日两国平等,但实际上则强调日本人中优秀人才多,适合任用为高级官吏。希望日本的农业移民和工业移民来"满洲",而拒绝中国本土移民。一旦中国本土移民大量涌入,就会造成"满洲"超出收容能力,并使居民素质降低。这完全是侵略者的逻辑。

1932 年 3 月 1 日,伪满洲国成立。名义上是"独立建国",实际则由"日本监督指导",日本人担任"高级官员"。无论形式上是"占领"也好"独立"也罢,实质上,在石原莞尔等陆军"中坚层"军官的精心策划和逐步实践下,"满蒙"地区终于彻底沦为日本的发动战争的"生命线""补给线"。

---

① 「新国家内に於ケル日本人の地位に就テ」(1932 年 1 月 25 日)、角田顺编『石原莞爾資料　国防論策』、93 頁。

　　战后的日本学者在研究九一八事变的起因时，大多认为这是日本为了应对 20 世纪 30 年代的世界经济危机，由石原莞尔等关东军参谋策划并发动，强调事变发生的偶然性以及关东军独断专行的责任。但从前述更多的日本中央与关东军往来的档案分析，可以清晰看出侵占中国东北是日本的一贯国策。日本早在中日甲午战争后，就开始进行各种理论论证，提出一系列占领方案。日本陆军的"中坚层"参谋们更是摩拳擦掌，主张以强硬的武力方式占领"满蒙"。陆军中央实际上也一直在考虑出兵"满蒙"问题。不过，当时日本国内高层担心对中国行使武力会遭到美国的经济封锁，甚至引发日美战争，因此，是否武力占领"满蒙"，美国的反应是他们犹豫不决的最重要因素。虽然日本政府拒绝了美国政府所发出的"不承认主义"照会，但美国的反对仍是构成日本政府"满蒙"政策的重要影响因素。

　　1929 年 5 月 19 日，汇集了陆军士官学校第十五期至第二十五期毕业生的陆军"精英"团体一夕会在东京成立。一夕会的成立标志着陆军新"中坚层"的正式结盟。九一八事变前，陆军中央（陆军省、参谋本部、教育总监部）及关东军中掌握实权的重要位置皆为一夕会成员所占据。至此，由中坚将校集团主导的武力解决"满蒙"方针，逐步走上轨道。[①] 九一八事变和伪满洲国建国，就是这些受过近代化德式军事教育的日本陆军"精英"们的第一次侵略战争的实践。这次实践是在对外扩张、奉行军国主义的日本国家政策下，陆军"中坚层"军人的集体行为和策略。他们赌赢了，更从中尝到了甜头。石原莞尔无疑是他们中的核心代表人物。

―――――――――

① 日本国際政治学会、太平洋戦争原因研究部編『太平洋戦争への道　第一巻　満州事
　変前夜』、365—366 頁。

第三章 从"华北分离"到"不扩大":石原莞尔与日本陆军"中坚层"内部的策略分歧

日本陆军内部向来存在不同派系之间的纠葛,本章主要关注一夕会内部的派系分裂。以一夕会成员为中心的日本陆军"中坚层"虽然在对待"满蒙"问题上高度一致,但内部也因政治主张以及出身地域上的不同存在分歧。1933年,这种分歧正式公开化,一夕会分裂为皇道派与统制派。皇道派以小畑敏四郎[①]和曾任陆相的荒木贞夫等人为代表,作风激进,主张日本应尽快消灭苏联在远东的军事力量。统制派以永田铁山为首领,反对过早与苏联决战,认

---

① 小畑敏四郎(1885—1947),日本陆军中将。早年入大阪陆军地方幼年学校、陆军中央幼年学校学习。1904年毕业于陆军士官学校第十六期,1914年毕业于陆军大学第二十三期军刀组。1913年进入参谋本部工作。1915年派驻俄罗斯,任第一次世界大战中的俄罗斯军观战武官,归国后先后进入陆军省军务局和参谋本部。1920年再次被派驻俄罗斯,因为适逢日军出兵西伯利亚而不能入境,滞留柏林。1921年10月与陆军士官学校同期的永田铁山、冈村宁次在德国南部的巴登巴登集会,达成以打倒陆军中萨摩、长州藩派阀为目标的巴登巴登密约。1923—1930年历任陆军大学教官、参谋本部作战课课长、步兵第十联队联队长、陆军步兵学校研究部主事等职。1932年再次成为参谋本部作战课课长,同年晋升少将,并升任参谋本部第三部部长。1933—1935年历任近卫步兵第一旅团旅团长、陆军大学校长。1936年小畑晋升中将,但"二二六"事件后因皇道派失势而被编入预备役。1937年曾短暂复出,任留守第十四师团师团长,随后再次转入预备役。参见太平洋战争研究会编著『日本陸軍将官総覧』、208页。

为苏联实力未成气候，日本应先统制国内政治、经济、社会，同时着重发展"满洲国"，为日本积攒实力。皇道派与统制派两者势力的此消彼长影响了日本陆军的侵华政策。

第一节　统制派的战略思想

一、永田铁山的战略思想来源及特征

在石原莞尔的军事生涯中，永田铁山是一个极其重要的人物。永田铁山 1884 年生于长野县，1898 年进入东京陆军地方幼年学校，1904 年毕业于陆军士官学校第十六期，1911 年毕业于陆军大学第二十三期，1913 年去德国留学研习军事，是典型的接受了三级"精英"教育的日本陆军军人。1923 年，永田进入参谋本部，任教育总监部课员，次年任陆军大学教官。1930 年任陆军省军务局局长，开始贯彻其整体战的战略思想，主张整合军制及军备，成为统制派的精神领袖。1935 年 8 月，永田铁山被皇道派的陆军中佐相泽三郎刺杀。

虽然因为早逝，永田铁山并未对全面侵华战争发挥过直接作用，但其对于日本陆军的人事和政策，均可谓一开山人物。他所建立的人事建构，对日本陆军的走向有着重要影响，而其军事战略思想，更为石原莞尔等后辈学习借鉴，斟酌损益，成为日本陆军发动对外战争的有力参考。

永田铁山的军事战略思想与他的欧洲经历有很大关系。在1911 年陆大毕业后，永田被派往德国进行军事调查。时值第一次世界大战，永田亲眼见证了这场大规模现代战争，意识到未来战争是国家总体性的战争，必须动员一切人力、物力资源，集全国之力，

方能在战争中获胜。1920 年，永田任临时军事调查委员会委员时，提交了名为《关于国家总动员的意见》(『国家総動員に関する意见』)的报告书，报告书指出："所谓国家总动员，即将国家掌握的一切资源、机能，暂时或永久地用于战争，为实现最有效地利用，进行统制和分配"，"以全部国民之权力，倾注于实行战争之大目的"。①

永田铁山总结，以往日本学习的常备军制度，已经远远不能满足时代的发展要求。战争已经不单纯是军人之事，而是整个国家、全体民族之事；不是单纯武力对抗之事，而是经济竞争之事，因此必须将"人力、武力、有形、无形的一切要素"转化为战斗力。如欲在战时与群雄逐鹿，必须在平时做好准备计划。这种计划包括国家总动员的具体内容，由国民动员、产业动员、财政动员、精神动员等组成。② 其中国民动员和产业动员最为重要。

首先是国民动员，是指为了适应军队的需要和战时国民生活的需要，而统一控制、调整和有效地配置人员。永田还指出，必要时应采用"强制劳役制度"，通过"国家强制权"强制国民从事劳务。另一方面，他还提到，为了利用女性劳动力，需要设立托儿所，等等。另外，永田还主张学习英、法等国设置"国防院"，统一管理国家总动员的相关事务。③

第二是产业动员。现代战争打的是经济战，现代装备武器一定程度上决定了战争的走向。从飞机、坦克等最新精锐武器保有

① 临时军事调查委员『国家総動員に関する意见』、陆军省、1920 年 5 月、第 2、3 页，国立国会图书馆，http：//dl.ndl.go.jp/info：ndljp/pid/1881168，2017 年 10 月 6 日。

② 临时军事调查委员『国家総動員に関する意见』、陆军省、1920 年 5 月、第 3、4 页，国立国会图书馆，http：//dl.ndl.go.jp/info：ndljp/pid/1881168，2017 年 10 月 6 日。

③ 参见川田稔『昭和陆军の軌跡　永田铁山の構想とその分岐』、東京：中央公論新社、2013 年、68—69 頁。

量来看，永田铁山提出，一战结束时，飞机方面，日本拥有大约 100
架，而英、法、德等国家的飞机数量是日本的几十倍。永田认为确
实"遗憾至极"。坦克方面，即使在 1932 年初，美国也有 1 000 辆、
法国有 1 500 辆、苏联有 500 辆，而日本仅有 40 辆，数量相差悬殊。
因此，永田提出产业动员即是按计划生产设备和产品。永田认为
应该大力推行生产的统一标准，以便民用产品军用化。同时，统一
生产标准还可以提高生产效率，增加日本产品在国际市场中的竞
争力。①

　　以往，日本多以俄国为假想敌，而永田铁山认为，随着国际局
势的变化，日本的敌人可能不仅是俄国，甚至有可能是英国、美国
等世界强国。日本要想与这样的强国对抗，凭借日本本土的资源
肯定远远不能满足要求，因此不仅要动员本国的资源，还要侵占
其他国家的资源。永田的德国经验，也坚定了他的信念。在他看
来，德国之所以可以在一战中坚持 4 年半，重要的原因在于它占
领了重要地区的油田、煤矿等重要资源。因此，永田也借鉴了这
一点。与日本临近的"满蒙"地区，自然成为永田脑中理想的资源
供应地。

　　总而言之，永田铁山认为"近代的战争是国家总体实力的战
争，而不单单是军队的战斗，国家精锐军队的建设作为国防的基
础，自本次战争的实践中已经愈加清楚，但凭国家军队的整备还
不足以取得胜利，必须要对国家总动员做好准备"，"为了增加国
家的国防资源，要采取一切手段方法，要提前设定计划，以备一旦
事情紧急，能采取合适的统制办法，从而最为迅速、最为高效地发
挥国家的战争能力，此为目前最重要的事宜，一日亦不可迟

---

① 川田稔『昭和陸軍の軌跡　永田鉄山の構想とその分岐』，72—73 頁。

延".① 也就是说，要将国家的一切资源、制度，都围绕着战争需求加以利用、改造。

二、永田铁山与统制派的施政主张

1926 年永田铁山进入陆军中央后，开始尝试将其思想转化为日本陆军的政策。1933 年 10 月，《国防本义及其强化之提倡》(『国防の本義と其の強化の提唱』)由陆军省正式出版发行。这本小册子集中体现了陆军中央的政策导向。陆军省更是围绕着这本小册子，在内阁会议上做出说明："就像这本册子所详述的那样，现在的国防非常广泛，仅靠最小限度地保有军备，是远远不够的，必须同时对政治、经济、社会、教育、思想等各个方面加以强化和整理，才能真正充实国防力量来进行战争"，"本次发表的册子，着眼于陆军大臣围绕着国防上的要求和希望，就国家内外国策的确定，对首相提出的要求，其目的在于向国民展示军部对完善国防的希望，并普及国防思想".② 可以看到，这个小册子的立场，得到了陆军大臣的背书和肯定，并且作为陆军中央的立场，向全体日本国民进行宣传。

不少学者对这本小册子的制定过程以及背后的人事斗争、思想脉络做过考察。有学者认为这本小册子并非统制派的观点，而是陆军的整体认识。比如生田惇认为在当时的时代背景下，陆军

---

① 臨時軍事調査委員『国家総動員に関する意見』、陸軍省、1920 年 5 月、第 2、3 頁、国立国会图书馆，http://dl.ndl.go.jp/info:ndljp/pid/1881168，2017 年 10 月 6 日。

② 陸軍省「『国防の本義と其の強化の提唱』に関する閣議説明案」、1935 年 6 月 20 日、JACAR(アジア歴史資料センター)Ref. C14020021400、国防の本義と其の強化の提唱に就て　昭 10.6.20(防衛省防衛研究所)。

整体都有倾向统制经济的趋势。① 而据川田稔考证,这本小册子是由军务局局长永田铁山亲自指示,统制派成员池田纯久②等人所写,并经永田审查和批准之后发表。而且,永田对部下起草的重要文件都要亲自进行彻底修改。永田担任陆军省军事课课长、情报部部长时期,凡由其管辖的部、局的文件,只要是经过永田批准的内容,也都是他自己的意见。③

对照内容,也可发现,小册子的精神与永田所倡导的国家总动员体制相符合。小册子将战争推到一个神圣的地位,认为战争是"创造之父""文化之母"。④ 在小册子中,国防成为一个国家至关重要的环节,具有崇高的地位,国防是一个国家生存的最必要条件。⑤ 国防是目的,统制则是手段。

永田铁山和其他统制派的理论经验,来自于第一次世界大

---

① [日]生田惇著,曹振威译:《日本陆军史》,《军事历史研究》1989 年第 3 期。

② 池田纯久(1894—1968),日本陆军中将。早年就读于熊本陆军地方幼年学校、陆军中央幼年学校。1916 年毕业于陆军士官学校第二十八期,1924 年毕业于陆军大学第三十六期。1925 年进入陆军省军务局工作,1929 年作为陆军派遣生进入东京帝国大学经济系学习。1935 年任中国驻屯军主任作战参谋。卢沟桥事变时,与石原莞尔、中国驻屯军司令官田代皖一郎、参谋长桥本群、北平特务机关机关长松井太久郎、驻北平武官今井武夫等人同属"不扩大"派。8 月,池田被调回国内的陆军省资源局规划部任职。1939 年任步兵第四十五联队联队长,参加第一次长沙会战。1940 年任奉天特务机关机关长。1941 年晋升陆军少将,任关东军第五课课长。1942 年任关东军副参谋长。1944 年晋升陆军中将。1945 年任内阁综合计划局长官。参见太平洋战争研究会编著『日本陸軍将官総覧』、184—185 頁。

③ 川田稔『昭和陸軍の軌跡 永田鉄山の構想とその分岐』、103 頁。

④ 「2、国防の本義と其強化の提唱(1)」、JACAR(アジア歴史資料センター)Ref. C15120507200、陸軍省新聞班パンフレット(13 冊) 昭和 9 年～昭和 13 年(防衛省防衛研究所)。

⑤《国防的真实意义和加强国防的主张》,复旦大学历史系编译:《1931—1945 日本帝国主义对外侵略史料选编》,第 123 页。

战。因此小册子中，一战成为最为显著的国际背景和理论来源。小册子指出，一战以后国际秩序陷于混乱，呈现出分崩离析的状态。国家间的关系由和平融洽，转向紧张对立。但由于国家间的竞争日趋激烈，传统的单纯凭借武力进行作战的方式，已经不合时宜。国家间的战争形式已经由纯粹的武力战而转向整体战。同时，小册子中提到，一战使战前与战时的区分更为模糊，战前如无准备，战时便不可能取得胜利。①

小册子提出，战前准备，须以战时需要为标的。针对日本资源不足的情况，小册子指出，必须获得海外资源，以利充实国防产业。而且，国内的经济、社会政策，也必须围绕进行作战的大方略展开。总而言之，战前的一切准备，都是为了顺利过渡到战时的统制经济。②

从这个意义而言，国防具有无所不包的统摄性和笼罩性，可以总结成四个层面的统制：政治统制、经济统制、社会统制、文化统制。"必须重新检讨国家全部结构，必须对财政、经济、外交、政略以及国民教化坚决实行根本改组。为了国防的目的，努力对皇国伟大的精神、物质潜力进行组织统制，加以一元化的运用，使之成为最大限度的实力。"③这是对小册子所贯穿的各项有关"国防国策"基本思想的归纳总结。

---

① 《国防的真实意义和加强国防的主张》，复旦大学历史系编译：《1931—1945 日本帝国主义对外侵略史料选编》，第 125、128 页。

② 《国防的真实意义和加强国防的主张》，复旦大学历史系编译：《1931—1945 日本帝国主义对外侵略史料选编》，第 128、129 页。

③ 「2、国防の本義と其強化の提唱（1）」，JACAR（アジア歴史資料センター）Ref. C15120507200、陸軍省新聞班パンフレット（13 冊）　昭和 9 年～昭和 13 年（防衛省防衛研究所）。

具体内容大致包括五个方面：第一，实行积极军备，反对只有遭遇入侵才动用武力，而是要借助武力支持国家发展，这就为实施侵略提供了足够的借口。第二，总体战与统制经济必须相互结合，造成军备常态化、经济军事化的态势。统制派理所当然地认定经济必须服从国家的需要，个人发展应限制在不违反国家要求的前提下。第三，与第二点有直接关系，指出后方必须服务前方，创造稳定的环境，"使士兵无后顾之忧"。第四，要将统制政策与日本皇道文化相结合，树立牢固的国家本位主义，强调要"坚信建国理想和皇国使命"。第五，统制政策要有机构依托，因此必须建立"以国防为本位的各种新机构"，有系统地施行各项统制政策。

小册子指出，能否克服西方列强的压迫关乎日本未来能否成为真正的强国。为此，日本国民必须深刻理解国防的含义，将其作为战胜列强的重要武器。小册子分析当时已处于国际秩序崩溃的时代，国际竞争必将日趋激烈。国防权的自主独立，是不可动摇的天下公理，[①]不容任何国际组织限制或者干预，任何旨在压制日本国防能力的措施，都将被视为对日本的威胁。换言之，国防政策针对的是当时确立的凡尔赛—华盛顿体系。日本对于国际条约限制本国军备这一情况十分不满，已有意尝试冲破这种秩序。

1935 年 9 月，《国防的真实意义和加强国防的主张》小册子的撰写者之一，统制派的池田纯久又撰写了名为《当前陆军的非

[①]「2、国防の本義と其強化の提唱（1）」、JACAR（アジア歴史資料センター）Ref. C15120507200、陸軍省新聞班パンフレット（13 冊） 昭和 9 年～昭和 13 年（防衛省防衛研究所）。

常时期政策》的文件。池田纯久受永田铁山影响极大，并由永田一手提拔进入军务局，继承了永田的思想。该文件集中体现了永田铁山时代统制派对于军部的理解认识。该文件指出，军部是日本改革的核心。军部必须意识到自己的责任和独特性，并应"断然采取自己是改造日本的指导中心的这个迫在眉睫的大方针"。① 池田纯久将日本的改革与"满洲事变"（九一八事变）相关联，认为"应该以'满洲事变'的爆发为契机，进行日本的改革"。池田纯久也承认，在改革成功之前，由于"日本的经济处于窒息的状态，在这样混沌的国内形势下，进行的大陆政策只能是帝国主义的侵略政策"。②

　　统制派认为，资本主义和财阀势力已成为日本之大患，军部必须一肩承担改造国家的责任。为了对抗资本和财阀，必须向下争取群众，而赢得群众的根本方法是利用新闻事业。鉴于日本各政党具有新闻力量，要与其竞争，就必须掌控新闻机构。而九一八事变以来，军部也曾利用新闻鼓动而取得成功，因此，军部必须有计划地利用新闻机构，印刷报刊，制造声势。③

　　除去宣传层面，军部的组织必须更为健全。该文件建议：首先，军部应利用在乡军人④，使之成为自己的政治势力。一是使在乡军

---

① 《当前陆军的非常时期政策》，复旦大学历史系编译：《1931—1945 日本帝国主义对外侵略史料选编》，第 129、130 页。

② 出自池田纯久在日本投降后的回忆。池田纯久「支那事变勃発前後に於ける諸動向に就て」、1945 年 12 月 26 日、JACAR（アジア歴史資料センター）Ref. C11111699700、雑綴　昭和 20 年 12 月（防衛省防衛研究所）。

③ 《当前陆军的非常时期政策》，复旦大学历史系编译：《1931—1945 日本帝国主义对外侵略史料选编》，第 131 页。

④ 在乡军人，指日本的预备役、后备役、退役军人，这些人平时在国内一般行业就职，一遇战事即被召集入伍。

人中的劳动农民组织农村经济团体,二是组织他们成为政治团体。前者是将来建设新农村的基础,后者的使命在于从根本上粉碎既成政党在地方上的地盘,为将来组织新的政治团体做准备。其次,军部必须实现对日本军需工厂的改造,合并官营、民营企业,由军部、陆海军合作进行统制经营,通过转包加工合同,以"皇军精神"具体指导有关民营军需工业的经营方式及其工人政策。军部必须将已经组织起来的陆军产业工会与海军产业工会合并,再与最近即将组成的邮电产业工会联合,即可形成改造国家一大势力的民间工会。如此,军部将直接掌握国家最为有力的群众组织之一。除此之外,军部还必须掌握通讯、交通等行业的工人组织。①

该文件还提出,军部应对学生、知识分子、新兴团体加以联络。军部要从政党和财阀手中争取民众的支持,将民众团体加以组织,已达到领导国民运动的目的。通过与各国的横向比较,不难发现,该文件的导向符合当时的政治发展潮流。但与其他各国纯由政党领导民众运动不同的是,日本的军部在政治活动中表现活跃,有取代政党的态势,换言之,军部政党化趋势比较明显。

第二节　日本陆军内部统制派与皇道派的分歧

一、一夕会的建立与两派的形成

永田铁山提出的统制思想,成为日本陆军中统制派的核心理念,而这一派系的组织基础则是一夕会。一夕会是日本陆军"中坚

---

① 《当前陆军的非常时期政策》,复旦大学历史系编译:《1931—1945 日本帝国主义对外侵略史料选编》,第 132、133 页。

层"佐级①军官私下联络的组织。一夕会的雏形——二叶会于
1923 年发起之初,参与者多以朋友同道相结交。据冈村宁次回忆,
他和永田铁山、小畑敏四郎都有不错的私交。永田铁山是冈村宁
次从 15 岁少年时代在东京陆军地方幼年学校第二期的同班挚友,
特别是在被授予少尉职后,又成为酒友,有着莫逆之交。而小畑敏
四郎和冈村是陆军中央幼年学校同期且同中队的同学,双方志趣
相投。同时,他们二人一起进入步兵第四十九联队,日俄战争时共
同出征,一起担任朝鲜警备任务,彼此间感情更加亲密。他们三人
从大尉到少佐时期,一直对陆军的弊病非常愤慨,誓志革新,刷新
军队之面貌,主张通过武力手段侵占中国东北地区的资源。②

　　当时,冈村宁次和小畑敏四郎二人都认为日本陆军中存在着两
大弊端:其一是人事任命不公,其二是脱离国民。因此必须要改变这
一状况,与国民同甘共苦。冈村到欧洲看到各国情况,更坚定了改革
的决心。于是,冈村与当时驻在瑞士的永田取得联系,1921 年的 10
月 27 日在巴登巴登(Baden-Baden)集会,连续多日讨论军政,其结果
是回国后召集陆军士官学校第十六期同期生及第十五、十七、十八期
的同志,组织了一个小团体,为革新陆军,立誓共同进退而结成同盟。
这就是一夕会的雏形——二叶会。③

　　二叶会的主要活动时间始于 1923 年永田铁男、冈村宁次、小
畑敏四郎等人自欧洲回国之后。1927 年左右,这些军官才将此小
团体聚会正式命名为二叶会。二叶会的成员以陆军士官学校第十
六期毕业生为主,也包括陆军士官学校第十五期及第十七期、第十

---

① "佐"相当于中国的"校",日军少佐、中佐、大佐约对应中国少校、中校、大校。
②③ [日]稻叶正夫编,天津市政协编译委员会译:《冈村宁次回忆录》,北京:中华书局
　　 1981 年版,第 431 页。

八期的学员，其中板垣征四郎、土肥原贤二、东条英机、山下奉文[①]、河本大作、山冈重厚[②]等人皆是日后参加、指挥侵华战争中的重要人物。

　　1927 年 11 月，陆军士官学校第二十二期毕业的铃木贞一[③]等

[①] 山下奉文(1885—1946)，日本陆军大将。1906 年毕业于陆军士官学校第十八期，1916 年毕业于陆军大学第二十八期。1922—1932 年历任陆军省军务局军事课编制班班长、陆军大学教官、步兵第三联队联队长、陆军省军务局军事课课长。1934 年晋升少将。1935 年任军事调查部部长，1936 年任步兵第四十旅团旅团长。1937 年被派往中国战场，任中国驻屯军混成旅团旅团长，随后晋升中将。1938 年任华北方面军参谋长，率部"扫荡"华北抗日根据地。1939—1941 年历任第四师团师团长、陆军航空总监、关东防卫军参谋长。太平洋战争爆发后，任第二十五军司令官，指挥马来亚战役，被称为"马来之虎"。1942 年任第一方面军司令官，1943 年晋升大将。1944 年任第十四方面军司令官，率部在菲律宾作战。日本战败后，1946 年在马尼拉被处以绞刑。参见太平洋戦争研究会编著『日本陆军将官总览』，172—173 页。

[②] 山冈重厚(1882—1954)，日本陆军中将。早年就读于名古屋陆军地方幼年学校、陆军中央幼年学校。1903 年毕业于陆军士官学校第十五期。1904 年参加日俄战争。1912 年毕业于陆军大学第二十四期。毕业后至 1928 年历任步兵第二十二联队中队长、陆军士官学校教官、第三师团参谋、教育总监部课员、近卫步兵第一联队大队长、陆军大学教官、步兵第二十二联队联队长、教育总监部第二课课长等职。1931 年晋升陆军少将，任步兵第一旅团旅团长。1932 年任陆军省军务局局长，1933 年任陆军省整备局局长。1935 年晋升陆军中将，任第九师团师团长。1936 年因"二二六"事件于次年被迫转入预备役。全面侵华战争爆发后，重新受到召集，任第一〇九师团师团长，在华北、晋东南一带作战、驻守。1938 年回国，1939 年再次转入预备役。1945 年曾再次被任命为善通寺师管区司令官，12 月退役。参见太平洋戦争研究会编著『日本陆军将官总览』，298 页。

[③] 铃木贞一(1888—1989)，日本陆军中将，被东京审判列为甲级战犯。1910 年毕业于陆军士官学校第二十二期，1917 年毕业于陆军大学第二十九期。毕业后进入参谋本部，历任参谋本部"支那"班班员、上海驻在员、参谋本部作战课课员、北京驻在员。1936 年任步兵第十四联队联队长。1937 年晋升少将。1938 年任第三军参谋长，同年就任"兴亚院"政务部部长。1940 年晋升中将，同年就任"兴亚院"总务长官。1941 年被编入预备役后任内阁国务大臣兼企划院总裁。1943 任贵族院议员。1945 年被东京审判列为甲级战犯，判处无期徒刑。参见太平洋戦争研究会编著『日本陆军将官总览』，242 页。

少壮派军官效仿二叶会,成立了旨在研究军备及国防方针的木曜会。木曜会的成员有 18 人左右,主要是陆军士官学校第二十一期至二十四期的学生,石原莞尔是其中的重要成员。1929 年 5 月,二叶会与木曜会合并而为一夕会。一个力量日渐庞大,目标渐次明确的陆军"中坚层"团体诞生了。

伴随着一夕会成员的活动,日本陆军中央的重要职位,逐渐由一夕会内部成员所掌握。据铃木贞一回忆:陆相(即陆军大臣)的推荐大体上集中于一个人,而且从陆军中推选,铃木希望这个人是荒木贞夫。但是,从当时陆军高层的氛围来看,当时的形势是将会推荐别的人物,而非荒木。于是铃木贞一通过森恪①对犬养毅②做工作,让犬养毅对陆军提出这样的要求:"陆军推选陆相时,不要集中于一个人,如果可能的话,希望推选两个或者三个人,由总理大臣从中挑选。"这样,陆军推举了多个候补人选,犬养毅从中挑选了荒木。森恪对挑选荒木担任陆军大臣,发挥了重大的影响力。荒木贞夫上任后,投桃报李,任命小畑敏四郎为作战课课长,永田铁山为情报部部长,其他陆军中央的重要职位也陆续被一夕会成员获得。一夕会可谓在陆军中央取得了压倒性的地位。③

① 森恪(1883—1932),日本外交官。1927 年任外务次官,策划召开东方会议,主持制定侵华方针。九一八事变后,积极鼓吹扩大对华侵略。

② 犬养毅(1855—1932),日本明治、大正、昭和三朝元老。1881 年受大隈重信赏识,步入政坛,此后多次在日本内阁担任重要官职。曾积极支持孙中山的革命活动,辛亥革命时甚至曾亲赴上海、武昌,支持孙中山。1929 年任日本政党立宪政友会总裁。1931 年 12 月—1932 年 5 月任日本首相。九一八事变后,因主张承认中国对东北地区的形式领有权,日本仅取得经济上实质性的支配,且因消减军费政策,受到激进军人的反对。1932 年 5 月 15 日,被海军少壮军人枪杀身亡。

③ 参见[日]川田稔著,韦平和译《日本陆军的轨迹(1931—1945):永田铁山的构想及其支脉》,北京:社会科学文献出版社 2015 年版,第 60—61 页。

永田铁山与小畑敏四郎在任大尉、少佐时期感情极佳，来往频繁，经常出现在彼此家中。但随着二人陆续调入陆军省，由于公务上的接触及关联到部下课员的意见冲突等原因，两人之间的性格矛盾逐渐暴露。小畑做事率意直行，而永田却主张明断是非。因此，在任大佐期间，两者之间出现了不睦的迹象。冈村宁次将两人比作性格不同的猛虎，而二虎不能容于一山。①

不过，二人之争并非意气之争，而是观念之争、派系之争。永田铁山与小畑敏四郎分别代表了一夕会中的统制派和皇道派。小畑敏四郎和曾任陆军大臣的荒木贞夫等人，因主张以各种手段，甚至是通过军事政变来"清君侧"，实现天皇亲政而被统称为皇道派。皇道派成员主张大胆，作风激进，认为日本的"满蒙"政策与苏联的利益存在直接冲突，早晚必有一战。因而，日本应该趁早出击，在苏联第二个五年计划完成以前，消灭苏联在远东的军事力量。而永田铁山为主导的统制派，则反对以武力改造国家，主张通过军部的统制，以合法手段进行改革；同时，永田等人反对过早与苏联决战，认为还没到决战的时候，也不具备决战的条件，主张日本应首先着眼于开发"满洲国"。

反观双方的对华政策，同样有很大差距。皇道派重经济而弱军事，视中国为贸易市场；重协调而反激进，主张在国际秩序之下，与欧美大国采取一致步调。而统制派则对中日关系不满，认为国民政府执行敌对日本的政策，这种情形必须被扭转。日本政府需要一个顺从日本的亲日政权，因此应以颠覆国民政府，树立亲日政权为目标，确保日本在中国的影响力，独占中国的市场和资源。

皇道派和统制派在占领中国东北问题上没有分歧，但占领之后，

———————————

① ［日］稻叶正夫编，天津市政协编译委员会译：《冈村宁次回忆录》，第432页。

围绕日本政策当何去何从，双方的分歧较为明显。基于两派在对苏问题上的重大分歧，皇道派以苏联为终极敌手，而统制派以美国为终极敌手。因而，两派对国际局势的前景预测不同，所以对"满洲国"的定位和统治方式也有较大分歧：皇道派倾向于先行北进，而统制派倾向于先行南进。于是这又关系到两派对华北地区的态度：皇道派认为日本进军华北地区的主要战略意图，是巩固"满洲国"的后方，以便全力对苏作战。而统制派的永田铁山则认为，华北地区的战略意义不应是后方，而应是前方。他希望将华北也纳入日本的势力范围，试图让其脱离国民政府，成为第二个"满洲国"。

二、统制派与皇道派的斗争

意见之争，与派系之争、人事之争繁杂缠绕在一起。1934 年 1 月，荒木贞夫以患流感为由辞去陆军大臣一职，由时任教育总监的林铣十郎①继任。林铣十郎上任后，永田铁山从第一步兵旅团旅团长调至陆军省军务局担任局长。当时陆军中央大体分为三派，第一派是永田铁山代表的统制派，另一派是以教育总监真崎甚

---

① 林铣十郎(1876—1943)，日本陆军大将、首相。1896 年毕业于陆军士官学校第八期，1903 年毕业于陆军大学第十七期。毕业后任步兵第七联队中队长。1904 年参加日俄战争，战后任留守第三师团参谋、参谋本部课员，赴德国、英国研究学习军事。1916 年任久留米俘虏收容所所长。1918 年任步兵第五十七联队联队长。1921 年晋升陆军少将，历任陆军士官学校预科校校长、驻国际联盟陆军代表。1925 年任步兵第二旅团旅团长，1926 年晋升中将，任东京湾要塞司令官。1927—1929 年历任陆军大学校长、教育总监部本部长、近卫师团师团长。1930 年任朝鲜军司令官，九一八事变时出兵中国东北援助关东军。1932 年晋升陆军大将，任教育总监。1934 年任陆军大臣，1936 年转入预备役。1937 年任日本首相兼任外务大臣、文部大臣，同年即辞职。后曾任大日本武德会会长、大日本回教协会会长、内阁参议、大日本"兴亚同盟"总裁。参见太平洋戦争研究会编著『日本陸軍将官総覧』，164 页。

三郎为代表的皇道派，还有以关东军总司令南次郎①为首的宇垣派。宇垣派是曾担任过陆相的宇垣一成组织的个人派别，其中核心人物有铃木庄六②、白川义则③、金谷范三、南次郎、建川美次、畑

---

① 南次郎(1874—1955)，日本陆军大将，东京审判被列为甲级战犯。1895 年毕业于陆军士官学校第六期，1903 年毕业于陆军大学第十七期。1904 年参加日俄战争，1905年任第十三师团参谋。1907—1917 年历任陆军大学教官、骑兵第一联队联队长、陆军省军务局骑兵课课长。1919 年晋升少将，任中国驻屯军司令官。1921—1923 年历任骑兵第三旅团旅团长、陆军骑兵学校校长、陆军士官学校校长。1924 年晋升中将。1926—1929 年历任陆军第十六师团师团长、参谋次长、朝鲜军司令官。1930 年晋升大将，1931 年任陆军大臣，1934 年任关东军司令官兼驻伪满洲国大使。1936 年因"二二六"事件转入预备役。1936—1942 年任朝鲜总督。日本战败后被列为甲级战犯，判处无期徒刑。参见太平洋戦争研究会編著『日本陸軍将官総覧』，170 頁；額田坦『陸軍省人事局長の回想』，297—301 頁。

② 铃木庄六(1865—1940)，日本陆军大将。1890 年毕业于陆军士官学校第一期，与宇垣一成和白川义则为同期，并称"陆士一期三杰"。1894 年自陆军大学中途退学，参加中日甲午战争，任第四师团骑兵第四大队副官、中队长。1896 年复学，1898 年毕业于陆军大学第十二期军刀组，后任骑兵第十一联队中队长、参谋本部部员。1900 年参加八国联军侵华战争，1904 年参加日俄战争，任第二军参谋。1905 年任第二军副参谋长。1906—1910 年历任陆军大学教官、参谋本部作战课课长、陆军大学干事等职。1914 年晋升陆军少将，任骑兵第三旅团旅团长。1916 年任陆军骑兵学校校长。1918 年晋升中将，任第五师团师团长，参加出兵西伯利亚。1920 年任第四师团师团长，1923 年任台湾军司令官。1924 年晋升大将，任朝鲜军司令官。1926 年任参谋总长，期间为阻止国民革命军北伐，派遣日军出兵山东。1930 年转入预备役。参见太平洋戦争研究会編著『日本陸軍将官総覧』，151 頁。

③ 白川义则(1869—1932)，日本陆军大将。1890 年毕业于陆军士官学校第一期，1894年自陆军大学中途退学，参加中日甲午战争。1896 年复学，1898 年毕业于陆军大学第十二期，其后历任步兵第二十一联队中队长、陆军士官学校教官、近卫师团参谋、步兵第二十一联队大队长等职。1904 年参加日俄战争，1905 年任第十三师团参谋，战后任陆军省人事局课员。1909—1913 年历任步兵第三十四联队联队长、第十一师团参谋长、华中派遣队司令官。1915 年晋升陆军少将，任步兵第九旅团旅团长。1916年任陆军省人事局局长。1919 年晋升中将，任陆军士官学校校长。1921—1923 年历任第十一师团师团长、第一师团师团长、陆军次官兼陆军航空本部长、关东 （转下页）

俊六、阿部信行①和松井石根等人。这三个派别具有较强的集团属性，厚内薄外，党同伐异，形成很大的气候，以至于其他陆军中央的官员如欲有所作为，不得不与其中一方有所联合。林铣十郎本不属于任何派系，他选择与永田铁山联合，一在台前，一在幕后，共同致力于统制派势力之扩大。

在永田铁山的策划下，林铣十郎相继将陆军次官柳川平助②、宪兵司令官秦真次③、军事课课长山下奉文调离原来岗位，改由

（接上页）军司令官。1925年晋升大将。1927年担任陆军大臣。1932年"一·二八"事变时任上海派遣军司令官，率军进攻上海，迫使十九路军退出上海，签订停战协议。4月29日在上海虹口公园被朝鲜爱国人士尹奉吉刺杀，5月26日伤重不治而死。参见太平洋战争研究会编著『日本陆军将官总览』，150页。

① 阿部信行（1875—1953），日本陆军大将，首相。1897年毕业于陆军士官学校第九期，1904年陆军大学中途退学，参加日俄战争。1906年复学，1907年毕业于陆军大学第十九期军刀组。1908—1909年任参谋本部课员、陆军大学教官。1910年赴德国留学，研究军事。1913—1918年任驻奥匈帝国大使馆武官辅佐官、野战炮兵第三联队联队长等职。1918年参加出兵西伯利亚，1920—1921年任参谋本部编制动员课课长、陆军大学干事。1922年晋升陆军少将，1923—1926年任参谋本部总务部部长、陆军省军务局局长等职。1927年晋升中将。1928—1932年历任陆军次官、第四师团师团长、台湾军司令官等职。1933年晋升陆军大将，任军事参议官。1936年编入预备役。1939—1940年就任日本首相。1940年任驻汪伪政权大使。1944年任朝鲜总督。日本战败后被远东国际军事法庭以甲级战犯嫌疑逮捕，后被释放。参见太平洋战争研究会编著『日本陆军将官总览』，127页。

② 柳川平助（1879—1945），日本陆军中将。1900年毕业于陆军士官学校第十二期。1904年参加日俄战争。1912年毕业于陆军大学第二十四期。1923—1925年任骑兵二十联队联队长、参谋本部演习课课长等职。1927年晋升陆军少将，任骑兵第一旅团旅团长。1929年任陆军骑兵学校校长。1931年晋升中将。1932—1935年历任陆军次官、第一师团师团长、台湾军司令官。1936年因"二二六"事件转入预备役。1937年任第十军司令官。1938年再次转入预备役。1940—1941年曾任两次近卫内阁的法务大臣和国务大臣。参见太平洋战争研究会编著『日本陆军将官总览』，297页。

③ 秦真次（1879—1950），日本陆军中将。1900年毕业于陆军士官学校第十二期。1904年参加日俄战争。1909年毕业于陆军大学第二十一期。1923年任东京警备（转下页）

桥本虎之助①担任陆军次官、杉山元任参谋次长。此后，又陆续有一系列的人事调动。复杂的人事调动，其背后指向的都是陆军内部的派系之争，即以永田铁山为首的统制派，联合其他非皇道派军人，在陆军大臣林铣十郎的支持下，夺取了陆军的实权。

　　然而，派系斗争并未就此终止，而是进一步升级，其表征就是永田铁山被刺事件。林铣十郎作为陆军大臣，其人事调动的举动，常常遭到教育总监真崎甚三郎的掣肘。林铣十郎对此十分不满，决定一劳永逸，罢免真崎，以便彻底清除陆军部中央的皇道派势力。此举得到了永田铁山的授意和支持，但是不久陆军大臣林铣十郎罢免真崎甚三郎的"真相"，以匿名信的形式迅速传播，而信中的核心内容，就是指责永田铁山的幕后作用。1935 年 8 月 12 日，对真崎满怀崇敬之情的相泽三郎中佐在陆军省军务局局长办公室刺杀了永田。相泽与国家改造派军队青年将校交往密切，而该群体同情皇道派，敌视统制派，并视永田铁山为压制皇道派的罪魁祸

（接上页）司令部参谋长，1926 年晋升少将，任步兵第十五旅团旅团长。1927 年任陆军大学教官、奉天特务机关机关长。1931 年晋升中将，任京京湾要塞司令官。1932 年任宪兵司令官。1934 年任第二师团师团长。1935 年转入预备役。参见太平洋戦争研究会编著『日本陸軍将官総覧』，271 頁。

① 桥本虎之助(1883—1952)，日本陆军中将。1902 年毕业于陆军士官学校第十四期，1904 年参加日俄战争。1910 年毕业于日本陆军大学第二十二期，同期有畑俊六、杉山元、小矶国昭。毕业后赴俄国留学研究军事。第一次世界大战时任俄罗斯观战武官。1922 年任驻苏联使馆武官，是陆军中的俄国通。1924—1928 年历任骑兵第二十五联队联队长、参谋本部第二部欧美课课长等职。1929 年任东京警备司令部参谋长，晋升陆军少将。1931 年任参谋本部第二部部长。1932 年任关东军参谋长、关东军宪兵队司令官。1933 年任参谋本部总务部部长，晋升中将。1934 年任陆军次官。1935 年任近卫师团师团长。1936 年转入预备役，赴中国任伪满洲国参议府议长。1945 年日本战败后被苏联红军逮捕，1950 年被移交中国政府，病死于哈尔滨狱中。参见太平洋戦争研究会编著『日本陸軍将官総覧』，270 頁。

首。相泽在公审中表示，"永田阁下是恶魔的总司令部"，"是元老、重臣、财阀、官僚等恶势力向皇军军内伸手的代表"。日本媒体惊呼，相泽此举"暴露了陆军内部的暗流"。① 相泽的刺杀行动可被视为两派斗争的一次高潮。

永田铁山的遇刺身亡并未中断统制派战略政策的延续。在中国，统制派开始对华北巧施手段。1935 年 8 月 6 日，陆军次官桥本虎之助向关东军、华北驻屯军等发出了《对华北政策》(「对北支政策」)的通知。通知内容包括：将河北省、察哈尔省、山东省、山西省、绥远省"华北五省"变为不受"南京政权政令"影响的"自治色彩浓厚的亲日'满'地带"；消除华北地区的"一切反'满'抗日策动"；日"满"两国之间实现"经济文化融合和合作"；等等。这个通知指示实现华北五省"自治"，让其脱离南京国民政府。② 11 月，桥本再次向关东军参谋长、中国驻屯军参谋长发电确认："关于今后华北处理事宜，应利用目前形势的进展及其成果，因势利导，扩充成果，并根据国内外各种情况，渐进式地完成华北自治"。③

为此，永田铁山当初主导的陆军省军务局设立了所谓的国策公司"兴中公司"，企图通过它推进对华北的经济开发。此外，永田的盟友、当时担任参谋本部情报部部长的冈村宁次也认为，"不应该让中国统一"。应当说，当时日本陆军各派系对日本染指华北均持肯定态度，只是缓急有别。然而，冈村宁次也认为，"不应徒向中

---

① 「永田鉄山中将は悪魔の総司令部・相沢『一刀両断』の動機を述ぶ」、『神戸新聞』、1936 年 2 月 2 日，神戸大学経済経営研究所、新聞記事文庫。
② 陆军省『密大日記』昭和十年昭第九册，国立公文書館蔵。
③ 「北支自治運動に関する件」、1935 年 11 月 26 日、JACAR(アジア歴史資料センター)Ref. C01003138700、昭和 11 年「陸満密大日記第 7 号」(防衛省防衛研究所)。

国展示强力，不应急于直接凌虐中国"，对华北"自治"运动也应审慎行动。① 统制派虽然希望华北地区放弃反日政策，亲近"满洲国"，但并不想完全使华北独立，而关东军和华北驻屯军方面则已经跃跃欲试。

在日本本土，永田铁山之死也并未改变统制派主导陆军中央的格局。但皇道派不甘心政治失败，他们与青年将校国家改造团体相互援助，对支持统制派政策的日本内阁中央发起攻势，最突出的表现就是发生在 1936 年 2 月 26 日的"二二六"事件(也称"二二六"兵变)。当时，村中孝次、矶部浅一、安藤辉三、栗原安秀等军队青年将校国家改造团体的一部分成员，率领第一师团和近卫师团的大约 1 500 名士兵发动武装暴动，内务大臣斋藤实②、大藏大臣高桥是清③、陆军教育总监渡边锭太郎④在暴动中被杀。政变最终被日本当局镇压下

---

① 「岡村少将来談要領」、1935 年 10 月 18 日、JACAR(アジア歴史資料センター) Ref. B02030151400、帝国ノ对支外交政策関系一件第四卷(A-1-1-0-10_004)(外務省外交史料館)。

② 斋藤实 (1858—1936 年)，日本海军大将、首相。1873 年即入海军兵学寮学习。历任海军省军务局局长、海军大臣、朝鲜总督。1932—1934 年任首相兼外务大臣，辞任首相。1936 年任军事议定官，2 月 26 日在"二二六"事件中被刺杀。

③ 高桥是清(1854—1936)，日本政治家。1911 年任日本银行总裁。1921 年任日本首相。在任首相之前和之后共担任内阁大藏大臣(即财政大臣)八次。1936 年任大藏大臣期内，因主张削减军费，在"二二六"事件中被激进的陆军青年军人刺杀。

④ 渡边锭太郎(1874—1936)，日本陆军大将。1896 年毕业于陆军士官学校第八期，1903年以第一名成绩毕业于陆军大学第十七期，随后任步兵第三十六联队中队长。1904 年参加日俄战争。战后赴德国留学，任驻德大使馆武官辅佐官。1916 年任参谋本部外国战史课课长。1917 年任驻荷兰武官。1920 年晋升陆军少将，任步兵第二十九旅团旅团长。1922 年任参谋本部第四部部长。1925 年晋升中将，任陆军大学校长。1926—1930 年历任第七师团师团长、航空本部长、台湾军司令官。1931 年晋升大将，任航空本部长兼军事参议官。1935 年任教育总监。1936 年 2 月 26 日在"二二六"事件中被刺杀。参见太平洋戦争研究会编著『日本陆军将官総览』、175 页。

去,军队青年将校的国家改造运动亦宣告终结。皇道派的主要人物也被牵连,真崎甚三郎、荒木贞夫、柳川平助、小畑敏四郎等一批人被转入预备役,事实上被赶出了陆军中枢。统制派的另一竞争对手——宇垣派的南次郎、阿部信行、建川美次等也被编入预备役,统制派在漫长复杂的人事斗争中取得了最终胜利。

第三节　石原莞尔活跃于参谋本部时期

一、统制派的国防政策

永田铁山的被刺,宣告了统制派中永田铁山时代的终结。但永田铁山通过组织手段,将统制派的中层成员迅速提拔到陆军中央的领导岗位之上。其中的佼佼者,如陆军省的军事课高级课员武藤章、参谋本部的作战课课长石原莞尔都受惠于此。永田铁山担任军务局局长时分别将两人安排到陆军省和参谋本部,开始发挥重要影响力。

武藤章是统制派中的代表人物。他政治嗅觉敏锐,活动积极,参与了将寺内寿一①推为陆军大臣的活动,在陆军省的地位很高。

---

① 寺内寿一(1879—1946),日本陆军元帅。1899 年毕业于陆军士官学校第十一期。1904 年参加日俄战争。1909 年毕业于陆军大学第二十一期,1911—1919 年历任近卫师团参谋、参谋本部部员、驻维也纳武官、近卫第三联队联队长等职。1924 年晋升陆军少将,任步兵第十九旅团旅团长。1927 年任朝鲜军参谋长。1929 年晋升中将,任独立守备队司令官。1930—1934 年历任第五师团师团长、第四师团师团长、台湾军司令官。1935 年晋升陆军大将,任军事参议官。1936 年任陆军大臣。1937 年任教育总监、华北方面军司令官。1941 年任南方军总司令官。1943 年晋升元帅。1945 年日本战败后被列为甲级战犯嫌疑,1946 年在押往远东国际军事法庭受审前病死在新加坡监狱。参见太平洋戦争研究会编著『日本陸軍将官総覧』、155 頁。

石原莞尔虽然不是统制派的嫡系，但因在九一八事变中表现突出而受到器重，并在作战课课长的位置上发挥核心作用，成为参谋本部的决策关键。

1935 年 8 月，石原莞尔调任参谋本部以后，陆续利用与参谋次长西尾寿造①等人的关系，推动了参谋本部编制的改组。1937 年 6 月，在石原的策划下，参谋本部作战部新设战争指导课，专门负责制定国防战略和战争指导计划及对战争做出形势判断。石原莞尔将指导课的职权大大扩充，如原本归属情报部的形势判断任务和原本属于总务部的编制动员任务，均被划归指导课，指导课随即成为业务核心。而战争指导课又与作战课合而构成了作战部，作战部遂成参谋本部的核心。石原本人亲自坐镇，1937 年 1 月，石原任代理作战部部长，两个月后，正式就任作战部部长，确保作战部在参谋本部的地位。

1935 年石原莞尔走马上任后，对日本的国防方针、用兵纲领及年度作战计划并不满意。他认为，日本目前的战略已落后于西方各国，必须迎头赶上，迅速研究战争计划、制定国防国策大纲，全力准备战争。②

---

① 西尾寿造(1881—1960)，日本陆军大将。1903 年毕业于陆军士官学校第十四期。1904 年参加日俄战争。1910 年毕业于陆军大学第二十二期。毕业后任陆军省军务局课员，派驻德国研究军事。1923—1926 年历任陆军大学教官、步兵第四十联队联队长、教育总监部第一课课长等职。1929 年晋升少将，任步兵第三十九旅团旅团长。1930 年任军事调查委员会委员长。1932 年任参谋本部第四部部长。1933 年晋升中将。1934—1938 年历任关东军参谋长兼特务部部长、副参谋长、近卫师团师团长、第二军司令官。1938 年任教育总监。1939 年晋升大将，任中国派遣军总司令官兼第十三军司令官。1941 年任军事参议官。1943 年编入预备役。1945 年日本战败后被列为甲级战犯嫌疑，后被释放。参见太平洋戦争研究会编著『日本陆军将官総覧』，161 页。

② 日本防卫厅战史室编，天津市政协编译委员会译校：《日本军国主义侵华资料长编（上）——〈大本营陆军部〉摘译》，成都：四川人民出版社 1987 年版，第 276 页。

　　1936 年 6 月 30 日，石原为首的战争指导课制定了《国防国策大纲》（「国防国策大綱」，以下简称“《大纲》”），并获得了参谋总长的批准。《大纲》的目标很明确，就是解除苏联对“满洲国”的威胁。《大纲》分析，“满洲国”地处要冲，是对苏联“军事、政治据点”。由于苏联在远东军事力量的增加，日本必须在“满洲国”部署足够的军事力量。尤其于开战之初，为能对苏联远东兵力予以打击，对贝加尔以东之敌至少须保持 80％的兵力，同时，海、空军的力量也应相应增强。①

　　《大纲》在阐述了这些内容后，进一步做了如下展望：

　　　　如果让苏联放弃攻势或者让苏联屈服，接着就应夺取英国在“东亚”（包括亚洲东部、东南亚）的根据地，赶走英国的势力，由此，让亚洲东部、东南亚的被压迫民族获得独立，进而侵占新几内亚、澳大利亚、新西兰，从而排除白人对“东亚”的“压迫”，确立日本“东亚保护者、领导者的地位”。然后，进一步领导这些“东亚各国”，准备与美国进行“大决战”，即世界的最终战争。②

　　在这份大纲中，石原莞尔的世界大战观已有了较为明确的轮廓。石原莞尔较之于永田铁山，其对于日美对抗的远景认识得更为深刻，并且提出了“东亚联盟”的概念，将日本的外交和战争政策向理论化的方向稍作推进。石原认为，日本应立足于日“满”为核心的东亚联盟，北拒苏联，东抗美英，中国和东南亚是其市场和资源的来源。日本以亚洲解放者的身份，理所应当

────────────

①②「国防国策大綱」（昭和十一年六月三十日）、島田俊彦、稲葉正夫編『現代史資料 8 日中戦争 1』、東京：みすず書房、1964 年、357 頁。

领导东亚和东南亚各国，接收原属于西方列强的势力范围。然而，石原莞尔并不能完全实现他的主张，因为他认为对苏战备更为关键，因此应优先扩充陆军军备，这受到了海军的阻挠。这是因为后者更加重视南进的战备。在此前后，海军废弃了《华盛顿海军条约》和《伦敦海军条约》，军备不再受到条约限制，正在准备与美国进行造舰竞争。所以，他们必须优先获得建造军舰的预算。

　　1936 年 8 月 7 日，根据《大纲》的精神，广田弘毅①内阁的五相会议上决定了《国策基准》（「国策の基準」，以下简称"《基准》"）。《基准》采取的是调和的态度，主张日本当前的根本国策，应遵循外交与国防互相配合，陆军与海军战略互相配合的策略。关于大陆政策的实施方针，在于"希求'满洲国'的健全发展，日'满'国防的巩固，消除北方苏联的威胁，同时防范英、美，具体实现日、'满'、华三国的紧密合作，以促进我国的经济发展"。对东南亚地区的主要态度，是"努力促进我国民族的经济发展，一面避免刺激他国，一面以渐进的和平手段扩张势力，并与'满洲国'的建成相配合，力求国力的充实和加强"。②

　　陆军省在 1936 年的基本格局是：寺内寿一任陆军大臣、梅

―――――――――――

① 广田弘毅（1878—1948），日本外交官、首相，被东京审判列为甲级战犯。1905年毕业于东京帝国大学法学系。1935 年任外务大臣时提出对华三原则。1936 年任首相兼外务大臣。1937 年任第一次近卫内阁外务大臣。1946 年被远东国际军事法庭列为甲级战犯，是唯一被判死刑的文官，主要罪状即广田三原则和确立了军国体制。1948 年被处以绞刑。

② 「国策の基準」（昭和十一年八月七日），島田俊彦、稲葉正夫編『現代史資料 8 日中戦争 1』，361 頁。

津美治郎任陆军次官、矶谷廉介任军务局局长、町尻量基①任军事课课长。寺内政治色彩淡薄,而且完全没有军政经验,因此军政上的决策几乎全权委托梅津美治郎等人。而梅津美治郎属于业务型军事官僚,并无特定的政治派别,反而容易受到统制派的影响。矶谷廉介是一夕会的成员,他的态度自不必说。自矶谷以下的陆军部中层军官也多属于统制派,因此以石原莞尔为核心的统制派,得以推行其军事策略。

1937 年 5 月,石原莞尔等人的《日"满"产业五年计划》作为重要产业五年计划移交给陆军省实施。这个五年计划的内容,是日"满"结合一体,在从 1937 年度算起的 5 年内一举提高矿工业生产能力。其目标是要使主要产品在 1941 年度比 1936 年度增加近一倍。成为扩充对象的主要部门是机械、冶金、动力和化学 4 个部门。② 6 月,这项计划被广田弘毅内阁、林铣十郎内阁之后的近卫文麿内阁作为政府的决定。

这种通过计划经济扩充工业生产力的思想,是以第一次世界大战时的德国为模式的永田铁山等人的统制经济论中所不包含的观点。永田等人的统制经济论是从国家的观点,试图对现有的工业生产力和技术进行合理的重组,并实行统制和管理,而石原莞尔

---

① 町尻量基(1888—1945),日本陆军中将。1909 年毕业于陆军士官学校第二十一期,1917 年毕业于陆军大学第二十九期军刀组。1935 年任近卫野战炮联队联队长。1936 年任陆军省军务局军事课课长。1937 年晋升陆军少将,任陆军省军务局局长。1938 年任华北方面军副参谋长、第二军参谋长,参加武汉会战。1938年再次任军务局局长。1939 年晋升陆军中将,任第六师团师团长。1942 年任法属印度支那驻屯军司令官。1945 年编入预备役。参见太平洋战争研究会编著『日本陸軍将官総覧』,285 页。

② [日]小山弘健、浅田光辉著,王敦旭译:《日本帝国主义史》第 3 卷,北京:生活・读书・新知三联书店 1961 年版,第 146 页。

的五年计划的目的，不仅包括统制、管理，而且还包括由国家主导发展工业生产力和技术水平。当然，永田铁山等人也试图实行重工业化和强化军需产业，但是，其主要是考虑通过国家统制来重组产业结构，并不像石原莞尔那样，强烈意识到通过计划经济积极提高整个工业生产力。

作为统制派的一员，石原莞尔也在考虑政治革新的问题。与永田铁山利用军部改革日本稍有不同，石原将重点首先放在"满洲国"身上，他也并不想依托军队的力量改良政治。他筹建了"满洲国协和会"，试图借助"满洲国协和会"实现对"满洲国"的"一党独裁"。石原主张，通过创建具有领导力的政治团体，根本改造政治经济体系。① 石原的"一党独裁"思想，受到当时国际政治的影响，与苏联、德国的政治经验有关，他试图把"满洲国协和会"实行一党独裁的构想以某种形式带到日本国内。

永田铁山和石原莞尔的方案有相近之处。二人均希望由一个群众团体统筹全局，总括政治与社会，配合军事策略，实现总体战目标。但两种方案之所以差距如此之大，与所面临的政治环境有关。石原莞尔的设想在 1932 年左右提出，考虑的是"建国"的问题。在一个政治组织阙如的环境下，以党治国的目标较易实现。但永田铁山在日本本土面临的状况则大为不同。日本政治相对成熟稳定，政党林立而且势力庞大。永田铁山不可能施展另造团体的方法，只能依据日本当时的状况，利用地位独特且强势的陆军，制定国策的具体方案，通过陆军大臣强迫内阁实施。但是，永田自己没有谈到过独裁的主张，"一党独裁"论是石原莞尔在陆军中率

————————

① 《为矶谷大佐》，1932 年 6 月 25 日。转引自[日]铃木隆史著，吉林省伪皇宫陈列馆译：《日本帝国主义对中国东北的侵略》，长春：吉林教育出版社 1996 年版，第 501 页。

先提出，并为统制派成员武藤章等人所继承的。

　　石原莞尔对于华北的计划也与其统制派战略思想有很大关系。1931 年 1 月，他就曾强调河北省的铁矿、山西省的煤炭等华北资源的重要性，[①]并发表个人意见称，应该首先实现"华北的开发"。[②] 1933 年 5 月，中日签订塘沽停战协定以后，石原莞尔更是坚持所谓的"自给自足"政策，也即为了实现"东亚联盟"，有必要把中国本土也纳入日本的统治之下，实行"以日中'满'三国为基础范围的自给经济"。他还表示，可以占领北平、天津、上海、南京、广东等地。换言之，他当时考虑的是包括整个中国在内的自给体制。[③]在他对未来世界局势的设想中，代表东亚的日本不仅与苏联，与美国、英国等国家之间也可能发生战争，因此，占有华北乃至整个中国的资源是赢得这场未来的持续战争所不可或缺的前提条件。

　　对于如何夺取中国，石原莞尔在进入参谋本部作战部后也不断提出新的规划部署。首先，他在 1936 年 6 月的《国防国策大纲》中提出了在"日、'满'和华北"范围内，进行持久战的准备，而且表明了"对华政治活动"应该限制在与美英保持友好关系的范围之内。也就是说，确保资源的范围限定在到华北为止，而且以与美英的友好为前提。[④]

　　接着，在同年 7 月的《战争准备计划方针》（「戦争準備計画方

<hr>

① 石原莞爾著、玉井禮一郎編『石原莞爾選集　書簡・日記・年表』第 9 卷（1931 年 1 月
　 21 日）、東京：たまいらぼ、1986 年、134 頁。

②③ 片倉衷「満州事変機密政略日誌」、小林龍夫、島田俊彦解説『現代史資料 7　満州
　 事変』、東京：みすず書房、1972 年、203 頁。

④「国防国策大綱」（昭和十一年六月三十日）、島田俊彦、稲葉正夫編『現代史資料 8
　 日中戦争 1』、357 頁。

针"）中，上述的"华北"范围也限定为河北省北部和察哈尔省东南部，所以并非整个华北五省，而是其中二省，而且是"冀东防共自治政府"与冀察政务委员会管辖的区域。此后，石原莞尔为了调整日中国家关系，总结了几条意见：避免"在华北发生无益的纠纷"；在与冀察政务委员会的交涉中，也不要采取"获取我利益的行动"；等等。另外，对于"冀东防共自治政府"，也明确要求停止中国驻屯军（天津）直接干涉，从"冀东防共自治政府"撤回日本顾问，等等。他试图通过这些手段减轻日本对"冀东防共自治政府"和冀察政务委员会的压力。①

在日本陆军中的激进势力看来，石原莞尔的华北战略，是不断让步、走向对华绥靖的。1936 年，石原将日本势力限定在华北两省之内，而到了 1937 年，石原实际上提出暂缓武力控制华北的政策。战争指导课在石原莞尔的授意和指挥下，于 1937 年 1 月制定了《帝国外交方针改正意见》（「帝国外交方針改正意見」），该《意见》的大方向是在东亚和东南亚建立以日本为中心的东亚联盟。暂时以美国、英国和德国作为牵制苏联在远东的攻势的重要手段。② 石原莞尔的长期战略是：驱逐英国在东亚和东南亚的势力，构建东亚联盟，确保资源，最终与美国进行决战。也就是说，他基本上是主张南进。而扩充对苏战备的前提是，让苏联放弃在远东的攻势，确保后方安全。石原莞尔认为，以日本当下的军备情况，同时准备对华、对苏作战是不可能的。③

在华北问题上，石原莞尔与永田铁山的考虑相似，都是以确保资

① 「戦争準備計画方針」（昭和十一年七月二十九日）、角田順編『石原莞爾資料　国防論策』、185 頁。

② 「帝国外交方針改正意見」（昭和十二年一月六日）、角田順編『石原莞爾資料　国防論策』、194 頁。

③ 井本熊男『作戦日誌で綴る支那事変』、芙蓉書房、1978 年、88 頁。

源、备战世界大战为中心。石原认为应该确保从中国获得国家总体战所需的短缺资源，以前也不反对分裂华北活动，把它作为攫取资源的一个过程。早在发动九一八事变之时，石原就曾考虑，依靠"满蒙"的资源，不足以进行长期持久的国家总体战，应该立足"满蒙"，夺取河北省、山西两省等华北地区，进而视情况占领"中国本部的要都"，从而确立"东亚自给自足的道路"。① 他还曾说，"统治'满洲'"的目的是为了做好开发中国本土资源的准备，以备未来的"世界争霸战争"。

　　石原莞尔的这一方针实质是一方面避免短时期内因华北问题与美英等国发生军事冲突，一方面以经济侵入代替政治控制，绝非意味着放弃日本在华的势力扩张。他在《帝国外交方针改正意见》中提出不进行"华北分治活动"，"不能因为华北的资源而失去理智"。并称，现在谈论华北的资源"有害"无益。但从他此前论说可知，他并非无意于华北的资源，只是认为目前并非合适的时机，应该暂缓激烈的举动。②

　　石原莞尔所在的战争指导课主张应开展"日中经济合作"，这与永田铁山出现了较大的分歧。永田铁山曾提出要在南进中独占中国的市场和资源，为北抗苏联提供足够的战略储备，但石原莞尔反对这种一战时的思路，他认为通过与英美合作，同样能够达到经济扩张的效果，而独占中国资源则易引发美国军事干预，日本暂时并无胜算。

　　可见，在石原莞尔主导的参谋本部，"以日'满'为范围的自给自足经济"成为主导，也就是说，日本暂时放弃从独占事业中获取

---

① ［日］岛田俊彦著，李汝松译：《日本关东军覆灭记》，沈阳：辽宁教育出版社 1991 年版，第 56 页。

② 「帝国外交方针改正意见」(昭和十二年一月六日)、角田顺编『石原莞爾資料　国防論策』、194 頁。

资源的努力，而放弃攫取中国资源所造成的亏空，则通过与英美两国合作，从两国手中获取必要的对苏军事物资。

二、华北事变与陆军"中坚层"的分化

与石原莞尔"经济合作"的主张相呼应，日本内阁的政策导向也出现了缓和的迹象。1937 年 4 月 16 日的四相会议决定新的《对华实行方策》和《华北指导方案》。新政策中最引人注目的是，《对华实行方策》中明确记载："不进行企图华北分治或有可能打乱中国内政之政治工作。"这表明日本放弃自第一次《华北处理纲要》以来的华北分治方针。[1] 石原莞尔的策略似乎得到了成功。但绥远事件表明，陆军中央与关东军的关系仅是表面上较为平静，实际则暗流涌动。

1935 年底至 1936 年初，蒙古族上层反动分子德穆楚克栋鲁普（即所谓"德王"）公开投降日本，与关东军合作，成立伪蒙古军总司令部。与此同时，陆军部指示关东军不要过分深入，"大体上限制在长城一线以北，且不使波及东部绥远四蒙旗之地域"。[2] 但关东军并没有贯彻执行，纵容德王于 1936 年 5 月成立伪蒙古军政府。关东军参谋田中隆吉[3]等人，参与策划了德王 11 月的进攻行动（即

---

[1] 日本防卫厅战史室编，天津市政协编译委员会译校：《日本军国主义侵华资料长编（上）——〈大本营陆军部〉摘译》，290 页。

[2] 日本防卫厅战史室编，天津市政协编译委员会译校：《日本军国主义侵华资料长编（上）——〈大本营陆军部〉摘译》，第 287 页。

[3] 田中隆吉（1893—1972），日本陆军少将。1907 年进入广岛陆军地方幼年学校，1910 年进入陆军中央幼年学校。1913 年毕业陆军士官学校第二十六期。1922 年毕业于陆军大学第三十四期。1924 年任参谋本部"支那"班班员。1930 年任驻上海武官。1935 年任关东军参谋部第二课兵要地志班班长。1936 年任德化特务机关机关长，与德王联合策划绥远事件。1939 年任陆军省兵务局兵务课课长。1940 年晋升少将，任第一军参谋长、陆军省兵务局局长。1941 年任陆军中野学校校长。1943 年转入预备役。1945 年任罗津要塞司令官。参见太平洋战争研究会编著『日本陆军将官总览』，376—377 页。

绥远事件），目标是夺取绥远省东部的绥东四旗。

蒋介石对日本的行动不无戒备。"内蒙德王独立，为时间问题，果不能设法消弭乎？冀鲁叛变，图谋脱离中央，将成事实，或可及时消弭乎？"①他告诫太原绥靖公署主任阎锡山说："绥远守弃方针，弟意小敌来扰，则迎头歼灭之；若其大敌正式来攻，则扼要据守，并择最重要几个据点固守之，如能固守三个月之时间，则事无不成。故绥远不可全部放弃，亦不宜处处设防。"②蒋介石深知绥远守军有限，因此不能处处把守，但他也不愿对日本示弱，因此必须择要处固守。蒋介石对绥远的防守战略，看似两面取巧，实则模糊摇摆。加之，蒋虽许以防备经费，但却并未落实，绥远守军虽有心守备但实则涣散。

关东军一方面唆使德王入侵绥远，另一方面也在拉拢地方势力派。1936 年 6 月，关东军参谋长板垣征四郎来绥远"访问"傅作义。傅作义在绥远省政府正厅接见了板垣。板垣试图向傅作义示好，称日方虽与宋哲元签订协议，但不满意宋哲元的声望，因此还希望与傅作义在华北合作。傅作义严词拒绝，称："华北是中国的领土，绝不许任何人出来自搞一个独立局面。"于是板垣又提出"蒙绥自治"问题来与傅交换意见。傅说："内蒙和绥远都是中国的领土，不许任何人来分割独立，也不许任何人来侵占蹂躏，如果德穆楚克栋鲁普不顾国家民族利益，自搞分裂，背叛祖国，发兵进犯绥远，我们将坚决予以消灭。我是国家边防负责人，守土有责，绝不

---

① 《蒋介石日记》（手稿），1936 年 6 月 29 日，美国斯坦福大学胡佛研究院档案馆藏，下同。

② 《蒋委员长致阎锡山一月漾电》，蒋中正档案，革命文献拓影，统一时期，第 25 册"华北局势与对日交涉上"(2)，第 235 页。转引自杨奎松：《蒋介石与 1936 年绥远抗战》，《抗日战争研究》2001 年第 4 期。

容许任何叛离祖国和民族者来犯,使国家领土受到损失。"板垣征四郎的拉拢和施压未得要领,悻悻而归。①

蒋介石见英俄借款协议议成,判断日本此时必定不敢轻举妄动,反是中国出兵良机,欲借此形势变化之际,给日本以突然袭击,扑灭德王部进犯华北之心。因此决定派中央军北上以示强硬,同时趁机加强对华北地区的控制。

虽然绥远已战机四伏,但中日双方的政府间交流并未终止。双方在南京进行磋商,蒋介石从大局出发,不愿与日本轻言战事。他在1936年9月25日当天的日记中写道:"对倭方针,在现时非万不得已不可放弃忍痛一时之策略。但应抱定牺牲抗战之决心,所谓忍痛,非屈辱之谓也。盖余始终认定倭寇不敢与我正式战争,不久彼必觅得旋转之途径矣。今川越与张群谈判,形势已等于决裂,且彼只有片面要求,不许我提条件,是则不可忍者。余决回京,亲与川越周旋。"②中日交涉一度出现转圜,蒋认为日方在华北问题上有所让步,绥远问题似可和平解决。

然而,蒋介石也逐渐意识到,日本中央政府的缓和表态,并不能保证关东军按兵不动,双方的军事战略博弈仍在进行。阎锡山虽欲有所防备,但他也担心抽调大量军队赴绥远,会暴露出对中共军队的劣势。他担心战端一起,有腹背受敌的危险。而身为绥远省政府主席的傅作义态度更为积极,他向阎锡山提出先行对敌进攻,以占得先机。

就在国民党军内部仍为是否先进攻进行讨论之际,1936年11

---

① 孙兰峰、董其武:《绥远抗战始末》,全国政协文史和学习委员会编:《从九一八到七七事变亲历记》,北京:中国文史出版社2015年版,第526页。

② 《蒋介石日记》(手稿),1936年9月25日。

月 12 日,在关东军的授意下,伪蒙军先采取了行动,进犯红格尔图的傅作义部。伪军以王英为前敌总指挥,共出动石玉山、杨守城两个骑兵旅及金甲三步兵旅和炮兵两个连等部,日军派飞机三架轰炸我红格尔图守军阵地,掩护伪军进攻。傅作义部顽强阻击。蒋介石亲临太原督阵,督促前线将领一致发起进攻,并最终取得胜利。红格尔图战役自 11 月 13 日开始至 19 日结束,战斗了七个昼夜,打退了伪军的进攻,摧毁了田中隆吉和王英指挥部,缴获战利品甚多。王英连自己乘坐的马车也未及带走。在大捷后召开的庆祝大会上,汪精卫、阎锡山即乘坐王英的马车检阅部队。11 月 24 日,傅作义部发动百灵庙战役,令第二一一旅旅长孙兰峰为前敌总指挥,指挥所部张成义、刘景新两个步兵团,第七师刘效曾步兵团,孙长胜师一个骑兵团,附山炮兵一营,苏鲁通小炮一队,汽车和装甲车各一队,以"快速果敢"的行动,收复百灵庙。[1] 伪蒙军不得不停止进攻,随之傅作义也逐渐停战。

　　就在绥远事件进入胶着状态之时,石原莞尔于 11 月下旬至 12 月上旬前往"满洲国"和华北,视察当地情况。期间,他在长春与关东军高层参谋进行了会谈。当时的关东军高层参谋板垣征四郎参谋长、今村均副参谋长、武藤章情报主任参谋等人均在其列。今村均回忆当时的情形颇具意味。席间,石原莞尔提出关东军应立即停止对内蒙古的军事活动,而武藤章则反驳石原说:你"在'满洲事变'中非常活跃",现在我们是"效仿你的行动,在内蒙古如法炮制",同席的年轻参谋们"哄堂大笑"。[2] 当年的激进者,反而被视为

---

① 孙兰峰、董其武:《绥远抗战始末》,全国政协文史和学习委员会编:《从九一八到七七事变亲历记》,第 530、531 页。
② [日]川田稔著,韦平和译:《日本陆军的轨迹(1931—1945):永田铁山的构想及其支脉》,第 157 页。

落后者。老师劝告学生不要模仿自己，反被学生嘲笑。这其中的吊诡之处下文还将详细论述。

关于自己在绥远事件前夕对华政策的看法，石原莞尔曾对1939 年在参谋本部《支那事变史》编纂部任职的竹田宫德宪王大尉有过如下叙述：

> 形势日趋紧迫，在发生绥远事件的 1936 年末，我作为第二课课长（战争指导课）奉命去华北时经过大致的观察，归来后深信与南京国民党政府之间调整邦交尚有充分余地。其条件为：国民党承认"满洲国"独立，则日本极力援助中国独立。当前将丰台驻军调往通州以防卫冀东，中国一经承认"满洲国"独立，冀东立即回归中国。即以"满洲"独立作为日中两国建立和平的条件。在此期间，对冀东只在政治方面作出充分合理的处理。同时，使天津日军停止对冀察政权的政治指导，对冀察政权应通过外交途径解决问题。[①]

石原莞尔的想法是只要中国愿意承认"满洲国"独立，日本可以考虑放弃军事控制华北地区，中日双方可以通过外交途径解决争端。但他并未考虑到中日的实际情况，即中国不可能放弃东北，日本关东军和华北驻军也不会放弃近在眼前的机会。

石原莞尔事后对此事也颇为懊悔，他曾表示：

> 中央部对关东军插手华北一事，无法制止，终于想出增强天津驻军的对策。但因增强驻军构成了此次华北事变的原因，对此，痛感当时自己应负责任。当时不采取加强天津驻军

---

① 「石原莞爾中将回想応答録」（昭和十四年秋）、角田順編『石原莞爾資料　国防論策』、436 頁。

的方法，而以统帅的权威使关东军放手，那就好了。作为当时的负责人，我深感内疚。①

通过绥远事件，可以看出日本陆军中央与关东军的关系并不如石原莞尔所想象的严密。双方貌合神离的中央与地方关系，是结构性的。如不能根本上解决组织体系的问题，类似的地方独断事件只会接连发生。即便陆军中央警告关东军不要进犯华北，恐也难以发挥十足效力。陆军中央的增兵之举，只是加速了全面战争爆发的进程。

1937 年 3 月上旬，参谋本部预感到事态紧迫，特召驻华大使馆武官喜多诚一②及中国驻屯军参谋和知鹰二③、大桥熊

① 「石原莞爾中将回想応答録」(昭和十四年秋)、角田順編『石原莞爾資料　国防論策』、435 頁。

② 喜多诚一(1886—1947)，日本陆军大将。1907 年毕业于陆军士官学校第十九期，1919 年毕业于陆军大学三十一期。1926 年任陆军省军事课"支那"班班长，1928 年任参谋本部"支那"班班长，1929 年被参谋本部派驻南京。1931 年任步兵第三十七联队联队长，1932 年任上海派遣军情报课课长、关东军第二课课长，1934 年任参谋本部"支那"课课长。1936 年晋升陆军少将，任驻华大使馆武官。1937 年任天津特务机关机关长、华北方面军特务部部长，长期在华北从事情报工作。1939 年晋升陆军中将，任第十四师团师团长。1941 年任第六军司令官，1943 年任第十二军司令官，1944 年任第一方面军司令官，1945 年晋升陆军大将，并于同年在中国东北投降苏联红军。1947 年死于西伯利亚。参见太平洋戦争研究会編著『日本陸軍将官総覧』、145 頁。

③ 和知鹰二(1893—1978)，日本陆军中将。早年毕业于广岛陆军地方幼年学校、陆军中央幼年学校。1914 年毕业于陆军士官学校第二十六期，1922 年毕业于陆军大学第三十四期。在华期间主要从事特务工作。1934 年任太原特务机关机关长，1936 年任中国驻屯军参谋，1939 年任广东特务机关机关长，策动阎锡山、李宗仁、白崇禧等地方势力。1940 年晋升陆军少将，1941 年任台湾军参谋长，1942 年任第十四军参谋长。1943 年升任陆军中将，1944 年任南方军副总参谋长、第三十五军参谋长。参见太平洋戦争研究会編著『日本陸軍将官総覧』、309 頁。

雄①三人来东京,听取了他们对现地局势判断的报告。综合三人的报告内容大致如下:

一、在收复"满洲"以前,蒋介石政权的抗日政策恐继续不变。希望以我对华北让步取消抗日政策之类的见解是极大的错误。即使在最有利的情况下,也不过是敷衍一时的权宜之计。

蒋介石政权是在绝对抗日的总方针下,为了加强内部、充实军备、依附欧美,以及南京华北的一体化等,加紧促其实现。日本对此应有明确认识,从而制订出根本对策,并须严格避免以小巧伎俩粉饰当前情况。同时必须牢记在任何情况下采取软弱政策,结果只能招致当地事态的恶化。

二、上述日中关系的恶化,不能设想用一般的手段即可调整,同时,再考虑到我对苏联的关系,或有采取如下应急方针的必要。

1. 调整对华邦交,至少做到在我对苏作战时,蒋介石政府不站在苏方参战。

2. 在前项不能实现时,应在对苏开战前,首先予中国一击,用以挫伤蒋政权的基础。在此情况下,日本须有与苏中两面作战的精神准备。

3. 不论在上述两项的任何一种情况下,当前,首先应以应急弥补的办法调整对华关系。在此期间充实对苏中的

---

① 大桥熊雄(1894—1944),日本陆军中将。1917 年毕业于陆军士官学校第二十九期,1927 年毕业于陆军大学第三十九期。1937 年任关东军参谋、中国驻屯军参谋。1941 年任第五十一师团参谋长,1942 年任山东省特务机关机关长,晋升陆军少将。1943 年任华北方面军特务部部长。1944 年被中共地下党刺杀毙命,追晋陆军中将。参见太平洋战争研究会编著『日本陆军将官总览』、202 页。

战备。①

日本驻华军官与石原莞尔的战略可谓背道而驰。他们完全反对石原的暂缓军事控制华北政策，而是希望进一步的战略投机。首先，日本驻华军人方面对中日关系不表乐观。他们认为，中国目前执行的是"绝对抗日"的方针，不认为中国会放弃反日斗争。这一点他们的判断是正确的，但他们认为错在中方，因此必须示强而非示弱。其次，驻华军人认为中日关系必须先于日苏关系解决，而解决的方式在他们眼中，无外乎战争一途。因此日本对于中国，迫其就范最为重要，能谈则谈，不能谈则打，予中国以猛击，迫使其改变对日政策，以做足充分准备，应对对苏作战的战略远景。

1937 年 6 月，石原莞尔已预感到华北的危急局势，派作战课的参谋公平匡武②少佐和井本熊男大尉视察天津、张家口、包头、大同、太原、石家庄、济南、青岛一带地形，公平还视察了上海附近的华中地区，并提出三点原则：（1）重新传达已作指示的中央方针，并严格指示不准采取谋略行为。（2）谋求合理解决经常成为纠纷起因的步哨问题。（3）谋求与中国驻屯军首脑沟通思想，并妥善解决参谋的人事配备，要求驻华日军

---

① 日本防卫厅战史室编，天津市政协编译委员会译校：《日本军国主义侵华资料长编（下）——〈大本营陆军部〉摘译》，成都：四川人民出版社 1987 年版，第 293—294 页。

② 公平匡武(1898—1944)，日本陆军中将。早年进入中央陆军幼年学校，1919 年毕业于陆军士官学校第三十一期，1927 年毕业于陆军大学第三十九期。1928 年作为参谋本部部员派驻法国，1935 年任参谋本部作战课课员，1937 年任华中方面军参谋。1939 年任中国派遣军参谋、野炮第二十联队联队长。1942 年任第四军参谋长，1943 年晋升陆军少将，被派往太平洋战场，任第八方面军副参谋长、第三十一军副参谋长。1944 年战死于塞班岛，追晋陆军中将。参见太平洋戦争研究会编著『日本陸軍将官総覧』，218 頁。

遵守。①

　　石原莞尔对待中国华北的态度，与对待东北的态度有较大差别。这种转变发生的原因大致可以从两方面加以考虑。

　　第一，石原莞尔对国际局势的判断。同统制派的精神领袖永田铁山一样，石原莞尔战略立足点的第一步是对苏作战。石原判断，20世纪 30 年代的世界格局与 20 世纪 10 年代已有很大不同，日本很难凭一己之力获得新的势力范围，而不受国际社会的阻挠和制裁。因此，日本独占中国的计划不可能实现。他认为，日本不能单独应对对苏战争。因此，日本必须暂与英美结好，一方面可以借英美之势，制衡苏联，令苏联不能轻易发动远东攻势；另一方面，一旦开战，日本可以借英美的经济力量，弥补自身资源不足的劣势。

　　实际上，石原莞尔试图令日本采取协调外交路线的目的是为了稳固与英美的外交关系，而为此，日本不得不修复与中国的关系。这其中就牵扯到一个重要的问题，就是"满洲国"和华北问题。石原莞尔的思想在不断变化之中，他的战略核心是保证日本在"满洲国"的既得利益，而华北相对而言则不那么紧要。为了保证中国承认"满洲国"，石原认为可以放弃对华北的军事侵略，而转向经济开发和政治控制。

　　第二，石原莞尔对中国的认识发生了变化，认为中国的统一程度已经大大加强，经济等方面的改革也提升了中国国力，日军一旦发动全面战争，就会在中国陷入持久战。② 在 20 世纪 30 年代以前，石原莞尔同大多数日本军人一样，对于中国充满鄙夷，认为汉

---

① 防衛庁防衛研修所戦史室『戦史叢書(8)：大本営陸軍部(1)』、東京：朝雲新聞社、1967年、428 頁。

② 井本熊男『作戦日誌で綴る支那事変』、東京：芙蓉書房、1978 年、88 頁。

民族"具有不能自己创造近代国家的缺陷",政治组织落后,社会四分五裂,经济亦不够发达,不能发展成一个现代国家。另外,他认为,中国人缺少"自己维持治安的能力",日本"在政治上领导"整个中国对于中国人来说也是一种"幸福"。但此后石原的认识发生了变化,他意识到中国政治的发展已经到了不可忽视的地步。随着中国币值改革的推进,在主要地区已经实现了法定通货制度,中央政府的财政税收和经济稳定到达一定程度。同时,中国的民众运动也逐渐声势壮大。石原认为,对这种运动需要加以重视,因其主要目标针对日本,同时规模也很庞大。日本必须加以引导,将这种运动引向统一新中国的方向。[①] 具体的措施有两点,第一点是放弃"以往的帝国主义侵犯政策",并对日本"侵略、垄断的优越态度"加以改正。第二点是积极援助"新'支那'建设运动"和"统一运动"。也就是说,石原莞尔对华态度上发生重要转变,认为中国不可轻视,须更多提携,使其服从日本的目标。[②] 但这并不意味着石原放弃对华战争的手段。他也意识到中国不会轻易转变仇日的态度,因此他认为在必要的情况下,必须予中国以重击,令其屈服。因此,只能说石原莞尔在侵华之声呶呶不已的陆军系统中,就侵华步骤与激进派有不同看法,主张逐步蚕食中国,最终还是要把包括中国在内的东亚地区变为日本的附属,支撑日本与美苏对抗。

1937 年,石原莞尔晋升为参谋本部作战部部长。广田弘毅内阁总辞职之后,昭和天皇下令原朝鲜总督宇垣一成就任下一任首相。这与石原等陆军中央军官的意愿背道而驰,因而宇垣最终也

---

① 「对支实行策改正意见」、角田順编『石原莞爾資料 国防論策』、198—199 頁。

② 「帝国外交方針及对支实行策改正ニ関スル理由立支那観察ノ一端」、角田順编『石原莞爾資料 国防論策』、202 頁。

未能组阁，而由曾任陆军大臣的林铣十郎代替就任首相，这一任命正中石原等人的下怀。石原莞尔还策划由关东军参谋长板垣征四郎就任陆军大臣，这样一来无论是陆军中央还是内阁，就都在石原等人的掌控之下。石原试图走的是永田铁山走过的道路，但最终板垣征四郎因资历不够及人事冲突而未能获任，原任教育总监代理的中村孝太郎①拿到了陆军大臣的位置。这样，石原等人通过板垣掌控整个陆军的企图落空，这对他的影响力产生了不利影响。此后，大约过了 4 个月，林铣十郎内阁总辞职，1937 年 6 月 4 日，成立了近卫文麿内阁。② 这就是全面抗战爆发前的政治局势。

第四节 七七事变后的日本陆军对华战略：
以石原莞尔与武藤章之争为切入点

一、七七事变爆发与陆军"中坚层"的策略分歧

1937 年 7 月 7 日，卢沟桥事变爆发。日军称有一名日本士兵失踪，扬言要进入宛平城搜查。遭到中国守军拒绝后，日军于 8 日

---

① 中村孝太郎(1881—1947)，日本陆军大将。1900 年毕业于陆军中央幼年学校，1901 年毕业于陆军士官学校第十三期。1904 年参加日俄战争。1909 年毕业于陆军大学第二十一期。1920 年任驻瑞典武官，1922 年任步兵第六十七联队联队长。1927 年晋升陆军少将，任步兵第三十九旅团旅团长。1929 年任朝鲜军参谋长，1930 年任陆军省人事局局长，1932 年任中国驻屯军司令官，晋升陆军中将，1934 年任第八师团团长，1935 年任教育总监部本部长。1937 年任陆军大臣、军事参议官、东部防卫司令官。1938 年晋升陆军大将，任朝鲜军司令官、军事参议官、东部司令官。1943 年转入预备役。参见太平洋戦争研究会编著『日本陸軍将官総覧』、159 页。
② 胡德坤：《试论三十年代亚洲战争策源地的形成》，《武汉大学哲学社会科学论丛》(史学专辑)，武汉：武汉大学历史系《史学论文集》编印组编印，出版年份不详，第 426 页。

凌晨向宛平城发动进攻,负责守卫宛平城的第二十九军不得已发起反击。

蒋介石 8 日即已注意到卢沟桥的动荡,他判断这是日军的主动挑衅。但蒋介石对日军的意图仍无把握,他的怀疑有两点:一为日军将"乘机我准备未完之时,使我屈服",一为"与宋哲元为难乎,使华北独立化"。蒋介石一度想到决心应战,但他又判断日军此时不会与国民党军开战,因为此时开战对日本并无好处。① 9 日,蒋介石的判断进一步明确,他认为这是对日强硬的机会,希望借助此次冲突,要求日本撤退丰台守兵,或取消冀东伪组织。但他也不能保证日军会满足其要求,因此同时积极运兵北进备战。蒋介石的目的不在于与日本决战,但他认为卢沟桥事变后,中国已到存亡关头,"万不使失守"。"如我不有积极准备,示以决心,则不能和平解决也"。因此,蒋并没有与日全面开战的意图,他仍在幻想日本妥协退让。总之,蒋介石的方针日趋强硬,"准备动员,不避战事",备战促和。②

徐永昌注意探听日本消息,得知日本内部意见也不统一,中央政府不希望扩大,但少壮派"在做反面工作"。徐永昌感慨,以中国国防论,能再忍半年实较有利,"惟日军人或不容许,而中国自身亦不容许,奈何"。③

徐永昌的消息较为准确。卢沟桥事变后,日本陆军中央一片混乱。时任军事课课长的田中新一在日记中记录到,当时的陆军中央惊恐万分,没有一个统一的方针,参谋本部与陆军省各行其

---

① 《蒋介石日记》(手稿),1937 年 7 月 8 日。
② 《蒋介石日记》(手稿),1937 年 7 月 9 日。
③ 《徐永昌日记》,1937 年 7 月 14 日,台北:"中央研究院"近代史研究所 1991 年版,第
　 76 页。

是。各个部门对于未来是否要爆发全面战争没有信心，但也觉得除了诉诸武力，没有其他办法。因此，增兵试探、主动出击，似乎成了一个相对有利的选择。①

卢沟桥事变的爆发也成为统制派分裂的一个契机。此时，由于参谋总长闲院宫载仁亲王②不负责具体事务，参谋次长今井清因病不能视事，石原莞尔的军事判断一定程度上决定了参谋本部的决定。石原莞尔坚持了卢沟桥事变前的态度，表明了不扩大事态、就地解决的方针。8日，参谋总长闲院宫向中国驻屯军司令官下达指令：为防止事件扩大，应避免进一步实行武力。③ 同日，国民政府外交部向日本提出抗议："据我方所得报告，此次事件之责任，不在我方，显系日军挑衅，本人奉命，向贵使馆严重抗议，并声明保留一切合法要求，中日关系已至重要关头，不容再趋恶化，应请贵方立电华北驻屯安全军立即制止一切军事行动，并令驻屯军代表与冀察政委会所派人员，急速根据正确事实，立谋和平解决。藉免事态之扩大。"④此时，中日双方均表达了不希望事变进一步发展的

---

① 日本防卫厅战史室编，天津市政协编译委员会译校：《日本军国主义侵华资料长编（上）——〈大本营陆军部〉摘译》，第 299 页。

② 闲院宫载仁亲王（1865—1945），日本陆军元帅、皇族。1877 年进入陆军幼年学校。1882 年赴法国留学，毕业于法国陆军大学。1891 年回国后历任陆军士官学校教官、陆军骑兵学校教官。1894 年参加中日甲午战争。1901 年晋升陆军少将，任骑兵第二旅团旅团长。1904 年参加日俄战争，晋升中将。1906 年任第一师团师团长，1911 年任近卫师团师团长。1912 年晋升陆军大将。1919 年晋升元帅。1931—1940 年任参谋总长。1940 年因恐皇族承担战争责任而辞去参谋总长职务，任军事议定官。1945 年病逝。参见太平洋戦争研究会编著『日本陸軍将官総覧』，144 页。

③ 防衛庁防衛研修所戦史室『戦史叢書（86）：支那事変陸軍作戦（1）』，東京：朝雲新聞社、1975 年、155 页。

④ 《卢案向日使提抗议》，1937 年 7 月 8 日，王建朗主编：《中华民国时期外交文献汇编 1911—1949》第七卷（上），北京：中华书局 2015 年版，第 4 页。

态度。

中日双方这种不愿事变扩大的态度亦可从当时的英美两国得到反映。7月12日,英国驻日代办道滋(James Dodds)于7月13日向英国外交部汇报:现有迹象表明,日本并不准备扩大冲突规模。日本加派军队之举亦可被认为仅仅是出于一种预防手段,日本政府只是希望表明形势不应继续恶化。亦有评论指出日本将发现自身现在处境困难。[1] 英国此时就有意调停中日冲突,英国驻华使馆秘书郭万安(D. Cowan)向英国驻华大使许阁森(Knatchbull-Hugseense)汇报北平局势时表示,需要劝说日本接受恢复事变前的状态。[2]

日本驻美大使在会见美国国务卿赫尔(Cordell Hull)时向其表示:卢沟桥事变可以协调解决,"仍抱有希望"。赫尔肯定日方"正为友好解决争端不诉诸战争而作的努力",并特别强调"一旦发生重大的战争,则战胜者和战败者都同样要遭到巨大而严重的损害"。[3]

石原莞尔虽然不愿扩大冲突,但他的意见并不能代表陆军中央,而且也未取得统制派内所有人的认可。围绕着对华战争,陆军中央已分裂成不扩大派与扩大派两个阵营。不扩大派以参谋本部作战部部长石原莞尔、参谋本部第二课课长、陆军省军务课课长等人为代表,主张不扩大战事,慎重出兵;扩大派以陆军大臣杉山元、陆军省军事课课长田中新一大佐、参谋本部第三课课长和中国课

---

[1] From Mr. Dodds,July14th, 1937,FO371/20950, F4088/9/10, p. 25.

[2] From Mr. Cowan to H. Knatchbull-Hugseense, July13th, 1937, FO371/20950, F4097, p. 28.

[3]《赫尔备忘录》,1937年7月12日,王建朗主编:《中华民国时期外交文献汇编1911—1949》第七卷(上),第60—61页。

课长永津佐比重①大佐，以及俄国课课长笠原幸雄②大佐等人为代表，主张扩大战事，逼迫中国就范。其中，武藤章的活动尤为引人注意。

由永田铁山主导的统制派主要成员，占据了陆军中央的中高层，其中主要成员除了石原莞尔，还有作战课课长武藤章、关东军参谋长东条英机、中国驻屯军参谋池田纯久、战争指导课课员堀场一雄、关东军参谋富永恭次③、关东军副参谋长今村均、关东军参谋片仓衷、作战课课员服部卓四郎、关东军参谋部部员辻政信等人。这些人大多属于扩大派，只有少数人，如池田纯久等主张不扩大，支持虽同属统制派，但并非永田铁山嫡系的石原莞尔。据池田纯久回忆，当时"以参谋本部作战部部长石原莞尔为代表的是日华提

① 永津佐比重（1889—1979），日本陆军中将。1911 年毕业于陆军士官学校第二十三期，1920 年毕业于陆军大学第三十二期。1935 年任参谋本部课长，1937 年任步兵第二十二联队联队长。1938 年晋升陆军少将，任"华北政治安部"最高顾问。1941 年晋升陆军中将，任第二十师团师团长。1942 年任中国派遣军总参谋长兼上海陆军部部长，1944 年任第十三军司令官，1945 年任第五十八军司令官。参见太平洋战争研究会编著『日本陸軍将官総覧』，262 頁。
② 笠原幸雄（1889—1988），日本陆军中将。早年毕业于陆军中央幼年学校。1910 年毕业于陆军士官学校第二十二期，1918 年毕业于陆军大学第三十期。1934 年任近卫骑兵联队联队长，1936 年任参谋本部欧美课长、俄国课长。1937 年晋升陆军少将，任关东军副参谋长。1938 年任参谋本部总务部部长，1939 年任华北方面军参谋长，晋升陆军中将。1941 年任第十二师团师团长，1942 年任关东军总参谋长，1945 年任第十一军司令官。参见太平洋战争研究会编著『日本陸軍将官総覧』，209 頁。
③ 富永恭次（1892—1960），日本陆军中将。早年毕业于熊本陆军地方幼年学校、陆军中央幼年学校。1913 年毕业于陆军士官学校第二十五期，1923 年毕业于陆军大学第三十五期。1937 年任关东军参谋，1938 年任步兵第二联队联队长。1939 年晋升陆军少将，任参谋本部第四部部长、第一部部长。1940 年任公主岭战车（坦克）学校校长，1941 年任陆军省人事局局长，晋升陆军中将。1943 年任陆军次官，1944 年任第四航空军司令官。1945 年任第一三九师团师团长，在中国东北与苏联红军作战，被苏军俘虏。参见太平洋战争研究会编著『日本陸軍将官総覧』，258 頁。

携论者,以作战课课长武藤章为代表的是对华膺惩论者,双方保持着对立的立场",而"关东军着眼于'满洲国'建设得以克竟全功,故对膺惩论极为支持"。①

武藤章,1892 年 12 月出生于日本熊本县。他与同时代的陆军将校类似,从日本陆军大学毕业后,前往德国继续学习军事。归国后,曾在参谋本部第二部效力,负责情报搜集工作。1933 年和1936 年,武藤章曾两度来到中国,主要工作都与收集情报有关,可以算得上一个中国通。永田铁山在提拔石原莞尔的同时,将武藤章安排为陆军省军事课高级课员。武藤章政治嗅觉敏锐,活动积极,因参与将寺内寿一推为陆军大臣而在陆军省取得重要地位。

武藤章野心极大,很得关东军参谋长板垣征四郎的赏识,被委以重任。绥远事件发生之前,武藤章就曾奉命潜入内蒙德化,说服德王率伪蒙军进攻绥远。德王失败后,武藤章还帮忙善后,指挥德王后撤保存实力。武藤章回到陆军中央后,就任参谋本部作战课课长,石原莞尔还在其中发挥了一定作用。石原欣赏武藤章的才能,也深知两人政见有很大分歧,但他信心满满,不认为后者能成为自己的障碍。事实证明,石原低估了武藤章的野心和实力。

卢沟桥事变爆发后,武藤章等扩大派将校兴奋不已。7 月 8日,武藤章所在的参谋本部作战课也认为,应根据不扩大方针,将冲突严格限定在平津地区,这与石原莞尔的方针相近。但作战课还提出,一旦中方"采取挑衅态度",日军必须将中国军队逐出平津,这无疑留下一个开启战端的理由。7 月 9 日,作战课以应对华

---

① 池田纯久「支那事变勃発前後に於ける諸動向に就て」、1945 年 12 月 26 日、JACAR(アジア歴史資料センター)Ref. C11111699700、雑綴　昭和 20 年 12 月(防衛省防衛研究所)。

北的中方第二十九军和中央军增援为由，制定了向当地派遣关东军两个师团、朝鲜驻屯军 1 个师团、国内 3 个师团的派兵方案。军事课课长田中新一此时也主张对华强硬，声称：为了"彻底斩除祸根"，要把宋哲元的第二十九军赶出北平、天津地区以及河北省全境。除武藤章、田中新一外，参谋本部第四部部长下村定①等人，也属于"扩大派"，主张抓住机会，扩大对华战争规模，并试图合力推动增兵方案的通过。②

7 月 10 日，参谋本部审议了武藤章等作战课的派兵方案。当时，石原莞尔认为："当前，应该一心完成'满洲国'建设、完成对苏战争，由此国防得以安固。不宜干涉中国，使其支离破碎"。也就是说，现在是应该专心于"满洲国"建设、完成对苏战备的时候，如果干涉中国，这些将受到阻碍，国防建设将会混乱，因此不应该扩大事态。但是，在此次审议中，他同意了武藤章等人提出的派兵方案。

石原莞尔虽然不支持扩大战争，但他的立场始终站在日本陆军一方。在维护驻华日军的利益问题上，石原没有任何游移。他表示：

---

① 下村定(1887—1968)，日本陆军大将。早年毕业于陆军中央幼年学校。1908 年毕业于陆军士官学校第二十期，1916 年毕业于陆军大学第二十八期，1919 年赴法国留学。1930 年任参谋本部第二部第四班班长，1931 年任国联裁军准备委员会干事，1933 年任野战重炮兵第一联队联队长，1935 年任关东军作战课课长。1936 年晋升陆军少将，任参谋本部第四部部长。1937 年 9 月 28 日取代石原莞尔任第一部(即作战部)部长，1938 年任东京湾要塞司令官。1939 年晋升陆军中将，1940 年任陆军炮工学校校长，1941 年任陆大校长，1942 年任第十三军司令官。1944 年任西部军司令官、华北方面军司令官。1945 年晋升陆军大将，日本投降后被任命为陆军大臣兼教育总监。1946 年以战犯嫌疑被拘留，次年获释。参见太平洋戦争研究会编著『日本陸軍将官総覧』，149—150 頁。

② 井本熊男『作戦日誌で綴る支那事変』、84 頁。

  既然采取不扩大方针,是否应该停止动员,这虽是一般的想法。但第一线出现了纠纷,而派兵则需数星期时间。因此,即使希望不扩大,如形势紧迫,作为万一的准备,也有进行动员的必要。①

  中日双方在卢沟桥事变发生后的一周内,仍在相互试探。蒋介石不仅要反复揣度日本的心思,同时还要提防宋哲元对日投降。② 宋哲元及其所部虽抵抗,但不欲与日军全面交战。至 7 月 9 日凌晨,秦德纯与华北驻屯军代表松井太久郎③达成停战撤军的口头协议:(1) 双方立即停止射击;(2) 双方军队各撤回原防(日方坚持要求中国军队撤至永定河西岸);(3) 宛平城防由冀北保安队担任。④ 后秦德纯又与松井太久郎签订协议,然而日军并无意执行该协议,双方仍在打打停停。

  当时,石原莞尔等不扩大派认为,应该看一看 7 月 11 日签订当地停战协定后的谈判进展情况。但是,武藤章等扩大派提出了应该采取更加强硬的态度的方针。

  石原莞尔对此提出了如下反对意见:现在能够动员的师团是

---

① 日本防卫厅战史室编,天津市政协编译委员会译校:《日本军国主义侵华资料长编(上)——〈大本营陆军部〉摘译》,第 276 页。

②《蒋介石日记》(手稿),1937 年 7 月 12 日、14 日、15 日。

③ 松井太久郎(1887—1969),日本陆军中将。1910 年毕业于陆军士官学校第二十二期,1917 年毕业于陆军大学第二十九期。1936 年任中国驻屯军司令部付,1937 年参与制订卢沟桥事变停战协定。1937 年 9 月任张家口特务机关机关长,晋升陆军少将。1938 年任近卫步兵第一旅团旅团长,1939 年任"满洲国"最高军事顾问。1940 年晋升陆军中将,任第五师团师团长。1942 年任汪伪政权最高军事顾问,1943 年任中国派遣军总参谋长,1945 年任第十三军司令官。参见太平洋战争研究会编著『日本陆军将官総覧』,286 页。

④ 日本防卫厅防卫研究所战史室编,齐福霖译:《中国事变陆军作战史》(第一卷第一分册),北京:中华书局 1979 年版,134—135 页。

30 个,其中,能够用于中国方面的大约是 15 个,这样,日本不可能与中国进行"全面战争"。但是,如果派遣国内的 3 个师团,两国进入战斗状态,那么,将会有发展成全面战争的危险;如果现在与中国发生战争,只能"走到哪算哪"。这样,无疑会变成一场"长期"的"持久战争"。但是,从现状来看,必须在与苏联的边境上配备相当数量的精锐师团,因而,无法在中国投入足够的兵力。中国领土面积如此辽阔,日本将陷入一场长期战争的泥潭。[1]

石原莞尔认为,现在正是全力扩充对苏战备的时候。如果与中国发生军事纠纷,将会削弱日本在这方面的力量,因此,他"希望尽可能避免战争"。如果从国内派遣 3 个师团的兵力,将会引发全面对华战争,而顾不上扩充对苏战备,现在,中国正在从以前的分裂状态走向国家统一,民众的民族意识越来越觉醒。在这样的形势下,如果发生全面战争,会有发展成持久战的危险,日本自身的国防战略将会走向崩溃。而且,"如果日中两国发展成长期战争,苏联一旦打过来,目前的日本毫无把握",从这个方面来看,日本也应该避免发动对华战争。因此,据时任参谋本部作战参谋的井本熊男回忆,石原在参谋本部内四处散播反对增兵的言论,甚至提出,海军一定也会在上海挑事以出兵上海,参谋本部不可出兵。[2]

对此,武藤章等人判断:中国处于不可能实现国家统一的分裂状态,如果日方表明强硬的态度,那么以蒋介石为首的国民政府就会屈服;现在,应该坚持军事上的强硬姿态,给其一击,使其屈服,将华北五省纳入日本的势力范围;而且,目前需要华北与"满洲"相辅相成,增强对苏战备,眼下的事态是实现这一目标的绝好机会。

---

[1] 今冈豊『石原莞爾の悲劇』、東京:芙蓉書房、1981 年、297 頁。

[2] 井本熊男『作戦日誌で綴る支那事変』、88 頁。

应该说,武藤章的认识已经为蒋介石所预料。蒋认为"卢案已经发动十日,而彼徘徊威胁,未取正式开战,是其无意激战,志在不战而屈之一点,此其外强中干之暴露也"。①

　　一言以蔽之,武藤章主张通过军事打击,使国民政府屈服,实现一直以来的分裂华北政策,通过日本实质控制华北五省获得垄断性的统治权,从而确保华北的资源和市场。但是,这种认为只要日本进行军事打击,轻易就能让中国屈服的主张低估了中国的抵抗力量。当时,武藤章曾宣称,如果向华北派遣国内的 3 个师团,"那里的一堆废物将会举起双手投降",所以驻华日军并不打算放过这个千载难逢的机会,决定扩大战局。然而,出乎其意料的是,中方予以强硬反击,战事骤然扩大。

　　值得注意的是,上述对华认识对于武藤章等人的军事打击论来说,只是理由之一,甚至可以说是相对次要的理由。主要原因还在于他们对国际局势的判断,尤其是对欧洲局势的关注。当时,在欧洲,德国宣布重整军备后进驻莱茵兰非军事区,而意大利入侵埃塞俄比亚并受到国际联盟的制裁,军事上局势日趋紧张。在这样的形势下,武藤章等人从防备下一次世界大战的观点出发,对石原莞尔的政策抱有强烈的危机感,企图完全确保华北的军需资源和经济权益。

　　武藤章早先就发表过这样的意见:蒋介石为首的国民党的外交政策是旨在恢复国家主权、恢复领土的"革命外交",它"绝无将来放弃'满洲'"的意思,而是"想要(把'满洲')收回自己的国家",并借助美英和国际联盟的力量"对抗日本",今后,它也肯定"对日

---

① 《考虑日本政府态度》(1937 年 7 月 16 日),吕芳上主编:《蒋中正先生年谱长编》第 5 册,台北:"国史馆"2015 年版,第 343 页。

本拔刀相向"。对此，日本必须谋求"日'满'合作"，进而"影响到中国本土"。也就是说，武藤章企图逐渐把中国变为日本的势力范围，其背景则是要求确保日本的军需资源和获得市场以备未来的国家总体战。

但是，在这个阶段，武藤章、田中新一等陆军中央的对华强硬派也出于对美英等的考虑，并不打算从正面否定关于保持中国的领土完整和门户开放的《九国公约》。因此，他们并不考虑把华北变为"独立国家"或者变为日本的领土、否定中国的主权，而是希望完全通过自治的"独立政权"等形式，实现分裂华北的目的。也就是说，他们的目的是将华北变为日本的势力范围。比如，武藤章声称，虽然要对国民政府实施军事打击，但是"不考虑夺取南京"。军事课课长田中新一也认为，采取不扩大方针会导致放弃日本的"华北权益"，而为了保护日本在华北的权益，必须坚持强硬的态度。7月14日，武藤章领导作战课拟订方案，要求准备与中国的全面战争，在条件许可的情况下，投入充足的兵力，在短时间内完成战争。①

二、淞沪会战前后石原莞尔的"不扩大"主张

针对日本的强硬姿态，蒋介石于7月17日发表了庐山声明，表示"和平未到根本绝望时期，决不放弃和平，牺牲未到最后关头，决不轻言牺牲"。另一方面，他也指出，一旦战端开启，"地无分南北，年无分老幼，无论何人，皆有守土抗战之责任，皆应抱定牺牲一切

---

① 「7月14日以降ノ為北支事変指導要綱（案）」（1937年7月14日）、JACAR（アジア歴史資料センター）Ref. C12120055200，支那事変戦争指導関係綴 其の1 昭和12年7月～昭和13年11月（防衛省防衛研究所）。

之决心"。蒋介石庐山声明背后,其实隐含着两层意思:一是对日本战争决策层喊话。蒋判断战争的决定权在于日本天皇,若能以宣言"感动"之,或可转危为安。且他认为日军之所以没有进攻,是因为实力不足,"志在不战而屈"。因此,宣言也是对敌强硬的姿态。二是一旦战争爆发,蒋介石认为发表宣言可以鼓舞士气,有利而无害。①

当天,石原莞尔接到蒋介石中央军 4 个师北上的情报后,考虑到当地日军和日本侨民处境危险,批准了派兵方案。当时,当地的中国驻屯军大约有 6 000 兵力,处于其保护之下的平津地区的日本侨民大约 1.5 万人。而与之相比,中方第二十九军大约有 7.5 万兵力,而且传来了中央军精锐的 4 个师(约 6 万人)正在北上的情报。② 可以说,这对石原的判断产生了很大影响。

内阁会议决定派兵以后,以武藤章为首的作战课于 7 月 16 日提出了以下主张:应该向中国方面提出让宋哲元道歉、罢免当地第十七师师长等内容苛刻的要求,并要求限期答复。如果中国方面没有做出有诚意的答复,便立刻动员所保留的国内 3 个师团,"讨伐"中国军队。当时,作战课决定把战场尽可能限定在华北,视情况也有可能发展为"对华全面战争"。另外,参谋本部情报部也持强硬姿态,要求立即出兵。

1937 年 7 月 18 日,在田中新一等人的推动下,石原莞尔再一次与扩大派展开争论。石原认为,日军的动员计划是将 11 个师团安排在中国,如果坐视事态发展,日军必然会与中国军队发生冲突,全面开战必不可免。为了避免事态进一步恶化,陆军必须果断

---

① 《蒋介石日记》(手稿),1937 年 7 月 16 日。

② 防衛庁防衛研修所戦史室『戦史叢書(8):大本営陸軍部(1)』、436 頁。

撤军,将华北驻军撤出山海关以外。[①] 然而陆军大臣杉山元、陆军次官梅津美治郎等陆军省高层明确表示支持武藤章为首的作战课拟订的方案。双方最终妥协,决定与中方展开接触,以 7 月 19 日为谈判期限。蒋介石并不汲汲于与日本求和,但地方实力派的愿望十分迫切。宋哲元部与日方谈妥条件,而日方也暂缓派兵。由于日方态度强硬,宋哲元为首的第二十九军接受了日方的大部分要求,7 月 19 日签署了协定的详细条款。蒋介石虽然对宋哲元向其隐瞒 19 日谈判细节不满,但鉴于华北局面需其主持,所以蒋只得对宋采取容忍态度。[②]

　　7 月 22 日,日本陆军中央决定延缓派遣国内师团。徐永昌也认为,目前局势仍有缓和希望,因为现在的摩擦仍系日本"少壮派之独立活动","非其政府策动之攻击"。[③] 但是,1937 年 7 月 25 日、26 日相继发生了廊坊事件和广安门事件,中日两国军队分别在两地发生小规模武装冲突。当日晚,石原莞尔终于也向当地驻军发出通报,指示彻底"讨伐"中国军队。次日,又决定从日本国内动员和派遣 3 个师团赴华北,也即第五师团(广岛)、第六师团(熊本)、第十师团(姬路)。7 月 28 日早晨,由中国驻屯军、"满洲"和朝鲜的增援部队、关东军飞行队等组成的当地日军开始对中方军队发动总攻。29 日,日军占领了北平和天津。之后,日本国内的 3 个师团和相关部队抵达当地,动员兵力达到约 20 万人。

　　此时,蒋介石已认清中日战争势不可免,因此下定决心作战。反观地方实力派则不作此想。宋哲元不但不愿与日军决裂,反责

----

① 防衛庁防衛研修所戦史室『戦史叢書(8):大本営陸軍部(1)』,452 頁。

②《蒋介石日记》(手稿),1937 年 7 月 23 日。

③《徐永昌日记》,1937 年 7 月 26 日,台北:"中央研究院"近代史研究所 1991 年版,第 87 页。

怪中央军进入华北,刺激了日军,主张中央军撤出华北,由其单独与日媾和。① 正是由于宋一味避战的姿态,使得平津地区防备极其松懈。②

此时,以石原莞尔为首的参谋本部仍然坚持不扩大的方针,指示现地军队把军事行动限定在控制平津地区,作战范围限定在北平、天津西南的保定至独流镇一线以北地区。而关东军方面早已按捺不住,要求向华北进军。参谋本部拒绝了关东军的要求,但正如前面分析的一样,陆军中央并无能力完全约束关东军的行动。因而,8 月 5 日,关东军之一部进攻察哈尔省内的多伦、张北地区。鉴于战端已开,参谋本部只能依照战事要求,向关东军下令发动察哈尔战役。与之前一样,武藤章旗帜鲜明地支持关东军。石原莞尔屡次提出要限制作战区域,但武藤章等作战课的军人屡次反对这一提议,要求扩大战争范围,主张对南京政府速战速决。陆军中央的决策层如此矛盾对立,表现出游移拖延之态。这些均为现地军队看在眼里,成为现地军队藐视中央权威的动因之一,促成现地军队在未得到指令的情况下扩大战局。

由关东军参谋长东条英机兼任司令官的关东军"察哈尔派遣兵团"(后称"蒙疆"兵团),向张家口地区发起进攻。国民党第二战区令骑兵第一军(赵承绶部)在察哈尔省(今内蒙古东部)南部向伪蒙军发动攻势。赵承绶部攻克商都、尚义等地。刘汝明部主力攻张北,另一部攻崇礼。8 月 15 日,日军猛扑刘汝明部。20 日向张家口进攻,神威台守军保安第一旅旅长马玉田阵亡。24 日,日军攻占张家口以西孔家庄车站,平绥铁路交通中断。傅作义率部赴援

---

①《蒋介石日记》(手稿),1937 年 7 月 26 日。
②《蒋介石日记》(手稿),1937 年 7 月 27 日。

张家口无效。27 日,四面受围的张家口失陷。①

　　另一方面,1937 年 8 月 9 日的虹桥机场事件,引燃了华东地区的战事。日本驻沪海军陆战队的大山勇夫中尉和一等水兵斋藤与藏驾驶汽车至上海虹桥机场附近,不听警告,被中国保安队当场击毙。② 8 月 10 日,日方以此事件为借口,日本海军以保护侨民为名,派 4 艘巡洋舰、16 艘驱逐舰及 3 000 名陆战队队员急赴上海。在围绕是否加派陆军的问题上,石原莞尔与武藤章又产生了矛盾。石原仍坚持原有策略,即将战事约束在华北地区,因为一旦派陆军进入华东,势必与中国展开全面冲突,到时,日本就会被拖入一场长期战争。而武藤章则认为,此时海陆并进会给南京政府以沉重一击,到时中方必会一击即溃。最终,在海军的强压之下,武藤章的意见又一次占据了上风。

　　8 月 13 日,日本内阁会议决定派遣陆军 3 个师团。8 月 14 日早晨,中国空军轰炸上海的日本舰队和陆战队。日方也在 14 日、15 日对南京、杭州、南昌等地的中国空军基地连续两天进行轰炸。8 月 17 日,内阁会议决定"放弃不扩大方针",石原莞尔的主张宣告失败。8 月 19 日,参谋本部作战课课长武藤章对海军军令部第一课课长福留繁说,为了在上海及南口方面作战,要再动员 4 个师团,在南口方面就需要 3 个师团。③ 8 月 21 日,参谋总长闲院宫向

---

① 王建朗、曾景忠:《中国近代通史》第 9 卷,"抗日战争"(1937—1945),南京:江苏人民出版社 2013 年版,第 38 页。

② 顾高地:《我所知道的八一三战役片段》,上海市政协文史资料工作委员会编:《上海文史资料选辑第 50 辑　抗日战争胜利四十周年纪念专辑抗日风云录》(下册),上海:上海人民出版社 1985 年版,第 86 页。

③ 日本防卫厅防卫研究所战史室编,齐福霖译:《中国事变陆军作战史》(第一卷第二分册),北京:中华书局 1979 年版,第 21 页。

昭和天皇报告，准备扩大战争规模，甚至不惜与中国进行持久战。①

8 月 31 日，石原莞尔拜访了海军军令部第一部部长近藤信竹。石原向近藤谈到，据他观察，战场方面，上海方向日军的进攻并未达到预期效果，而华北方面更是有陷入长期作战的危险。因此，迅速与中国达成和平协议对日本方面有好处。石原莞尔补充，协议的内容应是"光明正大"，"没有领土野心的"。石原莞尔指出，陆军部似乎不愿达成这种和平协议，日本国内的状况没有一个长远的规划。他督促海军和陆军讨论和平协议的问题，而且也应设立大本营，以便整合军事统帅权。对此，近藤回答，关于大本营问题，"如果进入战时状态，美国行使中立法会给我们带来不利，所以目前正在研究"。②

日军的全面侵华迫使国民政府不得不直面现实，下定决心，组织全面抗战。8 月 12 日，蒋介石正式就任海陆空军总司令。14 日，国民政府发表自卫宣言，15 日下达了全国总动员令。蒋介石认为，官兵应坚忍不拔，沉着应战，上下共存，报"一息尚存，此志不懈之决心"。他在反省录中写道：

> 凡我中国之寸土失地，皆洒满吾中华民族黄帝子孙之血迹，使我世世子孙，皆踏此血迹而前进，永久不忘倭寇侵略与惨杀之痛史，必使倭寇侵略之武力摧毁灭绝，期达我民族斗争最后胜利之目的。吾知以我将士过去牺牲之壮烈悲惨，总理与阵亡将士在天之灵，必能佑辅我军将士，完成复兴民族之使

---

① 防衛庁防衛研修所戦史室『戦史叢書(86)：支那事変陸軍作戦(1)』、284 頁。
② 日本防卫厅防卫研究所战史室编，齐福霖译：《中国事变陆军作战史》(第一卷第二分册)，第 26 页。

命也。①

上海为中国经济之重心，又为国际观瞻之所系，因此国民政府不准备轻言放弃，决心投入重兵保卫上海，也借此役打消日本窥探首都南京之心。日本也看重上海的战略意义，于是双方不约而同派重兵向上海集结。淞沪会战遂演变成一场举世瞩目的大战。中方投入的部队是张治中为总司令的第九集团军和张发奎的第八集团军。日本方面，参谋本部在原有的两个师团的基础上，向上海增派 3 个师团。石原莞尔提出的有限投入华东战场的计划已告破产。

9 月 20 日，武藤章拜访军令部，说明了目前对华作战的形势，并作出了对苏作战的预案。关于陆军作战计划，其说明如下：

> 现在在华使用的兵力，华北八个师团、上海五个师团、中央直辖一个师团，此外在国内控制有预备对华作战的三个师团。这样，在对苏作战计划上可以使用的兵力，比以前的预定计划缺少十个师团。把这些兵力分派到各个方面，东正面三个师团（从前八个师团），北正面三个师团（从前四个师团），西正面三个师团（从前三个师团），军直辖四个师团（从前八个师团）。这种情况下，若对苏作战，将使中国战线采取守势，即留在华北四个师团（确保北平，天津，保定，张家口），上海三个师团，将节约下来的七个师团分配到对苏战线以增加东及北正面的兵力，使之达到原来计划的兵力，在国内控制四个备用师团。此外，现在对华派出的陆军兵力，华北约三十七万，上海约十九万。②

---

① 《蒋介石日记》（手稿），1937 年 9 月 11 日，"本周反省录"。
② 日本防卫厅防卫研究所战史室编，齐福霖译：《中国事变陆军作战史》（第一卷第二分册），第 30 页。

　　由上可见,武藤章的计划是华北和华东两个方向派军,既可以集结重兵,迅速打击中国军队,同时也可以调转方向,北面攻苏。这样一来,起码在形式上做到了南北兼顾。

　　在中日战争形势日趋明朗化的情况下,石原莞尔仍固执地坚持日军克制进军,有限占领的说法。他曾于卢沟桥事变后,在中银俱乐部召集伪满洲国中方的各部科长、参事官级官员,以座谈会形式发表讲话。他讲话的中心内容是,"满洲国"由日、中两国人共同建立,这一既成事实不能改变。因而,"满洲国"应归中国人和日本人共同管理。当前局面应继续维持。而华北情况与"满洲国"大不相同。华北以及中国是中国人的中国,日本人协助则可,绝不能取而代之。要想把整个中国建成一个"满洲国"式的中国,那是错误的,也是不可能的,日本也不想这样做。他希望从"满洲国"派出道德、品质正派和有政治见识、有能力的中国人去中国内地,同中国人一起建设强有力的新中国。在亚洲,日本、中国和"满洲国"携起手来建立一个光辉灿烂的、强有力的大东亚,以御外侮等等。石原讲完后,在座的人发言指出,日军已进入中国腹地,刚才的那些话,恐怕无法令中国人相信。石原则坚持说,日本进军是有限制的,绝无领土野心,希望中国人不要误会。①此时,石原莞尔的说法愈发脱离实际,愈显苍白无力,既不能获信于中方,也不受日方认可。

三、石原莞尔退出陆军中央与陆军"中坚层"的策略演变

　　石原莞尔缓进的战略已告破产,另一方面,因其反对激进

---

① 高丕琨:《伪满人物》,《长春市志资料选编》第三辑,长春:长春市地方志编纂委员会1988年编印,第6页。

政策，也引起了以武藤章为代表的南进派的不满，而这种不满逐渐蔓延至中上层，致使石原莞尔提前结束了在参谋本部的任职。9 月 27 日，石原辞去了参谋本部作战部部长一职，调任关东军副参谋长。据说，石原在离开参谋本部时，曾在他担任过课长的战争指导课说："最终还是被赶走了。"

至此，石原莞尔在与以武藤章、田中新一为首的扩大派的斗争中失败，离开了陆军中央。据冈村宁次回忆，当时石原少将特地到访哈尔滨，详细述说了他辞去作战部部长的经过。其主要内容是，中央部主要的气氛是轻视"满洲国"的成长，一味想在中国大陆扩张。石原莞尔对此表示强烈不满，与持这种观点的人展开激烈辩论。石原的观点在晤谈时得到了冈村宁次的肯定。但冈村本人也有困惑，他认为当时在参谋本部工作的石原才是动员 3 个师团的罪魁祸首。石原莞尔既主张不扩大，又派遣军队，岂不自相矛盾？由此可见，当时日本军人对石原的评价也存在不同意见。①

尽管扩大派在政治斗争上占得优势，但战争的实际走势却未如预期。日军在淞沪战争中碰了钉子，遭到了中国军队的顽强抵抗，至 11 月，日军仍未如愿占领上海，扩大派扬言迅速击溃中国军队，迫使国民政府就范的计划宣告失败。11 月初，已经调至中国战场的武藤章再次向日本陆军中央提出建议，派遣一支部队在杭州湾登陆，从背后包抄上海。这个建议被采纳后，武藤章立即飞往华北方面军驻地，商谈兵力调动和具体作战事宜。11 月 5 日，日军在杭州湾登陆成功，中国军队腹背受

---

① ［日］稻叶正夫编，天津市政协编译委员会译：《冈村宁次回忆录》，第 465 页。

敌,被迫撤退。[①] 按照预先计划,日军在杭州湾登陆后,即刻便颁布华中方面军司令部成立的命令。武藤章被任命为华中方面军副参谋长,原来的战争指导课课长河边虎四郎[②]调任作战课课长。同时,取消战争指导课,作为战争指导班并入作战课。石原莞尔的制度设计也被取消。

　　就任新职后,武藤章又提出立即进攻南京的建议。此外,从参谋本部的作战指导部门,到前线的第十军参谋部、华中派遣军司令官松井石根等,各方纷纷要求攻占南京。[③] 淞沪战事紧急之时,11月中旬,蒋介石曾三次召集高级将领会议讨论守卫南京问题。许多将领认为:南京无险可守,不如主动放弃,只派少量部队略示抵抗。但军事委员会警卫执行部主任唐生智认为:南京是国家首都,国际观瞻所系,且又为国父陵寝所在,不能轻易让给敌人,南京非固守不可。[④] 蒋介石此时也是这种看法,认为南京不可守,又不可不守。[⑤] 于是任命唐生智为南京卫戍司令长官,负责守备南京的指

---

① 日本防卫厅防卫研究所战史室编,齐福霖译:《中国事变陆军作战史》(第一卷第二分册),第 97 页。

② 河边虎四郎(1890—1960),日本陆军中将。1912 年毕业于陆军士官学校第二十四期。1921 年毕业于陆军大学第三十三期,任野战炮兵第三联队中队长。1922 年进入参谋本部作战课工作。1928 年任陆军大学教官。1931 年任参谋本部作战班班长。1932 年派驻苏联,任驻苏大使馆武官。1934 年任关东军参谋。1935 年升任关东军参谋部第二课课长。1936 年任近卫野战炮兵联队联队长。1937 年任参谋本部战争指导课课长、作战课课长。1938 年晋升陆军少将,派驻德国。1940 年任陆军第七飞行团团长。1941 年晋升陆军中将,任陆军航空总监部总务部部长。1943 年任第二航空师团师团长、第二航空军司令官。1944 年任陆军航空总监部次长。1945 年任参谋次长,10 月转入预备役。参见太平洋战争研究会编著『日本陆军将官总览』、214 页。

③ 堀场一雄『支那事变战争指导史』、东京:时事通信社、1962 年、109 页。

④ 田兴翔:《南京大屠杀脱险记》,张宪文主编:《南京大屠杀史料集——幸存者的日记与回忆》,南京:江苏人民出版社 2005 年版,第 421 页。

⑤《蒋介石日记》(手稿),1937 年 11 月 26 日。

挥责任。"防守计划大体分作两线配备。即一部占领自京芜路上的大胜关起,至淳化镇、汤水镇(汤山)、龙潭这一弧形线的前进阵地。主力占领复廓阵地。原有的永久工事,被加固为闭锁式或半闭锁式阵地。在防御方针上则已改为永久性防御"。[①] 1937 年 12 月 1 日,日本大本营下达了进攻南京的命令。

随后,华中方面军司令官松井石根指挥四个师团的兵力,分三路进攻南京。南京守军司令唐生智率部抵抗,但由于准备不够周全,武器装备也有差距,未能抵住日军攻势。13 日,日军攻入南京。副参谋长武藤章以"城外宿地不足","由于缺水而不敷使用"为由,宣布日本官兵可以在南京市内随意选择宿营地。穷凶极恶的日军涌向城内,而他们所面对的是手无寸铁的民众,其结果可想而知。杀戮、奸淫的阴云笼罩了这座城市。可以说,武藤章是南京大屠杀的罪魁祸首之一。

1937 年 11 月 16 日,为协调政府与军方,应对对华战争,日本内阁决定废除只适用于战时的《战时大本营令》,给战而不宣的局面提供领导机关,规定"陆、海军大臣既作为国务大臣参加内阁,又作为统帅部之一员置身大本营,负责两者之间的紧密联系"。[②] 实际上,大本营更偏向于军事行动,政府并不能左右军方的决策。20日,大本营设置完毕,日本的最高战争决策体系逐渐建立起来。

历数此时的日本军方领导,强硬派占据主导位置。陆军省的陆军大臣杉山元、次官梅津美治郎、军务局局长町尻量基、军事课课长田中新一均主张或默许对华扩张,而石原莞尔的支持者在陆

---

① 刘斐:《抗战初期的南京保卫战》,全国政协文史和学习委员会编:《南京保卫战亲历记》,北京:中国文史出版社 2015 年版,第 11 页。

② 日本防卫厅防卫研究所战史室编,齐福霖译:《中国事变陆军作战史》(第一卷第二分册),第 102 页。

军之中并无太大影响力。1938 年 1 月 16 日,在军方强硬派的影响下,近卫文麿内阁发表声明,声明提出,"帝国政府以后不以国民政府为谈判对手",德国驻华大使陶德曼的调停宣告结束,日军扩大派迅速灭亡中国的计划也宣告破产。

前面提到,尽管石原莞尔已退出陆军中央,但其主张仍有少数同僚在坚持,这其中就有作战课课长河边虎四郎。围绕"徐州战役"的问题,河边虎四郎与武藤章之间产生了对立。占领南京后,华中方面军提出消灭徐州附近的中国军队,保证华北和华中的占领区连成一片,但作战课并不同意这一作战计划。为此,武藤章特意回到东京,坚持有必要进行"徐州战役"。大本营也注意到了台儿庄附近的汤恩伯部,认为一举歼灭汤部,将大大挫伤中国军队的抗日意志。所以大本营最终批准了"徐州战役"的计划,武藤章的意见再次占据上风。河边虎四郎则步石原莞尔的后尘,于 1938 年 3 月黯然下台。此时,大本营已经开始谋划拿下徐州后,进而占领武汉。[1] 实际上,这是由不扩大向扩大的转折。

中国方面,也意识到台儿庄会战对于保卫武汉的重要意义。1938 年 1 月,国民政府军事委员会指示战略方针:"东面要保持津浦路,北面要保持道清路,来巩固武汉核心的基础"。[2] 中国向第五战区调集兵力,在以徐州为中心的陇海路南北和津浦路沿线抗击日军进攻,延缓其西进,赢得保卫武汉的时间。蒋介石也对保卫武汉做出巨大投入,并许以巨大的决心,表示已决心亲自死守武汉。[3]

---

[1] 日本防卫厅防卫研究所战史室编,田琪之译:《中国事变陆军作战史》(第二卷第一分册),北京:中华书局 1979 年版,第 44 页。

[2] 秦孝仪主编:《中华民国重要史料初编——对日抗战时期·作战经过(2)》,台北:中国国民党中央委员会党史委员会 1981 编印,第 68 页。

[3]《蒋介石日记》(手稿),1938 年 3 月 7 日。

扩大派在人事斗争中的全面胜利，导致其疯狂的战争策略成为日本的国策。日军继 4 月进占徐州后，又于下半年占领汉口和广州。从场面上而言，日军占据了绝对主动，中国东部主要城市均告陷落。但从战术而言，日本的 34 个师团被尽数派往中国，而本土仅剩两个师团。日本不得不派兵占领重要据点，根本无力继续进攻，但又不甘心抽身而退，因此陷入战略上的尴尬境地。

正如蒋介石所预想的，日军不能进、亦不能退，陷入了对华战争的泥潭，难以自拔："此后敌人前进愈难，而我军应之较易，必使敌人再进一线，使之更陷于穷境，则国际变化如何，固不可期待，而倭寇弱点必暴露更甚，敌军兵力亦不胜布置，不仅使之进退维谷，而且使之疲于奔命，如此各国必乘其疲而起矣。"①

中国军民显示出顽强的意志，顶住了日军的疯狂进攻，扩大派最初一击即胜的预期已基本落空。

永田铁山对于统制派有着开创性的意义，一方面他为统制派的军事战略思想奠定了基调，另一方面，他凭借自身在陆军中央的影响力，延揽意见相近的一夕会成员，进入陆军部和参谋本部，使统制派在陆军中央的势力日渐壮大。石原莞尔即受惠于此，得以进入参谋本部任职。作为永田铁山的拥趸和继承者，石原莞尔延续了筹备总体战的路线。在华北问题上，他考虑到日本如采取激进政策，易引发欧美军事介入和中国顽强抵抗，而以日本当时的国力难以支持持久战，因而主张暂缓军事控制华北，进而在卢沟桥事变后主张不扩大战争。这一主张与以武藤章为代表的统制派成员的意见大相径庭。武藤章等人主张军事冒险，加紧侵略中国，以完

①《蒋介石日记》（手稿），1937 年 12 月 18 日，"本周反省录"。

成对美苏的军事、经济准备。这一派意见得到了当时日本内阁和陆军领导层的支持。石原莞尔的政治主张一再被否定，人事方面也再难立足，最终黯然退出陆军的决策核心。

卢沟桥的枪声打断了石原莞尔策划的逐步蚕食华北、将其纳入日本控制的进程。这其中是否存在一种可能性，即石原莞尔在日本的中枢占据上风，会使得中日消弭战事呢？恐怕绝非如此。从当时的政治氛围而言，从日本内阁和陆军中央到驻华日军，大部分人都支持武藤章对华的激进主张，此时的石原莞尔是陆军中的少数派，支持者寥寥。而扩大派武藤章身后站着的则有陆军省军事课课长田中新一、参谋本部俄国课课长笠原幸雄、参谋本部中国课课长永津佐比重等人，还有参谋本部第三部部长冢田攻①、参谋本部第四部部长下村定也持同样的态度。在更下层的普通课员之中，武藤章的贪婪冒险政策更是得到了充分的支持。

不可否认的是，在武藤章等人看来，卢沟桥事变的时机是不可错过的。日本的对华战略总是与对苏战略联系起来的，石原莞尔当时阻挠扩大对华战争的重要理由是日本无法同时对苏对华两线作战。而在一个月前，1937 年 6 月 11 日，苏联的军队内部发生了重大变动。一大批重要的红军领导人，包括图哈切夫斯基元帅等人，以及苏军近一半旅长以上的将领，均受到牵连。可想而知，苏

---

① 冢田攻（1886—1942），日本陆军大将。1907 年毕业于陆军士官学校第十九期，1914 年毕业于陆军大学第二十六期。1919 年任关东军参谋，1928 年任参谋本部作战班班长，1931 年任台湾步兵第二联队联队长，1932 年任陆军省兵务局兵务课课长，1933 年任关东军第一课长。1935 年晋升陆军少将，任参谋本部第三部部长。1937 年任华中方面军参谋长。1938 年任陆大校长，晋升陆军中将，任第八师团师团长。1940 年任参谋次长，1941 年任南方军总参谋长。1942 年任第十一军司令官，12 月 18 日乘飞机由南京飞往汉口途中，被中国军队的高射炮击中死亡，追晋大将军衔。参见太平洋战争研究会编著『日本陸軍将官総覧』、154 頁。

军战斗力为之大减。反观英美，受到德国进驻莱茵兰地区的压力，已是焦头烂额。日军收到消息后，意识到苏联进攻远东的威胁一时间骤然减轻，而国际社会对远东的监督也减轻不少。武藤章等人判断，在欧洲这样的形势下，美英等列强国家不会正式介入东亚问题，此乃"千载难逢"之机会，日本发动对华战争"事不宜迟"。

因此，对日本陆军各派而言，无论其立场如何，中国问题都从来不是单纯的双边关系问题，而是牵一发而动全身的日本全球战略规划的一部分，不仅与整个亚太地区的国际局势有关，还与欧洲的战局息息相关。这一点在研究日本对华军事政策时，应该充分而全面地考虑。

第四章　总体战理论的形成及其影响：石原莞尔战争思想的最终成形及根本缺陷

在筹划解决"满蒙"问题的过程中，石原莞尔的战略理论初步成形并成功付诸实践——发动九一八事变，迅速出兵占领中国东北，树立了日本控制下的伪满洲国傀儡政权。不过，在随后的派系斗争中，由于政见不同，石原受到排挤，被迫退出战争。也正因如此，石原没有在战后被东京审判追究战争责任，甚至主张日本应彻底放弃抵抗，一转成为"和平主义者"。这是不少石原推崇者肯定他的原因，他们认为石原的失败是由于日本陆军当局对石原构想的背离，甚至认为如果按照石原的构想走下去，日本可能不会在太平洋战争中惨败。这一假设是否成立？为何一个看似追求和平、各国合作共荣、东亚民族解放的理论反而为日本侵略中国、准备最终战争提供了意识形态支持？本章深入分析石原莞尔总体战思想和最终战争论的理论背景、思想脉络、主要内容、个人特点以及东亚联盟论的酝酿、出台、主要体系和内容、理论最终的走向，探讨石原战略构想的侵略本质。

第一节　石原莞尔从日本陆军政策制定核心的退出

一、与东条英机的分歧

1937 年石原莞尔转任关东军副参谋长后，时任关东军参谋长的东条英机成为他的上司。石原莞尔从不掩盖他对东条英机的轻蔑，认为东条顽固愚蠢，能力不足以胜任职位。东条对此当然也不能容忍，双方日久积聚的矛盾急剧升温。

石原莞尔在关东军任职期间，仍然坚持逐步侵华的策略，而东条英机主张"对华一击论"。卢沟桥事变爆发之际，"时任关东军参谋长的是东条英机，关东军在电报中认为事变是'千载一遇之好机会'，坚持开战论，并认为中国事变绝对持续不了一年"。① 东条认为："此次事变的主要目的集中在三点，第一是刷新排日政策，第二是防备共产主义势力，第三是开发华北，以上三点不完成，帝国就不会安全。"② 在东条英机的督促下，关东军"蒙疆"兵团于 8 月 29 日攻下了张家口，又于 9 月 13 日攻陷大同。

在日军的战略构想中，中国不是首要位置。日军始终在北进和南进的策略中徘徊。石原莞尔认为，日本暂无力与美国一战，必须养精蓄锐，准备对苏作战，迫使苏联放弃攻击远东。待这一步骤落实后，日本方可考虑南进。然而，东条英机却认为北方边境较为安全，并无后顾之忧。日军可趁此时机，全力攻击中国，并对"蒙

① 池田纯久「支那事変勃発前後に於ける諸動向に就て」、1945 年 12 月 26 日、JACAR（アジア歴史資料センター）Ref. C11111699700、雑綴　昭和 20 年 12 月（防衛省防衛研究所）。

② 保阪正康『東條英機と天皇の時代』上卷、東京：伝統と現代社、1979 年、108 頁。

疆"地区实施占领。可见,东条英机的"急进"与石原莞尔的"不扩大"虽然侵略意图相同,但在侵华策略上产生了尖锐矛盾。东条英机对石原莞尔在工作上指手画脚也极为不满,在一次部长会议上,东条英机公开指出,石原莞尔应专心在作战、兵站关系业务方面辅佐参谋长,而少插手"满洲国"的相关事宜,作为参谋长的自己才是一切决策的核心。① 石原莞尔自然也不肯示弱,双方始终处于僵持的状态。结果,石原莞尔被排挤出关东军也在意料之中。

二、转入预备役

1939 年下半年,石原莞尔被调回日本国内,任陆军第十六师团师团长。石原莞尔将更多的精力,投入到东亚联盟运动之中。这一运动一度受到部分日本人和日伪政权的追捧。然而,由于东亚联盟运动涉及政治问题,与日本的大政方针有所出入,因而受到日本当局的压制。1940 年 7 月,东条英机出任近卫内阁的陆军大臣后,促使内阁于 1941 年 1 月宣布取缔一切以亚洲主义为旗号号召国家联盟的活动,把东亚联盟运动定性为非法组织,后来干脆免除石原莞尔的师团长职务,将其编入预备役。② 在日本军界,被编入预备役基本意味着军旅生涯的终结。此后,石原只得转而在立命馆大学著书立说,专门讲授《国防论》课程,潜心修订他的《最终战争论》。然而,东条及日本政府对石原莞尔的著作也不放心,禁止他的书出版,并派人监视他的行动,最后促使立命馆大学辞退了他。石原莞尔迫不得已于 1942 年 9 月回到家乡隐居。1949 年 8 月 15 日,石原因膀胱癌病死家中。

---

① 上法快男『東京裁判と東條英機』、東京:芙蓉書房、1983 年、245 頁。
② 保阪正康『東條英機と天皇の時代』上卷、145—146 頁。

第二节　《最终战争论》与石原莞尔的总体战思想

石原莞尔的《最终战争论》是其一生战略思想的总结,其中既有继承学习自德国的战略思想,又有根据日本国情和东亚局势所作的阐发。其最终成文的时间虽然较晚,但总体战思想其实一直在石原的战争实践中酝酿,也对日本侵华乃至发动太平洋战争的战略部署有很深的影响。本节拟对此书作一思想脉络上的梳理,详细剖解石原的战略观,围绕石原思想与日军总体战理论和日本战略布局的关系作更深入的研究。

一、国防经济学理论的兴起

石原莞尔的总体战思想并非其首创,而是继承了欧洲大陆自一战以来兴起的国防经济学说。永田铁山、石原莞尔等陆军"中坚层"早年均有在欧洲学习的经验,他们不同程度上借鉴了第一次世界大战的军事研究成果,其中就包括国防经济学。第一次世界大战之后,国防经济学成为一门独立的学科,出现了战争经济学(Economics of War)、国防经济学(National Defence Economics)、军事经济学(Military Economics)等一系列相关理论的探索。这门学科开始形成的标志就是1921年英国剑桥学派的A. C.庇谷出版的一本题为《战争的经济学》的小册子。这是有史以来第一本论述国防经济的专著。

第一次世界大战中武器装备、战略战术的更新换代,呼唤新的军事理论对此加以总结和概括。战争中机关枪、坦克和飞机的使用,在一定程度上左右了当时的战局,而大量高新技术装备、武器弹药的补给,则有赖于国家的整体经济实力。军队不再是军人之争,而且是武器之争、经济之争。除军队以外,交战国的后方及其重要农业经济设施也成了打击的对象。拿破仑时代的一次决战决定战争胜负的场景已不复存在,世界大战成为长期的、持久的战争。[①] 前线与后方界限趋于模糊,国家的经济潜力成了在战争中获胜的决定性因素。

一战结束后,为适应新的社会需求,各国对经济学的研究也有了新的发展。1933 年 1 月,在一片萧条的经济危机中,纳粹法西斯希特勒上台。他借鉴了德国历史学派经济学的理论,提出以国家指导代替自由放任,以保护贸易代替自由贸易,企图通过国家垄断资本主义和法西斯主义,加速军备。希特勒政府改组了"国民经济,迅速地组织了空前规模的军事生产,动用了约 50％的国民收入,军费支出占到国家预算支出总额的五分之三",[②]使战争前的经济准备达到相当高的程度,以致整个国民经济都转入了全面备战经济。当时德国的一些经济学家把这种为战争做准备的经济称为"国防经济",并从 1935 年起兴起了一门新的经济学——国防经济学。[③]

在这段时期里,有关战争经济或国防经济的专著纷纷问世,盛况空前。德国的 A. 迪斯著有《经济战和战时经济》(1920 年);苏联的伏龙芝著有《未来战争中的前线与后方》;门·沙洛夫出版了专著《经济对 1914 年至 1918 年世界大战结局的影响》;B. 德茨出版了《战时经济概论》;德国的鲁登道夫著有《总体战》(1935 年);K. 黑斯著有《战时经济思想》(1935 年);法国的艾莱雷写了《战时国家

---

① 陈雷:《经济与战争:抗日战争时期的统制经济》,合肥:合肥工业大学出版社 2008 年版,第 24、25 页。

② 张振龙:《军事经济学科体系及其理论体系研究》,《军事经济研究》1996 年 9 月。

③ 樊恭嵩:《国防经济论》,福州:福建人民出版社 1988 年版,第 17 页。

的经济组织》(1935 年);英国的凯恩斯出版了《战争经济调度论》,
又名《战争经费和国民经济》(1937 年),以后他又写了《如何筹措战
费》(1940 年);德国的 B. 波索尼著有《总体战的国防经济》(1938
年);P. 维尔出版了《战争与经济》(1938 年)。

二、德国总体战理论的主要内容

德国著名的军事将领鲁登道夫,在理论方面造诣极深。鲁登
道夫曾著有《我对 1914—1918 年战争的回忆》《我的军事生涯》《总
体战》等著作,其中 1935 年出版的《总体战》是其代表作。该书中
主要的内容包括总体战与国民经济、民族精神的关系,以及总体战
实施的各个环节,包括边防军、统帅以及战略战术等等。该书主要
提出:

第一,总体战的意义不仅仅在于消灭对方的军队,更重要的是
试图毁灭对方的精神意志,直接针对参战国全民实施精神和肉体
的攻击。全民参加是总体战的突出特征。无论老幼男女,都必须
在精神上、人员上和作战物资上为战争提供最大限度的保障。他
认为"总体战争的本质需要民族的总体力量,因为总体战的目的是
针对整个民族的"①,"只有当整个民族的生存真正受到威胁,全民
决心投入战争时,总体战才能付诸实施"②。

第二,随着武器装备的提升和现代化,战争的形式趋于多样
化。其中,飞机、潜艇、机关枪的运用,提供了新的战术可能。机枪
对于集中队形的大规模杀伤力,使得散兵队形成为战场的主流。
"飞机不仅可以投入战场,投掷炸弹,而且可向居民散布传单和其
他宣传品。由于无线设备性能的改善和数量的增加,可对敌方进

---

①②［德］鲁登道夫著,戴耀先译:《总体战》,北京:解放军出版社 1988 年版,第 8、11 页。

行宣传,以涣散军队和人民的斗志"。德国潜艇对英国海上供给线的威胁,更是给英国人民带来了精神上的巨大恐惧。因此,现代总体战争是包括军事、精神、经济等方面的全面的战争形式。

第三,各种人力、物力资源上的巨大投入,导致一次决战往往不能够解决问题。尽管参战各方都力图尽早结束战斗,但一方面,战争涉及前方和后方、军人与民众多个层面,一次战争不足以摧毁对方的战斗意志,也不能控制当地的工业设施;另一方面,总体战不限于战时,平时也要为战时预做准备,"应在平时就利用新闻、广播、电影、各种出版物及其他可利用的手段,创造一个能根据民族宗教意识塑造生活的基础,而不应到战时才付诸实施"。①

第四,现代战争的战略纵深远非以往的战争可比。以往的前方与后方有着较为明确的限定,但第一次世界大战中,双方的作战区域均已远远超出以往的战争。以往被视为后方的地区,也被纳入战区,加以袭击。这种无差别的攻击,也迫使后方的普通民众加入到战争之中。军人之事,也成为平民之事。战场从前线延伸至后方,能够影响战局、打击敌人的地方都可被视作战场。②

经济的全面动员是鲁登道夫"总体战"思想中最重要的部分之一。"经济状况关系到民族生存以及人民和军队供给有关的原则问题。"在现代经济领域中,军用与民用越来越相融为一个统一体。战争的进程和胜负,往往决定于经济状况和经济潜力的发挥。总体战是对经济全面依赖的战争,总体战的统帅在平时就应对这一点有足够的认识。而在克劳塞维茨的《战争论》及其他著名的军事理论家的著述中,对经济对战争的意义往往很少涉及。然而,一战

① [德]鲁登道夫著,戴耀先译:《总体战》,第32页。
② [德]鲁登道夫著,戴耀先译:《总体战》,第5页。

后，经济在战争中的重要地位成为一个无法否认也不得不接受的事实。

鲁登道夫特别强调，"在未来战争中所有军队的军事装备数量之大，将是前所未闻的，更不用说随着军事技术的提高，军事装备的性能有较大改善。""在总体战中装备的补充、制造及弹药和装备的维修，其范围之广将是难以想象的。"①他主张：不仅要重建被《凡尔赛条约》破坏了的军事工业，而且还要扩大其规模，非军事工业也要做好战时转产军品的准备；大规模训练技术工人，以备战时转产；必须通过进口储备足够的原料；等等。

鲁登道夫已经预见到，在下一场战争中，对兵员的需求将是巨大的。同时，由于战争对具有先进军事技术的武器装备的需求量会越来越大，需要有庞大的军事工业来支撑战争。为了解决现代总体战争对兵员和劳动力的需求，他主张：第一，应实行两年普遍义务兵役制，建立预备役或后备部队，使年满20岁的有作战能力的男人均能接受军事训练，随时应征入伍。第二，实行普遍义务劳役制，增加后方生产的工作量。一方面缩小士兵与工人的收入差距，另一方面增加战时工人劳动量。总之，要满足总体战对训练有素的优秀士兵的需求。

鲁登道夫认为，"要把全民族的政治、精神、经济和军事联结为一个有机的整体，为战争服务"，能担当此任的只有国家和政府。他说"政府当局应以全民族的力量贡献于军事，以助其成功"。鲁登道夫心目中的政府，是一个统揽全局的统帅，无论何种事业，均须由其统筹，受其命令，如尽可能扩大军事工业，控制中央银行对货币的发行，颁布战争经济动员令，实行普遍义务兵役制和普遍义

---

① ［德］鲁登道夫著，戴耀先译：《总体战》，第52页。

务劳役制,实施战时食品、服装等生活必需品的配给制等,这些均须在政府的控制下施行。① 这是德国为应对 20 世纪 20 年代末经济危机给出的药方,而这一药方在一定程度上发挥了效应,其实质则是国民经济的军事化。

鲁登道夫的理论以对外战争为目标,可以最大程度集中国内的人力、物力资源,解决当时所面临的经济困难。然而,在通往战争的道路上,没有人是真正的赢家。将经济捆绑在战车之上,必然会导致一系列的副作用,比如增发纸币,会引起严重的通货膨胀;不断鼓吹战争和敌对,导致民族主义情绪高涨,政府越来越难以做出有效的引导,任何的外交谈判都有可能被视作投降。而资源向重工业的倾斜,必然导致农业和轻工业的发展失衡,从而使人民的生活水平急剧下降,社会陷于动荡,政府为解决社会矛盾,更会转嫁民众视线,挑起战争。

德国总体战的理论在当时颇为流行,对于当时同样深陷经济危机,且与德国有很多相似之处的日本而言也颇具诱惑。

三、森武夫与《战时经济论》

20 世纪 20 年代末爆发的世界经济危机给各国造成了巨大冲击,日本也不例外。1931 年 9 月,日本侵占中国东北,使之成为重要的原料产地和商品市场,对日本摆脱经济危机产生了极大的帮助。同时,对华战争也令日本的军工产业兴盛起来,并因此带动了相关产业。这个时期日本的经济结构发生了很大变化,重工业在整个工业生产中的比重,由 1930 年的 38.3% 上升为 1937 年的

---

① ［德］鲁登道夫著,戴耀先译:《总体战》,第 125 页。

57.8%。① "九一八事变后,为了使整个经济为战争服务,政府加强了对国民经济各部门的管制。日本关于总体战的理论思想也兴于一时"。②

当时日本的很多学者都关注德国等国兴起的总体战理论。这些学者中,较为著名的是森武夫。他先后完成了《英国战时经济》《美国战时计划经济论》《战时统制经济论》和《战时经济论》等著作,出版于1934年的《战时经济论》是其代表作。日本的战争经济学,受惠于第一次世界大战后总体战理论的发展,森武夫的这部著作正是其中的典型代表。日本热衷于军事冒险,国防开支逐渐增多。第一次世界大战后,日本在1932—1937年国家预算规模明显扩大,尤其是军费在急剧增加,如何处理经济与军事的关系,成为森武夫书中的一个核心议题。

森武夫认为,一战爆发之初,各国对工业需求本无一定之计划,但随着战事的扩大,子弹、炮弹供不应求,于是,一切能够生产军需品的工厂均被政府加以利用,军需产能由此扩大。因此,欧洲各国意识到战争实际上是工业水平的角力。针对可能发生的战事,各国纷纷制定严密的产业规划,对有利于军事战备的工业设施予以优先建设。③ 森武夫提出,产业计划需要四个阶段:(1)确定所需军需品;(2)落实筹办计划;(3)对国民财产加以统筹;(4)设立专门实施统制计划的行政机关。④

森武夫的理论虽着眼于经济,实则将政治与经济合为一体。

① [日]森武夫著,曹贯一译述:《战时经济论》,上海:商务印书馆1935年版,第6页。
② 韩毅:《论日本国家垄断资本主义经济制度的起源及形成(1868—1938年)》,《日本研究》1991年第3期。
③ [日]森武夫著,曹贯一译述:《战时经济论》,第51、52页。
④ [日]森武夫著,曹贯一译述:《战时经济论》,第55、56页。

他认为,新的战争环境导致经济必然畸形,产生以下重要影响:

首先,社会生产的各个环节均会受到战争干扰。战时体制要求一切生产生活的参与主体优先为战争服务,这本无可厚非,但长期的战争会导致国民经济的运行受到扭曲,农业、轻工业和重工业发展会极不平衡。①

其次,战争中,快速集结兵力的能力成为重中之重,重要的交通设施如铁路、公路均被军队征用。森武夫举英国为例,英国先于各国开始对军队进行机械化建设,建成以战车(坦克)群为中心的军队编制,对步兵、骑兵、炮兵加以汽车化改造,弹药、食品、军需均由汽车输送,使军团具有较高的机动性。②

第三,虽然战争中的武器装备已经更新换代,飞机大炮越来越多地运用到实际作战之中,但军人仍是战争的主体。征召军人必然会导致劳动力的大幅削减:德国在一战中先后动员了当时总人口的 20%;农业劳动力的 37% 应征入伍。本应从事一线生产劳动的国民被卷入战争,国民经济自然会受到很大影响。

森武夫认为,国防经济学的意义,在于克服战争给经济造成的种种困难,补充军队战斗力,保障国民的生活安全,保证战争的顺利进行,因此,必须利用"所有的经济手段"对敌国经济施以重压。③于是,他在继续加强"战争经济""战时经济""军事经济"理论研究的同时,创立了国防经济学说,使这门科学更具有系统性和整体性。

---

① [日]森武夫著,曹贯一译述:《战时经济论》,第 180、181 页。
② [日]森武夫著,曹贯一译述:《战时经济论》,第 18 页。
③ [日]森武夫著,曹贯一译述:《战时经济论》,第 3 页。

四、《最终战争论》的思想分析

石原莞尔同森武夫等日本理论家一样,关心一战后国际政治经济的大势,他从欧洲国防经济学、总体战的理论中获得灵感,并用"皇道"思想加以包装,形成他颇具个人特色,也颇为系统的总体战争和最终战争理论。

1940 年 5 月 12 日,已经被排挤到日本国内留守第十六师团任师团长的石原莞尔受邀到京都义方会(东亚联盟在京都的支部)演讲,题目是"终结人类的前史"。大阪立命馆大学教授田中直吉将这次演讲的速记进行整理,由立命馆出版部以《世界最终战争论》①为书名出版。这是石原最终战争理论结集并公开出版的第一个文本。此后,几经修订,1943 年左右,石原本人将"世界"两字删去,以后皆以《最终战争论》为名。②

石原莞尔以军人之出身,将战争置于其理论的核心地位。他认为,战争的特点,"就是武力的对抗",但武力的不同位置决定了战争的形式有所不同。具体而言分为两类:第一类是决战战争。这种战争是"雄性式的",强度大、范围广、时间短,在这种战争之中武力的价值高于一切。第二类是持久战战争。这种战争是"雌性式的""阴性的",与第一种相比显得冗长。两种战争形式同时存在。从军事角度看世界历史,"决战战争的时代和持久战争的时代交替出现"。③

---

① 石原莞爾『世界最終戦論』,大阪:立命館出版部、1940 年。

② [日]石原莞尔著,郭介懿译:《最终战争论·战争史大观》,台北:远足文化出版事业有限公司 2013 年版,xiv-xv。本书以 1940 年立命馆出版部出版的《世界最终战争论》与郭介懿先生译本《最终战争论·战争史大观》相互对照,进行文本分析。

③ [日]石原莞尔著,郭介懿译:《最终战争论·战争史大观》,第 1、2 页。

石原莞尔的战争观颇有历史纵深，这使他的理论卓然于同时代的其他日本将校。石原莞尔熟悉欧洲军事历史，他认为希腊和罗马时代的军事历史最值得借鉴。他指出，希腊、罗马时代的全民皆兵制度，与当时的战争形式有密切关联。全民皆兵与当时进退有序的作战秩序，决定了当时的战争多是决战。中国也是如此，在唐代以前也多是全民皆兵的制度。[1] 但中国自唐以后，兴起了佣兵之制。欧洲中世纪也是如此。相对应的，大规模的决战已不多见，而持久战则兴盛起来。在这种战争中，武力的重要性退居次席。石原莞尔对于这种战争并无喜好，认为这是军事历史上的"黑暗"时代。[2]

到了文艺复兴时期，商业发展和中小城邦的崛起导致雇佣制度出现长期化的情况，而为了约束重金雇佣的士兵，不得不采取专制主义而绝对不能允许士兵的自由。伴随着火炮技术的发达和射击的简单化倾向，为了减少己方阵营的伤亡，排兵布阵也相应出现横向化的变化，减少了纵深。但由于还处在专制时代，从横队战术发展为散兵战术尚有困难。横队战术因其专业性，要求士兵有熟练的战术素养。[3]

另外，雇佣军队的开销十分昂贵，而决战必然导致巨量的金钱需求，因此决战这种形式被战争各方有意回避了。相反，持久战的形式又进一步稳固。石原莞尔称，腓特烈大帝的七年战争就是例证。腓特烈大帝在战争中尽量避免会战，减少损失。这种情况一直延续到18世纪末的法国大革命。法国既要应对战争，又无金钱

---

① ［日］石原莞尔著，郭介懿译：《最终战争论·战争史大观》，第3、4页。

② ［日］石原莞尔著，郭介懿译：《最终战争论·战争史大观》，第4页。

③ ［日］石原莞尔著，郭介懿译：《最终战争论·战争史大观》，第6页。

佣兵，因而强行启用征兵制。这产生了两个后果：一是，战争成本迅速下降，发动战争可以"随心所欲"，这必然动摇了持久战的基础；二是，此前流行的横队战术要求士兵具备一定的战术素养，而对于百姓而言，显然不具备此种素质，这就促使了从横队战术到纵队战术的转变。纵队实行散兵战术，在纵队中是不可以射击的，前方布置好散兵射击，后方运用机动性好的纵队。拿破仑充分适应了这一转变并加以利用，创造新的决战战术，因而取得了军事史上的巨大成功。①

石原莞尔与永田铁山对于现代战争的认识之所以相似，与其说是因为石原师承永田，不如说是二人都受到第一次世界大战的影响，且也都有学习德国的因素。这一点在石原的最终战争论中体现无疑。

石原莞尔用了整整一节来谈一战对于现代战争的转折意义。石原认为，第一次世界大战又将持久战推上一个新的高度。他总结这种发展的原因有以下几点：第一，兵器取得很大进步，特别是机关枪的运用，大大增强了防御方的能力，两军交战时进攻方无法简单避开敌人正面。第二，在法国大革命时期，全民皆兵使得军人数量变得十分庞大，因此进攻时，敌方的正面是绝对避不开的，而迂回到敌人的后方也极为困难——不突破敌人的防线就无法实施迂回。第三，西方人精神力量的薄弱。石原莞尔认为，如果他们拥有大和精神，就可以做到速战速决。但由于西方人不具备大和精神，战争进程变得极其沉缓。② 德国人虽然军事素质占优，但人数较英法为劣，所以双方实力大致相当，陷入持久战，而德国的失败

---

① ［日］石原莞尔著，郭介懿译：《最终战争论·战争史大观》，第8、9页。
② ［日］石原莞尔著，郭介懿译：《最终战争论·战争史大观》，第13—17页。

在于经济战的失败,导致其最终投降。

随着第一次世界大战涌现出新的武器装备,战术方面也有了新的发展。由于炮兵的出现,使得突破散兵防线非常容易,防御的一方就把防线分成数段抵挡对方的进攻,就是所谓的多线防御。这样做很容易陷入被敌人各个击破的危险境地,所以由分兵把守、逐次抵抗的多线阵地的思想,发展为面式的纵深防御的新战法。也就是说,以自动火力为中心的一个分队的兵力占据一个与其他阵地相隔很大的阵地,进而将这种配置部署到纵深。这样一来,因兵力分散而易受到敌人炮火攻击的缺点得以避免,而且由于纵深布置的兵力可以相互巧妙配合,进攻一方不光受到正面的攻击,前后左右都会受到射击,结果使得进攻一方陷入被动的境地。①

与横队战术中贯彻专制主义的指导原则相对,散兵战术给各单兵、各部队以充分的自由。然而进攻面式防御的敌人,给予各单兵、各部队充分的自由,就会使局面陷入混乱。因此,进攻方的主帅要有一定的统御艺术,既要保证各战斗主体有明确的目标,避免重叠和混乱,同时也要鼓励自由,放弃压制。②

石原莞尔写作此书的时间,恰在 1940—1942 年。这段时期的欧陆战场鏖战正酣,纳粹德国也势头正盛。石原莞尔丝毫不掩饰他对希特勒的崇拜,称之为"英雄"。他认为德国虽在一战中失败,但已经重新崛起。希特勒上台后,施行举国一致的策略,全力扩充军备。相反,弥漫着自由主义的英法则漫不经心地看待这一切,英法空军无论是在量还是质上都被公认为逊于德国。石原判断,德国的机械化兵团装备精良、素质占优,而且一般师团在人数上与英

① [日]石原莞尔著,郭介懿译:《最终战争论·战争史大观》,第 15、16 页。
② [日]石原莞尔著,郭介懿译:《最终战争论·战争史大观》,第 22 页。

法联军相比，也占有优势。因此，德国在整体军事力量上占据相当大的优势。而二战与一战的不同之处在于，这一次联军在物质上和心理上都处于绝对的劣势，因此石原莞尔总结，德国有很大的胜算。①

通过对欧洲军事历史的总结，石原莞尔认为，自从二战以后就进入了新时代。从战术上而言，变成了战斗群战术；从战争方式上而言，变成了持久战争。第二次欧洲战争虽然国家之间都是决战战争，但时代的本质还是持久战的时代，然而，不久世界还将赢来决战战争的时代。②

根据历史，石原莞尔预测即将到来的战争形式为总体战。首先就士兵数量而言，目前是所有适龄男性参加战争，而下次决战战争不光是适龄男性，男女老少将全部参战。就战术变化而言，历史上是从开始的密集队形的方阵变成了横队，然后变成散兵，再变成战斗群的战术，即从点到面的发展。而下次的战争则将是立体三维的战争。就战斗的指挥单位而言，密集队形的指挥单位是大队，而战斗群战术中以分队为单位，分队的配置将是一挺轻机枪、十几门铁炮。石原莞尔大胆预测未来的战争可能会以个人为单位。③

石原莞尔鼓吹以战养战。他认为战争一旦不能迅速取胜，必然会被拖入持久战争。那么，就必须在对方国家收集战争资源，达到"以战养战主义"。以战养战的核心，就在于占领对方国家的领土，控制主要的战略资源，并有计划地从事资源采集工作，为军事

---

① ［日］石原莞尔著，郭介懿译：《最终战争论·战争史大观》，第 24 页。
② 石原莞爾『世界最終戦論』，33 页。
③ 石原莞爾『世界最終戦論』，34、35 页。

工业提供资源。①

　　石原莞尔的战争观与他所认为的和平观紧密相连。他认为正是因为兵器的进步,世界才变得太平。下一次的决战战争之后,人类将不再会也不可能进行战争,届时人们将第一次迎来期待已久的真正的、持久的和平。这样以世界上某一处为根据地的武力,可以到达全球并迅速发挥其威力,将反抗力量镇压下去。如此一来,世界就自然变得和平了。② 他所设想的根据地毫无疑问就是日本。

　　石原莞尔的战争观极为残酷。他认为,总体战所要攻击的目标,并非只是精锐的部队,而是那些"最虚弱的人和最重要的国家设施","工业城市和政治中心才是应该彻底摧毁的。所以男女老少、山川草木、鸡鸭鹅狗都应该一样对待"。全体国民一荣俱荣,一损俱损。石原认为日本为应对总体战,不得不提早做准备,肃整官员,完全废弃城市中中等以上学校,分散部署工厂,并以此为基础整合城市人口,必要时强行征改建筑。③

　　值得一提的是,虽然石原莞尔提出的总体战的形式和方法颇有荒诞之处,但他却无意之中预测到了原子弹这种有巨大杀伤力的武器。他认为新的武器装备将配合新的战争形式。一方面是使用能够无着陆环绕地球的飞机,保证空战对敌方造成足够的杀伤;另一方面,就是使用"一发就可以杀掉数万人","难以想象其破坏力的大威力武器"。他设想了大阪、东京变成废墟,一切都灰飞烟灭的灾难性场景,描述下次的决战战争将"一眨眼之间就结束",这

---

① [日]信夫清三郎著,周启乾等译:《日本政治史》第二卷,上海:上海译文出版社1988年版,第261页。
② [日]石原莞尔著,郭介懿译:《最终战争论·战争史大观》,第23页。
③ [日]石原莞尔著,郭介懿译:《最终战争论·战争史大观》,第24页。

无疑与不久以后发生的现实相吻合。[1]

石原莞尔在书的第三章中展望了未来的国际关系。他历数西方历史，认为经历了罗马和中世纪时期，国家这种形式涌现了出来，国家主义逐渐发展，而到了法国大革命时期则开始倡导国际主义。虽然歌德和拿破仑真的把国际主义作为理想，但并未达成目的，结果，在国家主义进入全盛时期的时候，迎来了第一次欧洲战争。为了纠正国家主义的弊端，国际主义的代表——国际联盟出现了，但这一实验最终失败，"国际联盟成了一纸空文"。世界还没有走出第一次欧洲战争前的国家主义全盛时代，所以石原莞尔称之为"联合国家时代"。[2]

石原莞尔将当时的世界大体上分成四部分或四个集团。第一部分是苏维埃共产主义联盟，这是社会主义国家的联合体。在第二次世界大战之中，苏联的实力在不断上升。第二部分是美利坚合众国。以合众国为中心，南北美洲实现一体化。第三部分是欧洲大陆。德国正在主导一个欧洲联盟的形成。第四部分应当是东亚。石原将中日战争形容为"为了中日两国相互提携而有的烦恼"。他认为必须由日本整合东亚各民族，去与世界其他各民族争雄。[3]

石原莞尔还特别提到了大英帝国的问题。他指出，英国的势力版图虽然支配着加拿大、非洲、印度、澳大利亚、东南亚的广大地域，然而，大英帝国早在 19 世纪就已经结束了。石原认为，英国凭借制海权独占了从欧洲到殖民地的通路，施行大陆

---

① 石原莞爾『世界最終戦論』、41、42 頁。

② ［日］石原莞尔著，郭介懿译：《最终战争论·战争史大观》，第 26 页。

③ ［日］石原莞尔著，郭介懿译：《最终战争论·战争史大观》，第 26、27 页。

均势策略,从而提高自己的安全性,进而支配世界。几百年前,英国陆续打败西班牙、葡萄牙、荷兰,然后又击败了拿破仑领导下的法兰西和强盛一时的德国,成为一个世纪的世界霸主。但是,在现今的联合国家时代,像大英帝国那样国家领土处于分散的状态已经不符合时代的要求,"世界的命运无论如何都将是地理上相接触的国家将变成联合体",①英国的霸主地位已经朝不保夕。

石原莞尔判断,第一次世界大战之后的联合国家时代,是为下次决战战争做准备的准决战时代。上文提到的四个集团会演变为东亚和欧洲的联合与美洲的对立,苏联将巧妙地站在两者之间,大体上会倾向于美洲,而最后可以在准决战中生存下来的将是东亚和美洲。石原莞尔的论述颇有几分机运的味道,认为在亚洲西部起源的人类文明向东西两个方向发展,数千年后会以世界最大洋——太平洋为界,相向而立。②

四大集团之中,石原莞尔认为最为薄弱的应是苏联。至于欧洲集团中的德国、法国和英国,石原莞尔认为有其内在的劣势。无论如何宣扬建立命运共同体、建立自由主义联合体,欧洲联盟都必不能长久。这样一来,就只有东亚和美洲能够生存到最后,进行人类"最后的大决战"。石原莞尔通过对新武器的设想,认为这场战争不会持续很长时间,短期内就将会结束战斗。到时只有两种结局:日本天皇成为世界的天皇,或是美国的总统管理整个世界。也就是说实行东洋的王道还是西洋的霸道,人类的命运将由这场战

---

① [日]石原莞尔著,郭介懿译:《最终战争论·战争史大观》,第 29 页。
② [日]石原莞尔著,郭介懿译:《最终战争论·战争史大观》,第 30 页。

争决定。① 石原说："所谓世界最终战争，即是东洋的王道与西洋的霸道，争夺世界统一之指导原理之地位。"②

石原莞尔相信最终的胜者是日本，而"传承历史悠久的东方道义道统"的天皇，将成为东亚联盟的盟主，然后成为世界仰望的天皇。随着日本国力增长，日本国民还必须保持谦逊的美德，甘愿牺牲，为了使东亚诸民族从心底信仰天皇而不懈努力。当天皇被东亚诸民族当成盟主敬仰的时候，也就是东亚联盟真正完成的时候。③

与此相对应的是，鲁登道夫也认为，总体战的政策必须由具有无所不包、无所不管的最高地位的统帅来实行。他心目中的统帅是弗里德里希大帝，其强大的专制能力令政策得以全面实施，政治与军事实现一体化。他指出，统帅的职责在于，在战争爆发之际，"集中全民力量——前方的和后方的力量——供其调遣"。④ 统帅既是战时的最高统帅，又是平时的最高领袖。他可以在平时进行战备、训练军队、规训人民、发展军事需要的重工业、提供武器装备、协调经济发展与军事备战之间的平衡，最大程度地增强国力，为军队建设提供支撑。这一体制的优点在于，统帅可以轻松实现身份转换，并将平时体制变为战时体制，负责统率全军，主持训练和装备事宜。战时指挥军队作战的是战争的首脑。鲁登道夫反对多头体制对权力的分散，主张统帅要"独断独行"，从而保证政治、军事、经济、精神结为一体。石原莞尔借鉴了德国总体战设立"统

---

① ［日］石原莞尔著，郭介懿译：《最终战争论·战争史大观》，第30、31页。
② 石原莞爾『世界最終戦と東亜聯盟』、鶴岡：東亜聯盟協会鶴岡分会出版、1941年、11頁。
③ 石原莞爾『世界最終戦論』、53、54頁。
④ ［德］鲁登道夫著，戴耀先译：《总体战》，第128页。

帅"的想法,很自然地将天皇推上了这样的位置。天皇既是万世一系的宗教领袖,也是代表日本的最高权力中枢,同时还是战时的最高司令长官。他可以顺理成章地担负起政治、经济、军事三位一体的统帅职责。①

　　石原莞尔对于这场最终战争的预期也颇具神秘主义色彩,这与他笃信日莲教有莫大的关联。他指出:"人类最后的斗争正如日莲所谓的前所未闻的大争斗一样,就在我们面前迫近。飞机能够在全世界自力飞翔之时,亦即此次大斗争的开始之际,是以日本为中心的世界战争。"②他认为西方历史上,战争技术剧烈变换的时期,也恰好是一般文化历史的重大转折期。以这个观点为基础,从时间上看,中世纪长约一千年;文艺复兴到法国大革命,大约三四百;法国大革命开始到第一次世界大战结束是 125 年。照此推算,下次大概是一战之后的 50 年左右。石原判断,当时距离一战爆发的 1914 年已经过了 20 年,再过 20 年至多 30 年左右,世界就会迎来下一次的决战战争。③

　　那么战争将进行多久呢? 石原判断,在东亚与美洲之间将会进行决战。但是,除这两个超级集团外,还有很多实力相当的其他国家,所以两大集团结束战斗后,最终战争也将如"余震"一样,延续 20 年左右。换言之,30 年内人类将进入最后的决战期,50 年内世界将会统一。④

---

① 〔日〕石原莞尔著,郭介懿译:《最终战争论・战争史大观》,第 32 页。
② 角田順编『石原莞爾資料　戦争史論』、東京:原書房、1975 年、426 頁。
③ 石原莞爾『世界最終戦論』、54、55 頁。
④ 〔日〕石原莞尔著,郭介懿译:《最终战争论・战争史大观》,第 33 页。

第三节　东亚联盟论与石原莞尔的东亚战略构想

一、东亚联盟论的酝酿与出炉

"东亚联盟"是石原莞尔思想体系中重要的一环，它具有石原莞尔强烈的个人色彩，同时也是时代的产物。自近代以来，日本一步步蚕食周边邻邦，不断试图拓展势力范围，其眼界也从东亚走向世界。在 1904—1905 年的日俄战争中，日本战胜俄国，取得中国东北部分"势力范围"，此后日本将中国东北当作其具有"特殊利益"的地区。1908 年 9 月 25 日，日本内阁会议宣称日本在"满洲"有特殊的地位。日本不但与沙俄划分各自"势力范围"，还规定两国在南北"满洲"各自有设施铁道、电线的权利，而且提出在该地区有防卫的必要，应相互承认各自措置兵力的"自由"，为后来所谓驻兵"维持治安"埋下伏笔。其后，日本不满足于铁道、矿山权益的要求，进一步提出了所谓东北"特殊地域"论。1912 年，日本在对俄谈判中擅自将"特殊利益"的分界线扩大至内蒙古，为日本进行"满蒙分离"做准备，企图把整个蒙古从中国分割出去为日本所有。

从"满洲"到"满蒙"，从"满蒙"到东亚，日本的野心日甚一日。为此，日本的理论家想方设法，为侵略制造合理性。石原莞尔的"东亚联盟"论，正是在这样的背景下出炉的。在 1933 年夏，石原莞尔意识到，要设计一个有效的政治架构，以完成"世界最终战争"的挑战。因此，他要将"满洲国"纳入到制度设计之中。东亚联盟正是以"满洲国"为最初雏形设计的，包含东亚各国的政治体系，其实质是将日本对东亚各国的侵略行径合理化。

石原莞尔是东亚联盟运动的领导者。正如当时文章所评论的，东亚联盟运动的理念，由于石原莞尔的"努力提倡和引导"，而日益普遍开展。① 然而，石原莞尔的计划并非一成不变。他认识到中国的民族主义已经发展到不可忽视的程度。国共统一战线的形成，以及国民政府币制改革、财政改革的成功，使中国的社会有了长足的进步，抗日力量迅速壮大。石原判断，日本如果侵略中国，没有一击必胜的把握，中日战争必将长期化，而这与日本的对苏战略不符。因此，石原莞尔更主张通过政治方略，使中国服从于日本的控制。"东亚联盟"这一形式就显得格外重要。

全面抗战爆发后，中国军民表现出顽强的抗日意志，日军虽一再投入兵力，仍不能迫使国民政府就范。日本被中国拖入战争泥潭，速决战幻想破灭，中日战争进入战略相持阶段。石原莞尔认为，可以通过东亚联盟的形式，由政治途径拉拢蒋介石，诱降中国的抗日政权。石原在《东亚联盟建设要纲》中提出，应借"东北事变"，使国民党政府成为联盟的一员，合力对付英、美、苏，即要国民党政府抛却"日、华抗争的现实"。为了诱降，他还声称："救中华民国，在大亚细亚主义之下是可能的。"

根据石原莞尔的世界最终战争论，世界将形成五个超级大国的格局，即日本、美国、英国、法国、意大利，而这一局面又会不断演化成西洋代表美国和东洋选手日本的最终对决。石原提出日本必须有所准备，其中一项工作就是对东亚各国进行整合的东亚联盟运动。② 石原莞尔肯定日本的侵略战争对东亚联盟的作用，表示"东亚联盟不是一朝一夕所成就的，而是有坚守信义的十年以来的

---

① 《日本东联运动的演进》，《申报年鉴》（民国卅三年度），上海：申报年鉴社 1944 年版，第 1116 页。

② ［日］信夫清三郎著，周启乾等译：《日本政治史》第二卷，第 261—262 页。

苦斗历史，和本次事变的牺牲者，包括十万日本人和百万中国人。正是在此基础上，才出现了东亚联盟"。[①] 东亚联盟论提倡牺牲百万中国人，由此可见，其在本质上是一个疯狂的、非人道的战争理论。

石原莞尔的东亚联盟论，与他对"满洲国"的构想紧密相关。1932 年 7 月 25 日，在石原等人的鼓动下，"满洲帝国协和会"（即伪满协和会）成立。伪满协和会的宗旨颇具迷惑性，它称协和会是要使"满洲国"摆脱日本的政治支配，而成为"民族协和"的"独立国家"。[②] 这一想法根本无从实现，但从另一方面，伪满协和会倒是暴露了其真实目的，即树立一个东亚诸民族亲善的"样本"，使其他东亚国家仿效"满洲国"，臣服于日本的领导。

1939 年 10 月，以石原莞尔为中心的东亚联盟协会在日本东京成立，并开始编辑出版其机关刊物《东亚联盟》。《东亚联盟》继承石原的思想，所刊发文章大都鼓吹石原提倡的"以'王道'为指导，首先承认日中两民族共同经营地——'满洲国'的'独立'，并要求日、'满'、中三国坚持国防、政治、经济的三项原则，即以'满洲国'为基地，形成黄种人抵抗白种人的对抗态势。政治上，日本不干涉'满洲国'的内政。经济上，'满洲国'的经济要融入东亚一体化的进程。文化上，要创造一种在东亚文明的基础上，融合西洋文明的'最高文明'"。[③] 石原莞尔的东亚联盟设想，与其策划九一八事变的行径互为表里。尽管石原莞尔在其军旅生涯的末期地位日趋边缘化，但他对东亚联盟理论的鼓吹仍不遗余力。

[①] 石原莞爾『世界最終戦と東亜聯盟』，1 頁。

[②]《日本东联运动的演进》，《申报年鉴》（民国卅三年度），第 1116 页。

[③] 横山臣平：《石原莞二秘录》，东京：芙蓉书房，1981 年。转引自天津编译中心编译：《日本军国主义侵华人物》，北京：中国文史出版社 1994 年版，第 355 页。

二、东亚联盟论的基本主张

1933 年 3 月 9 日,伪满洲国正式将其鼓吹的东亚协同体,称为
"东亚联盟"。东亚联盟是当时一批日本军人和政治家的共同主
张,根源于近代日本亚洲主义思潮,并非石原莞尔的一家之言。正
如石原所说:"世界最终战争理论至今为止,可以说是我的专利,但
东亚联盟理论,是在'满洲'的大量同志以毕生心血倾注而成的。"①
"东亚联盟"的名称作为东亚新秩序的代称,延续下来。日本中国
派遣军总司令部发表的《告派遣军将士》文中也曾使用这一名称。
以汪精卫为中心的伪政权也以"东亚联盟中国同志会"之名向外号
召。石原认为,"汪兆铭氏团结中坚分子,率先成立中国东亚联盟
总会,这是日本和中国之间,有史以来的第一次,以一国的中心人
物,全力来发动参划此事"。②

日本蚕食、分裂中国的计划进行得如此顺利,以致令包括石原
莞尔在内的日本全国上下被冲昏了头脑。1935 年 8 月,石原莞尔
还在参谋本部任作战课课长时,一贯积极主张南进论的他即声称,
今日世界列强已进入以国防国策为基础,确定外交、整备军备的准
战争时代,必须迅速研究战争计划,制定国防国策大纲。在其提出
的《由军事上看皇国之国策及国防计划纲要》中写道:

> 一、皇国与盎格鲁—撒克逊人之决战,乃为统一世界文明
> 所进行人类最后、最大之战争。其时期未必久远。二、为准备
> 上述大战争,当前之国策应先完成东亚联盟。三、东亚联盟之

---

① 石原莞爾『世界最終戦と東亜聯盟』、1 頁。
② 石原莞爾同时抱怨道:"这样重大的事情,日本媒体居然全无报道,实在不可思议"。
　　石原莞爾『世界最終戦と東亜聯盟』、13 頁。

范围，应由军事及经济两方面之研究决定。人口等问题之解决，需求之于南洋，特别是澳洲。而当前急务则应首先实现东亚联盟之核心——日、"满"、华三国之协同。四、"满洲国"之成立，为中日亲善、亚细亚团结之基础。五、对华政策，避免以军阀为对手之政治工作，须着眼于中国经济之切实改善。由于日中经济提携，结合"满洲国"之进步，以期坚实推进东亚联盟之完成。六、断然经营北"满"，以使苏联放弃东进而转向印度与近东方面。在可能范围内，且应努力牵制英国于欧洲方面。

他还提出《皇国国防计划纲要》，称：

> 战争之动机，在于出现妨害我成立东亚联盟国策之敌国。而此敌国无论其为美、苏、英，均难避免成为持久战争，并须估计到美、苏、英共同武力以及中国之反抗。对此，我国防方针在于以迅速巧妙之手段使中国本部归我支配，以日、"满"、华之国为基本范围实行自给经济。以武力对付苏联陆上及英、美海上之武力，切实掩护我东亚联盟地区，进而寻求制服敌人之方策，开拓战胜之途径。[1]

东亚联盟论的基本内容可以总结为一个中心、两个支点、三个维度：一个中心即日本与欧美决战并成为盟主，两个支点指"满洲"独立与日中提携，三个维度就是国防共同、经济一体化、政治独立。该理论与石原莞尔的最终战争论理论相互呼应，提出最终的世界大战在形成欧洲、苏联、北美、东亚四个集团之后，其结局必是以王

---

[1] 日本防卫厅战史室编，天津市政协编译委员会译校：《日本军国主义侵华资料长编（下）——〈大本营陆军部〉摘译》，第278页。

道、霸道文明为代表的两个国家群,通过以太平洋为中心的世界最
终战争,实现世界的统一。因此,东亚的大国团结是历史的必然。
石原认为,通过东亚联盟的资源互补,能够为最终战争奠定经济基
础:"东亚联盟要在二十年间,在生产能力上超越美国,可能有人会
说这不可能,那就让我们突破这种不可能。"①

　　石原莞尔强调,这种团结是东亚近代以来的主要议题,东亚联
盟继承了中日韩大亚细亚主义。以往出现的东亚协同体论停留在
观念层面,无法付诸实施;而到了 20 世纪三四十年代,东亚各国联
合的条件已经具备。一方面是以日本为首的反对西方帝国主义的
力量有所增强;另一方面是因为欧美国家的实力相对下降,而一战
暴露出西方文明的没落。石原莞尔的世界观,嫁接了 20 世纪初反
思欧美帝国主义的思想,而更具时代性,展现出迷惑世人之处。

　　东亚联盟结成的基础条件是:国防共同、经济一体化、政治独
立。石原莞尔认为,"由国家联合时代,逐次形成政治的统一",成
为一个国家是"终极的理想","更远的将来全部民族混成一个民
族"。这就是石原追求的"世界统一"。但石原也清楚地认识到,这
是未来的。从他主观上说,"联盟的结成,强度的统一是最希望
的"。换言之,一口吞并东亚诸国,当然是非常美妙的,但又不能不
看到"现今国家间的利害错综,民族感情对立深刻"。因此,"要求
联盟结成的条件"一时不能过于急迫,也就是日本企图借此控制东
亚诸国的步骤不能过于急迫。他承认:"随着东亚联盟成员状况的
发展,结成条件及内容将逐步发展。"②这句话泄露了他的真实意

---

① 石原莞爾『世界最終戦と東亜聯盟』、12 頁。
② 石原莞爾「東亜聯盟建設要綱」、石原莞爾著、玉井禮一郎編『石原莞爾選集』第 6 卷、
　　東京:たまいらぼ、1986 年、67 頁。

图，即用堂而皇之的"政治的独立"这类诱捕器，把东亚诸国诱入"联盟"，并逐步达到最后的完全控制，完成军事手段所无法完成的独占东亚的目标，进而为他进行世界最终战争服务。

三、日本盟主说

联盟本来是指国家间的协调组织，应以国家平等和民主决策为基本准则，但石原莞尔的东亚联盟，显然与之大相径庭。为了以示区别，石原莞尔提出"东亚联盟的盟主"一说，暴露了其为日本帝国主义张目的本质。

尽管日本是石原莞尔的祖国，也是东亚联盟理论的出发点和核心，但石原认为，日本也有不尽人意之处。石原强调，日本的民族精神有其优秀的一面，也有其狭隘之处，因而必须要扬长避短，发扬潜在的"日本国体的大精神"。石原莞尔继承了近代以来日本政治家、思想家中占据主流的日本优越论，声称日本早先的文明虽然贫弱，但日本有其独特的优势，能够融合各国文明中"最合理的东西"，成为独一无二，且别具优势的政治文明。他声称日本文明能为这个世界提供梦寐以求的"绝对和平"，因而传播日本文明对于世界具有重要的意义。[1] 石原莞尔将日本优越论发展到极致，提出日本不仅仅要独善其身，还应有兼济天下的胸怀和担当。这也成为石原为日本侵略邻国行径作辩解的主要根据。

石原莞尔并不坚持日本当下已经成为最优的文明。他认为，日本为了保证其文明的优越性，必须不断自我提升，用"武士"精神和"皇国"思想去统一民众思想，"让国民了解日本国体的大精神也是眼下国家最大的事情"，"把日本国体的伟大精神民众化"。

---

[1] 角田順編『石原莞爾資料　戰爭史論』、423 頁。

　　石原还认为,日本为了成为世界上最优秀的文明,还须摆脱对欧美的崇拜,建立文化自信。他指出,崇洋媚外的风气在当时还很严重,必须尽快形成"以自己为中心的综合世界的文化"。而且,石原还警惕地认为,融合世界文明的道路上,并非只有日本一国。当前文明和金融的中心有从欧洲向美国转移的趋势,日本必须迎头赶上。①

　　日本文明的优越性在哪里呢? 石原莞尔抓住了"王道"这一概念。他认为,"西洋哲人的政治思想,其政治实践,由强权支配的霸道倾向极强。这是资本主义发达和帝国主义强化的必然结果"。而王道是数千年来东亚诸民族的共同的政治思想,具有独特性和优越性。石原莞尔的发明创造,借助了中国文明中王道与霸道的辩证,有其巧思之处。然而,他未曾想到的是,亚洲人民听其言,观其行,发现其理论与实际行动难以合拍,其兜售的"王道"理论不攻自破。所以,石原也承认中国人不认可所谓的"王道主义",称之为"侵略的伪装",他慨叹连日本知识界"心里依然是帝国主义的残渣未被清算"。

　　那么,石原莞尔口中的"王道",究竟指的是什么呢? 他在《东亚联盟建设要纲》中写道:"皇道,日本独自之道;王道,'支那'乃至现在'满洲'之道",这是"褊狭牢固之见"。在他看来,王道即是皇道,皇道即是王道。他之所以这样混淆两个概念,就是为了利用中国人对于"王道"的好感,来迷惑大众,使中国人接受被日本侵略和统治的命运。

　　王道的理论其实很简单,即王道是绝对真理,日本天皇是世界唯一天成王者,天皇就理所当然是东亚联盟的盟主。在石原莞尔

---

① 角田順編『石原莞爾資料　戦争史論』、422、429 頁。

笔下,天皇超越国家领袖的概念,成为政教合一的联盟象征。石原的东亚联盟理论主张:"是让天皇作为全世界的天皇接受敬仰,还是由不知哪个总统支配世界,现在正处于决定未来道路的历史时刻,国民必须成为最终战争的信徒,并以此团结起来,这也是成立东亚联盟的目标。"①石原指出,天皇统治与日本统治存在很大差别,"天皇不是在日本政府的辅弼下统制联盟,而是天皇批准各个国家的代表组成事务局,在天皇的裁断之下领导联盟"。② 然而,事实上在日本历次的对外侵略战争之中,天皇都是参与大政决策的,并非超然而外。天皇是战争的推动者和支持者。即便天皇置身事外,东亚联盟中天皇设立的各国代表组成的事务局,大抵不出"满洲国"的模式,成为实际上的傀儡政权。石原莞尔所提到的区别,实际上仅存在于理论之中。

　　石原莞尔提出日本盟主这一说法时,尚且有些遮遮掩掩、小心翼翼。他起初不敢堂而皇之地向中国人兜售。他十分注意中国人的情绪,意识到中国人很难被"王道主义"所欺骗。石原担心,一旦与中国人阐明日本盟主的内容,中国人就会指责东亚联盟理论表面上冠冕堂皇,实际上就是帝国主义,就是侵略主义。③ 可见,石原莞尔对于东亚联盟的底牌亦心知肚明,他对于中国人能否接受所谓的"王道主义"也十分怀疑。他幻想着当政治形势足够有利之时,再将日本盟主之事托出。这显然是欺骗民众的伎俩。

　　"使命"和"拯救"是石原莞尔东亚联盟理论的关键词,这使石原的理论充满了强烈的宗教意味。历史上,越是沉浸在自我优越

---

① 石原莞爾『世界最終戦と東亜聯盟』、12 頁。

② 史桂芳:《评东亚联盟论的内容及实质 》,《抗日战争研究》1999 年第 3 期。

③ 石原莞爾「昭和維新論」、石原莞爾著、玉井禮一郎編『石原莞爾選集』第 4 卷、東京:たまいらぼ、1986 年、164 頁。

的幻象之中的民族，最易于做出疯狂之举。在石原莞尔的理论中，就多次出现这样的倾向。他扬言："在未来的世界大战中，我们的胜利不单是为了自己的利益和生存，更是为了拯救全人类这一伟大而又神圣的事业。"①石原相信日莲教，所以他认为，全世界文明的统一不会轻易获得，这一过程也不能保证和平进行。但王道不可不行，欲行王道，就不得不引发一场"前所未有的大斗争"，这是"日本的使命"。②石原莞尔的日本优越观在当时并非个案，相当多的日本思想家都有类似的阐述。这种用宗教思想包裹的军国主义理论既反映出石原莞尔个人的世界观，同时也折射出当时日本社会甚嚣尘上的军国主义气氛。

四、共同国防、经济统一与政治独立

1. 共同国防

石原莞尔的东亚联盟论与最终战争论必须共同加以考察。石原莞尔判断，第一次世界大战以后的国家联合时代，是为下次决战战争做准备的准决战时代。上文提及的四个集团会演变为东亚与美洲的对立，两大集团之间的战争必不可免。为了准备这场世界大战，日本为首的东亚文明必须有所准备，尽可能扩充势力。因此，军事领域尽可能统一，才能发挥最大的效能。

所谓"共同国防"，是指"为了东亚联盟的防卫，联盟各国在统一的方针下，建设适合各国国家情况的武装"③，以对付"欧美帝国主义者的联合进攻"，并逐步为世界最终战争做积极的准备。④ 既

---

①② 角田顺编『石原莞爾资料　戦争史論』、423 页。

③ 史桂芳：《评东亚联盟论的内容及实质》，《抗日战争研究》1999 年第 3 期。

④ 东亚联盟协会编：《东亚联盟建设要纲》，第 22 页。转引自林庆元、杨齐福：《"大东亚共荣圈"源流》，北京：社会科学文献出版社 2006 年版，第 352 页。

然接受日本的统一安排，那么中国也好，其他东亚国家也好，必然要处于附庸的位置，而为了应对欧美帝国主义者的进攻，日本派兵驻守各国，也是理所应当的。共同国防是其名，军事占领是其实。

东亚联盟论者并不掩饰日本企图对东亚各国军事实施控制和指挥。《东亚新秩序建设的展望》一文的作者安藤敏夫认为，"共同国防需要一元化的统帅，日本在军事上居于领导地位，是显而易见的道理"，"从国防共同的角度来看，联盟宣战以及缔结和约等权限，属于天皇陛下"。①

由于树立起对抗欧美帝国主义这一标靶，日本可以堂而皇之地领导东亚诸国。

2. 经济一体

东亚联盟论中另一重要内容是"经济一体化"，这与石原莞尔所笃信的总体战理论有关。虽然石原提出以"经济的对等"为原则，让日、"满"、华经济融合"合理化"。但实际上，东亚各国的经济发展必然要让位于所谓的一体化，服从日本对各国的掠夺和支配。② "经济一体化"的前提是统一的领导，如果中日出现经济发展方面的矛盾，中日必不能互让；只有在政治统一的情况下，经济一体化才有可能实现。因此经济一体化的前提是政治统治的一元化。

石原莞尔认为经济一体化的好处在于，"能够实现日、'满'、华经济上的自给自足"③，而只有如此，才能摆脱西方的压迫和束缚。

---

① 安藤敏夫：《东亚新秩序建设论的展望》，载《东亚联盟》1940(4)，第 95 页。转引自史桂芳：《"东亚联盟论"研究》，第 49 页。

② 东亚联盟协会编：《东亚联盟建设要纲》，第 53 页。转引自林庆元、杨齐福：《"大东亚共荣圈"源流》，第 354 页。

③ 史桂芳：《试析东亚联盟论的"经济一体化"》，《首都师范大学学报》1998 年第 5 期。

他 1939 年初提出的日、"满"、华生产力扩充的三年计划,正是这种思路下的产物。东亚联盟论者反驳将经济一体化说成是日本把"满洲"、中国变成殖民地的政策,日、"满"、华三国经济一体化的中心,必然是日本。东亚联盟论者不敢明目张胆地提出以日本为中心,而是用较为委婉的表述,将之称为承认"先进国日本经济的指导"①,但其本质是换汤不换药,仍然是谋求日本在东亚地区的经济主导地位。

东亚联盟论以统制主义主导三国的经济协调,用强制手段规划经济生产的各个环节。石原莞尔的统制经济论灵感主要来自苏联的统制经济。石原代表了当时相当一部分日本人的观点,他们目睹了苏联五年计划的经济奇迹,认为东亚联盟要发挥最大的效率,也应仿效苏联,采取统制经济②,发挥一切人力、物力的作用,提高东亚联盟的国防能力。然而,石原莞尔强调的东亚联盟的统制经济,与苏联的统制经济仍有相当的距离。他并不认可苏联将私营事业变为国有的措施。石原主张"满洲国"的统制经济应以增强国防经济力量为目的。

所谓国防经济问题,也就是使"日本具有与西方列强争霸抗衡的军事力量,在未来战争中取得胜利","为了准备武力,需要绝对巨大的经济力量……现在日本国防必须要预想到持久战,所以在联盟范围内应该保持持久战所可能需要的经济力量","即联盟范围内的经济,都要服从于日本军事侵略的需要"。③经济建设的目的不是提高国内或东亚的生产力水平,而是为获得进行下一步侵略的经济基础。东亚联盟论认为经济一体化在国防上的意义非常重大,"现在的武装

---

① 宫坂二三夫「日华经济合作の限界」、『東亜聯盟』1941 年 9 月号、41 頁。
②③ 史桂芳:《评东亚联盟论的内容及实质》,《抗日战争研究》1999 年第 3 期。

日益依存于经济基础,具有高度生产力水平的国家,须有与之相适应的优秀装备"①,"没有经济作保障,必然导致战争的失败"②。

石原莞尔在《东亚联盟建设要纲》(以下简称"《要纲》")中指出,应在伪满洲国实行经济统制政策,制定经济计划,重点发展军事工业。东亚联盟论认为要真正实行统制经济,动员一切物力资源,必须制定经济发展计划,确立计划经济体制。统制经济的重心是军需生产,其他生产环节都须为其让路。③ 一言以蔽之,统制经济是为国防经济服务的。

《要纲》提出,东亚联盟统制经济的综合指导机构,是日本的最高战争计划机关企划院。由联盟的相关机关,在企划院的指导下实行经济统制,对一切私营企业进行统一管理,以此为战争目的发挥最大效率。

3. 政治独立

《要纲》标榜联盟内的各盟邦国家可以独自进行立法、司法、运营外交、财政、农业、工商业、交通、教育的管理,"各盟邦国家有广泛的权力"。然而,它又承认,这些权力本身应在必要的范围受到限制。所谓必要的范围,指"国防共同化及经济一体化","一个国家政治独立的内容,由于国家联合的性质,受到当然的限制是可以理解的"。④ 联盟的本质是纵向的隶属关系,而非横向的联合关系。

---

① 「東亜聯盟建設要綱」、石原莞爾著、玉井禮一郎編『石原莞爾選集』第 6 卷、たまいらぼ、1986 年、29 頁。

② 史桂芳:《评东亚联盟论的内容及实质 》,《抗日战争研究》1999 年第 3 期。

③ 山崎靖純「世界と東亜新秩序に直面」、『東亜聯盟』1940 年 2 月号、19 頁。

④ 石原莞爾「東亜聯盟建設要綱」、石原莞爾著、玉井禮一郎編『石原莞爾選集』第 6 卷、74 頁。

《要纲》规定设立联盟的统制机构，作为最高权力机关。同时明确提出，既然日本军队为国防的主力，自然由日本最高军事机构掌控联盟的统制机构。关于联盟的经济，各国新设联盟协议机构，在日本最高战争计划机构的指导下发挥联盟经济统制的机能。联盟统制机构掌管联盟军队的编成和指挥，石原宣称这是为了"综合运用东亚诸民族的全部能力"，以达到"决胜战的必胜"。①

五、思想团体：东亚联盟的脉络与走向

东亚联盟论的思想来源于日本近代的"大亚细亚主义"。东亚联盟论和"大东亚共荣圈"论一样，均导源于日本近代以来国势日升后不断膨胀的民族主义情绪。这些理论都尊崇日本的优越性，忽视东亚各国的平等地位，强调欧美帝国主义的威胁，呼吁东亚各国围绕在日本四周，组成地域共同体。

19世纪70年代，"大亚细亚主义"在日本广为流传，其主旨是由日本牵头，团结其他亚洲国家，将欧美侵略势力赶走。"大亚细亚主义"的背景，是殖民地半殖民地民众对侵略的反抗，如同"美洲是美洲人的美洲"，很多亚洲人士喊出了"亚洲是亚洲人的亚洲"的口号。支持"大亚细亚主义"者中不乏真诚的人士，比如孙中山与其日本友人，都真诚地渴望亚洲人民共同抵御西方势力。然而，日本鼓吹"大亚细亚主义"，更多的是出于侵略目的，使得这一思想难以被其他亚洲国家所接受。

东亚联盟论沿袭了"大亚细亚主义"的基本思想，但更为实际和细化，分为政治、经济、军事三个维度，详细说明了各国联合的

---

① 石原莞爾「東亜聯盟建設要綱」、石原莞爾著、玉井禮一郎編『石原莞爾選集』第6卷、75頁。

形式与内涵。石原莞尔提出:"今后,随着联盟实力的向上与联盟精神的普及,逐渐增加参加国而成为大亚细亚协同,期待达成八纮一宇的大理想。"①日本在第三次"近卫声明"②中提到的建设东亚新秩序,即"共谋实现相互善邻友好、共同防共、经济提携",与东亚联盟论旨意相近。石原莞尔认为:"近卫声明是以结成东亚联盟为目标,为了结成东亚联盟而提出的临时条件。"③他称赞"声明"内容"公正、妥当",极巧妙地表现了东亚的大同之道。石原不遗余力地鼓吹建立东亚新秩序,还继而提出了"昭和维新"理论,这是与东亚新秩序相联结的。他称:"今日维新不是日本国内的维新,是东亚新秩序的完成,即东亚的维新。""昭和维新的核心问题是东亚的大同,即东亚联盟的结成。"总之,昭和维新是"内由自由主义到统制主义的革新,外是东亚大同的实现",即对东亚新秩序的建设。④ 所谓"昭和维新"是石原莞尔对明治维新的发挥,也就是理论上的明治维新的扩大版。

然而,石原莞尔在陆军中央任职时间不长,没有足够的影响力去参与制定国策。同时,他的理论与其他日本军国主义者也不无扞格。1941 年 1 月 14 日,日本内阁提出《兴亚团体统一

---

① 石原莞爾「東亜聯盟建設要綱」、石原莞爾著、玉井禮一郎編『石原莞爾選集』第 6 卷、76 頁。
② "近卫声明",指全面抗战时期,日本首相近卫文麿发表的关于侵华政策的三次声明。1938 年 1 月 16 日,近卫第一次发表声明称:蒋介石如不接受议和条件,日本将"不以国民政府为对手",而另建"与日本提携之新政府"。11 月 3 日,近卫又发表第二次声明称:如国民政府"坚持抗日容共政策,则帝国决不收兵,一直打到它崩溃为止"。12 月 22 日,近卫发表第三次声明,提出"共谋实现相互善邻友好、共同防共、经济提携"的三条诱降原则。
③「昭和維新論」、石原莞爾著、玉井禮一郎編『石原莞爾選集』第 4 卷、東京:たまいらぼ、1986 年、130 頁。
④「昭和維新論」、石原莞爾著、玉井禮一郎編『石原莞爾選集』第 4 卷、159 頁。

要领》，对石原的东亚联盟论进行了批判。《兴亚团体统一要领》批评石原的国家联合理论"违反肇国的精神"，使"皇国的主权晦冥"，因而应加以禁止。特别指出，东亚联盟论中的日、"满"、华平等结合的主张是"故意无视日本的指导性"，"设置超国家的统制机关"，违反日本政府的政策。[①] 对于当时在日本占据主导地位的战争扩大派而言，石原的主张不够决绝，对华论调也不够坚定。

石原莞尔面临进退失据的困境。他一方面认为，中日两国之间应该互信，但同时也承认这种互信短时间内很难建立，不得不先武力征服，再争取对方谅解。即便这种论调已经极具侵略色彩，仍不能让驻华日军满意。

为适应舆论，石原莞尔极力进行调适。第一是继续强调"世界最终战争"，说明积极的最终战争以"必胜"为着眼点，是为对美战争，为此，应以日、"满"、华三国的总力，确立必胜的态势。第二是强调"八纮一宇"的理想和"天皇的存在，起到拯救全人类的天地灵妙的作用"，突出天皇在全世界的地位。[②]

但是，由于东条英机与石原莞尔的矛盾，日本对东亚联盟论的批评之声日益增多。当时，由板垣征四郎担任总参谋长的中国派遣军仍然支持石原及其拥护者推动的东亚联盟运动。1941 年 7 月6 日，中国派遣军总司令部的辻政信少佐奉板垣之命赴参谋本部，向参谋次长以及当时的派遣军总司令官畑俊六汇报了东亚联盟运动的情况。

---

① 桂川光正「東亜聯盟運動小史論」，古屋哲夫編『日中戦争史研究』，東京：吉川弘文館、1984 年、398—399 頁。

② 东亚联盟协会编：《东亚联盟建设要纲》，第 32 页。转引自林庆元、杨齐福：《"大东亚共荣圈"源流》，第 353 页。

对此，《畑元帅日记》中写道：

> 板垣总参谋长来访时亦曾谈及此事。据称对汪亦曾提出，汪亦颇为赞同。最近华中之大民会等已解散，东亚联盟运动蓬勃兴起。最近更由华南扩及华北，成为一巨大势力。但东条感情用事，声言对此不能容许。故阿南对此形势亦感忧虑，正采取缓和之策。①

不过，板垣征四郎当时在陆军中央已被边缘化，随着他被调往朝鲜任朝鲜军司令官，中国派遣军的意见也有了转变。12月16日，中国派遣军副参谋长土桥勇逸专程返回东京，汇报了中国当地日军对东亚联盟的态度。即按照中央的意图，仅将其作为思想运动，以不超越近卫三原则和日、"满"、华共同宣言的范围为宗旨。17日，陆军省部首脑通过了统一意见，即："不承认所谓东亚联盟的国家联盟形态。仅能作为思想团体，不承认其为政治团体。"18日，时任陆军大臣的东条英机飞赴南京，传达陆军中央的意见。② 由此可见，石原莞尔鼓吹的东亚联盟论和他们所推行的东亚联盟运动虽然得到汪精卫等人的响应，然而影响级别较低，不能左右日本陆军中央的意见。陆军中央对东亚联盟运动较为警惕，认为不能影响日本之大政，因而将其严格限定为思想团体。这显然有悖于石原莞尔的设计，也昭示了东亚联盟论的命运——它只能停留在制度设计层面，再难有更大的影响力。

---

①② 日本防卫厅战史室编，天津市政协编译委员会译校：《日本军国主义侵华资料长编（上）——〈大本营陆军部〉摘译》，第 591 页。

第四节　石原战略思想的政治社会影响与东亚联盟运动

一、对日本政治经济决策的影响

石原莞尔的战略思想对当时的日本政治经济决策产生了一定的影响。首先,以石原莞尔为首的参谋本部战争指导课所制定《国防国策大纲》,已经上升到国策的高度。《国防国策大纲》旨在解决对苏联和对"满洲国"的战略,规定一方面要加强"满洲国"的建设,另一方面要补充海空军的力量,保持对苏联的战略威慑。

1936 年 8 月,广田弘毅内阁的五相会议根据《国防国策大纲》的精神,决定了《国策基准》。《国策基准》肯定了石原莞尔等人加强"满洲国"军事力量的提议,要求陆军军备以对抗苏联于远东所能使用的兵力为目标,使在开战初期即能对其远东兵力加以一击。[①]

其次,石原莞尔提出,按国防要求统筹国家的工业生产和产业结构,并且仿照苏联,施行经济发展的五年计划。石原等人制定的《日满产业五年计划》于 1937 年 5 月作为《重要产业五年计划》移交给陆军省实施。计划旨在提高矿工业生产能力,使主要产品出现跨越式的增长。这项计划最终被近卫文麿内阁认可,成为国策。

二、东亚联盟运动对汪伪政权的影响

在国际关系领域,石原莞尔的东亚联盟理论在中国引发了不

---

①《国策基准》,复旦大学历史系编译:《1931—1945 日本帝国主义对外侵略史料选编》,第 136、137 页。

小的震动。日本自攻陷武汉后,扬言业已征服中国,"鼓吹东亚协同一体之说"和所谓日、"满"、华三国互相提携,树立政治、经济、文化互助连环之关系,确立"共同防共"等名词。① 这其中即有东亚联盟论的影响。蒋介石对此大为警惕,认为这种论调对中国抗战产生极为负面的作用。东亚联盟论表面对华亲善的主张隐藏了军事行动的锋芒,因而当时中国的主和派对其大为追捧,其中最为著名的是汪精卫及其同党。石原莞尔将东亚联盟论与孙中山的大亚洲主义相联系,提出东亚亲善,共同反对帝国主义。石原声称,东亚联盟继承了大亚洲主义的精神,又对其加以科学的改造,使之更为符合新的形势。② 汪精卫正是受此启发,找到了投降日本的理论依据。他们天真地认为,东亚联盟理论证明,日本当局已经改变对华方针。因此,汪精卫等人从 1940 年夏起,热烈响应和拥护东亚联盟论。石原莞尔曾对此作出评价:"数年间在我们的东亚联盟运动的影响下,汪精卫先生终于依照我们的《东亚联盟建设要纲》的第一次改订版,决定了最后的态度。"③

汪精卫及其下属对日本内部关于东亚联盟的分歧并无深刻理解,相反,他们认为找到了政治解决中日矛盾的良药。在汪精卫等人的推动下,东亚联盟从一种理论设想迅速转变为组织实践。1940 年 5 月 1 日,以东亚联盟月刊社为基础,东亚联盟协会在北平成立。同年 9 月,在广州又成立了中华东亚联盟协会。两个月后的 11 月 24 日,东亚联盟中国同志会在南京成立。东亚联盟俨然成为汪伪政权的一项"国策"。④

---

① 《蒋介石日记》(手稿),1938 年 12 月 2 日。

② 石原莞爾著、玉井禮一郎編『石原莞爾選集』第 6 卷、たまいらぼ、1986 年、128 頁。

③ 石原莞爾著、玉井禮一郎編『石原莞爾選集』第 6 卷、たまいらぼ、1986 年、233 頁。

④ 《中国东联运动的演进》,《申报年鉴》(民国卅三年度),第 1119、1120 页。

　　东亚联盟中国同志会的成立宣言中提到,汪精卫提倡东亚联盟是为了继续国民革命的大业,"以求中国之自由平等"。宣言认为日本官方已一再披沥诚意,愿以平等对待中国,进而分担东亚新秩序之建设,"固已鉴于已往创痛,各自憬悟",一旦联盟告成,必能"坚其信念,永久不渝"。联盟运动的纲领有两项:第一项是"本世界大同万邦协和之理想,谋世界真正和平之实现";第二项是以政治同盟、经济合作、军事同盟、文化沟通为联盟的主要内容。联盟开展工作主要有以下几方面:出版、演讲、研究及联络。东亚联盟中国同志会由伪南京市国民党党部主任委员周学昌主持,刘仰山、陈君慧、李士群、周化人等 33 人为理事。[①]

　　日本政府对于中国的东亚联盟运动,并不热心。与对付石原莞尔的日本东亚联盟一样,日本将其限定为思想团体。[②] 汪伪方面也感受到日本方面的冷漠。在 1940 年 12 月 18 日,周佛海派周学昌多方打听,结果了解到日方并不十分买账。周佛海不禁感慨,事实证明,抗战派对于日本的观察是准确的,[③]日本无意扶持一个真正独立强大的中国。周佛海还发现,日本内部意见颇不统一,与他们持相似意见的板垣征四郎,在日本军界和政界属于少数派。[④]

　　尽管如此,在中国参与东亚联盟运动的伪政权要人,不敢明面里与日本对抗,只能勉力而为。因此,东亚联盟组织的展开仍在进行。1941 年 2 月 1 日,在华中活动的几个政治团体,"中国共和党""兴亚建国运动本部"及"中国人民会"等相互联合,在南京正式成

①《中国东联运动的演进》,《申报年鉴》(民国卅三年度),第 1120 页。

②［日］堀场一雄著,王培岚等译:《日本对华战争指导史》,第 553 页。

③ 蔡德金编注:《周佛海日记》上册,北京:中国社会科学出版社 1986 年版,第 431 页。

④ 蔡德金编注:《周佛海日记》上册,第 450 页。

立"东亚联盟国总会"。该会宣称,该会融合了中国所特有的理念,具有"特异性"。[1] 汪精卫在会上致辞,历数近卫内阁建立东亚新秩序之主张。汪氏认为东亚新秩序之意义,"在东亚各民族国家互尊其本然之特质,各安其所,近邻提携,共谋兴隆"。汪精卫试图将东亚联盟与建设东亚新秩序两者合而为一,认为两者的实际意义是一致的。[2]

但实际上,这个总会并没有起到设立之初设想的政治作用,仅沦为一般的宣传团体。尽管如此,日本为控制伪政权,奴化占领区人民,仍然鼓励伪政府组织各地建立东亚联盟分会。其中,较大的有9家,分别是南京分会、上海分会、江苏分会、广东分会、汕头分会、湖北分会、汉口分会、苏淮分会、苏州东亚联盟指导委员会。总会设指导委员会,负责制订各省市分会组织通则,各月份工作报告;宣传委员会负责设计标语,将其"永久绘制"在各个要冲,比如"东亚联盟,要互尊政治独立,完成东亚解放","东亚联盟要实现经济合作,共存共荣"等;"文化委员会负责实现文化联络工作,出版宣传东亚联盟的著作与资料;社会福利委员会旨在创办平民教养所、贫民织布工厂、妇女职业讲习所、小本贷款所、大众食堂"。[3]

中国的东亚联盟运动发源于汪伪的"和平"运动,借由日本的东亚联盟理论而发展。从表面上看,东亚联盟运动由社会热心人士发起,旨在为中国争取独立地位,沟通中日两国人民感情,但实际上它是一种半官方的活动,由日方推动,由汪伪政权牵头发起,

---

①《中国东联运动的演进》,《申报年鉴》(民国卅三年度),第1120页。
②《东亚联盟中国总会》,《申报年鉴》(民国卅三年度),第1121页。
③《中国东联运动的演进》,《申报年鉴》(民国卅三年度),第1122页。

因此,中国的东亚联盟运动究其实质是日本侵略者和汪伪政权的
文化武器和统治工具。

卢沟桥事变之后,由于反对扩大中日之间的战争,石原莞尔遭
到排挤,被迫结束军人生涯,东亚联盟论和以他为核心的东亚联盟
运动也被禁止,石原的战略构想实际上还没有完全实践就已经失
败了。但也正因为此,石原的推崇者认为,如果他的理论得以实
践,日本可能就不会在太平洋战争中惨败。历史是无法假设的,不
过从最终战争论和东亚联盟论存在的侵略本质可以判断,石原的
理论无论实践与否都是注定会失败的。

最终战争论是自幼接受德式军校教育的石原莞尔,在德国总
体战理论基础上,加入日本的皇国思想和宗教主义杂糅而成。最
终战争论表面上宣扬对美战争是日莲圣人的旨意,是顺应自然发
展的结果,实际上则是借此制造紧张的战争气氛,以满足日本国家
对外侵略扩张的野心和“精英”军人们要求战争实践的私心。最终
战争论不顾人民生存需要,煽动举国战争体制,把中、美、苏乃至整
个东亚都放入战争框架中,为发动总体战提供理论依据。这种德
式的战争理论,使日德两国都遭受到战争的反噬。

东亚联盟的理论受到日本近代以来侵略东亚理论的浸润,其
本质都是试图构建以日本为中心,为日本服务的东亚国际秩序。
东亚联盟论以伪满洲国和中国作为两个附庸的角色支撑,试图营
造日、“满”、华三方和谐共荣的虚假景象。

最终战争论是“精英”军事教育体制所培养出来的极端军国主
义分子们的妄想;东亚联盟论则不过是为缓和战争爆发时侵略者
与被侵略者之间的紧张关系,制造虚假的平等与合作。因其表象
的迷惑性,受到包括汪伪政权在内的一部分人的推崇。但它既不

能说服多数被侵略者,且当战争至上的侵略者到了穷凶极恶、无所顾忌之时,也就不再需要这所谓的"遮羞布"了。因此,日本全面侵华战争爆发后,东亚联盟运动表面主张的对华缓和、亲善,与日本政界、军界所秉持的"近卫三原则"不无抵牾之处,故而东亚联盟的组织活动被日本陆军严格限制在思想团体的范围之内,没有对中日关系产生大的、实质性的影响。

作为实现"最终战争"途径的东亚联盟论,宣扬东亚各国共同对抗西方,以寻求东亚民族解放。但是,这种理论背后存在着一个逻辑,即东亚民族解放应由日本来主导,不承认中国是统一国家,辩称"满洲国"不是中国固有领土。因此,石原的"不扩大"与日本陆军当局的"扩大"并不是对立的,只是策略上有所不同,终极目标是一致的。

结　语

　　抗日战争史研究和日本侵华史研究虽然侧重点不同,但紧密相关,特别是近年来,随着研究领域和视野不断被推向更深、更广,这两个研究方向更加难以分割。已有学者提出"大抗战史"的观点,指出日本的近代史与中国近代史密不可分,不掌握当时日本的国内动态,就难以理解其在中国的所作所为。日本自 1874 年出兵台湾以来,经甲午战争、日俄战争、九一八事变,一步一步发展到卢沟桥事变——全面侵华战争,有其内在的侵略逻辑。要弄清抗日战争的来龙去脉,必须厘清明治维新以来的中日关系史。此外,近代日本的内部变动也需要研究者进一步深入理解,方可充分认识日本是如何策划、准备、发动侵华战争,如何教育、动员日本国民支持这样的战争的。同时,"大抗战史"研究还必须有国际视野,要将中日战争放到当时整个世界历史发展潮流及国际关系框架中去加以考察。[1] 本书尝试从"大抗战史"视角出发,关注日本军事近代化的发展过程和日本陆军内部的人事派系纠葛,以国内研究相对薄弱的日本军政人物研究为重点,将日本陆军侵华政策置于东亚史,

---

[1] 参见高士华《坚持做"大抗战史"研究》,《抗日战争研究》2013 年第 1 期,"卷首语"。

乃至全球史的视野下加以考察，以期对抗日战争史和日本侵华史有更深入的理解。

　　19 世纪末，日本在军事近代化和对外扩张过程中，对陆军进行改革，建立了从初级到高级的"精英"式军事教育体系。这一体系培养出的陆军"精英"，受日俄战争中日本获胜及一战后欧洲总体战理论的影响，自信心和战争野心极度膨胀。其后，日本进一步实施大陆政策并发动侵华战争，他们也随之在陆军中占据重要地位，并逐渐参与陆军决策及实际指挥战争，战争结束时，他们中的大部分人成为高级将领。由于这批陆军"精英"在侵华战争中对战略决策和战局走向起到了重要作用，战后日本国内倾向于将日本发动侵略战争的责任归结于他们的"独断专行""以下克上""军人误国"，并强调九一八事变、卢沟桥事变甚至日美开战都是由日本军人主导的偶发事件，日本如果处理得当，完全可以避免。

　　战后日本的这种认识实际上是将战争责任进行分解，最后分摊到导致战争失败的军人个体之上，从而为日本政府和天皇开脱责任，并将日本国民作为这些军人的"欺骗"对象，强调日本国民是战争的受害者。强调日军在侵华战争中制造的事件的偶然性则是受到"无构造历史观"的影响。"'无构造历史观'是指在研究历史问题的过程中，以进行微观的实证研究为理由，强调各事件之间的非连续性、偶发性、外因性，而回避诸事件之间的必然的联系与事件的必然性。"①这种史观在日本主流学界颇为流行，其结果无论在主观还是客观上都回避了近代以来日本进行对外扩张和侵略中国乃至亚洲的必然性。

---

① 步平：《我读〈检证战争责任〉》，日本读卖新闻战争责任检证委员会著，郑钧等译：《检证战争责任》，新华出版社 2007 年版。

　　以石原莞尔为代表的日本陆军"精英"可以被视为一个群体，即日本陆军"中坚层"。陆军"中坚层"军人的崛起与日本发动侵略战争是同步的，他们鼓吹、策划并指挥战争，同时战争也成就了他们，使其一跃而为日本陆军的指挥者甚至国家的领袖。然而，这并非一种简单的因果关系，需要研究者从制度、思想、战略实施、战争理论等方面对陆军"中坚层"军官的策略和活动加以分析、批判。对外扩张是近代日本的立国之策，这一国策孕育并成就了日本陆军"中坚层"的迅速崛起，而这些军官反过来又积极推动并实施日本的对外扩张政策。二者相辅相成，形成了一种错综复杂的交互关系。因此，问题不仅在于这些"中坚层"军官是如何制定、实施侵华策略，主导侵华战争的，更在于他们的思想和行动是如何与日本的军国主义和对外殖民扩张紧密结合在一起的。对战争指导者战争责任的分析，最终还应归结到对日本作为国家的战争责任的分析。

　　通过追溯明治维新以来日本陆军的建军过程和军人培养制度，可以看出，日本近代"精英"式军事教育对石原等陆军"中坚层"的战争观、对华认识打上了深刻烙印。接受了近代化的德式军事教育的日本陆军"中坚层"军人虽然业务能力强、"职业素养高"、意志坚定、富有团结精神，但因其自幼在军校接受军国主义和忠君爱国思想的洗脑，早就理所当然地把"满蒙"地区视为日本扩张的对象，把侵略视为发展而非罪恶。其代表人物石原莞尔的"满蒙"观、中国观乃至全球战略思想，就是这种"精英"式教育下畸形发展的产物。在日本近代陆军教育体系之下，陆军"中坚层"自幼受到的教育使其对军事扩张和武力解决国际争端有着根深蒂固的认知，而培养他们的教育体系本质上是国家一手建立的军国主义体制的结果——这样的军国主义教育体系培养出狂热的战争机器绝非偶然。

　　日本侵略扩张的一个首要目标就是中国大陆,而其"满蒙"政策就是大陆政策的一个重要部分。近代以来,日本从地理位置、经济价值、国防意义等方面反复论证"满蒙"地区之于日本的战略重要性,主张历史上较之中国,"满蒙"与日本更为接近,为日本出兵占领"满蒙"制造理论依据。同时,早在 20 世纪 20 年代,石原等日本陆军"中坚层"就提出第一步占领"满蒙",继而迅速以武力使中国屈服,然后进军东南亚,最终与美国对决的战略设想。随后他们在中国东北进行参谋旅行,考察风土人情、军政关系、守备情况、地理地形,据此提出必要时可以通过制造"谋略"(即发动事变)来促成侵略计划的实施。可见,出兵并占领"满蒙"是日本陆军"中坚层"的第一次战争实践,九一八事变是其为此制造的"谋略",绝非部分日本学者所主张的偶发事件。

　　在研究日本陆军时,不可忽略的一个重要问题是德国对其产生的巨大影响。20 世纪二三十年代崛起的日本陆军"中坚层"军人,大都有在德国留学的经历,受到一战中形成的总体战理论影响。考察他们的思想,必须将其置于当时的历史背景和组织环境之中。对于他们而言,总体战无疑是未来战争的发展方向,日本军事必须跟上时代步伐,进行彻底改革,与整个国家的政治和社会紧密结合在一起,因此军人需要在政府中掌握更大的权力。这与当时日本陆军高层的观念不无扞格,于是中下级军官与高级军官间的分野逐渐显明。这些中下级军官由于教育背景和经历的相似,内部具有强有力的组织力量,有一定的群体界限和明确的立场观念,这就是一夕会的成立背景,而永田铁山则是一夕会的创造者和灵魂人物。随着一夕会的队伍不断壮大,实力不断增强,日本陆军中央的重要职位逐渐由一夕会成员所掌握。于是,我们看到,昭和时代日本陆军的发展走向,受到欧洲陆军,特别是德国陆军发展的强烈影响,军部势力日渐膨胀,侵蚀政治权力,隐然有与政府相抗衡之势。德式教育培养出的以一夕会为中心的陆军"中坚层"的崛起可以说既是日本军国主义膨胀的原因,也是其必然产物。

正是由于总体战理论的影响,日本陆军"中坚层"侵略中国领土、掠夺中国资源的野心才变得更为急切。石原莞尔在发动九一八事变之时,曾提出为支持国家总体战,仅凭"满蒙"的资源远远不够,还需河北省的铁矿、山西省的煤炭等资源,必要时应占领"中国本部的要都"。在这一侵略思想的指导下,驻华日军频频对华北地区进行武力侵犯,蚕食中国领土。到1937年,这一趋势已形成了巨大的惯性和推动力。即使石原莞尔本人出于对国际局势的考虑,转而主张日本应暂缓武力控制华北,而且他出于务实的考虑,认为日本国力尚不足以支持中日战争,应以"满洲国"为据点,获取战争资源,同时调整对华策略,先从政治和经济上控制中国,但他的想法此时却已很难获得同僚的认可。当时苏联因内部矛盾,军队力量减弱,欧洲则为德国所牵制,武藤章等人认为在这样的国际形势下,美英等列强不会介入东亚问题,日本发动对华战争"事不宜迟",因此,加剧对华侵略力度的政策成为主流。石原莞尔在对华策略上与陆军中央、驻华日军出现了较大分歧,并迅速被排挤出了日本陆军的核心。然而,石原有"侵华从缓"的想法并非是其侵华意图有所改变,而仅仅是其对侵华策略和步骤的调整。他的这种主张实质上仍然建立在稳固并扩大日本侵华利益的大前提之上,计划首先加强对中国的政治侵略和经济侵略,进而全面侵华吞并中国。

最后,回到指导、影响战争的理论层面。石原莞尔的战略思想的根本判断在于日本要与美国进行最终战争,为此,日本必须有充足的物质储备才能有胜利的可能性。因此，对华侵略蚕食，夺取中国的资源就成了日本战略的必要一步。为了使侵略正当化，石原又提出"东亚联盟"，用日本来代表"东亚"，否定中国政府和人民的主体性。尤其是歪曲了清朝满族对汉族的异族统治的历史，为日本侵略"满蒙"、建立"满洲国"，并进一步控制整个中国寻求先例。日美决战和东亚联盟这两个战略思想相辅相成，成为日本陆军军事扩张的理论依据。虽然在具体如何实施侵华战略上，石原与其他大部分日本激进军官不同，但其战略思想已经成为他们的集体认识。

　　石原莞尔宣扬"最终战争"，为日本动员总体战提供理论依据，实际上也是为了满足日本国家和军人对外扩张、攫取资源、实践战争的野心。最终，这种德式战争理论不顾人民生存需要，煽动举国体制，把中、美、苏乃至整个东亚都置于战争框架中，使日德两国都遭受到战争的反噬。石原的"东亚联盟"主张则试图构建一种和平的虚像，以掩饰战争的丑恶，欺骗东亚各国人民。这一理论受到日本近代以来侵略东亚理论及亚洲主义的浸润，表面上提倡东亚各国共同对抗西方，以寻求东亚民族解放，实质上是与西方国家争夺对东亚的殖民统治权。在这种理论框架下，东亚民族解放只能由日本来主导，不承认中国是统一国家、"满洲国"是中国固有领土，试图构建以日本为中心，一切为日本利益服务的东亚国际秩序。因此，石原的"不扩大"与陆军当局的"扩大"并非对立，只是同一逻辑的不同反映，对侵略步骤有不同主张而已。陆军当局"扩大"战争是遵循这一逻辑的必然结果；没有摆脱这一逻辑，是石原东亚战略构想失败的根本原因。这种逻辑形成的根源则在于日本明治维新以来的对外扩张战略及长久以来对中国的蔑视。

　　与陆军主流意见的背离，使石原莞尔过早被排挤出陆军决策层,因而不仅躲过了战后的东京审判,还得以转身一变成为"和平主义者"。这也是最终战争论和东亚联盟论在当时未受到根本批判的原因,甚至被右翼分子夸大为如果采纳石原构想,日本就不会在战争中走向失败。石原构想的将日本乃至亚洲各国卷入日美决战的战争理论是荒谬且疯狂的,但因其躲过战争审判,令这种理论得以在战后传播,对战后日本人的历史认识产生了较深的负面影响。在这一意义上,可以说石原的主张更具危险性和欺骗性。这种认识和逻辑的侵略本质至今仍未在日本社会得到彻底的清算,造成了中日之间历史认识上的巨大差异。

以石原莞尔为线索对日本陆军"中坚层"侵华策略和活动的研究,提示了一种全球史的研究视野。无论是日本陆军军官的教育培养,还是石原等人的战略思想,都受到了欧洲军事思想理论和战争实践的深刻影响。从觊觎"满蒙"开始,日本逐步侵华的战略计划的成形和实施,也与日本军方的全球战略预期有着密切关系。陆军"精英"们预期一个崛起的日本将成为美国在亚太利益的威胁,因此急于为他们认为终将到来的日美战争做准备。日本的侵华战争,可以理解为是其全球称霸战略的一部分。其进一步袭击珍珠港,对美国宣战,固然有轴心国同盟配合德国欧洲战场的考虑,也是日本一贯以来的亚太战略的体现。在这个意义上,从1931年九一八事变开始,日本的侵华战争就已在世界战争体系之内,并发展为第二次世界大战的重要组成部分,因此,东亚也是第二次世界大战的策源地之一。

本书今后还有进一步拓展和深化的可能,需要继续思考和探讨的问题有以下两点:第一,本书的出发点是尝试从"大抗战史"的视角,动态考察日本近代历史与中国近代历史的联动关系,并将日本明治维新以来的历次战争放到这一联动关系中加以审视和考察。本书对这一联动关系的把握主要还是落在日本陆军方面的战略制定，对于中方如何有针对性地回应日本方面的政策，考虑得还不够充分，因此没有充分展示二者间的互动。今后应加强对中日双方史料的爬梳，在论述上更加平衡。

第二，近代日本内部的政策变动和社会变迁对中日战争的影响很深，诸如日本如何策划、准备、发动侵华战争，如何教育、动员国民等问题，都与日本侵华史的研究息息相关。本书仅仅探讨日本陆军军事教育、陆军内部人事纷争等几个侧面，还远远不够，今后应进一步对日本陆军的建军过程、总体战体制以及日本海军等重要问题加以更具体、深入的研究。

参考文献

一、档案资料

日本亚洲历史资料中心档案（外务省外交史料馆档案、防卫省防卫研究所档案、国立公文书馆档案）

日本国立公文书馆档案（行政文书档案）

日本国立国会图书馆档案（陆军省档案）

英国外交部档案（British Foreign Office Files）

二、文献资料集

（一）中文

《汪主席和平建国言论集续集》，汪伪"国民政府"宣传部 1942 年编印。

王铁崖编：《中外旧约章汇编》全三册，生活·读书·新知三联书店 1959 年版。

日本防卫厅防卫研究所战史室编，齐福霖译：《中国事变陆军作战史》（第一卷第一分册），中华书局 1979 年版。

日本防卫厅防卫研究所战史室编，齐福霖译：《中国事变陆军作战史》（第一卷第二分册），中华书局 1979 年版。

秦孝仪主编:《中华民国重要史料初编——对日抗战时期》,台北:中国国民党中央委员会党史委员会 1981 年版。

复旦大学历史系编译:《1931—1945 日本帝国主义对外侵略史料选编》,上海人民出版社 1983 年版。

上海市政协文史资料工作委员会编:《上海文史资料选辑第 50 辑　抗日战争胜利四十周年纪念专辑抗日风云录》(下册),上海人民出版社 1985 年版。

日本防卫厅战史室编,天津市政协编译委员会译校:《日本军国主义侵华资料长编(上)——〈大本营陆军部〉摘译》,四川人民出版社 1987 年版。

日本防卫厅战史室编,天津市政协编译委员会译校:《日本军国主义侵华资料长编(下)——〈大本营陆军部〉摘译》,四川人民出版社 1987 年版。

日本板垣征四郎刊行会编,王毖等译:《板垣征四郎》,长春市政协文史办公室发行组 1988 年印。

《长春市志资料选编》第 3 辑,长春市地方志编纂委员会 1988 年编印。

辽宁省档案馆、辽宁社会科学院编:《"九·一八"事变前后的日本与中国东北——满铁密档选编》,辽宁人民出版社 1991 年版。

《吉林马主屯军支那队编成并重要职员系统并略历》,出版者不详,1928 年,中国历史研究院图书档案馆藏。

吉林省政协文史资料委员会编:《"九·一八"事变资料汇编》,吉林文史出版社 1991 年版。

刘维开编:《国民政府处理九一八事变之重要文献》,台北:近代中国出版社 1992 年版。

天津编译中心编译:《日本军国主义侵华人物》,中国文史出版社 1994 年版。

吉林省档案馆、广西师范大学出版社编:《日本关东军宪兵队报告集》,广西师范大学出版社 2005 年版。

张宪文主编:《南京大屠杀史料集——幸存者的日记与回忆》,江苏人民出版社 2005 年版。

王建朗主编:《中华民国时期外交文献汇编 1911—1949》(全 24 册),中华书局 2015 年版。

　　全国政协文史和学习委员会编:《南京保卫战亲历记》,中国文史出版社 2015 年版。

　　徐勇主编:《侵华战争指导体制及方针》第一册,社会科学文献出版社 2017 年版。

　　吉林省档案馆、广西师范大学出版社编:《日本关东宪兵队报告集》,广西师范大学出版社 2005 年版。

　　郭荣生校补:《日本陆军士官学校中华民国留学生名簿》,台北:文海出版社 1977 年版。

　　佚名编:《清末民初留日陆军士官学校人名簿》,台北:文海出版社 1971 年版。

　　(二) 日文

　　日本外務省編『日本外交文書』(明治期、大正期、昭和期Ⅰ、昭和期Ⅱ、昭和期Ⅲ、昭和戦前期特集、昭和戦争期、昭和戦争后期)。

　　东亜联盟月刊社編『石原莞爾言論集』、东亜联盟月刊社、1943 年。

　　日本国際政治学会、太平洋戦争原因研究部編『太平洋戦争への道』、朝日新聞社、1963 年。

　　大山梓編『山県有朋意見書』、原書房、1966 年。

　　日本防衛庁防衛研究所戦史室編『戦史叢書』全 102 巻、朝雲新聞社、1966—1980 年。

　　角田順編『石原莞爾資料　国防論策』、原書房、1975 年。

　　角田順編『石原莞爾資料　戦争史論』、原書房、1975 年。

　　石原莞爾著、玉井禮一郎編『石原莞爾選集』全 10 巻、たまいらぼ、1986 年。

　　小林龍夫、島田俊彦編『現代史資料 7・満州事変』、みすず書房、1972 年。

　　島田俊彦、稲葉正夫編『現代史資料 8・日中戦争 1』、みすず書房、1982 年。

　　臼井勝美、稲葉正夫編『現代史資料 9・日中戦争 2』、みすず書房、

1984 年。

　小林龍夫等編『現代史資料 11・続・満州事変』、みすず書房、1975 年。

　臼井勝美、稲葉正夫編『現代史資料 12・日中戦争 4』、みすず書房、1982 年。

　上原勇作関係文書研究会編『上原勇作関係文書』、東京大学出版会、1976 年。

　上法快男編『陸軍大学校』、芙蓉書房、1977 年。

　上法快男編『続・陸軍大学校』、芙蓉書房、1978 年。

　上法快男監修、外山操編『陸軍将官人事総覧　陸軍編』、芙蓉書房、1981 年。

　日本近代史料研究会編『日本陸海軍の制度・組織・人事』、東京大学出版会、1982 年。

　武富登巳男等編『十五年戦争極密資料集』全 31 冊、不二出版、1987 年。

　『十五年戦争極秘資料集　補巻 35「情報」（興亜院政務部・大東亜省刊）』、全 9 冊・別冊 1、不二出版、2010 年。

　山田朗編『外交資料 近代日本の膨張と侵略』、新日本出版社、1997 年。

　粟屋憲太郎、竹内桂編『対ソ情報戦資料』全 4 巻、現代史料出版、1999 年。

　高野邦夫編集『近代日本軍隊教育史料集成』全 12 巻、柏書房、2004 年。

　半藤一利等『歴代陸軍大将全覧 昭和篇：満州事変、支那事変期』、中央公論新社、2010 年。

　毎日出版企画社編『別冊一億人の昭和史　陸士、陸幼　日本の戦史別巻 10』、毎日新聞社、1981 年。

　雑誌「丸」編集部編『写真太平洋戦争』全十巻、光人社、1995 年。

　田中宏巳編『米議会図書館所蔵占領接収旧陸海軍資料総目録』、東洋書林、1995 年。

　服部雅德編『防衛庁防衛研究所図書館所蔵陸軍省大日記史料集・大正篇』、東洋書林、1997 年。

軍事史学会編『大本営陸軍部戦争指導班：機密戦争日誌／防衛研究所図書館所蔵』、錦正社、1998 年。

田中宏巳編『オーストラリア国立戦争記念館所蔵旧陸海軍資料目録 Catalogue of Source Materials of the Japanese Imperial Army and Navy』、緑蔭書房、2000 年。

廣瀬順晧監修、編集、解説『参謀本部歴史草案』、ゆまに書房、2001 年。

『情報局関係極秘資料（復刻版）』全 8 巻、不二出版、2003 年。

松野誠也編・解説『陸軍省 調査彙報』全 5 冊、不二出版、2007—2008 年。

『満鉄調査部と中国農村調査——天野元之助中国研究回顧』、不二出版、2008 年。

宇垣一成文書研究会編『宇垣一成関係文書』、芙蓉書房、1995 年

木戸日記研究会編『木戸幸一関係文書』、東京大学出版会、1966 年

木田開編『非常時國民全集』、中央公論社、1933—1934 年。

三、报刊资料

『東亜聯盟』(1939 年—1944 年)、東亜聯盟協会編。

『神戸新聞』(1936 年)、神戸大学経済経営研究所新聞記事文庫蔵。

《政治月刊》(1942 年)，政治月刊社编。

《申报年鉴》(民国卅三年度)，申报年鉴社编。

四、日记、年谱、回忆录

（一）中文

稻叶正夫编，天津市政协编译委员会译：《冈村宁次回忆录》，中华书局 1981 年版。

蔡德金编注：《周佛海日记》上下册，中国社会科学出版社 1986 年版。

陈鹏仁译：《昭和天皇回忆录》，台北：台湾新生报出版部 2000 年版。

中央档案馆编：《伪满洲国的统治与内幕——伪满官员自述》，中华书局

2000 年版。

张学良原著、张之宇校注：《杂忆随感漫录——张学良自传体遗着》，台北：历史智库 2002 年版。

张学良口述、唐德刚撰写：《张学良口述历史》，中国档案出版社 2007 年版。

吕芳上主编：《蒋中正先生年谱长编》全 12 册，台北："国史馆"2015 年版。

《王子壮日记》，台北："中央研究院"近代史研究所 2001 年版。

《蒋介石日记》（手稿），美国斯坦福大学胡佛研究院档案馆藏。

《徐永昌日记》，台北："中央研究院"近代史研究所 1991 年版

（二）日文

額田坦『陸軍省人事局長の回想』、芙蓉書房、1977 年。

井本熊男『作戦日誌で綴る支那事変』、芙蓉書房、1978 年。

有末精三『政治と軍事と人事：参謀本部第二部長の手記』、芙蓉書房、1982 年。

伊藤隆、照沼康孝編『続現代史資料 4　陸軍　畑俊六日誌』、みすず書房、1983 年。

角田順校訂『宇垣一成日記』全四巻、みすず書房、1968—1971 年。

本庄繁『本庄日記』、原書房、1989 年。

木戸日記研究会編『木戸幸一日記』（上下）、東京大学出版会、1966 年。

太田算之助『太田伍長の陣中手記』、岩波書店、1940 年。

宮武剛著、川合多喜夫編集『将軍の遺言：遠藤三郎日記』、毎日新聞社、1986 年。

宇都宮太郎著、宇都宮太郎関係資料研究会編『日本陸軍とアジア政策：陸軍大将宇都宮太郎日記』、岩波書店、2007 年。

板垣征四郎述、小山貞知編『満洲評論叢書：第 8 号板垣征四郎少将講演満洲建国を顧みて』、満洲評論社、1936 年。

板垣征四郎［ほか］述『戦局の前途とソヴェット・ロシヤ』、帝国軍事協会、1939 年。

　　板垣征四郎述、日満実業協会編『満洲に於ける現下重要諸問題に就て』、日満実業協会、1935 年。

　　板垣征四郎三十三回忌追悼会実行委員会編『人間板垣征四郎』、板垣征四郎三十三回忌追悼会実行委員会、1980 年。

　　板垣征四郎刊行会編『秘録・板垣征四郎』、芙蓉書房、1989 年。

　　日満興亜同盟有志会編『大満洲建設十年の回顧』、日満興亜同盟有志会、興亜書院、1941 年。

　　永松浅造『満洲建国誌 十週年記念』、学友館、1942 年。

　　読売法廷記者〔団〕編『25 被告の表情』、読売新聞社、労働文化社、1948 年。

五、研究论著

（一）中文

　　苏振申：《石原莞尔的世界帝国构想——九一八事变背景的透视》，台北《中华学报》6(1)，1979 年。

　　生田惇著，曹振威译：《日本陆军史》，《军事历史研究》1989 年第 3 期。

　　张劲松：《石原莞尔的战争观及其实践》，《日本研究》1994 年第 1 期。

　　俞慰刚：《石原莞尔"永久和平的使者"乎》，《探索与争鸣》1995 年第 2 期。

　　王珊：《石原莞尔的侵华思想渊源》，《社会科学辑刊》1997 年第 6 期。

　　史桂芳：《试析东亚联盟论的"经济一体化"》，《首都师范大学学报》1998 年第 5 期。

　　盛邦和：《19 世纪与 20 世纪之交的日本亚洲主义》，《历史研究》2000 年第 3 期。

　　刘维开：《蒋中正的东北经验与九一八事变作为——兼论所谓"铣电"及"蒋张会面说"》，台北《国立政治大学历史学报》第 19 期，2002 年 5 月。

　　许育铭：《石原莞尔与九一八事变》，台北《中华军史学会会刊》2003 年第 8 期。

　　齐福霖：《三名日本少壮派将校与九一八事变》，中国社会科学院中日历史研究中心编:《九一八事变与近代中日关系:九一八事变70周年国际学术讨论会论文集》,社会科学文献出版社2004年版。

臧运祜:《近代中日关系与中国民族主义——以六个关键年度为试点的考察》,《第二届中国近代思想史国际学术研讨会论文集》,山东烟台,2006年。

宋志勇:《从"九一八事变"到"七七事变":日本军方的对华认识与侵华战争》,《南开日本研究》2011年。

高士华:《坚持做"大抗战史"研究》,《抗日战争研究》2013年第1期,卷首语。

史桂芳:《"东西文明对立"下的东亚联盟论》,《首都师范大学学报》2014年第6期。

胡德坤:《试论三十年代亚洲战争策源地的形成》,《武汉大学哲学社会科学论丛》(史学专辑),武汉大学历史系《史学论文集》编辑组编印,出版年份不详。

王珊:《石原莞尔与中日战争》,南开大学博士学位论文,1999年。

王云翠:《石原莞尔的"不扩大"思想》,东北师范大学硕士学位论文,2008年。

刘建华:《伪满协和会研究》,吉林大学博士学位论文,2010年。

步平等编著:《东北国际约章汇释(1869—1919年)》,黑龙江人民出版社1987年版。

步平:《日本靖国神社七问》,北京:解放军出版社2016年版。

步平、王希亮:《日本右翼问题研究》,社会科学文献出版社2005年版。

森武夫著,曹贯一译述:《战时经济论》,商务印书馆1935年版。

小山弘健、浅田光辉著,王敦旭译:《日本帝国主义史》第3卷,生活·读书·新知三联书店1961年版。

伊藤正德著,尹友三译:《日本军阀兴亡史》,台北:"国防部"联合作战研究委员会1970年版。

约翰·亨特·博伊尔著,陈体芳、乐刻等译:《中日战争时期的通敌内幕1937—1945》,商务印书馆1978年版。

秋定鹤造著,田桓等译:《东条英机:东条生平和日本陆军兴亡秘史》,商务印书馆 1987 年版。

信夫清三郎著,周启乾等译:《日本政治史》全 4 卷,上海译文出版社 1988年版。

樊恭嵩:《国防经济论》,福建人民出版社 1988 年版。

鲁登道夫著,戴耀先译:《总体战》,解放军出版社 1988 年版。

堀场一雄著,王培岚等译:《日本对华战争指导史》,军事科学出版社 1988年版。

岛田俊彦著、李汝松译:《日本关东军覆灭记》,辽宁教育出版社 1991年版。

陈鹏仁译:《日人笔下的九一八事变》,台北:水牛图书出版事业有限公司1991 年版。

张振鹍等:《日本侵华七十年史》,中国社会科学出版社 1992 年版。

徐勇:《征服之梦——日本侵华战略》,广西师范大学出版社 1995 年版。

铃木隆史著,吉林省伪皇宫陈列馆译:《日本帝国主义对中国东北的侵略》,吉林教育出版社 1996 年版。

金以林:《国民党高层的派系政治——蒋介石的领袖地位是如何确立的》,北京:社会科学文献出版社 2009 年版。

靳明全:《攻玉论:关于 20 世纪初期中国军界留日生的研究》,重庆出版社2001 年版。

史桂芳:《"东亚联盟论"研究》,首都师范大学出版社 2001 年版。

史桂芳:《"同文同种"的骗局——日伪东亚联盟运动的兴亡》,社会科学文献出版社 2002 年版。

王屏:《近代日本的亚细亚主义》,商务印书馆 2004 年版。

孙立祥:《战后日本右翼势力研究》,中国社会科学出版社 2005 年版。

林庆元、杨齐福:《"大东亚共荣圈"源流》,社会科学文献出版社 2006年版。

日本读卖新闻战争责任检证委员会著,郑钧等译:《检证战争责任》,新华出版社 2007 年版。

陈雷:《经济与战争:抗日战争时期的统制经济》,合肥工业大学出版社
2008 年版。

臧运祜:《近代日本亚太政策的演变》,北京大学出版社 2009 年版。

张芝瑾:《石原莞尔的中国认识与亚洲观》,台北:台湾大学政治学系中国
大陆暨两岸关系教学与研究中心 2010 年印。

王建朗、曾景忠:《中国近代通史》第 9 卷,"抗日战争"(1937—1945),江苏
人民出版社 2013 年版。

石原莞尔著、郭介懿译:《最终战争论·战争史大观》,台北:远足文化出版
事业有限公司 2013 年版。

德瑞著,顾全译:《日本陆军兴亡史 1853—1945》,新华出版社 2015 年版。

川田稔著,韦平和译:《日本陆军的轨迹(1931—1945) 永田铁山的构想及
其支脉》,社会科学文献出版社 2015 年版。

李惠、李昌华、岳思平编:《侵华日军序列沿革》,解放军出版社 1987 年版。

成儒译:《日本明治时代陆海军建设史》,台北:"国防部"编译局 1971
年版。

坂本太郎著,汪向荣、武寅、韩铁英译:《日本史》,中国社会科学出版社,
2008 年版。

解学诗主编:《关东军满铁与伪满洲国的建立》,北京:社会科学出版社
2015 年版。

(二) 日文

小林英夫「石原莞爾と総力戦思想」、『歴史評論』通号 360、1980 年。

古屋哲夫「日中戦争にいたる対中国政策の展開とその構造」、古屋哲夫
編『日中戦争史研究』、1984 年。

野村乙二郎「石原莞爾の満州事変」、『軍事史学』通号 146、2001 年。

加藤陽子「総力戦下の政―軍関係」、倉沢愛子など編『戦争と占領のデモ
クラシー』、岩波書店、2005 年。

松本健一「アジア主義大東亞戦爭:北一輝・大川周明・石原莞爾・中

野正剛：東北アジアにおけるユートピア思想と地域の在り方」、東北大学東北アジア研究センター、2007 年。

斎藤達志「陸軍大学校の教育目標とその変遷——陸軍大学校は何を狙いに教育してきたか」、陸戦学会編『陸戦研究』第 661 号、2008 年 10 月。

上村直己「陸軍大学校ドイツ参謀将校の通訳官たち」、『熊本大学教養部紀要・外国語・外国文学編』第 23 号、1988 年 1 月。

土居征夫「21 世紀への教訓——陸軍大学校にみる高等教育の功罪」、通商産業調査会編『通産ジャーナル』第 18 号、1985 年 7 月。

松谷誠「有為転変・わが生涯—陸軍大学校教育の感懐—」、朝雲新聞社『国防』第 29 号、1980 年 12 月。

岡村誠之「さらば陸大兵学!」、『文芸春秋』第 28 号、1950 年 10 月。

伊勢弘志「日本陸軍の国民統制政策と満州事変」、博士論文、明治大学、2011 年。

大江洋代「明治期における近代陸軍の形成」、博士論文、御茶水大学、2010 年。

中嶋(林)美和「昭和期日本陸軍研究序説：日本ファシズムの端緒的展開過程にみる」、博士論文、神戸大学、2010 年。

中野良「日本陸軍の軍事演習と地域社会：『軍—地域関係史』の一試論」、博士論文、東北大学、2008 年。

森靖夫「日本陸軍と日中戦争への道：一九二〇年代から一九三〇年代へ」、博士論文、京都大学、2008 年。

堀田慎一郎「一九三〇年代における日本政治史の研究：陸軍の政治的台頭と元老・重臣勢力」、博士論文、名古屋大学、2000 年。

浅野和生「大正デモクラシーと陸軍」、博士論文、慶応義塾大学、1991 年。

中村赳「明治の陸軍とお雇い外国人」、博士論文、法政大学、1974 年。

延广寿一「日清戦争における日本陸軍の兵站」、博士論文、神戸学院大学、2011 年。

楊典錕「近代中国における日本人軍事顧問・教官並びに特務機関の研究：1898～1945」、博士論文、東京大学、2008 年。

戸部良一『日本陸軍と中国：「支那通」にみる夢と蹉跌』、講談社、1999 年。

『靖国戦後秘史 A 級戦犯を合祀した男』、毎日新聞社、2007 年。

NHKスペシャル取材班、山辺昌彦『東京大空襲－未公開写真は語る』、新潮社、2012 年。

ゴードン・M・バーガー『大政翼賛会──国民動員をめぐる相克』、山川出版社、2001 年。

ヒリス・ローリィ著、内山秀夫訳『帝國日本陸軍』、日本経済評論社、2002 年。

ピーター・ウェッツラー著、森山尚美訳『昭和天皇と戦争─皇室の伝統と戦時下の政治・軍事戦略』、原書房、2002 年。

マーク・R・ピーティ著、大塚健洋等訳『「日米対決」と石原莞爾』、たまいらぼ、1993 年。

阿部博行『石原莞爾：生涯とその時代』、法政大学出版局、2005 年。

芦澤紀之『ある作戦参謀の悲劇』、芙蓉書房、1979 年。

伊藤嘉啓『石原莞爾のヨーロッパ体験』、芙蓉書房、2009 年。

伊藤政之助『現代の陸軍』、大日本図書、1936 年。

一ノ瀬俊也『宣伝謀略ビラで読む、日中・太平洋戦争─空を舞う紙の爆弾「伝単」図録』、柏書房、2008 年。

永沢道雄『中国大陸徒歩四六〇〇キロの戦場体験』、光人社 NF 文庫、2012 年。

遠藤利男『板垣征四郎』、修養団、1937 年。

旺文社編『陸軍への道』、旺文社、1944 年。

横山臣平『秘録石原莞爾』、芙蓉書房、1986 年。

横山銕三『「繆斌工作」成ラズ』、展転社、1992 年。

岡部牧夫『十五年戦争史論─原因と結果と責任と』、青木書店、1999 年。

加登川幸太郎『陸軍の反省』（上下）、文京出版、1996 年。

加藤陽子『戦争の論理　日露戦争から太平洋戦争まで』、勁草書房、2005 年。

加藤陽子『満州事変から日中戦争へ』、岩波書店、2010 年。

家永三郎『太平洋戦争』、岩波現代文庫、岩波書店、2002 年。

河辺正三『日本陸軍精神教育史考』全二巻、原書房、1980 年。

外山操、森松俊夫編著『帝国陸軍編制』、芙蓉書房、1993 年。

外山操編『陸海軍将官人事総覧（陸軍篇）』、芙蓉書房、1989 年。

笠原十九司『日中全面戦争と海軍　パナイ号事件の真相』、青木書店、1997 年。

梶野渡『「華中特務工作」秘蔵写真帖』、彩流社、2011 年。

関岡英之『帝国陸軍　見果てぬ「防共回廊」』、祥伝社、2010 年。

吉田裕『天皇の軍隊と南京事件―もうひとつの日中戦争史―』、青木書店、1985 年。

宮崎周一著、軍事史学会編『大本營陸軍部作戰部長宮崎周一中將日誌』、錦正社、2003 年。

教育総監部『皇軍史』、成武堂、1944 年。

近現代史編纂会編『陸軍部隊戦史』、新人物往来社、2001 年。

熊谷光久『日本軍の精神教育』、錦正社、2012 年。

桑木崇明『陸軍五十年史』、鱒書房、1943 年。

軍事史学会編『日本陸軍とアジア』、錦正社、2009 年。

郡司淳『近代日本の国民動員―「隣保相扶」と地域統合―』、刀水書房、2009 年。

原剛、安岡昭男編『日本陸海軍事典』、新人物往来社、2003 年。

古賀牧人編著『近代日本戦争史事典』、光陽出版社、2004 年 4 月 5 日。

古川万太郎『中国残留日本兵の記録』同時代ライブラリー 203、岩波書店、1994 年。

戸部良一『日本の近代 9　逆説の軍隊』、中央公論社、1998 年。

戸部良一等『失敗の本質——日本軍の組織論的研究』、ダイヤモンド社、1984年。

広田照幸『陸軍将校の教育社会史－立身出世と天皇制』、世織書房、1997年。

江口圭一『十五年戦争小史』、青木書店、1986年。

高山信武『参謀本部作戦課 新版』、芙蓉書房、1985年。

高山信武『参謀本部作戦課の大東亜戦争』、芙蓉書房、2001年。

高山信武『陸軍大学校の戦略・戦術教育』、芙蓉書房、2002年。

国学院大学研究開発推進センター『慰霊と顕彰の間』、錦正社、2010年。

黒羽清隆『十五年戦争史序説』、三省堂、1979年。

黒野耐『参謀本部と陸軍大学校』、講談社、2004年。

今井昭彦『近代日本と戦死者祭祀』、東洋書林、2006年。

今岡豊『石原莞爾の悲劇』、芙蓉書房、1981年。

今戸川猪佐武『東条英機と軍部独裁』、講談社、1982年。

佐治芳彦『天才戦略家の肖像　石原莞爾』、経済界、2001年。

佐藤晃『帝国海軍の誤算と欺瞞』、戦誌刊行会、1995年。

三浦裕史『近代日本軍政概論』、信山社、2003年。

三根生久大『帝国陸軍の本質』、講談社、1995年。

三根生久大『陸軍参謀：エリート教育の功罪』、文藝春秋、1992年。

三谷太一郎『近代日本の戦争と政治』、岩波書店、2010年。

三野正洋『続日本軍の小失敗の研究』、光人社、1996年。

山口宗之『陸軍と海軍：陸海軍将校史の研究』、清文堂出版社、2005年。

山口重次『悲劇の将軍石原莞爾』、世界社、1952年。

山崎正男編集『陸軍士官学校・保存版』、秋元書房、1990年。

山室信一『キメラ：満州国の肖像』、中央公論新社、2006年。

山中恒『アジア太平洋戦争史　同時代人はどう見ていたか』、岩波書店、2008年。

山田郎、小田部雄次、林博史『キーワード日本の戦争犯罪』、雄山閣、

1995 年。

　　山田郎『軍備拡張の近代史——日本軍の膨張と崩壊』、吉川弘文館、1997 年。

　　山田郎『昭和天皇の軍事思想と戦略』、校倉書房、2002 年。

　　山田郎『昭和天皇の戦争指導』、昭和出版、1990 年。

　　山田郎『大元帥・昭和天皇』、新日本出版社、1994 年。

　　山本七平『一下級将校の見た帝国陸軍』、朝日新聞社、1983 年。

　　山本智之『日本陸軍戦争終結過程の研究』、芙蓉書房、2010 年。

　　山本武利『朝日新聞の中国侵略』、文藝春秋、2011 年。

　　寺田近雄『完本　日本軍隊用語集』、学研パブリッシンク、2011 年。

　　実業之日本社『新東亜建設の秋：海軍大臣米内光政陸軍大臣板垣征四郎』、実業之日本社、1939 年。

　　宗像和広『戦記が語る日本陸軍』、銀河出版、1996 年。

　　緒方貞子『満州事変政策の形成過程』、岩波書店、2011 年。

　　勝安芳『陸軍歴史』、改造社、1928 年。

　　小熊英二『「民主」と「愛国」—戦後日本のナショナリズムと公共性』、新曜社、2012 年。

　　小松茂朗『関東軍参謀—怨嗟の中に立つ悲劇の軍人伝—』、光人社、1987 年。

　　小松茂朗『陸軍の異端児石原莞爾——東條英機と反目した奇才の生涯』、光人社、2005 年。

　　小田康徳等編『陸軍墓地がかたる日本の戦争』、ミネルヴァ書房、2006 年。

　　小林一博『「支那通」一軍人の光と影：磯谷廉介中将伝』、柏書房、2000 年。

　　小林英夫『昭和をつくった男：石原莞爾、北一輝そして岸信介』、ビジネス社、2006 年。

　　小林大作『石原莞爾：満州国を作った男』、宝島社、2007 年。

小林知治『板垣征四郎』、国防攻究会、1938 年。

小林知治『北支に躍る人々』、政道社、1935 年。

松永浩介『一兵士の戦中通信』、オリジン出版センター、1978 年。

上法快男『石原莞爾の素顔:東条と対立した悲劇の予言者』、芙蓉書房、1983 年。

上法快男『東京裁判と東條英機』、芙蓉書房、1983 年。

上法快男『陸軍省軍務局史』、芙蓉書房、2002 年。

新人物往来社戦史室編『日本陸軍指揮官総覧』、新人物往来社、1995 年。

新人物往来社戦史室編『日本陸軍歩兵連隊』、新人物往来社、1991 年。

森久男『日本陸軍と内蒙工作:関東軍はなぜ独走したか』、講談社、2009 年。

森松俊夫『図説日本陸軍史』、建帛社、1992 年。

森夫『日本陸軍と日中戦争への道 : 軍事統制システムをめぐる攻防』、ミネルヴァ書房、2010 年。

秦郁彦編『日本陸海軍総合事典』、東京大学出版会、2005 年。

秦郁彦『軍ファシズム運動史』、河出書房、2012 年。

水谷尚子『「反日」以前—中国対日工作者たちの回想—』、文藝春秋、2006 年。

菅原節雄『板垣征四郎と石原莞爾:陸軍の中心人物・革新の巨星』、今日の問題社、1937 年。

菅野保之『改訂陸軍軍法会議法原論』、松華堂書店、1944 年。

成美堂編『太平洋戦争　日本帝国陸軍』、成美堂、2000 年。

成澤米三『石原莞爾』、経済往来社、1969 年。

清水光雄『最後の皇軍兵士』、現代評論社、1985 年。

西英造『昭和陸軍派閥抗争史』、現代ジャーナリズム出版会、1983 年。

西岡香織『報道戦線から見た「日中線争」:陸軍報道部長馬淵雄の足跡』、芙蓉書房、1999 年。

西郷鋼作『板垣征四郎』、政治知識社、1938 年。

青江舜二郎『石原莞爾』、中公文庫、1993 年。

石原莞爾『世界最終戦と東亜聯盟』、東亜聯盟協会鶴岡分会出版、1941 年。

石原莞爾『世界最終戦論』、新正堂、1942 年。

石原莞爾『戦争史大観』、中央公論社、1941 年。

石原莞爾著、東亜聯盟協会関西事務所編『満洲建国と支那事変』、東亜聯盟協会関西事務所、1940 年。

赤澤史朗『靖国神社』、岩波書店、2005 年。

川田稔『昭和陸軍の軌跡:永田鉄山の構想とその分岐』、中央公論新社、2011 年。

川田稔『満州事変と政党政治　軍部と政党の激闘』、講談社、2010 年。

浅沼和典、河原宏、柴田敏夫編『比較ファシズム研究』、成文堂、1982 年。

船井幸雄『昭和史からの警告』、ビジネス社、2006 年。

船木繁『支那派遣軍総司令官岡村寧次』、河出書房新社、2012 年。

倉橋尚『蕪湖の三年』、六〇会編集部、1971 年。

早瀬利之『石原莞爾　満州備忘ノート』、光人社、2004 年。

村上和及『日本軍装備大図鑑　制服・兵器から日常用品まで』、原書房、2012 年。

太平洋戦争研究会編『日本陸軍将官総覧』、PHP 研究所、2010 年。

太平洋戦争研究会編『石原莞爾と満州事変』、PHP 研究所、2009 年。

大原康男『帝国陸海軍の光と影 ：一つの日本文化論として』、展転社、2005 年。

大江志乃夫編・解説『支那事変大東亜戦争間動員概史』、不二出版、1988 年。

大谷敬二郎『皇軍の崩壊』、図書出版社、1975 年。

大濱徹也、小沢郁郎編『帝国陸海軍事典』、同成社、1995 年。

竹山護夫『昭和陸軍の将校運動と政治抗争』、名著刊行会、2008 年。

竹内好編集、解説『現代日本思想大系 9 ―アジア主義』、筑摩書房、

1963 年。

中原茂敏『大東亜補給戦―わが戦力と国力の実態』、原書房、1931 年。

中山隆志『関東軍』、講談社、2000 年。

中村菊男『昭和陆軍秘史』、番町書房、1968 年。

中村粲『大東亜戦争への道』、展転社、1995 年。

猪野健治『日本の右翼――その系譜と展望』、日新報道出版部、1974 年。

長谷川義記『頭山満評伝　人間個と生涯』、原書房、1974 年。

椎野八束編集『日本陸軍将官総覧』、新人物往来社、2000 年。

田村吉雄編『秘録大東亜戦史 大陸篇』、富士書苑、1953 年。

田中秀雄『石原莞爾と小澤開作――民族協和を求めて』、芙蓉書房、
2008 年。

田中新一著、松下芳男編『作戦部長、東条ヲ罵倒ス―勝算なき戦争の舞
台裏―』、芙蓉書房、1986 年。

田中惣五郎『日本ファシズム史』、河出書房新社、1972 年。

都筑七郎『右翼の歴史　激動の大正昭和史の証言』、つばさ書院、
1967 年。

土屋光芳『「汪兆銘政権」論―比較コラボレーションによる考察』、人間
の科学社、2011 年。

土肥原賢二刊行会編『秘録 土肥原賢二』、芙蓉書房、1972 年。

唐島基智三『板垣征四郎と東条英機：陸軍の新首脳を語る』、今日の問題
社、1938 年。

島田俊彦『関東軍　在満陸軍の独走』、講談社、2011 年。

東亜聯盟協会編『支那事変解決の根本策』、東亜聯盟協会、1940 年。

東中野修道『南京「事件」研究の最前線』、展転社、2010 年。

筒井清忠『昭和十年代の陸軍と政治：軍部大臣現役武官制の虚像と実
像』、岩波書店、2007 年。

藤井非三四『都道府県別に見た陸軍軍人列伝　東日本編』、光人社、
2007 年。

藤原彰『天皇制と軍隊』、青木書店、1978 年。

藤田昌雄『激戦場：皇軍うらばなし』、光人社、2006 年。

藤田昌雄『日本陸軍兵営の食事』、光人社、2009 年。

藤田昌雄『日本陸軍兵営の生活』、光人社、2011 年。

藤本弘道『終戦前後に於ける日本陸軍の内争』、新生語学研究会出版部、出版時間不詳。

藤本治毅『石原莞爾』、時事通信社、1971 年。

内海愛子等編『ある日本兵の二つの戦場　近藤一の終わらない戦争』、社会評論社、2005 年。

入江昭編著、岡本幸治監訳『日本人と中国人―交流・友好・反発の近代史』、ミネルヴァ書房、2012 年。

入江辰雄『石原莞爾「永久平和」の先駆者』、たまいらぼ、1985 年。

入江辰雄『日蓮聖人と石原莞爾』、たまいらぼ、1984 年。

楳本捨三『関東軍始末記』、原書房、1967 年。

楳本捨三『関東軍・満軍の相剋』、秀英書房、1981 年。

白井明雄『日本陸軍の「戦訓」の研究』、芙蓉書房、2003 年。

白土菊枝『将軍石原莞爾：その人と信仰に触れて』、まこと会、1995 年。

板垣賛造『弟・板垣征四郎の少年時代を語る』、文芸春秋社、1938 年。

板垣征四郎『長期建設に邁進せよ』、産業組合中央会、1938 年。

武岡淳彦『日本陸軍史百題：なぜ敗けたのか』、亞紀書房、1995 年。

武藤貞一『新陸相板垣征四郎論』、講談社、1938 年。

福井雄三『板垣征四郎と石原莞爾：東亜の平和を望みつづけて』、PHP研究所、2009 年。

福川秀樹編著『日本陸軍将官辞典』、芙蓉書房、2001 年。

福田和也『地ひらく石原莞爾と昭和の夢』、文藝春秋、2001 年。

文化奉公会編『大東亜戦争陸軍報道班員手記』、大日本雄辯会講談社、1942 年。

保阪正康『昭和陸軍の研究』（上下）、朝日新聞社、2006 年。

保阪正康『東條英機と天皇の時代』上巻，伝統と現代社、1979年。

保阪正康『陸軍省軍務局と日米開戦』、中央公論社、1989年。

北岡伸一『官僚制としての日本陸軍』、筑摩書房、2012年。

北岡伸一『日本陸軍と大陸政策（1906—1918）』、東京大学出版会、1978年。

堀栄三『大本営参謀の情報戦記』、文藝春秋、1989年。

堀江好一『陸軍エリート教育　その功罪に学ぶ戦訓』、光人社、1987年。

堀場一雄『支那事変戦争指導史』、原書房、1981年。

堀田吉明、冨永謙吾、長谷川了『大東亞戦史』、広文堂書店、1942年。

本庄比佐子、内山雅生、久保亨編『興亜院と戦時中国調査』、岩波書店、2002年。

本隆司、吉澤誠一郎編『近代中国研究入門』、東京大学出版会、2012年。

味岡徹『中国国民党訓政下の政治改革』、汲古書院、2008年。

湊元克巳編『日本陸軍史』、雄山閣、1934年。

木村武雄『石原莞爾』、土屋書店、1979年。

野村乙二郎『石原莞爾：軍事イデオロギストの功罪』、同成社、1992年。

野邑理栄子『陸軍幼年学校体制の研究：エリート養成と軍事・教育・政治』、吉川弘文館、2005年。

林三郎『参謀教育―メッケルと日本陸軍―』、芙蓉書房、1984年。

林博史『シンガポール華僑粛清　日本軍はシンガポールで何をしたのか』、高文研、2007年。

林博史『戦犯裁判の研究　戦犯裁判政策の形成から東京裁判・BC級裁判まで』、勉誠出版、2010年。

林房雄『続・大東亜戦争肯定論』、番町書房、1965年。

和田春樹等編『岩波講座東アジア近現代通史6　アジア太平洋戦争と「大東亜共栄圏」1935—1945年』、岩波書店、2011年。

齋藤與治郎編『大日本帝国陸軍大觀』、明治天皇聖德奉讃会、1939年。

纐纈厚『総力戦体制研究』、社会評論社、2010年。

黒沢文貴『大戦間期の日本陸軍』、みすず書房、2000 年。

実松譲『海軍大学教育　戦略・戦術道場の功罪』、光人社、1993 年。

大日方純夫『はじめて学ぶ日本近代史—開国から日清・日露まで』、大月書店、2002 年。

附 录

附一 石原莞尔大事年表

时间	经历	背景
1889年1月18日	出生于山形县鹤冈市日和町	1889年2月,日本帝国宪法颁布
1890年		天皇颁布教育敕令
1894年8月1日		日本对清政府宣战
1895年		《马关条约》签订(4月);德法俄三国干涉还辽
1898年		美西战争,美国吞并夏威夷、占领菲律宾;俄国租借旅大、德国租借胶州湾、英国租借威海卫
1900年		义和团事件和八国联军攻占北京
1902年9月1日	13岁,进入仙台陆军地方幼年学校,第六期生	1902年1月,日英同盟订立
1904年		日本公布对俄宣战布告

时间	经历	背景
1905 年 9 月 1 日	16 岁，进入陆军中央幼年学校，第六期生。同期有菅原道大、富永信政、饭沼守、樋口季一郎	1905 年 9 月，《朴茨茅斯条约》签订
1907 年 6 月 1 日	作为士官候补生进入步兵第三十二联队（山形）	
1907 年 12 月 1 日	18 岁，进入陆军士官学校，第二十一期	
1909 年 7 月 20 日	20 岁，自陆军士官学校毕业归队，任见习士官	自 1909 年前后开始，日本陆军开始提倡"精神教育"，其重点是"国体论"。日俄战争之后，日本陆军开始致力于创造基于日本传统的具有独特性的典范令，军事教育中注重强调不屈的"大和魂"和攻击精神，这是日本军事思想的重要转变。①
1909 年 12 月 25 日	任陆军步兵少尉，补步兵第六十五联队付	
1910 年		1910 年 6 月，日本发生幸德秋水大逆事件；8 月，吞并韩国
1911 年		10 月，辛亥革命爆发
1912 年		7 月 30 日，明治天皇亡
1913 年 2 月 3 日	24 岁，任步兵中尉	
1914 年		7 月，一战爆发；8 月，日本对德宣战；11 月，攻占青岛
1915 年 11 月 29 日	26 岁，进入陆军大学，第三十期	

---

① マーク・R・ピーティ著、大塚健洋等訳「『日米対決』と石原莞爾」、24—25 頁。

时间	经历	背景
1917 年		3 月,俄国二月革命;11 月,十月革命
1918 年 11 月 29 日	29 岁,陆军大学毕业	1918 年 7 月,西伯利亚出兵;11 月,一战休战协定签订
1919 年 4 月 15 日 7 月 4 日 8 月 6 日	30 岁,任步兵大卫补中队长 调教育总监部任职 结婚	1919 年 6 月,《凡尔赛和约》签订
1920 年 4 月 9 日	31 岁,华中派遣队司令部付仰付	1920 年 1 月,国联成立;3 月,尼港事件
1921 年 7 月 20 日	32 岁,任陆军大学兵学教官	1921 年 12 月,日英同盟废弃
1922 年 7 月 15 日 1922 年 9 月 1 日	33 岁,被陆大派赴德国 留驻德国进行军事研究	1922 年 2 月,九国公约;12 月华盛顿条约、伦敦条约生效
1923 年		11 月 7 日,苏维埃社会主义共和国联邦成立
1924 年 8 月 20 日	35 岁,任步兵少佐	
1925 年 10 月 5 日	36 岁,被调离德国,补陆军大学兵学教官	1925 年,日本陆军 4 个师团被精简(宇垣军缩)
1926 年		1926 年 12 月 25 日,大正天皇亡
1928 年 8 月 10 日 10 月 10 日	39 岁,任步兵中佐、关东军参谋	1928 年 6 月,皇姑屯事件
1929 年 7 月	向关东军和参谋本部提交《扭转国运的根本国策——满蒙问题解决案》《关东军满蒙领有计划》	

时间	经历	背景
1930 年		伦敦军缩会议
1931 年 5 月	《满蒙问题之我见》强调"满蒙"地区对日本具有重要的政治及经济价值。日本受限于国土面积小、资源缺乏，如果要和美国对抗，必须借开发"满蒙"达到"以战养战"。"满蒙生命线"的理论是石原鼓吹关东军占据中国东北的依据，并据此发动九一八事变，建立伪满洲国	1931 年 6 月，中村震太郎大尉事件；7 月，万宝山事件；三月事件（日本右翼团体樱会策动政变，企图建立法西斯政权，但未遂）；十月事件（樱会发动的第二次政变，仍未遂）；九一八事变
1932 年 8 月 8 日 1932 年 9 月 7 日 1932 年 10 月 12 日	43 岁，任步兵大佐、兵器本厂付仰付 接受外务省委托事务 帝国代表随员仰付（苏黎世）	1932 年 2 月，李顿调查团来华；3 月，《满洲建国宣言》；5 月，五一五事件（海军少壮派军人为主的法西斯政变）
1933 年 3 月 27 日 1933 年 8 月 1 日	44 岁，回国，补仙台步兵第四联队联队长 提交《满洲建设大纲》	1933 年 1 月，希特勒上台；3 月，日本退出国联
1934 年 3 月	向参谋本部和陆军省提交《满洲国育成构想七项》	1934 年 3 月，溥仪就任伪满洲国皇帝；希特勒就任总统
1935 年 8 月 1 日	46 岁，参谋本部课长	1935 年 3 月，德国发表重整军备宣言；8 月 12 日，相泽事件
1936 年		2 月 26 日，"二二六"事件
1937 年 3 月 1 日	48 岁，任少将、参谋本部第一部部长、关东军副参谋长	1937 年 7 月 7 日，卢沟桥事变；8 月 13 日八一三事变；11 月，德意日三国防共协定签订

续表

时间	经历	背景
1938 年 12 月 5 日	49 岁，舞鹤要塞司令官	
1939 年 8 月 1 日 1939 年 8 月 30 日	50 岁，任中将、留守第十六师团司令部付第十六师团师团长	1939 年 4 月，诺门坎事件；9 月，二战开始
1940 年		德意日军事同盟成立
1941 年 3 月 1 日	52 岁，待命，被排挤到预备役；就任立命馆大学教授	1941 年 4 月，《苏日中立条约》签订；4 月，美日会谈；12 月 8 日，太平洋战争爆发
1942 年 9 月 14 日	53 岁，辞去立命馆大学教授，回乡	
1945 年		1945 年 5 月，德国投降；6 月，联合国成立；8 月 15 日，日本投降
1946 年		11 月，日本颁布新宪法
1947 年 5 月 1 日—2 日	58 岁，作为证人，在远东国际军事法庭出庭	
1948 年		远东国际军事法庭审判结束
1949 年 8 月 15 日	卒于山形县饱海郡，60 岁零 7 个月	

附二　九一八事变前一夕会主要成员任职情况表(1931 年 9 月)

	姓名	事变前任职	陆士(期)	主要履历
陆军省	永田铁山	军事课课长	十六	1928 年步兵第三联队联队长，1930 年参谋本部军事课课长，1932 年参谋本部第二部部长，1933 年步兵第一旅团旅团长，1934 年军务局局长，中将

续表

姓名	事变前任职	陆士（期）	主要履历
永田铁山	军事课课长	十六	1928年步兵第三联队联队长,1930年参谋本部军事课课长,1932年参谋本部第二部部长,1933年步兵第一旅团旅团长,1934年军务局局长,中将
村上启作	军事课高级课员	二十二	1927年参谋本部部员,1931年军务局军事课课员,1933年步兵第三十四联队联队长,1935年军事课课长,1939年第三十九师团师团长,1944年第三军司令官,病死于西伯利亚,中将
铃木贞一	军事课"支那"班班长	二十二	1927年参谋本部作战课课员,1929年驻北京公使馆武官辅佐官,1931年军务局军事课"支那"班班长,1936年步兵第十四联队联队长,1938年第三军参谋长、兴亚院政务部长,1941年国务大臣,1943年内阁顾问,中将,甲级战犯
土桥勇逸	军事课外交班班长	二十四	1930年步兵第一联队大队长,1931年军务局军事课外交班班长,1935年步兵第二十联队联队长,1937年驻法,1939年第二十一军参谋长,1940年中国派遣军副参谋长,1941年第四十八师团师团长,1944年第三十八军司令官,中将
铃木宗作	军事课编制班班长	二十四	1928年军务局课员,1931年军事课编制班班长,1933年关东军参谋(警务部警备课课长),1935年步兵第四联队联队长,1937年教育总监部第二课课长,1938年华中方面军副参谋长,1939年中国派遣军副参谋长,1941年第二十五军参谋长,1943年运输部部长,1944年第三十五军司令官,1945年菲律宾战死,大将
下山琢磨	补任课课员	二十五	1930年军务局课员,1934年第十一师团参谋,1935年"满洲国"军事顾问,1937年华北方面军参谋,1938年飞行第十六战队队长,1939年航空兵团参谋长,1942年第四飞行师团师团长,1944年第五航空军司令官,中将

续表

姓名	事变前任职	陆士(期)	主要履历
冈村宁次	补任课课长	十六	1927年步兵第六联队联队长,1928年参谋本部战史课课长,1932年上海派遣军副参谋长、关东军副参谋长,1933年驻"满洲国"大使馆武官,1936年第二师团团团长,1938年第十一军司令官,1941年华北方面军司令官,1944年第六方面军司令官、中国派遣军总司令官,大将
七田一郎	补任课高级课员	二十	1929年人事局课员,1932年步兵第二十二联队联队长,1933年教育总监部第二课课长,1937年步兵第二十四旅团旅团长,1939年第二十师师团长,1942年驻"蒙"军司令官,1943年第二军司令官,1945年第五十六军司令官,中将
北野宪造	补任课课员	二十二	1928年步兵第三联队大队长,1929年总务课课员,1930年人事局课员,1935年步兵第三十七联队联队长,1937年珲春驻屯队长,1938年朝鲜军参谋长,1939年华中宪兵司令官,1940年第四师师团长,1943年第十九军司令官,1945年第十二方面军司令官,中将
松村正员	征募课课长	十七	1931年陆军省军务局征募课课长,1933年步兵第十九旅团旅团长,1937年下关要塞司令官,中将
饭田贞固	马政课课长	十七	1914年青岛守备军参谋,1917年派驻法、意,1926年近卫骑兵联队长,1931年军务局马政课课长,1933年骑兵第三旅团旅团长,1935年参谋本部总务部部长,1937年近卫师团长,1939年第十二军司令官,中将
沼田多稼藏	动员课课员	二十四	1928年陆军省整备局动员课课员,1932年关东军参谋,1934年驻意大利武官,1936年步兵第三十九联队联队长,1938年第十一军副参谋长,1941年第三军参谋长,1942年第十二师团师团长,1943年第二方面军参谋长,1944年南方军总参谋长,中将

	姓名	事变前任职	陆士（期）	主要履历
参谋本部	本乡义夫	整备局课员	二十四	1929年整备局课员，1930年兼资源局事务官，1932年资源局企画部第一课课长，1933年步兵第五十九联队留守队队长，1934年人事局课员，1935年步兵第十二联队联队长，1937年留守航空兵团司令部、滨松飞行学校教官，1938年第四飞行团团长，1939年第十二军参谋长，1940年熊谷飞行学校校长，1943年第六十二师团师团长，1945年关东军防卫司令官、第四十四军司令官，中将
	东条英机	动员课课长	十七	1931年参谋本部动员课课长，1933年军事调查委员长，1934年第二十四旅团旅团长，1935年关东军宪兵队司令官兼关东局警务部部长，1937年关东军参谋长，1938年陆军次官兼航空总监，1940年陆相兼对"满"事务局总裁，1941—1944年首相，大将
	牟田口廉也	庶务课庶务班班长	二十二	1929年派驻法国，1931年庶务课庶务班班长，1933年庶务课课长，1936年驻屯军步兵队队长、驻屯军步兵第一联队联队长，1938年关东军司令部付、第四军参谋长，1941年第十八师团师团长，1943年第十五军司令官，中将
	武藤章	作战课兵站班班长	二十五	1929年参谋本部德国班班员，1931年兵站班班长，1933年派驻中国、欧洲，1936年关东军参谋，1937年华中方面军副参谋长，1938年华北方面军副参谋长，1939年军务局局长，1942年近卫师团师团长，1944年第十四方面军参谋长，中将
	渡久雄	欧美课课长	十七	1928年驻美大使馆武官，1930—1931年参谋本部欧美课课长，1932年步兵第一联队联队长，1933年第六旅团旅团长，1936年参谋本部第二部部长，1938年第十一师团师团长，中将

	姓名	事变前任职	陆士（期）	主要履历
	根本博	"支那"课"支那"班班长	二十三	1931年"支那"课"支那"班班长，1938年华北方面军特务部总务部部长、华北方面军副参谋长，1939年华北联络部次长、第二十一军参谋长，1941年第二十四师团师团长，1944年第三军司令官、驻"蒙"军司令官，1945年华北方面军司令官，中将
	草场辰巳	运输课课长	二十	1931年陆军省运输课课长，1935年"满洲国"交通部顾问，1937年步兵第十九旅团旅团长，1938年第二野战铁道司令官，1939年关东军野战铁道司令官，1940年第五十二师团师团长，1941年关东军防卫军司令官，1942年第四军司令官，1944年大陆铁道司令官，中将
教育总监部	矶谷廉介	第二课课长	十六	1930年第一师团参谋长，1931年教育总监部第二课课长，1935年驻中国大使馆武官，1936年军务局局长，1937年第十师团师团长，1938年关东军参谋长，1942—1944年香港总督，中将
	工藤义雄	庶务课课长	十七	1931年庶务课课长，1934年军事调查部部长，1935年步兵第二旅团旅团长，1937年步兵第一〇二旅团旅团长，少将
	田中新一	教育总监部课员	二十五	1928—1931年驻苏联武官，1931年8月教育总监部课员，1932年关东军参谋，1933年驻柏林，1935年步兵第五连付，1936年军务局课员，1937年军事课课长，1939年驻"蒙"军参谋长，1940年参谋本部第一部部长，1942年南方军总司令部付，1943年第十八师团师团长，1944年缅甸方面军参谋长，1945年东北军管区司令部付，中将
航空本部	小笠原数夫	第一课课长	十六	1932年航空本部补给部部长，1933年总务部部长，1935年关东军飞行队队长、飞行集团团长，中将

续表

	姓名	事变前任职	陆士(期)	主要履历
内阁资源局	横山勇	企划第二课课长	二十一	1936年第六师团参谋长,1937年资源企划院总务部部长,1939年第一师团师团长,1941年第四军司令官,1942年第十一军司令官,1944年西部军司令官,1945年第十六方面军司令官,中将
关东军	板垣征四郎	高级参谋	十六	1919年华中派遣队参谋,1924年中国公使馆武官辅佐官,1927年步兵第三十三旅团参谋,1928年步兵第三十三联队联队长,1929年关东军参谋,1932年"满洲国"执政顾问,1934年"满洲国"军政部最高顾问,1936年关东军参谋长,1937年第五师团师团长,1938—1939年陆军大臣,1939年中国派遣军总参谋长,1941年朝鲜军司令官,1945年第十七方面军司令官、第七方面军司令官,大将
	石原莞尔	作战主任	二十一	1920年华中派遣队参谋,1928年关东军参谋,1933年步兵第四联队联队长,1935年参谋本部作战课课长,1936年参谋本部战争指导课课长,1937年关东军副参谋长,1939年第十六师团师团长,中将
	土肥原贤二	奉天特务机关机关长	十六	1928年奉天督军顾问,1929年步兵第三十联队联队长,1931年奉天特务机关机关长,1937年第十四师团师团长,1940年军事参议官、士官学校校长,1941年航空总监,1943年东部军司令官,1944年第七方面军司令官,1945年教育总监,第十二方面军司令官兼第一总军司令官,大将

资料来源:川田稔『昭和陸軍の軌跡　永田鉄山の構想とその分岐』,23—24頁;日本近代史資料研究会編『日本陸海軍の制度・組織・人事』。

附三　《军人敕谕》(「軍人勅諭」)(1882 年 1 月 4 日)

我国军队世为天皇所亲御。自昔神武天皇亲率大伴物部之兵，以平中国而即帝位，统治天下以来，凡二千五百有余年矣。其间因时代之变迁，而兵制亦屡有改革。古制军队为天皇之所亲御，有时虽以皇后或太子代之，然未有以兵权委诸臣下之例。至于中世，文武制度皆仿诸中土，而有六卫府左右马寮防人等之设，兵制渐臻完备。惟以国内习于升平，政务流于文弱，兵农乃分而为二，古之征兵者消灭于无形。转而为壮兵，以至于武士兴焉，其后兵马之权，遂归于武士首领之手。迨及世乱之时，政权亦复归其掌中。前后七百年间，遂成为武家之政治矣。时之所趋夫既如斯，固非人力所可挽回，惟以有违我国之国体，有背祖先之制度，殊堪浩叹。降至弘化嘉永之顷，德川幕府政治日衰，同时又值外邦多事之秋，外侮之来殆有迫于眉睫之势。是以皇祖仁孝天皇皇考孝明天皇日夜忧虑，不遑宁处。朕冲年践祚，征夷大将军归还其政权，奉上其版籍，不经年而海内一统，恢复古制矣。虽为列祖列宗悯念苍生之遗泽，然非我文武忠臣辅佐朕躬，全国臣民能辨顺逆，曷克臻此。是以际此之时，即思改更兵制，以光我国。遂于十五年之间，规定今日陆海军之制度，兵马大权，由朕亲统，所司之事委诸臣下。然其大纲仍归朕总揽，不可委之于臣下，后世子孙须善体斯旨，保存天子掌握文武大权之义，勿复蹈中世以降之覆辙，是则朕所深望者也。朕既为汝辈军人之大元帅，故即倚汝辈为股肱。汝等亦当仰朕为元首，效其亲爱。朕之能否保卫国家、上应天心，以报祖宗之殊恩，全视汝辈军人之能否克尽其职。我国威之不振，汝辈当与朕共其忧。我武维扬光耀四海，汝辈亦当与朕共其荣。汝辈各尽其职，与朕一心，竭力卫国，则我国苍生将享太平之福，吾国之威，亦可光耀于世矣。朕之深望于汝辈军人也如斯，故犹有训谕五条述之如左。一、军人当以尽忠尽节为本分。夫既享生于我国，其谁复无报国之心，而况于为军人者。苟此心之不固，则何复能用。军人报国之心既未能坚固，则虽技艺娴熟、学术良优，亦犹木偶已耳。军队之队伍虽整、节制虽严，然非有忠节之心，则亦等于乌合之众。夫保护国家、维持国权，既惟兵力是赖，则当明兵力之消长；既为国运盛衰之所系，故当毋为世论所惑、不为政治所拘，惟以守己本分之忠节为主。须知义有重于泰山，死有轻于鸿毛。慎勿丧失节操，而徒受无耻之污名可也。一、军人须以礼仪为重。凡为军人者，上自元帅、下至兵卒，期间自有官职阶级之分。即同列同级之中，停年亦有新旧。其新任者自当服从于旧任者，须知下级者之承上命，实无异承朕命。纵非己所隶属，亦当视同一律。上级者固不待言，即论停年较己为旧者，亦当尽礼表示敬意。又上级者对于下级者，亦不可有轻侮骄傲之举。除为公务必当威严外，其余务须恳切慈爱。上下一致，以勤王事。为军人者苟于礼仪有亏，而失敬上惠下一致之和谐，是不啻为军队之蠹毒，亦且为国家之罪人矣。一、军人当尚武勇。夫武勇为我国古之所重，凡我臣民自非武勇不可，况军人以临战杀敌为职志，又安可一时忘乎哉。然武勇有大勇小勇之分。拔剑而起、挺身而斗，是皆非谓武勇。为军人者，当善明义、锻炼胆力、曲尽思虑以谋事。小敌不侮、大敌不惧，但求尽己之武职，此则所谓大勇者也。故尚武勇者，待人接物，常能温和，博得人类之敬爱。好勇无谋，动辄肆威，势必至招人之忌，而使人畏之如豺狼也。一、军人当以信义为重。守信重义本为人类之常道。为军人者苟无信义，即难置身队伍之中。信者践吾言之谓，义者尽己责之意。欲求守信重义，必先审思事之能成与否。苟一旦冒昧轻诺，以致进退维谷，莫知所从，虽悔已无及矣。故于事之始也，当辨明顺逆,审思是非,以期其言可以实践。苟知其义之不可守,则当急流勇退,以免失信义背之讥。古者尝有守小节之信义,而大纲之顺逆,或惑于公道之是非者,此殊不可。英雄豪杰,每因重私情之信义,而遭杀身之祸,以致遗臭万年者,亦复不少,可不戒哉。一、军人应以质素为旨。盖不尚质素,则必流于文弱与轻薄。徒尚奢侈,则必陷于贪污与无耻。遂至志气为之消沉,节操为之丧失,武勇亦为之化为乌有,而为世人所不齿,终其生不得享受人世之幸乐,其愚可谓甚矣。军人间苟有此风,则必如传染病之蔓延,士风兵气即将随之而衰颓。朕尝以此为惧,故曾颁布免黜条例,以为此事之诫。然犹虑有此等恶习之复生,故复为是之训诫。愿汝辈军人,毋以等闲视之。以上五条为军人不可须臾忽者也,必须诚心实行。盖此五条,即为吾辈军人之精神。而诚心又为此五条之精神。苟不诚心,虽嘉言善行,亦为欺人之虚伪,心诚乃可成其事耳。况此五条,为天地之公道、人伦之常经,易行而且易守。愿汝辈军人善体朕意,谨守此道,以尽报国之忠。是此岂独日本全国苍生欢欣鼓舞,即朕亦为之欣慰焉。(国民政府训练总监部 1936 年 1 月译印)

附四　《对满政策私见》(「对满政策私見」)(1928 年 4 月 29 日)

吉田茂　记

昭和三年四月廿七日次官发表意见

　　明治圣代中,每当经济界不景气、政争激烈的局面时,常会发生对外交涉的重大事件,日清、日俄两场战争就是实例。日本借此实现了经济界的盛极一时,政争也顺势得以缓和。事虽有偶然,但明治大帝的睿虑、当时为政者的筹措也发挥了作用。其后会值欧洲大战,我国民经济获得空前扩大,但与欧洲列国所得相比,战后我国获得之领土或势力范围则非常少,而且列国其后为调整国内经济、救济失业者,特别注重其殖民政策,战后获取了德国的殖民地,尚嫌不足。国力上与我国最近似的意大利,也竭力在阿尔巴尼亚、小亚细亚、北非,以及今后的南美获取殖民地。在此局面下,如果把先进的中国置于欧洲近旁,又会如何? 中国虽号称世界之富源,但我们只是袖手旁观,放任中国陷入其军阀政治家的暴政而不顾。仅就明治大帝特别睿虑之"满蒙"经营来说,也只能仰张作霖辈之鼻息而一事无成。此外我方多年来对其苦心扶植、力求欢心,但即使有人欲图动摇我方势力基础,张作霖也有顾左右而言他之态。因此我在"满"同胞也渐生迟疑之念,担心政策生变甚至成为国策的牺牲品,发展上不能尽如人意。如今我国因经济扩大、人口增加而带来了活力,但国民缺乏使活力对内传导、对外延伸的自由。因为无论怎样整顿内政、振兴产业,最终只能局限在区区岛国之内的话,则难以吸纳喷薄而出的国民活力,那么当今经济界的不景气和政争激烈的现状就并非偶然。中国将是我国民活动的新天地,如果今后中国无法太平,那么"满蒙"将是适宜我民族发展的地区,如果"满蒙"不能开放,那么经济界的复苏、繁荣的基础均无法确立,政争也无法缓和。因此必须刷新对华对"满"政策,此为当前之急务。

此前对华政策受挫的原因

首先,欧战后民族自决等概念变得流行一时,反战思想到处泛滥,我们对此听从太过。

其次,我们受日华亲善、共存共荣等空话的影响太深。

第三,对华的国家机关未得到统合。

对华关系受挫,可归因于上述原因。总之,只能说我们欠缺政治家的经纶。如今中国自身也受困于多年战乱,列国也被中国特有的空洞宣传所蛊惑。我对华政策公明至当,则不难使中国人及列国听从。此机运正在到来,不可坐失。希望帝国政府应以断然之决意,贯彻其政策。

刷新对"满"政策

对"满"政策的要点,在于使"满蒙"成为国内外人士可以安居之地。如果仅向目前的为政者张作霖政府提出要求,则政策很难得以贯彻。即使不把东三省收入囊中,但在实质上将其置于我方指导之下,并改善东三省的政治,也就是张作霖政府在交通及财政方面要充分听取、尊重帝国政府的要求,为此我方需要采取可操作的措施,从而做出类似英国在埃及做出的那种政绩。

第一:交通

关于铺设以日本海及朝鲜为基点、横贯东三省的铁路干线一事,要让张作霖同意我方获得英国资本家在关外京奉线(山海关—奉天)所拥有的地位,进而让中方处于我方指导之下(英国资本家的同意,是通过向开滦煤矿提供利益交换而来的。),毕竟日本就算获得了铁路新线的铺设权,但如果像洮昂铁路或四洮铁路那样,对日侨的发展没有帮助的话,也就没有意义了。话虽如此,逼迫中方立即实施商租行为也不现实。应该让中方开放铁路沿线或首要停车场(含南满铁路沿线)周围数平方英里之地,同时让中方自行设置商埠地。而关于铁路本身的经营,我方也应拥有相当的监理权限,让全"满蒙"的铁路置于同一系统之内,充分保障其运输联络。

其次,对于电讯、电话及邮政,我方也应有足够的监理权限。

第二:财政

张作霖的军政使奉天的财政趋于紊乱,奉票一时暴跌到一比五千以上,民生疲敝不堪,购买力衰退,这正在对日本对"满"贸易产生着很大影响。但"满洲"有着超过七千万元的外贸顺差,因此整顿奉天财政并非难事。首先要清理奉天官银号,由此监督省财政的话,加强奉票的基础、恢复民众购买力就易于实现。如果能够进一步影响到吉黑两省的话,则东三省的繁荣活跃可以期待。迄今为止之所以做不到整顿财政,是因为我方缺乏让张作霖听从的决心和强制力。

交通的发达与整顿财政的成果

开发"满洲"富源、提高人民的购买力、让"满洲"内外的人们安居,从中获利的首先是我方,这是不言自明的。我们不仅拥有接近"满蒙"的地利,还因政治上长年的扶植,我方拥有实际势力,在经济上也获得了陆路关税减免 1/3 的优惠。"满蒙"开放的结果,能让此地更容易地成为我方保有的经济市场,同时东三省地域广袤,为日本的 5 倍,吉黑两省还是适宜生产的处女地,其矿产、林产为我所急需,我工业原料及国民粮食需要仰仗此地,而我工业产品则可向这里供给,使之成为我经济市场、日本海成为我经济领海,促进自然和日本后院的开发。

对"满"政策的实施办法

目前的对"满"政策,其症结不在于政策目标有误,而是实施手段和方法错了。我方国策,是为了通过经营"满洲"而确保国民生活的安定。而为了实施国策,却不谋求行使国力,反而去追求缥缈的"日中亲善",其结果就是我方不论上下,都只汲汲于讨好中方,却陷入自我矮化而不自觉,还让事大主义的中国人越发傲慢。当然,追求中方的理解和善意是理所当然的,但首先要有行使国力的决心,然后才可能实现良好愿望。谋划在他国领土上施展国力之际,仅仅希求对方国家官民的好意而能最终取得成功的,国际上还没有这样的例子。在执行国策、谋划在别国施展国力时,如果对方感到不满,也不应该踌躇逡巡。英国的对印政策,也并未受到印度人的欢迎；法国人在阿尔及利亚不得人心，但也没有因此放弃其国策；美国人在中美洲被视若蛇蝎，虽土人亦不会箪食壶浆以迎侵略者。唯独日本欲图实施对华对"满"政策时，却畏惧中国的排日感情，真是令人难以理解。既然谋划对华对满的发展，那么排日就是意料之中的，更何况从既往事例来看，中国的排日运动也不值得恐惧。而且在"满洲"方面，很明显现实情况不允许中方采取措施，因此在实施我国策时，我方没有任何迟疑的必要。张作霖的军政在各方面终将面临破产，我方可静等"满洲"治安及经济界的混乱，而目前可采取的措施，则是利用每个机会，向天津、山海关、洮南、吉林、临江和间岛各地增兵或派兵，防止关内战乱波及"满洲"，进而要求张作霖政府改善其施政措施。改善施政措施的要求，此前在大正十五年四月，曾以帝国政府的名义、通过奉天总领事馆向张作霖提出过。这一年九月，奉天总领事指出奉天省财政的紊乱情况，最终算是得到了张作霖的承诺，即同意接纳日方财政顾问。昭和二年八月，基于上述交涉，奉天总领事针对奉天省政府的弊政，进一步敦促其反省。今后，在帝国政府与张作霖就其改善施政措施而进行具体交涉时，即可依照前例而开展。只要我方做好准备，我相信任何时候都可以逼迫张作霖而贯彻我方政策，完全不存在障碍。成败与否，取决于我方决心，以及政府各机关之间的协调是否完备。

一、鉴于中国的现状，是否有必要对东方会议之际确定的对华政策纲领加以修订？如果有必要，又要修订到何种程度？

二、张作霖如今已倒台，以前与俄国保持密切关系的国民党系统人物掌握了政权，那么我国对新政权应采取何种方针，特别是对承认新政权有何打算？

三、张作霖遇难，可能导致"满洲"事态出现纷乱，值此新局面,我国应有何种态度?

四、对华、特别是对"满"经济发展上最需优先的措施是什么?

五、回顾以往实践,维护我在华权益和侨民的生命财产安全,需要采取何种适当方针?

六、考虑到我对华政策的全局与世界大势,今后应对俄采取何种方针?

附五　本庄繁《吉黑两省军队视察报告》
(「本庄少将支那軍隊視察報告の件」)

P1

关参谋第四五号

关于提交《本庄少将视察中国军队的报告及参观记》

大正十三年九月五日　关东军参谋长川田明治

致 陆军次官津野一辅

标题中文件另册奉呈,请参考。

P2

大正十三年八月

吉黑两省军队视察报告

陆军少将 本庄繁

P3

吉黑两省军队视察报告

8月3日至13日,我作为东三省保安总司令顾问巡视了吉黑两省的部分军队。保安总司令张作霖及总参议杨宇霆电令两省督军及参谋长,以检阅使身份招待我,按照我的要求实施演习,观察其能力后向张总司令报告结果。和预想的一样，其军队不良，装备不足，缺少耐力，武器储备不足。除此以外，但看其教育程度，从直觉上来讲，我帝国军队一人就可对抗其五六人。比奉天军尚且逊色。以下为我所观察到的吉黑两省军队不振的详细情况。

一、拘泥于形式，缺乏灵活运用能力

中国有很多事情都常常拘于形式，军事上亦不例外。侦察时本应依托地形，采取跃进动作，但两省军队侦察时不论是在洼地还是在隐蔽位置，每次都只前进固定距离，而不是以搜索要点为中心来行动。不论哪个部队，跃进距离都是如射击标尺般地选择 1 200 米、1 000 米、800 米或 600 米等长距离，与实际距离也并不相符，总之是最为拙劣的一个实例。但这应该也是过去某个时期曾经采用过，并遗留至今的不良案例吧。其他方面，在低级军官乃至更高级别军官的战术指挥方法上，总体上也只是沿用一些固定模型、死记硬背一些战术理论，而几乎没有应用能力，也没有灵活运用的意愿。一般来说，多数中国的将领们一旦不能安于其位，其上级很少认可其实力，因此将领们与其学习战术，不如去考虑自己离职后的谋生之策，所以很少有人有热情去培养自身的实力。这样一来，从上到下都只是学得一些军事学的皮毛，而少有人能领会其中的精神。

二、缺乏独断能力、习于回避责任的弊端

这也是中国文武官场习见的弊端。具体在低级军官的战术指挥上，也存在这种情况。例如攻击前进中的中队，其先锋队队长会在敌前停止前进，无所作为地等待中队长的到来，仰求后者指示处理办法。再比如旅长原本负有最高教育训练的职责，但为了保身，还是会在这些问题上完全听从副司令等人。即使我们相信这么做有利于全体的进步，但在很多场合，这就是属于放任不管。

三、偏重于密集队形训练

一说到训练，多数军官如今依然认为就是密集队形训练，几乎不实施战斗演习，这已经成了习惯。不管去哪里的部队观看训练，要么就是枪械操作、走正步，要么就是班排的密集队形训练，如此循环往复。近来奉天军事当局发出训令，要求部队按战斗演习占八成、密集队形训练占二成的比例开展训练，同时明示校阅目的及科目，让部队据此演练，因此有了部分改善。但吉黑两省则如前所述，还没有看到任何进步。

四、拘泥于练兵场的倾向

在练兵场，中国军队一直以密集队形训练为主。除了部分部队之外，练兵场基本上都是边长二三百米的方形场地，部队只能在这些狭窄区域训练。要开展散兵演习，就会感到过于狭窄，包括射击距离、散兵线的跃进距离，都只能通过假定，而不是实际距离。这会导致各种弊端，这一点不言而喻。而由于长期因袭，拘泥于练兵场的训练，在野外随地展开实战化演习的风气很淡薄。这都需要加以改革。

五、军官不懂得对士官、士兵的训练方法

对于士兵们的侦查动作、散兵行动、地形利用、射击姿势及枪械操作等均不熟练。士官也不能对士兵动作进行矫正指导，这并不意味着士官的素质不佳。事实上，由于低级军官对这些动作也不熟悉，因此也无法就此指导士官和士兵。而且不仅是低级军官，其上级军官中也多不注意此类细节性基础教育。校阅军官也是如此。

因此上级指挥官只能做出抽象的点评，如甲队成绩不如乙队，乙队比丙队稍好等等。低级军官也只管逢迎上意，对于士官和士兵，也只能来来回回地进行长时间而无意义的操练，不能带来任何

进步,反而导致逃兵的增加。这一现象很普遍。

六、高级将领不能理解新式教育

在东三省,旅长级以下的人,有不少人在东西洋留过学,或是多多少少受过新式教育的,因此就算是流于表面,也能感到教育的必要性。但是旅长级中的部分人,以及吉黑两省的吴、张两位副司令,则完全不能理解新式教育,自然也不能领会其必要性,只不过听到周围人的谈论,他们漫然附和而已。保安总司令张作霖人很聪明,他在直奉战争后也高呼军队教育的必要性。后来张学良、李景林各部在天津马厂附近及山海关一带作战,在战前完全未实施教育,因此张作霖也曾流露出这样的想法:"他们既然未经教育也能如此善战,那么只要能做到军心一致,教育也不是太紧急的事。"高级将领既然如此,那些曾留学东西洋的人及其他有头脑的军人即使在中央军事会议、军队校阅等场合极力陈说教育的必要性,没文化的各级军官及士官、士兵们也会认为那些说法并非大帅和本师师长的本意,因而不愿听从。因为高级将领们感觉不到教育的必要性,所以愿意在养兵上花钱,却对教育方面的支出很犹豫,这让人感到遗憾。

七、上级不信任下级

目前在各旅参谋长及各团副中,也不是没有具备相当的学识和能力的人,但有些旅长和团长则认为,听取部下的参谋长或团副意见并悉数采纳,有损于自己的见识,因此不愿采纳部下意见。吉黑两省副司令则怀疑部下旅长的权力太大会对自己不利,因此干涉其对属下军官的任免,在弹药供给和军费支付方面也不够痛快。中国士兵的国家观念原本就不强,也缺乏为君主献身的忠诚,除了对家乡的感情之外,就是对主官的"感人生义气""士为知己者死"等观念了,在这些思想的激励下,有时也会勇猛奋战。故旅长们在处理与部下军官及士官士兵的主从关系时，当然要确保对部下的关照。而上述行为则可能导致部下对上级的指挥产生疑惧，招致无意义的干涉，导致中国军队的精神团结出现裂痕。

八、对重要将领身兼数职的感叹

前项中谈到了高级将领对部下的猜忌。与此相对的是，对于自己的心腹爱将，高级将领们则会让其身兼数职，尽可能保证其更多的收入。黑龙江省的重要将领刘德权为保安副司令吴俊生所宠爱，他目前身兼该署陆军军官养成所总办、黑龙江省防军营务处总办及全省清乡局总办等要职，还负责监督省城骑兵团队的教育。因为有了实权，兼职还会进一步增加。哈尔滨的张焕相除了担任混成第十八旅旅长之职外，还兼任中东铁路护路军总司令部参谋长、中东铁路护路军长绥司令及滨江镇守使等多个要职。此类情况并非吉黑两省独有，奉天也是如此。就算张焕相、刘德权都很有能力，但如此多的重要职务兼于一身，怕是也很难履行职责吧。

九、命令的执行不受监督

在中国，无论文武，只要下达了命令，下令者的职责就结束了，没有人监督命令的执行情况。在军事领域情况也一样，下达的命令就如射出的箭，进展情况很少有人关注。这一习惯在直奉战争中也存在。在平时，这种情况也会影响部队的发展；在战时，会导致意想之外的差错。

十、校阅官的校阅多流于形式，不够认真

前清以来，中国的校阅官无论文武，均会中饱私囊。目前在东三省，这一弊端虽未出现，但正如另册中向张总司令提交的部队参观记中所述，由于校阅者本身见识有限，又不愿意引起受阅部队高级将领及重要军官的不满，故经常以含糊的点评来敷衍。校阅归来后，也无法向保安总司令交出一份对改善军队状况有实质性价

值的报告。这样一来,总司令和副司令都不了解各地部队的真实
情况,同时受阅部队也无法发现自身的不足。

十一、因私心而录用部下军官,其弊甚多

官员的人选,多出自录用者的私心,这也是中国无论古今、不
分南北的弊端。在东三省,特别是在吉黑两省军界更为显著。据
传已故的孙烈臣担任吉林督军时,吉林八个旅的旅长均与其有渊
源。现督军张作相也逐步在要职上安置与自己有渊源的人,在各
旅长下属军官调动时,不允许旅长们独自决定人选,而换为自己的
熟人,甚至把已退出军界的人也拉来占据空位。到处都能听到对
此种做法的怨言。驻扎长春的步兵第五十六团团长赵维桢,虽然
只是奉天讲武堂毕业、年龄也才三十一二岁,是一个无经验的青
年,也能因与孙烈臣的关系而身居要职。与他相反,从锦州随现任
副司令张作相而来的步兵第二十七团团长崔鸣山,年纪已近六十
二岁,泪腺松弛、没文化、糊涂老耄。黑龙江省这一问题更严重,文
武官员中基本没有值得一提的有识之士,皆为追随吴督军之辈。
最近吴督军年仅三十多岁的侄子吴泰来跳过该师两位资深旅长,
从第二十九师炮兵团团长一职,直接晋升为第二十九师代理师长。
这一任命很明显也出于私心。

如以上各项所述,东三省现状与我看到的中国各地的情形并
无特别不同之处。好在近来张总司令把奉省军事全部交予总参谋
杨宇霆,杨也尽可能从各省招来有能力的将领,并与张学良合作,
致力于军队建设,故目前略有面目一新之感。但吉黑两省似乎完
全不把张总司令对时局的焦虑当回事,很难看到其改善军队现状
的意愿。如上所述,两省有各种缺点,要实现改善军队状况的目
标,只能用"道阻且长"来概括了。

附六　《帝国政府关于满洲事变的第一次声明》(「満州事变
　　　　二関スル帝国政府第一次声明」)(全文)

一、帝国政府常以敦睦日华两国的邦交,实现共存共荣为一贯之方针,自始至终为实现此方针而处心积虑,全力以赴。不幸过去几年来,中国官民屡有刺激我国国民感情的言行,特别是在与我国利害关系最为密切的"满蒙"地区,最近屡次发生不愉快的事件,以致在我国一般国民的心目中造成一种印象,认为中国方面对我方友好公正的政策并未报以同样的精神,于是群情为之骚然。恰逢此时,九月十八日夜半,在奉天附近的一部分中国军队破坏南满铁路的铁道线,袭击我方守备队,以致发生冲突。

二、当时守卫南满铁路沿线的日军兵力,总计不过一万零四百人,而在其周围有二十二万中国军队,情况突然紧急起来。同时,居住该地的一百万帝国臣民也陷于严重的不安状态之中。有鉴于此,我军认为有必要先发制人,以铲除危险的根源。为了这个目的,迅速开始行动,排除抵抗,解除附近中国驻军的武装,至于地方治安,则督促中国自治机关负责维持。

三、我军达到上述目的后,大部分立即返回并集结于南满铁路附属地。目前在附属地外,虽然在奉天城内及吉林配置了担任警戒的若干部队,并在其他几个地点配置少数兵员,但并非军事占领。至于谣传帝国官吏占领了营口海关和盐务署,又传接管了四平街—郑家屯间、奉天—新民屯间的中国铁路等等,全系误传;又传我军向长春以北和间岛出动,亦无事实根据。

四、帝国政府于九月十九日召开紧急内阁会议,决定了竭力不使事态进一步扩大的方针,并由陆军大臣将这一方针训令"满洲"驻屯军司令官。九月二十一日,曾由长春派出一支部队到吉林,但并非为了对该地实行军事占领,只是为了消除从侧面对南满铁路的威胁。因此,一旦达到这个目的,我方出动部队的大部分将立即返回长春。再者,至九月二十一日,鉴于南满铁路沿线已陷于不安状态,由驻屯朝鲜军派出一个独立混成旅团共官兵四千人,新拨归"满洲"驻屯军司令官管辖,但"满洲"驻屯军的兵员总数仍在条约规定的限额之内,这当然不能说成在对外关系上扩大了事态。

五、帝国政府在"满洲"没有任何领土欲望,这一点已无需在此反复说明。我方所期待的,归根到底在于使帝国臣民能够有机会安心从事各种和平事业,用他们的资本和劳力参加开发该地。维护本国和本国臣民享有的正当权利和利益,是政府当然的职责,排除对于南满铁路的危害,也不外乎出于该宗旨。在尊重日华善邻友好方面,帝国政府当恪守既定方针,因此,为使此次不幸事件不至破坏邦交,并进而研究将来切断祸根的建设性计划,帝国有决心和中国真诚合作。如能因此打开目前两国间的困难局面,转祸为福,帝国政府感到不胜欣幸。

附七　《帝国政府关于满洲事变的第二次声明》(满州事变二关スル帝国政府第二次声明)(全文)

一、对于十月二十二日提交国际联盟理事会的有关帝国政府把军队撤回南满铁路附属地问题和日华开始直接谈判问题的决议案,日本理事提出包括几点意见的修正案。十月二十四日表决的结果,上述修正案和决议案均未得全体会议一致同意,未能通过。

二、帝国政府曾屡次声明,此次"满洲事变",完全起因于中国军事当局的挑衅行动。目前,帝国军队的少数部队仍驻扎在南满铁路附属地以外的几个地点,这是为了保护帝国臣民的生命财产,出于万不得已。这当然不是帝国把解决纠纷的条件强加给中国的手段,帝国政府也丝毫没有预想用军事压力来对待与中国的谈判。

　　三、帝国政府素来关注日华关系的大局,曾在各种场合一再表明立场,绝不允许在构成日中紧密复杂的政治及经济关系的各种成分中存在改变帝国国民生存权益的因素。不幸,近来中国的所谓收回国权运动渐趋极端,并在各级学校教科书中公然鼓吹排日思想,根底已深;现在更显然出现了不顾条约和历史,甚至有企图逐步破坏有关帝国国民生存权益的倾向。此时,如帝国政府单凭中国政府的保证,把军队全部撤回南满铁路附属地内,则事态将更加恶化,并使帝国臣民的安全濒于危险。多年来的历史和中国目前的国情,显然证明确实有此种危险存在。

　　四、因此,为了确保在"满洲"的帝国臣民的安全,帝国政府认为唯一的办法是采取措施,消除两国国民的反感和疑惑,并准备与中国政府协商这方面所必要的基本大纲。此意已于十月九日外务大臣致中国驻日公使的照会中加以说明,并通知国际联盟理事会。帝国政府坚信,只有根据以上见解才能收拾局面,在理事会的讨论中也始终一贯这样主张。帝国政府所考虑的协商大纲是:

　　(一) 否定互相侵略的政策和行动;

　　(二) 尊重中国的领土完整;

　　(三) 彻底取缔妨碍相互通商自由和煽动国际上憎恶之念的有组织的运动;

　　(四) 对于在"满洲"各地的帝国臣民的一切和平业务予以有效保护;

　　(五) 尊重条约上规定的帝国在"满洲"的权益。

　　帝国政府毫不怀疑,以上各项完全符合国际联盟的目的和精神,当然应该成为建立远东和平基础的原则,一定会获得世界公论的支持。帝国代表之所以没有把它作为议题在国际联盟理事会上提出,是因为它在性质上应属于日华直接谈判的问题。

五、为日华两国的前途深思熟虑,当务之急应为双方合作,设法迅速收拾时局,由此走上共存共荣的大道。就上述之确立两国正常关系的基本大纲协定问题及军队撤回满铁附属地内的问题,帝国政府与中国政府开始协商的态度至今不渝。

附八　《关于满蒙的开发》(『满蒙ノ開発に就テ』)(1932 年 2 月)(全文)

一、军队对新国家的任务

1. 拥护新成立的国家。

2. 在新国家内强制推行我方的经济计划。

二、"满蒙"的经济开发计划是全体日本国民高度统一的智慧结晶

日"满"关系中"满洲"不能决定的相关事宜由中央(日本)决断,其余由当地推进计划,因此应将适合国家社会进步的人选送往"满蒙"地区。

如上所示,以权威人士为中心编成军特别业务部,隶属军司令官。但是,军司令官除特别事项以外不得插手制定有关计划。

三、迅速成立特别业务部不仅需要陆军的努力,还需要国民的热情,这是我们与同伴所急切期望的。从眼下所允许的条件来看,军特别业务部及满铁经济调查会应团结一致,即刻开始尽全力制定计划。

四、在现在的制度下,特别业务部很难招募人,让刚被吸收进来的人迅速投入立案中也不容易。因此,现阶段(满铁经济)调查会需发挥其重要作用。

关于与调查会联络需特别注意的几点:

1. 应充分理解前述情况(即将来特务部招募到人才后,则调查

会仅作为调查机构。)

　　2. 关于驹井德三氏,应令其充分认识制定计划与实施的区别,他应主要负责实施。

　　3. 原有的统治部(特务部)应将收集的各种资料、制定的各种计划全部提供给调查会。

　　4. 不间断向调查会通报新国家施政的情况,使其制定的计划符合实际情况,同时调查会制定的方针也能适时指导新国家。即在完整的统一计划完成前,军幕僚应特别注意新国家的实行情况和调查会的计划之间的平衡。

　　5. 熟知调查会提出的方案的情况,避免一时兴起提出的无理要求。

　　五、如上所述,调查会制定的计划一旦被通过,将必要部分适时在新国家公布,告诉国民政府准备在"满蒙"着手的活动。

　　公布的内容应接受国民从各个方面的批评,一方面可以获取修正计划的资料,另一方面,可作为从国民中选拔优秀的人才送入特别业务部的依据。

附九　《满洲国育成构想》(『满州国育成构想』)(1934 年 3 月)(全文)

　　一、所谓"满洲国"就是日、汉、鲜、蒙、满各民族共有和睦相处的国家。

　　二、蒙古族住在兴安河,满汉两族居住在"满洲"。

　　日、汉、鲜三族人民如何在"满洲"国内居住,相互扶持,确立东亚和平的基础是待解决的问题。

　　三、汉民族以"满洲"南部为主要居住地。而汉民族已有近三千万人,因此拒绝中国内陆的汉民族再移民"满洲"。中国内陆恢复治安并实现复兴后可增加对其人口的收容能力。

"满洲"南部地域的农民收容量已接近饱和,向"满洲"北部移居的倾向显著,但是如果在"满洲"南部进行农业改革,那么其收容量就很容易倍加。

四、朝鲜族主要居住在间岛,负责开拓"满洲"南部的水田。

五、日本人主要居住在"满洲"北部,同时也是对抗俄国的第一防线处,从"民族协和"的角度出发,也应尽快将那些纯良的日本农民安置于此。

六、关于"满洲国",为表示对建立"满洲国"极尽努力并牺牲的日本国民的感谢,将"满洲"北部未开垦土地全部提供给日本移民。

七、北"满"中部的哈尔滨市为中心的最佳区域已经被多数汉族所居住,由此日本民族的移民地预定在吉林省依兰道,黑龙江省北部及中部地区,奉天省西北部等荒地处。先将重点放在依兰道,为此在附近行政区域改革时选定合适的日本人作为依兰道的长官。

[附]

1. 关于将北"满"未开垦地提供给日本移民这一问题,虽然没有抓住执政即位的好时机提出来,可以在归还附属地行政权力之际宣布。

2. 依兰道的长官最适任人选为东宫铁夫少佐。

附十　《满蒙问题之我见》(「満蒙問題私見」)(1931 年 5 月)(全文)

要旨:

一、"满蒙"的价值

政治价值:国防上的据点

统治朝鲜及指导中国的根据地

经济价值：足以救眼下之急

二、"满蒙"问题之解决

解决"满蒙"问题的唯一方策是将其并入我国领土

为此，应以其行为之正义性及其具备实施实力为其条件

三、解决"满蒙"问题的时机

与其优先国内的改造，不如优先解决"满蒙"问题更为有利

四、解决之动机

国家之动机：堂堂正正

军部主动：通过谋略制造机会

关东军主动：抓住机会

五、陆军目前的当务之急

确认解决方策

制定战争计划

形成中心力量

第一，"满蒙"的价值

经过欧洲大战，全世界正趋形成五个超级大国。这一形势进一步发展，最终将归于一个体系，该体系的统制中心，将由代表西洋的选手美国与代表东洋的选手日本之间的争霸战来决定。即我国应以迅速获得东洋选手的资格为国策之根本意义。

为打开目前不景气之局面，获得东洋的代表权，应将我势力圈扩张至必要范围。"满蒙"虽非解决我人口问题之适宜地区，亦不能为大日本提供充足的资源，但因以下诸点，必须承认"满蒙"问题之解决为目前首要之事（参考板垣大佐《从军事上所见到的满蒙》）。

一、政治价值

1. 为使国家雄飞于世界，良好的国防地位为其最重大之条

件。德国如今的状态,多源自其不稳定的国防地位;十九世纪英国的霸业,亦多受惠于其有利之国防状态。美国海军的发展,使英帝国之国防陷于危殆,加上美国经济实力的增长,使西洋民族之代表权日渐落入美国手中。我国在应对北方俄国侵入之同时,亦须应对南方美英之海军力量。但呼伦贝尔、兴安岭一带具有战略上特别重要之价值,我国若将北"满"地区完全置于己方势力下,则俄国之东进将极为困难,我方仅靠"满蒙"之力也不难阻止之。换言之,我国于此首次免于应对北方之负担,可依据国策或向中国本土,或向南洋勇敢地谋求发展。"满蒙"正是我国运发展最为重要的战略据点。

2. 将"满蒙"置于我势力之下之后,对朝鲜的统治方能稳定。

3. 我国以实力解决"满蒙"问题,显示断然决意,就能立于指导中国本土的地位,促进其统一和稳定,最终确保东洋的和平。

二、经济价值

1. "满蒙"的农产品足以解决我国民的粮食问题。

2. 鞍山的铁、抚顺的煤等足以确立目前我重工业的基础。

3. "满蒙"的各种企业能解救我国现有的有识失业者,打破不景气局面。

要言之,"满蒙"的资源虽不能使我国成为东亚代表,然足以救眼下之急、形成大飞跃之根基。

第二,"满蒙"问题之解决

二十五年来的历史已经证明,即使仅限于经济发展,在老奸巨猾的中国政治人物的统治之下,今后也难以期待更多。在应对俄国方面,作为东洋之保护者,要保证我国防之安定,除了将"满蒙"并入我领土外,绝无其他解决"满蒙"问题的方策,这一点需要铭刻在心。

解决方策之前提为以下两点：

（1）将"满蒙"并入我领土须具备正义性

（2）我国应具备实施之实力

有观点认为：因汉民族社会也逐渐进入资本主义经济，我国也应撤出"满蒙"的政治军事设施，与汉民族革命一道发展我国经济。此观点固然值得倾听、研究，但据吾人直感，中国人是否有能力建设近代国家，深有疑问。不如说吾人确信汉民族在我国维护治安之下的自然发展，会真正给他们带来幸福。

打倒"满洲"三千万民众共同敌人的官僚军阀，是我日本国民肩负的使命。我国的"满蒙"统治还能带来中国本土的统一，为欧美各国对华经济发展上最受欢迎之处。

然而欧美人妒忌心强，必然以恶意对我。首先是美国，根据情况俄英的武力反对也须加以预见。因此中国问题及"满蒙"问题并非对华问题，而是对美问题。没有击破此敌之决心却欲解决"满蒙"问题，无异于缘木求鱼。

这场战争乍看对我国困难极大，但如从东亚兵要地理关系考察，则并非如此。即：

1. 俄国已从北"满"撤退，对于占有该地的我方难以发动有力攻势。

2. 以海军迫使我国屈服，为难事中之至难之事。

3. 因经济因素对战争悲观之士甚多，但这场战争所需战费不多，大部分可从战场获得，故不但在财政上无需任何担心，且可在国民经济所必要之时，在本国及占领地之范围内施行计划经济。此举固然会导致经济界一时之大动摇，但只有打开困境，日本方能跃进至先进工业国之水准。

此次战争在俄国复兴及美国海军实力增加之前（即最迟1936

年之前)开战为有利。而战争将持续相当长时期,因此国家预先制定战争计划至为关键。

第三,解决"满蒙"问题的时期

以我国之现状,战争时难以期待举国一致,此事非常值得忧虑。因此首先进行国内改造之观点乍看极为合理。但进行内部改造也很难期待举国一致,获得政治稳定恐怕需要相当之年月。即使获得了政治稳定,若未能确立改变经济组织的详细恰当计划,则有可能出现经济上暂时的大衰落,俄国革命即为前车之鉴。

若确立了战争计划,资本家确信我方胜利之时,则促使现政权采取积极方针亦绝非不可能。特别在战争初期的军事成功,将促使民心沸腾团结,此亦历史上多有前例。

战争必然使景气好转,其后战争长期持续,经济上发生显著困难之时,可在戒严令下施行各种改革,远较平时的内部改造更为自然可行。因此若确信政治稳定,且改造之具体计划已经确立,同时不以 1936 年为解决问题之目标,则优先进行内部改造亦无不可,但以我之国情,应迅速驱动国家猛烈对外发展,途中根据情况实施国内改造更为适当。

第四,解决之动机

国家正确判断"满蒙"问题之价值,相信解决措施具有正义性,为我国之责任,且战争计划已经确定时,则不问其动机。

确定时间之后,以日韩合并之要领,向中外宣布"满蒙"合并即可成事。

如果国家之情况不足以实现以上计划,则军部可团结一致,树立战争计划大纲,通过谋略制造机会,以军部主导的形式迫使国家行动,也非困难。

若好机会到来,则关东军通过主动行动,成此回天伟业之希望亦绝非不可能。

第五,陆军目前的当务之急

1. 坚信欲解决"满蒙"问题,则必须将之收入我领土之中。

2. 战争计划本应由政府及军部协作制定,但时间上不可空费一日,故应率先迅速着手制定方案。

3. 中心力量之形成。

若得不到皇族殿下的支持,则解决问题将极为困难。

附十一　《昭和维新宣言》(「昭和維新宣言」)(東亞聯盟同志会置賜分会聯合総会 1942 年印)

昭和维新宣言

石原莞尔著

东亚联盟同志会置赐分会联合总会　昭和 17 年

宣　言

人类历史上最大的节点——世界最终战争就要在数十年后来临了。

所谓昭和维新,正是为了综合运用东亚各民族的全部能力,以便在决战中收获全胜。

昭和维新的方针如下所示:

一、在能够排除欧美霸道主义压迫的范围内,各国结成东亚联盟。

二、通过联盟内积极而具革新性的建设,飞速增强实力,由此在决战中占据必胜态势。

三、在上述建设途中，以王道为基础，确立新时代的指导
原理。

昭和维新宣言

石原莞尔著

前言

第一 世界观

一、八纮一宇

二、最终战争

三、我辈的感动

第二 昭和维新的本质

一、昭和维新的性格

1. 从自由主义到统制主义

2. 昭和维新是东亚维新

二、维新的进展（现实的窘迫感与革新的目标）

三、昭和维新的目标

第三 昭和维新的方针

一、东亚联盟的结成

1. 东亚大同的时代性及其方法

2. 东亚联盟的范围

3. 东亚联盟结成的条件

4. 东亚联盟的管理

5. 东亚联盟运动的历史

二、积极而具革新性的建设

1. 建设目标

2. 该建设的可能性

3. 国内革新

三、革新的方式

结语

前言

第一次欧洲大战以来，全世界都处在空前的大变革的进展之中。贪享大战后自由主义之梦的日本国民们内心也不平静，特别是"满洲事变"后，昭和维新的呼声很高，多场革新运动兴起，接下来在中国事变进展的同时，国民的焦虑也日趋增大。昭和十五年夏，近卫公爵倡导新体制运动，大政翼赞会成立。然而虽有当局及国民的热情，但大政翼赞会的发展还是不如预期，前途不容乐观，之所以如此，其实和众多的革新团体一样，最大的原因就是缺乏明确的指导原理。

几乎所有的革新团体都止步于观念上的运动，而与之相反，由"满洲"建国的实践而自然产生的东亚联盟协会，则掌握着部分的，不，是核心性的指导原理。这里有着这一运动的特殊性。时至"大东亚战争"的今日，我们之所以还能大政翼赞会之外开展着其他运动，确实是由于上述原因，有着必须坚持的信念，即："我们期待着自己的主张能够获得国民的理解，从而成为全面性国策，此目的达成之后，协会当然就因使命完成而解散。"（东亚联盟协会运动要领）

我们把指导原理分为主义、方针和具体方案。我们的主义就是王道，方针草案方面则持有"昭和维新论"。具体方案方面，在对外政策上，《东亚联盟建设要纲》已经完成，内政方面，也将逐步发布要纲。接下来会进一步形成各个分论。

东亚联盟协会的宣言是"昭和维新论"的提要。内容可分为上文与昭和维新的方针两部分，而上文又可进一步地分为世界观和昭和维新的本质两部分。

世界观

一、八纮一宇

神武天皇把皇祖的宏大理想归之为"掩八纮而为宇"。也就是说，八纮一宇乃是数千年来日本民族的世界观。我等对皇祖皇宗所宣示的理想奉以绝对的恭顺，丝毫没有自己创造世界观的想法。近来大家都会谈论这一古老、高贵而美好的世界观，然而不少中了西方的毒、尚未清醒的现代人，特别是知识分子，内心对八纮一宇并不抱有坚定的信念，"只要人类存在，战争就不会消失"，这就是他们的常识。但对我们这些坚信"世界最终战争就要在数十年后来临，八纮一宇也终于朝着最终实现的方向迈出了第一步"的人来说，八纮一宇不仅仅是美好的观念，它已经依稀出现在我们眼前，好像可以看得见了。

二、最终战争

撒下一粒稻种，稻苗就会萌发。稻子长大，会结出稻粒，又变成大米。这时候稻子结束了它的使命，自然就枯萎了。世间所有的物种都一样，到达了它们的成长极限后，就会迎来衰亡。战争，自然也不例外。

战争的方式日益进步，也影响到了军制。一开始，战争中使用兵力较少，而到了自由主义革命后，各强国纷纷采用了全民皆兵的制度，逐渐增加部队员额，从第一次欧洲大战开始，全体健康男子都需要参加战争了。那么今后的战争方式，又可能让全体国民都参战，而目前已经出现了这种倾向。在遭到德国飞机轰炸的伦敦，战斗人员和非战斗人员已经没有区别了。

　　有趣的是,战斗的指挥单位则是反方向而行。一开始是密集队形,指挥的单位是大队,然后进化到横队,部队却分解成中队。再后来进步到散兵战术,战斗单位则又缩小到小队,而如今的战斗群战术,单位又是分队了。那么今后的战斗方法再继续变化的话,战斗单位就可能变成个人了。事实上,指挥单位如今已经慢慢向分队之下的组、分队与个人之间的组发展。

　　总之,下一场战争的方式有可能出现变化,全体国民都可能成为军队一员,指挥的单位则会分解为个人。其实,这不也意味着战争方式的进步已经到了极限吗?

　　接下来谈谈战斗队形。如果把密集队形看作几何学上的点,那么横队则是实线,散兵则是虚线。与之相对,如今的战斗队形则是面。那么今后的战斗队形,说不定会立体化。事实上无论海上还是陆地,由于飞机的出现,战斗已经形成了立体化。而一旦彻底形成了立体战斗,那么战争方式的进步也就到了极限。毕竟我们是无法体验立体以上的形态的。

　　如上所述,我们从所有角度来观察战争,就明白一旦出现下一种战争方式,那么战争就到了尽头。战争到了尽头,不正意味着战争要消失了吗? 人类的争斗之心不会消失,争斗之心一旦消失,人类也该灭亡了。那么争斗之心还在,战争却消失了,这就意味着国家不再对立了。也就是说世界获得了政治上的统一。

　　回顾世界历史,还没有一个时代像今天一样充满巨大的变化。昨天还是一个狂热的和平主义者的人,今天就会提倡国防国家。今天提倡高度国防国家,明天也许会提倡超高度国防国家。这难道不是惊人的变化吗?“满洲事变”爆发不过十年,大洋的东西两岸所发生的政治变化已足以让人震惊。数十个国家的对立,在第二次欧洲大战开始后飞速地分解成东亚、美洲、苏联和欧洲四大政治集团，这已是如今的常识。而且全世界都朝着统制主义发生着变化。

统制主义的效率极高，但缺点是太过绷紧，因而缺乏安全性。这一点，我们观察苏联和德国的现状就能明白。而不顾这种风险，依然大步走向统制主义的原因，是因为世界已分解为多个集团，正准备开展半决赛，而紧接着的就是全世界的统一，也就是最后的决赛了，因此全世界在下意识之中，本能地进入了目前这种考前冲刺阶段。

那么世界最终战争的军事条件又是什么呢？最终战争必须是真正的决战战争。因此处于世界一隅的武力，必须能迅速果敢地与全世界任何地方进行决战。这一场景的出现，是以决战武器的出现为决定性条件的。正如我们在《世界最终战争》中所推断的那样，迄今为止战争出现巨大变化的周期越来越短，从现在到最终战争爆发的时间，可能只有 30 年左右了。仅仅数十年后就能出现如此强大的决战武器吗？有人会觉得这实在难以想象（这也是迄今为止的常识）。然而冷静地思考世界大势就会明白，我们确实有必要预测到这些看似离奇古怪的情况。

那么世界最后的决战，是暴力与暴力之战吗？我们不这么认为。它应该是王道与霸道的战争。如今所有的纷争都与经济有关，从常识上考虑，也很难想象仅仅三十年后，世界就要为王道霸道等观念性问题而走向大战争。但事实上，每个时代最令人关注的问题，也往往就是战争发生的原因。在古代，引发战争的因素是宗教或人种之间的纷争，随着经济生活的进步，如今经济是人类最关心的问题，那么战争的根本原因当然也源自经济。今天，我们已经迎来了人类历史的重大变化。由于经济的高度发达，人类将会从经济的束缚中被解放出来。正如前面说的那样,决战武器出现的时候,也正是人类的文化、技术领域取得了我们今天无法想象的进步的时候。到了最终战争的时代,经济已经不再是人类的目的,而仅仅是人生中的手段而已。

就笔者的设想而言,当几十年后最终战争爆发的时候,恐怕还是以经济问题为切入点。但在这场震撼人心的战争的过程中,其目标最终会转向主义主张、王道霸道的决战。看一看中国事变发生五年的过程,岂不是很明显吗?日莲圣人所预测的世界最终战争,一开始主要还是利害之争,然而由于这场震撼人心的大战争的冲击,人们最终会顿悟"可以依靠的,最终只能是道义",世界也因此而得以统一。我相信,日莲圣人的预测很好地展示了最终战争的性质。那么最终战争的结果,是道义的最高守护者天皇成为世界的天皇,还是试图通过强力来给予人类幸福生活的欧美总统等辈成为世界领袖呢?能够决定这一点的战争,当然是人类历史上最重要的事件。

三、我辈的感动

人类历史上最大的节点——世界最终战争就要在数十年后来临了。

如上所述,最终战争是王道与霸道的决赛,通过战争,世界就可以进入绝对和平,迈出八纮一宇的第一步。"人类历史上最大的节点——世界最终战争就要在数十年后来临了",就好像经历了远洋航海的水手,在遥远的海平线上看到了陆地时的那种狂喜,满怀激动地高喊:"天子啊,我看见八纮一宇的大门了!"具有这种激情的人,就是我们真正的同志。

这种感动超越了所有的个性差异,人们因衷情而异体同心,并获得了能够突破任何困难的金刚之力。目前,这样的同志还不多,但我们默默地以"日本第一的忠诚之士"自居,而这样的同志只要达到几千人,那么我们的诚意和气势就一定能吸引全体国民接受我们的世界观,最终实现亿兆一心的理想。

对于反对最终战争的观点,我们也会认真地听取,然后心平气和地加以研究。但是反对的诸位,你们也应该怀着虔诚的态度,听取这天地间的微妙之声啊。人类的历史政治出现了前所未有的巨大变化,只要你信仰八纮一宇,那么听到最终战争的时候,难道不应该怀着好意,说一声"不错"吗? 如果研究之后发现谬误,那么就请彻底地指出来。那些一听到最终战争这个词就本能地反感的人,只是嘴里支持八纮一宇,但心中还是相信战争不会消失。我们要告诉他们,现状就很好地说明了目前就是昭和维新的前夜。

昭和维新的本质

一、昭和维新的性格

1. 从自由主义到统制主义

自由主义文明成熟已久,社会上的不公正也日益明显,马克思主义的攻势也越发强烈。这时候爆发了第一次欧洲大战,那些输掉了战争的,或是虽获胜却元气大伤的国家,逐渐发生了统制主义革命。英美法等战胜国依然墨守自由主义体制,但因第二次欧洲大战的爆发而深受冲击,他们明确体会到,以自由主义是无法与新型统制主义国家相对抗的。如今世界上正在以很快的步调对自由主义进行着清算。

2. 昭和维新是东亚维新

中国事变最初的起点是"暴支膺惩",但很快国民们发自内心地开始理解"东亚新秩序"这一诏书的意义,现在很多人都在对"大东亚共荣圈"的确立加以称颂。

如今的维新已不仅仅是日本国内的维新。就像明治维新不是萨长的维新，而是日本的维新一样，如今的维新也不仅仅是日本国内的维新，而是构建东亚新秩序的，也就是东亚的维新。而且还要通过即将到来的最终战争，完成世界维新。虽然这一趋势非常明显，但维新这个词就容易让人以为是国内的问题，这种情况，和当年把明治维新仅看作萨长的维新是一样的。我们的协会以昭和维新为目标，所以自我命名为"东亚联盟协会"，在"东亚联盟协会运动要领"中，也做如是说："之所以命名为东亚联盟协会，就是认为昭和维新的核心问题就是东亚大同，也就是结成东亚联盟。"

总之，昭和维新与其说是对内的自由主义，不如说是指向统制主义的革新，而对外则当然是实现东亚大同，也就是建设东亚新秩序。

二、维新的进展（现实的窘迫感与革新的目标）

革新就是社会的蜕皮现象。新的力量日益增长，在旧体制成熟已久、失去了控制能力的时候喷薄而出，其最大的动机就在于大众生活中的窘迫感。第一次欧洲大战后，战败国一个接一个地产生了统制主义革命，原因正在于此。

革新具有破坏旧体制和重新建设两个方面，而且两者还是息息相关的。建设伴随着破坏，破坏催生出建设。破坏现状是重新建设的基础，但绝不是说要欢迎破坏。问题在于现实中的压迫过于强烈，所以才爆发了革命，这带来的破坏和牺牲非常巨大。当然，人类越来越睿智，社会越来越发达，慢慢地会明确革新的目标，统一民心，从而极力减少革新所带来的无益破坏。

马克思主义试图科学地明示革新的目标和方法，当然会对现代人有着巨大的吸引力。对于社会进步的方向，马克思主义具备锐利的眼光，这值得我们尊重。但是，马克思主义的创造者，是失去了祖国、四处流浪，因为经常遭受迫害而多有怪癖的犹太人，使其发扬光大的则是西方霸道主义者们，因此马克思主义的革新方法，只是一味强调斗争，会造成很大的破坏。同时，其细致的理论固然能够满足知识分子的理性，但面临极端局面时，又没有力量去抑制大众的感情。第一次欧洲大战爆发时，各国的社会党人纷纷抛弃了平生的主张，而热衷于爱国，就是很好的例子。

换言之，仅仅通过观念来统一民心是非常困难的。只要国民不失去活力，那么对民众或国家来说，促使大家舍小我、求团结的最好环境，就是外患。以国难为目标进行建设的时候，旧体制遇到的抵抗是最小的，可以轻松地避免国内的对立。德国就是通过宣传废除凡尔赛条约，也就是发动第二次欧洲大战而产生了纳粹革命的。而自由主义不发达的中国，则以抗日为目标，一举实施了统制主义革命。

苏联革命是由沙皇俄国的崩溃而开始的。沙俄的资本主义不发达，因此马克思主义革命有很多不自然的地方。据此批评马克思主义虽有些失之过严，但其实苏联革命成功的最大原因并非马克思主义理论，而是面对资本主义国家的攻击，斯拉夫民族的卫国行动。随着苏德战争的发展，近来斯大林也频频使用"祖国"这个词了。

虽说明治维新的原因和动机是封建经济走入了死胡同，同时还有外敌的压迫，但把目标聚集在"国体拥护"上，通过尊王攘夷的口号完全统一了民心，最终以最小的代价完成了全世界无法比拟的自由主义革新。这彰显了万邦无比的国体之力，以及日本民族的智慧。

三、昭和维新的目标

所谓昭和维新，正是为了综合运用东亚各民族的全部能力，以便在决战中收获全胜。

以世界大势和第一次欧洲大战为契机,日本也出现了很多攻击资本主义社会的不公、试图将其打倒的革新团体,国民的焦虑也日甚一日。然而日本远离第一次欧洲大战的中心,反而由此获得巨大利益,同时殖民主义还在盛期,充满活力,日本国民即使充满智慧,还是没有等来革新,却反而迎来了中国事变。事变规模巨大,是日本未曾经历过的大战争,但国内忽视了中国的战争能力,应当开展的革新也没有大的发展,还有很多革新团体转为职业化,日本忝居自由主义国家的末座,现在又进行着"大东亚战争"。那么昭和维新未取得进展的原因,就在于缺乏现实中的窘迫感,同时革新运动未能把握昭和维新的目标,只能埋头于革新的讨论而已。

虽然"大东亚战争"的初战取得了空前的巨大胜利,但物资方面还将很快地陷入紧缺状态。还要准备迎来其他多方面的困难。但也因此,国内革新有机会获得很大的压迫力,同时国民也会在如今的振奋状态下,免于摩擦,不再怀疑革新将迅速取得进展。

不能想象日本输掉了"大东亚战争",却能赢得最终战争。"大东亚战争"的胜利,是对最终战争做出的最重要的准备,也就是半决赛。结成东亚联盟的两大条件,就是贯彻联盟精神,以及把霸道主义暴力从"大东亚"驱逐出去。也就是说,通过"大东亚战争"的胜利,东亚联盟就有了磐石般的基础。目前的国策,无论何事都以"大东亚战争"的胜利为核心,胜利这一目标完全统一了民心。既然如此,把最终战争作为昭和维新的目标,是不是不恰当呢?

我们当然要做好"大东亚战争"长期化的准备,但如能最合理地集中运用同盟国的全力,那么让敌人迅速屈服的可能性也是充分存在的。在这一空前的大革新期内,如能掌握更远大的目标,自然是最好的。

打这场"大东亚战争",我们需要反思国民的职责。但回顾过去的经验会知道,激烈的作战行动结束后,国民的紧张情绪也不是不可能松弛下来。特别是武力斗争的空前大胜利,反而隐藏着这一危险。经济界也可能有人预想到今后的和平,所以对于扩充战时生产力有所踌躇。到底是天皇成为世界的天皇,还是欧美的总统成为世界领袖,世界最终战争就是做出决定的人类历史最大节点,而这一天已经离我们不远了。这种信念让日本国民怀有最大的感动,从而产生不屈不挠的决心,亿兆一心,毫无动摇不安地去努力赢得"大东亚战争"。

统制主义革新原本是在激烈的国际竞争下,在人们不知不觉中进展的,而从我们的战争观、世界观来看,此次世界性的不安和斗争,其实正是世界大统一之前的自然反应。我们应依据这个判断,动员国民乃至全东亚大众为最终战争做准备,让昭和维新,也就是东亚维新发挥人类历史上空前的威力,从而做出辉煌的成果。

总之,"大东亚战争"就是为了世界最终战争做的准备,也就是半决赛,如今我们的国家资源也在向此集中。那么即使在这场大战争之中,我们也要经常想到,眼前的战争结束后,还有最终战争在等着我们,从大处着眼,为了实现昭和维新的目标,要做好必胜的准备。

以最终战争为目标的革新与"废除凡尔赛条约"的纳粹德国相比,日本的目标要宏大得多,但缺点是不如后者具有现实性的紧迫感,非常依赖观念,自然不容易让全体国民接受。但如果有一天我们数千数万的同志能够去指导国民,那么由于我们的目标是最终战争,"以二十年为目标,培育超过美洲的生产力",就能让国民产生狂热的感动,这是毫无疑问的。因此在指导国民方面,有少数人就足够了。

昭和维新的方针

以上述世界观和对昭和维新的认识为基础,自然可以得到昭和维新的方针了。

一、东亚联盟的结成

在能够排除欧美霸道主义压迫的范围内,各国结成东亚联盟。

1. 东亚大同的时代性及其方法

第二次欧洲战争以来,一直势同水火的墨西哥和美国终于互相携手了。过去,与中南美在民族上、经济上关系密切的是欧洲,特别是欧洲拉丁国家,而不是美国,但现在中南美国家正以惊人的速度靠近美国。数十年来,中国也一直与日本进行着深刻的斗争。但是,持续的斗争只是迄今为止的历史而已,不能用过去的历史来衡量今后的时代。地理上邻近的国家,不管喜欢与否,注定要成为协同体。这种必要性不需要用高深的理论来说明,只要能静下心来观察现实,大家都很快能明白。

那么东亚大同的方式应该是怎样的呢?东亚大同的目的,是为了在半决赛的时代、决赛的时代最大限度地发挥东亚的能力。为此,最好的办法就是东亚像日韩并合一样,成为同一个国家。可惜由于各种利害关系和民族感情,这种事情想都不敢想。那么退而求其次,组成一个以天皇为首的东亚各国联邦,又如何呢?这当然也是我们所期望的,在"满洲国"建国的时候,也为众多在"满"日侨所倡导。但现实问题是,汉民族的心里是无法接受这一点的。中国人虽然认可东亚大同的必要性,但他们主张的是东亚各国平等相待、共同协商的联盟。也就是说,东亚联盟是东亚大同的各种方式中最松散的一种,这是不能否认的。社会上也有人攻击说东亚联盟论太过软弱。确实如此。但我们是信奉八纮一宇的伟大理想的人,有着不能言说的自信。处于弱者立场的中国人提出了要求,我们就愉快地接受。外表软弱而内如铁石坚,正是我们东亚联盟的特色。对于信奉八纮一宇的人来说,丝毫也不担心"日本人没做好的话,中国人会得寸进尺"。

2. 东亚联盟的范围

吾辈坚信八纮一宇的伟大理想一定能够实现,对于现实问题,则认为应采取最坚实、稳健与扎实的路线来实施和发展。大亚洲主义是通往八纮一宇途中的美好理想,但要把所有亚洲国家都纳入协同组织内部的话,这一任务则超出了我们希望的范围,无法达成。我们要在有能力排除欧美霸道主义压迫的范围内组建东亚联盟。换言之,是东亚,特别是日本目前的武力能够占据绝对优势的地区。我们把新加坡以东、包括澳大利亚在内的地区称为东亚地区,对这一带也抱有军事自信。随着"大东亚战争"的进展,这一地区瞬间就为皇军武力所压制,也同时成为能迅速结成东亚联盟的地区。这一情况让我们非常欣慰。

但不能忘记的是,东亚联盟的中心毕竟是日"满"华三国。我们虽然应当解放南洋人,但今天的南洋没有优秀民族。所以很遗憾,在最终战争中不能对他们有太多的期待。

3. 东亚联盟结成的条件

基于"王道主义"的国防的共同化、经济的一体化、政治独立和文化沟通等四条是结成东亚联盟的条件。东亚联盟的核心是日华合作,为此日华全面和平是当前最大急务,而后者必须遵循上述条件来实施。而这正与近卫声明、派遣军声明及日"满"华三国共同宣言具有共同的根干,其要点如下:

① 缔结和平条约

日本和"南京政府"一道,与重庆政权之间缔结和平条约,其要点应包括中国承认"满洲国"的独立,日本撤回在华既得政治权益,完成"满"华两国的独立。

这部分即为"政治独立",是消除纷争的根本,也是确立和平的最重要条件。但站在东亚联盟原本的精神来看,这不过是消极的一面。那么在积极面之中,以下两点最为关键:

② 结成军事同盟

这一点的目的是"国防的共同化",不是为了控制中国,而是为了排除欧美霸道主义的压迫。有些日本人,要靠日本在华驻军才能在当地开展活动,这不仅毒害中国,也殃及日本,堪称日华合作之癌。

③ 设置经济协商机构

"经济的一体化"是增进东亚联盟实力的最重要条件,但并不像军事上那么单纯。首先要具备对时代的洞察力,再以同志般的精神进行协商,才是规划进展的正确方式。为此需要设置经济协商机构。至于"文化沟通",是结成东亚联盟最根本的条件,但要在和平到来后,再经过长年的努力才能实现。

4. 东亚联盟的管理

联盟中的各国,原则上应该平等。联盟的管理,理应通过各国发自内心的协商和理解来开展。然而在各国开始信仰天皇之前,应以信仰天皇的日本为联盟的核心存在,也就是把日本当做指导国家。这一点是我们这些信奉国体之神秘的人的坚定信念。但这一点,必须是东亚各国不施以压力、心平气和地互相接触后,在理解的基础上自然得到的结论。如今日本向全世界展示了实力,国民如能真正地做出无愧于天皇御民身份的行动,自然能够得到东亚各民族的信赖,不但日本能成为联盟的核心,我们甚至还坚信,在不远的将来,东亚各国也能奉天皇为盟主。关于这一点,我们在

《东亚联盟建设要纲》中特别列出"东亚联盟的盟主"一节,热烈地提出了建言。社会上有人把东亚联盟称作平面主义,指责我们"反国体",我们对此深深不以为然。恰恰是这些人没有理解国体的精神。"天皇应该成为东亚的盟主",这是我们明确的主张,如果这一主张都被看作平面主义,岂不怪哉? 他们要把天皇陛下看作徒有虚位吗?

我们在《东亚联盟建设要纲》中特别列出"东亚联盟的盟主"一节,展示了我们最大的勇气。我们如今有着数十万中国同志,如果这一观点违背他们的意愿,那么友好关系就可能立时崩溃。很多人劝我们说,现在就单独列出一节讨论这个问题,是不是为时尚早? 不用说,这等大事,原本就不能指望其他民族的人们能马上给予理解。我们现在也不打算和他们争论。但对我们来说,最重要的是不能瞒着这些东亚的同志,必须怀着诚意明确提出我们的观点。所谓"虽千万人,吾往矣",我们下定决心,哪怕暂时因此失去全部的中国同志,我们也不退缩。如果有些与中国人没有同志关系的日本人说了上面的观点,中国人会说:"你们看,东亚联盟的人虽然说着漂亮话,但其实质还是帝国主义、侵略主义,这不就露出马脚了吗?"

但是我们堂堂正正地说出来了:"天皇应成为东亚的天皇,最终还应成为世界的天皇。"虽然对外国人来说可能非常武断,但中国的同志们即使不同意,也会因为是日本同志的观点,反而会充满善意地认真倾听。这也是让我们无限感动的。

5. 东亚联盟运动的历史

东亚大同不是一个条约问题。东亚各民族发自内心的信赖,才是其根干。东亚联盟运动不是纸上谈兵,而是以"满洲"建国为主轴的、同志运动的成果。几乎所有的兴亚运动都是纸上谈兵,而我们有着本质的不同。

"满洲事变"之前，由于欧美及以欧美为后台的张作霖政权，还有中国政府在政治上、思想上的压迫，以及世界性的经济危机，在"满"日本人陷入了深刻的生活困苦。他们对这一经历认真反思，决心放弃过去那种依靠国家权力的生活方式，真正以人与人结合的方式与中国人打交道，在"满洲"生活下去。这时奇迹出现了。原本绝对不可信赖的中国人，开始发自内心地向我们显出好意了。正是基于这一生活体验，在"满洲事变"后，关东军司令官把民族和谐的道德观写进了建国根本方针之中，开始了"满洲"的王道乐土建设。

然而在"满"汉族同志，则在建国时无法衷心接受"满洲国"的独立。这是因为自己在享受王道乐土，但这片土地从本国分离了出来，自己也要被斥为汉奸。这对民族观念急速兴起的中国人来说，是难以忍受的痛苦。这个时候日华同志焦思苦虑，得出的结论是"要彻底约束日华两国的关系"。经过探讨，得出了前面说过的两套方案，即东亚联盟方案和东亚联邦方案。这样一来，我们尊重了中国人的想法，把建设东亚联盟作为"满洲国"的建国目标，对方也终于获得了心灵上的安逸。

其后，"民族协和"、东亚联盟的光辉理想并未取得预期的进展，却在昭和十二年迎来了中国事变。但不管怎么说，两国同志基于真诚生活历练的奋斗活动，在中国事变过程中慢慢成为东亚联盟运动的组成部分，在今日的东亚，我们拥有几万、几十万乃至几百万的同志，这是东亚开天辟地以来从未有过的。因此我们私下认为，东亚联盟运动堪称东亚大同的重宝。我们也希望国民各位能尽早对我们东亚联盟运动做出公正的观察。

在革新的时期，新思想、新运动容易招致社会上的极端反感和误解，这是很自然的。目前国策中最重大的问题是日华合作，而我们几乎是唯一跨越国境、拥有众多同志的兴亚运动（兴亚思想当然有不少）。对于我们，如果以世间的常识性口碑来轻易判断，那绝不是忠于国家的行为。

此外我们东亚联盟运动成员非常谦让，随时愿意把重宝般的运动，交给新的、更有能力的领导者，自己则甘为无名英雄。

二、积极而具革新性的建设

通过联盟内积极而具革新性的建设，飞速增强实力，由此在决战中占据必胜态势。

1. 建设目标

明确建设目标，是建设成果的一大条件。迄今为止，负担日本建设重任的人，似乎还没有明确把握这一建设目标。只有我们，几年来正确地把握了最终战争这一目标。

① 军备

以最终战争为目标，并要占据必胜态势的话，就需要所有建设都把"最终战争所需军备"作为目标。但最终战争中的军备应该是怎样的？由于目前无法明确最终战争的性质，当然也无法做出具体的决策。现在大体能够预想的，只有"最终战争的决战军队是空军方面的"而已。那么把空军建设成世界第一的空军，就应该是我们的目标之一。

在最终战争之前的半决赛时代，为了结成东亚联盟，也就是为了完成东亚大同，我们要被迫进行持久战。目前的"大东亚战争"正属于持久战，为了在半决赛时代赢得持久战的胜利，需要相应的军备。即陆上武力要超过外敌在东亚投入的陆上武力，海上武力要超过来攻的敌海上武力。陆海武力之外，还要建设世界第一的空军，除了最终战争的需要外，还要为此前的持久战做准备。不管保卫东亚的陆地、保卫东亚的海洋做得如何好,日本还是会经常面对空袭的危险。要消除此类风险、把陆海两方面的作战引向最有利局面,就需要仰仗空军的力量。这一点,在此次"大东亚战争"中得到了最好的证明。换句话说,要实现打赢最终战争及此前的持久战这两个目标的话,我方就需要具备以下三点:

(一)海军军力要能应对美英苏进攻东亚时的最大海上兵力

(二)陆军军力要能应对苏联进攻东亚时的最大陆上武力

(三)世界第一的空军

② 经济实力

上述军备发展,必须建立在强大的经济实力上。培育这一经济实力是我们的目标,虽然最终战争预计在三十年后发生,但要留有余量,因此我们要以二十年为目标,拥有一个能够凌驾于美洲生产力之上的经济实力。事实上,经济实力与军备上的要求,是最紧密地连在一起的。

"大东亚战争"中空前的大胜利,也向世界展示了皇军无与伦比的优秀素质。但我们也不能忘了,巨大战果的背后,存在着"距离优势弥补了数量劣势"的因素。但是最终战争则基本上是一场没有距离的战争,我们不但要持续地提高素质上的优秀性,在量上也不能让欧美霸道主义者超过。

2. 该建设的可能性

上面说的军备和经济实力,是一个庞大的要求。通过普通的常识,恐怕很难实现。特别是经济实力的建设,看上去几乎是不可能的。但我们还是要以最大的感动与热情迎接这个重大而极困难的事业。对于最终战争的激情会因为这一建设目标而具体化,再把目标向国民明确提出,对其可能性求得国民理解,那么全体国民就会奋不顾身地朝着建设目标前进,最终一定会完成昭和维新的伟业。

① 资源

A 物资

物资有很多种，最重要的则是铁、煤炭和石油。

在"满洲国"和华北都有大量的铁。不仅如此，日本国内也有数量惊人的砂铁。所以铁的储量极大，完全不必担心。问题在于如何冶炼。

煤炭在"满洲国"的东半部也有无穷无尽的储量。另外众所周知的是，山西省有着世界级的煤炭储量。日本国内的储量也不算少。因此关于煤炭，没有任何值得不安之处。

至于石油，我们已经占领了荷属东印度，因此眼下得以救急，但绝不能满足于此。按照专家的说法，从热河到陕西、四川、云南、缅甸，存在着一条巨大的油脉，要对其尽力开采，同时也要在煤的液化上付出最大的努力。

B 人

日本人有着世界第一的科学头脑。关于这一点，田中宽一博士的著作《日本人的人力资源》中有详细论述，所以是经过了冷静的科学研究后的结论。另外根据日本儿童在美国的学习成绩可知，日本人断然优于世界其他民族。虽然有人说这是因为日本人更早熟，但与欧美人相比，日本女性的初潮平均要晚一年，所以并不算早熟，反而可以说是"早老"。当然早老是日本人生活堕落的结果，如何克服此类堕落生活，也是昭和维新的一个目标。

此外朝鲜人、蒙古人和中国人也是优秀民族。不仅仅是能力上的，仅就数量而言，日"满"华三国密集地生活着五亿人，这是全世界最大的人力资源。我们坚信，这些人力资源，可以帮助我们发挥特殊的生产能力。

前面说过,东亚有很多铁矿,但如果大量使用目前的熔炼炉进行冶炼,那么很难迅速赶上欧美国家。幸好使用电熔法,特别是高频电熔法的话,就可以通过非常简单的设备获得最高的效率,低品位矿石也好,砂铁也好,都能自由地进行冶炼。而这种冶炼方法,即将由楢崎氏研究成功。此外,还有令人惊喜的,是楢崎氏的高频方法在煤炭液化方面也正在发挥着令人惊叹的效率。与西式方法使用精密而数量巨大的设备相比,楢崎氏的生产方法非常简单明了,让我们对日本迅速地从落后到反超有了很大的信心。

最近,东亚联盟运动的同志福井律师,正在努力让堀又五郎的地热发电能够迅速形成企业化。我相信他们一定会成功。上天也把全世界最大的地热给了日本。

C 生产方式

大河内正敏在其书中曾说过,过去的家庭手工业因蒸汽机的发明而逐渐集中到了大生产设备的大工厂,但近来又开始向田园工厂分散,效率也得到了提高。生产的最重要因素,是身心健康的劳动力。日本的农村密集地生活着很多人,如果再能巧妙地利用日本的家庭制度,巧妙地综合运用田园工厂和家庭工厂,就很有可能发挥出无以伦比的生产能力。举例来说,日本的自行车工业世界第一,在中国事变前,全世界最出色的日本产自行车单车成本只要 10 日元,而全世界最先进的伦敦工厂,其成本则至少为 10 英镑(按比价换算,约为 100 日元)。换句话说,日本的效率是英国的十倍。而且年产值数千万日元的量产品,却由两三名工人的家庭工厂来提供零部件。因此大河内氏坚信,日本人特别适合于精密机械工业。善用这一民族性,以农村的家庭工业为基础建设田园工厂体系,就可以发挥其特长、埋头生产车床了。目前日本的军舰已经是世界第一了,飞机、坦克、火炮中也有日本独特的优秀产品,今后还会生产更多。

总之,日本要追赶欧美,一方面的问题是如何用日本独特的方法对铁及石油进行大量生产,另一方面则要把重点放在最优秀的车床及最高效的工作方式上。以此为核心,日本就能发挥出令人惊异的建设能力。

② 南洋问题

"满洲事变"发生后,国民们在"满洲"屋前排起了长队,嘴里喊着"满洲满洲,生命线满洲",乱成一团。几年后,大家也都对此疲倦了,又发生了中国事变。这时人们又在"支那"屋前排起了长队。四年后,大家又开始有些疲倦的时候,又发生了南洋问题,还出了重大的战果。现在人们又冲到南洋屋的前面,排起了长队。国民们应当对自己这种轻率态度加以反省。如今我们在"大东亚战争"取得了重大胜利,需要在各个方面进行最深刻的反省,国民的公正判断和公正态度是不可缺少的。

南洋的价值,首先是战略上的重大价值。与北方的北"满"防御相辅相成的,是南方以新加坡为中心的坚固堡垒。这些构成了东亚大同、东亚联盟结成的基础条件。从这个意义上说,南洋的价值超乎想象。

其次,南洋(包括澳洲),将来作为东亚人的移民地,有着最为重要的土地。

第三,则是站在资源、粮食资源的角度看,南洋给予了东亚以很大的安全性。石油、铝土矿、麻,这些都是我方特别缺乏的资源。橡胶、锡、金鸡纳霜等特产,也容易让经济战利于我方。

但是,"控制赤道者,则能控制世界"不过是重商主义时代的旧思想。虽然西方目前的政策,是垄断南洋特产并在全世界高价卖出,从而获得巨大财富,但今后日本的经济政策,不能对欧美的自由主义时代体制有过多期待。我们充分尊重南洋的经济价值,但不经过严肃思考、轻率地谈论南洋侧重论,这是需要高度反省的。

③ 简朴生活

要获得超过美国的经济实力,除了要竭力扩大生产,还要尽可能地俭省消费。在这一点上,正是我们东亚各民族的"王道主义"者极为擅长的。同样是一万吨的巡洋舰,美国的战斗力就比日本的要差一大截,这一点如今已被全世界所周知。这是因为扬基佬们在军舰上都要设舞厅,而日本的官兵则在生活上尽量压缩,把所有的资源都集中在了武备上。

秋田县有一位热心于农业的石川理纪之助老人。他的生活,就是我们理想的简朴生活。他家里虽是豪富,但数十年来一直在几平米大的小房子里过着极为简单的生活,同时也没忘了无限的风流。他一生作过三十万首短歌,喜欢熏香、茶道,过着温和平静、亲近自然的生活。每次当他离开那间草庐,就是为了农业革新而活用最新的科学技术。我们应当把他当作正确生活的模范。在最终战争或之前的半决赛中一定会遇到防空问题,坚持过这种简朴生活,到时候就能在防空行动中产生令人惊异的效果。

3. 国内革新

① 革新运动者的心态

前面说过,革新就是社会的蜕皮现象。社会积累矛盾到一定程度,就是革新的时候了。如今世上满是虚伪,我们已经无法忍受。我们要清除掉这些虚伪,实现正确的发展。

我们听到一些人嘴里倡导八纮一宇,但转过头来却又指责最终战争,实在令人遗憾。八纮一宇当然指的是战争彻底消失后的状态。那么嘴里说着八纮一宇,又相信战争永不消失的人,他们的八纮一宇也不过是说说而已吧。这种说的和想的之间的矛盾,就是最大的假话。嘴里称颂国体主义，却又如此说假话，这种行为难倒不该彻底清除吗？维新也一直是恢复诚意的运动。

我们对于最高目标的感动，让我们怀有最深的审慎和反省。我们对明治维新的志士们抱有最高的敬意。但同时，也对他们怀有深深的积愤。维新成立后，不过几年间，很多所谓的志士又成了富家翁。对于此事，我和"满洲"建国的同志们也都感到了落寞。握有权力、耽于权力，然后滥用权力，最终会招来新的、对权力的反抗。这种以暴易暴式的情景，我们在明治以后的历史中已经看到多次了。打倒了封建的人，自己成为藩阀，一样横暴。而藩阀的横暴又会发展为政党的横暴。如今政党的横暴垮台了，但我们也已听到了政府横暴的声音。这是多么令人悲哀的事情！昭和维新是走向最终战争之前的维新，维新至此也该终结了。因此昭和维新也必须是最综合的维新。在政治、经济革新的同时，连我们自身的生活和身体的细胞结构都要加以革新。除了精神生活外，从肉体生活到衣食住行，都需要新的变革。

从这个意义上说，近来丸龟的同志杉天氏向我们介绍了多田政一氏的意见，我们对其意见充满敬意。

再进一步，从"昭和维新即东亚维新"这个角度看，我们也痛感东亚大同的必要性，认为向其他民族躬身致敬之心，也符合"民族协和"的精神。简而言之，昭和维新必须是真正的综合性革新，必须是道义上的、整体性的革新。

②　革新目标（参考《昭和维新论》）

A 国体政治

统制主义时代的最大条件，是拥有一个强固的核心。斯大林、希特勒、墨索里尼乃至蒋介石在统制主义国家中扮演的角色非常重要。但不管什么样的英雄，寿命也有限，而且也不是任何国家在任何时候都能产生英雄的。世界各国都被这一问题所深深困扰，唯独日本国体所特有的神力在闪闪发光，让日本保持着世界第一的效率。在过去，日本的维新总意味着王政复古。虽然今天再这么说，会让听者起疑心，但我还是要说："昭和维新就是王政复古。"明治维新实现了王政复古，而实现了王政复古，西方文明就迅速进入日本，国民也一下子受到吸引，根本来不及加以审视，结果就出现了天皇机关说。天皇机关说虽然在"满洲事变"后由于日本主义的勃兴而在法理上被消灭，但在很多知识分子的心中，天皇机关说还是像幽灵一样阴魂不散。将其彻底消灭，也是昭和维新的一大着眼点。因为有些人嘴里反对天皇机关说，也相信自己的忠诚，但却会在不知不觉中做出天皇机关说般的行为，这些人如今并非少数，真是令人悲哀。

无论国体有怎样的神力，国民如果不自己在政治上进行组织，也不能充分发挥起作用。毕竟一亿臣民，不可能都直接与天皇进行接触吧。

关于在政治上对国民进行组织的方法，我们在《昭和维新论》中论述过如何组织自下而上的力量。但最近大政翼赞会准备自上而下地组成政治组织，政府及国民也在为此努力。这种做法，在国外恐怕是见不到的。当然，按照日本的国体国情，也不是说一定不能成功。我们都放弃小我，无论是大政翼赞会的自上而下，还是"昭和维新论"所主张的自下而上，只希望上下一致，早日建成国民一体的统制主义时代的政治组织。东亚联盟期待自己的主张能够成为全面性国策，当前的主张成为大政翼赞会的方针。这样的话，我们所期待的、协会可以放心解散的日子就会早日到来。

B 国家管理与自治

管理社会的力量分为两种。一种是国家权力，另一种是民众因理解而合作的力量。这就是国家管理和自治。如何综合利用这两者，也是政治的核心问题。我们经常主张，所谓管理，就是自由与专制的综合表现。由于自由主义让自由走入了死胡同，所以统制主义要出来进行补救。在如今复杂的时代之中，在某个范围内实施专政，反而更容易做到自由活动。而自由活动，则是基于理解的合作，这在社会管理上占有非常重要的地位。如今自由主义的能力严重不足，因此才成了统制主义的时代。为了控制过度的自由，不得不多用强制，这也是不得已而为之。当然在重建自治的时候，要逐渐地对国家管理进行合理限制，使国家管理与自治之间取得平衡，这样我们的社会才能发挥出最高的综合能力，这也是社会改革的方向。

C 教育革新

学校原本是明治勃兴的原动力。但自由主义走入了死胡同，如今的自由主义型学校教育也是大正、昭和期社会停顿的重要原因。穷人的孩子即使有能力，也进不了学校；而即使家庭有经济能力让孩子上学，由于人数激增，学生的利己心反而在竞争中受到强烈激发。学校教育只是形式上的平等，给没有能力的人注入力量，有能力的人反而因此不得进步。另外教育本身也远离现实社会，农学学士大都不是好农民，工学学士也往往没有杰出的手艺。这些人毕业以后，为了保持自己的地位，自然会造成学阀间的对立，导致社会的不稳定。由于立足于自由竞争，也不会有人认真思考如何合理地选择职业、发挥人们的效能了。

我们要在此时一扫自由主义教育的弊端，发挥统制主义时代国民的最高能力，为此需要开展根本性的改革，这是昭和维新要点中的要点。那么我们在此要提出以下三个原则。

第一，教育的关键是发现、培养领导者。对于自由主义教育所追求的平等,我们也只能等到最终战争之后再重新着手了。

第二,教育即训练,教育即建设。教育应当贯穿家庭、社会和学校来综合开展。

第三,在教育的过程中应对国民的职业进行合理分配。

我们相信,上述原则能够最大限度地发挥国民的全部能力。至于具体方案,请参考"昭和维新论"。

D 农村改革

农村有两大重要职责。一是为国民提供适宜而丰富的粮食,二是培育、保存健全有能力的人口。这对国民来说也是最重要的地方。与自然共生存的生活形态,让这里的国民身心均极为健康。借用多田政一氏的说法,对于能够滋养人类身心的、有生命的物品,动物要在死后三小时内食用,蔬菜则大约为十小时内,水果则按从树上摘下的时间算,要在十天内食用。按这个原则,在如今的文明中,只有在农村才能拥有真正健全的身体。在城市中做做运动之类的,是无法弥补我们的缺失的。令人遗憾的是,如此重要的生活层,却在今天陷于极度的贫困之中,而这也是当今社会不安与国家不健全的基础。要彻底改变这一现状,就必须保证农民生活的稳定和改善,这是一个重大问题。

在这方面,我们的同志池本喜三有着最卓越的见解。他提出了"适正农家""农村工家"的巧妙组合,如果还有剩余人口,则通过移民,特别是"满洲"开拓民的方式加以根本解决。据大河内正敏氏说,农民制作的精密机械零部件,其水平要远超城市职工。正因如此,池本的方案才具备可行性,前面谈过的、构建日本独特的生产方式也不再是无本之木。但如此重大的问题,仅靠理研通过局部体验的方式,是很难取得成功的。只有实施国土计划,也就是通过强有力的政治手段才能正确解决农村问题。把工业分配到整个农村,使农村得到重建,也让具备最健全身心的工人,以最高效的方法,大量生产世界上最优秀的精密机械,从而使日本一举超越欧美。

E 经济建设

德国资本家之中有很多犹太人。日本的资本家则都是日本人。这一点已经让两国的社会状态有了极大的不同。在霸道主义的西方和在日本,劳资协调的情况自然不尽相同。即使是日本民族,在不得不然的时候也不辞破坏和斗争,必要的时候会以其他民族所不具备的勇气来面对。但如今日本的经济革新并非以打倒资本家为目标,而是为了迎接最终战争,努力在培养着惊人伟大的经济实力。终极目的是为了最终战争。至于摧毁资本主义、镇压资本家的横暴,都只是为了终极目的而采取的手段。在具备正当理由和必要性的时候,日本的资本家会为了达成这一目的,毫不犹豫地牺牲自己的利益。同样,无产者们也不会因为革新而剥夺资本家的利益。在目前的非常时局下,明确国家的建设目标,为达目的而下定决心,政府也怀着公平无私的诚意,凭借西方霸道主义无法想象的圆通手段,自然地创建出经济新体制。

明治维新时废藩置县的大革新能成功,各藩财政的困窘是重要原因之一。但是,如果没有国民对尊王大义的绝对信念,让大名们无条件奉还藩籍的伟大事业不会那么一蹴而就。之所以要变革资本主义,是因为单靠资本主义已经无法发挥必要的经济能力了。一方面攻击旧体制,自己的效率却还低于资本主义,那么这种统制主义不要也罢。如果发生了这种情况,当事者当然要遭到严厉的追责。

前面说过,经济建设的目标,是在最终战争中占据必胜态势,今后要以 20 年为期,培育出能够压倒美洲的经济实力。我们必须在东亚联盟的范围内，依据切合实际而又周密的计划，最大限度地发挥整个东亚的全部能力。在实施的时候，要合理而巧妙地利用生存竞争这一人类本能，同时还要鼓励互相帮助，也就是兼顾利己之心和奉献之心。为此我们需要：

一、把重要企业或已经社会化了的企业进行国营或国家管理。但为了提升效率，要确立新经济道德，同时要对负责管理的当事人，也就是经济官员进行培训。不做上述准备就迅速地扩大国营事业，这是需要三思的。还要考虑奖惩制度。否则无论管理者在提高效率方面做得多好，却没有奖励；或是无论出了什么大错，也没有任何惩罚，放任不管的话，就会导致可怕的危险。

二、私营的各企业，特别是风险较高、变化较多的企业具备很多创意，都要大胆地活用在企业运营之中。另外绝不应排斥暴发户，但应该让暴发户得到升华。让暴发户以最合理的方式参加到昭和的重要大建设之中，是当今经济政策中的要点之一。

总之，我们主张政治要给予经济以最明确的任务，而尽可能不对经济活动中的手段加以干涉，同时要建立奖惩制度，把全体经济界人士的感动，转化到最高的生产能力上去。

三、革新的方式

在上述建设途中，以王道为基础，确立新时代的指导原理。

我们不是首先准备好细致的理论，然后再做这件事。我们主张先掌握指导原理的根本，也就是掌握其方针，然后再实施。当下有很多革新论者连指导原理的根本都没有掌握好，又只知道讨论精密的理论体系，最终落入为革新而革新的讨论。这些人一边攻击马克思，一边却又不自觉地模仿着马克思的方法论。而我们的主张大体上类似于纳粹的建设方式，在《东亚联盟》昭和十六年二月号上刊登的《东亚联盟协会宣言的意义》一文中有如下论述：

　　纳粹的纲领写得很明白，希特勒的伟大事业并非建立在精密细致的体系性理论的基础上，而是为了拯救凡尔赛条约下濒临崩溃的德国，不得已而断然采取的应急措施。后者才是希特勒的生命。他依靠出色的直觉来确认方向并做出决断。跟在希特勒那堪比重型坦克的建设事业后面，学者们才写出了纳粹的理论。和动物不同，除了本能之外，人类还具备理性的力量，相比现实主义，大家对理想主义有着更多的憧憬。在精密的理论上制定具体计划，再勇敢地执行这一计划。苏联建设的方针，就是这样让现代人感受到了巨大的魅力。

　　苏联的建设是理论和计划先行。从马克思时代至今有一百年了，期间众多学者的研究，以及付出巨大牺牲的阶级斗争实践，让苏联的方案细致入微，从而具备了可行性。而且如果我们冷静地研究计划实施的蛛丝马迹，就会发现即使有那么多理论、计划，可一旦具体实施，还会碰到各种完全出乎意料的矛盾和障碍，令人苦不堪言。社会主义制度造就的思想统一，固然在苏联的成功中扮演了重要角色，但不要忘了，资本主义各国对苏联的压力，以及列宁、斯大林等领导人灵活应变的政治能力在其间起到了更大的作用。要言之，在革新之中，通过明确的理想来统一人心固然重要，革新并非伴随着精密理论的成熟而取得进展，足以让大众奋起的现实压力，以及明确提出解决目标并率众前行的领导人，才是革新中更关键的因素。所以并不是什么理论先行或计划先行，而是实践先行。理论要经过实施的考验才能确立。

　　然而很多日本的革新论者，就连自我标榜为日本主义的那些人，所受马克思的影响都比较大，他们喜欢精致的理论，也容易被斗争万能的情绪所左右。对于新体制运动，有一个略为极端的比喻：为了"革新"而毁掉了原有的家，然后从各处搜罗了零散的设计师，开始了新房子的设计。这时寒流要来了，可新房子的设计还不知什么时候能好，更别说建筑材料也还没弄齐呢。

而新体制运动则是尽可能地把旧房子用于新目的，并根据需要逐步实施改建、增建，几年后就可以得到面目一新的房子。我们在《昭和维新论》中指出："这一建设工作，其实带有敌前作业的性质。"对于这种方式，理论先行的革新论者们往往讥之为"缺乏革新性"，因此新体制运动是在没设计、没材料的状态下热衷于革新，很可能只会招来混乱。因此，新体制运动有必要迅速地从理论先行方式转化为实践先行方式。

昭和维新的目标，是在最终战争中占据必胜态势。我们自信领会了这一大原则，并依据大目标，明示了指导原理的核心，从而在昭和维新运动中占据了不可动摇的地位。指导原理的确立要依据建设的实践，而建设则又必须基于前述的大方针。

结　语

宣言是协会的灵魂。宣言中没有一句话是当今流行的、为了说而说的词句。首先请默诵宣言并正确理解其精神，然后阅读《昭和维新论》之后的指导原理书籍。读完指导原理的书，再进行实践。如果感动于宣言的意义，那么自会产生不屈的决心。志趣相投的结合，必须是这种灵魂上的结合。

附十二　全面侵华时期日本陆军主要部队概览(1939 年 10 月)

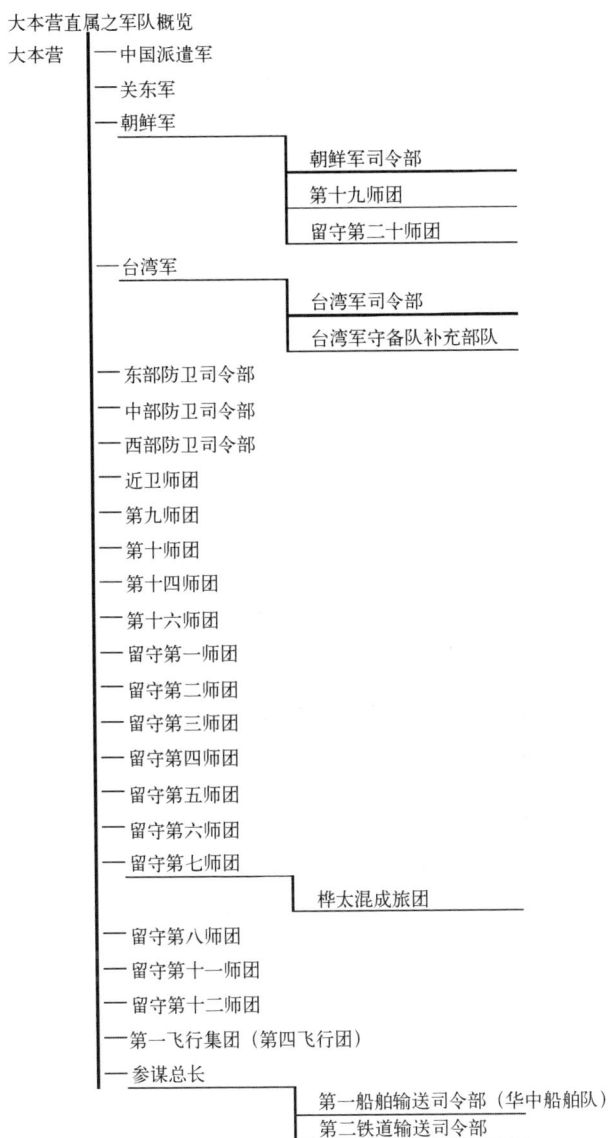

大本营直属之军队概览

大本营
├─中国派遣军
├─关东军
├─朝鲜军
│　　　├─朝鲜军司令部
│　　　├─第十九师团
│　　　└─留守第二十师团
├─台湾军
│　　　├─台湾军司令部
│　　　└─台湾军守备队补充部队
├─东部防卫司令部
├─中部防卫司令部
├─西部防卫司令部
├─近卫师团
├─第九师团
├─第十师团
├─第十四师团
├─第十六师团
├─留守第一师团
├─留守第二师团
├─留守第三师团
├─留守第四师团
├─留守第五师团
├─留守第六师团
├─留守第七师团
│　　　└─桦太混成旅团
├─留守第八师团
├─留守第十一师团
├─留守第十二师团
├─第一飞行集团（第四飞行团）
└─参谋总长
　　　├─第一船舶输送司令部（华中船舶队）
　　　└─第二铁道输送司令部

大本营
|
中国派遣军

——中国派遣军总司令部
——华北方面军

华北方面军司令部	
第一军	第一军司令部
	第二十师团
	第三十六师团
	第三十七师团
	第四十一师团
	第一〇八师团
	独立混成第三旅团
	独立混成第四旅团
	独立混成第九旅团
	野战重炮兵第二旅团
第十二军	第十二军司令部
	第二十一师团
	第三十二师团
	独立混成第五旅团
	独立混成第六旅团
	独立混成第十旅团
驻蒙军	驻蒙军司令部
	第二十六师团
	独立混成第二旅团
	骑兵集团（骑兵第一，第四旅团）
	第二十七师团
	第三十五师团
	第一一〇师团
	独立混成第一旅团
	独立混成第七旅团
	独立混成第八旅团
	独立混成第十五旅团

——第十一军	第十一军司令部
	第三师团
	第六师团
	第十三师团
	第三十三师团
	第三十四师团
	第三十九师团
	第四〇师团
	第一〇一师团
	第一〇六师团
	独立混成第十四旅团
	野战重炮兵第六旅团

大本营
|
中国派遣军

— 中国派遣军总司令部

— 第十三军　| 第十三军司令部 |
| --- |
| 第十五师团 |
| 第十七师团 |
| 第二十二师团 |
| 第一一六师团 |
| 独立混成第十一旅团 |
| 独立混成第十二旅团 |
| 独立混成第十三旅团 |

— 第二十一军　| 第二十一军司令部 |
| --- |
| 第五师团 |
| 第十八师团 |
| 第三十八师团 |
| 第一〇四师团 |
| 台湾混成旅团 |
| 第一独立步兵队 |

— 第三飞行集团（第一,第三飞行团）

— 关东军

关东军司令部
第三军　| 第三军司令部 |
| --- |
| 第二师团 |
| 第八师团 |
| 第十二师团 |
| 第四独立守备队 |
| 第一国境守备队 |
| 第二国境守备队 |

第四军　| 第四军司令部 |
| --- |
| 第一师团 |
| 第八独立守备队 |
| 第五国境守备队 |
| 第六国境守备队 |
| 第七国境守备队 |

第五军　| 第五军司令部 |
| --- |
| 第十一师团 |
| 第二十四师团 |
| 第六独立守备队 |
| 第三国境守备队 |
| 第四国境守备队 |
| 骑兵第三旅团 |

大本营
｜
中国派遣军
　　　── 中国派遣军总司令部
　　　── 关东军
　　　　　　关东军司令部
　　　　　第六军　　　第六军司令部
　　　　　　　　　　　第二十三师团
　　　　　　　　　　　第八国境守备队

　　　　　　　　第四师团
　　　　　　　　　　　　　　　第七独立守备队
　　　　　　　　　第七师团
　　　　　　　　　珲春驻屯队
　　　　　　　　　第一独立守备队
　　　　　　　　　第二独立守备队
　　　　　　　　　第三独立守备队
　　　　　　　　　第五独立守备队
　　　　　　　　　第九独立守备队
　　　　　　　　　第一战车团
　　　　　　　　　关东军炮兵队
　　　　　　　　　野战重炮兵第三旅团
　　　　　　　　　关东军高射炮队
　　　　　　　　　航空兵团
　　　　　　　　　　　　　航空兵团司令部
　　　　　　　　　　　　　第二飞行集团（第七,第八,第九,飞行团）
　　　　　　　　　　　　　第二飞行团
　　　　　　　　　　　　　第十二飞行团

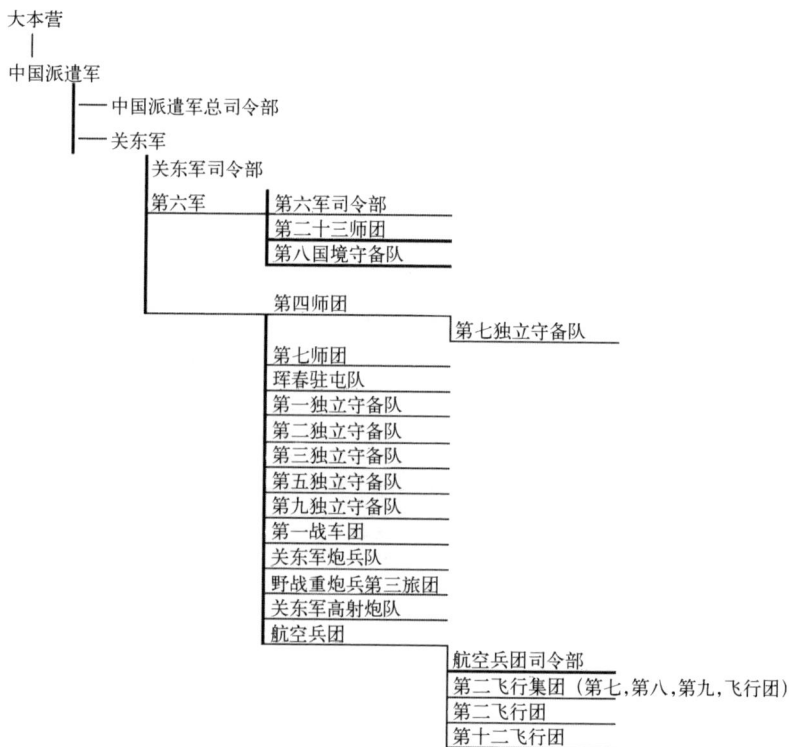

　　　资料来源:防衛庁防衛庁防衛研修所戦史室『戦史叢書:陸海軍年表』、東京:朝雲新聞社、1980 年、472—476 頁。

索　引

后　记

2017 年中旬,北京大学历史学系的臧运祜教授推荐我加入"抗日战争专题研究"项目,令我惊喜万分。当时我恰在关注日本陆军和石原莞尔等陆军中坚军人,且有一些初步的想法。可以通过由南京大学和众多学界大佬组建的如此重要的学术平台来呈现自己的研究成果,真是太幸运了!

我关注这一选题的缘起大约要追溯到 10 年以前。2006 年 10 月,适逢中日两国领导人就启动中日学者之间的共同历史研究达成共识。11 月,两国外长确定基于中日联合声明等三个政治文件的原则及正视历史、面向未来的精神,开展中日共同历史研究。共同研究的中方首席委员是时任中国社会科学院近代史研究所所长的步平先生,因此秘书处也就设在近代史研究所。我当时作为秘书,主要负责项目的事务性工作,因而有幸参与了从 2006 年底共同研究启动到 2010 年结束的三年多时间里的大部分活动。

参加共同研究的中日双方学者都是在相关领域极具影响力的学者,双方的讨论学术气息很浓,既有碰撞又不失礼貌。对基本事实大致能够达成共识,但在一些具体问题上的分歧则寸步不让。比如双方对日本侵华战争的性质都一致认同,但在侵华战争发生的必然性与偶然性问题上展开了激烈交锋。日方学者比较关注侵华战争过程中的具体事件,如九一八事变、卢沟桥事变、"华北分离工作"等,认为引发事变的是一些偶然性因素,强调中日战争的走向存在各种各样的选择和可能性,是日本陆军中的"扩大派"最终选择了扩大战争。

日方学者的观点接近于日本国内普遍存在的一种历史认识,即在反思中日战争时,将战争扩大及至日本战败归结为日本陆军中的某个群体或某几个人的责任。为此,他们通过大量史料去论述事件的细节,考证关东军参谋、驻华日军、日本陆军中央、外务省等在事变发生前后的活动,把战争责任推向事变发生时的当事人,而略过从历史演变过程看事变发生的必然性,从而回避日本国家和天皇的责任。

中日学者之间的学术分歧和思维碰撞,让我在共同研究结束后对日本侵华战争的必然性与偶然性问题仍抱有极大兴趣,并开始关注石原莞尔等日本军人在战争中的作用。在加入"抗日战争专题研究"项目后,我结合读博期间的研究成果,将自己的思考进一步整理,完成了本书的初稿。

2021年,本书最终定稿,虽然还有不尽完善之处,但对我仍具有重要意义——既是我思考和探索抗战史问题的一次小结,也是对我的导师步平先生逝世五周年的一个纪念。由于学力所限,书中研究方法、理论框架等还存在诸多不足,敬祈师友、读者宽容谅解并批评指正。

小书得以忝列"抗日战争专题研究"系列丛书并出版,要特别感谢以南京大学张宪文教授为首的编纂委员会的诸位先生给我提供如此宝贵的机会。感谢江苏人民出版社的资深编辑张晓薇女史,耐心对待作者,以高度的敬业精神,尽最大努力帮助作者完成是项任务。

本书的完成，离不开师友、家人对我的帮助和支持，借此之机也向诸位致以最诚挚的感谢。

首先感谢先师步平教授。他一生为中日关系史研究呕心沥血。老师带我走进研究的大门，向我传道授业，教我为人处世，可惜我还未能交出任何答卷时，他即英年早逝，留下无限惋惜。师恩已然无法回报，唯有将老师作为人生永远的明灯和榜样。

我还要感谢另一位导师李帆教授。李帆教授在步老师去世后悉心指导我完成北京师范大学的博士课程。此外，也感谢师大历史学院其他老师和同学对我的诸多指教和帮助。

中国社会科学院近代史研究所的同仁是我能够完成本书的强大动力。近代史研究所是一个温暖的大家庭，同事之间的关系亦师亦友。入所以来，我一直能感受到同事们的深情厚谊。所里的领导、师长辈为我们后学提供了宽松的环境，我在工作和生活方面都受到他们诸多关爱，老师们对我的写作亦提出很多有益指点。我所在的《抗日战争研究》编辑部的同事们对我的支持尤大，高士华主编在工作上尽可能给予我照顾，并为本书的修改提供了宝贵意见。高莹莹、郭蕾帮助我修改、编辑、校对书稿。王来特替我承担了部分编辑部的工作。我特别感谢刘文楠，她不仅在精神上给予我莫大鼓励，而且从选题、结构框架、内容安排等多方面对我进行了坦率、细致的指点，在书稿定稿阶段仍然不厌其烦地帮我修改。还有多位所同仁在提供史料、翻译摘要等方面对我提供过极大帮助，此处一并致谢！

学界的不少师长、同行也都对我有提携之恩。臧运祜先生在步老师去世后，一直督促、鼓励我前行，是我的另一位恩师。徐勇、徐思彦、杨群、王奇生、黄道炫、仲伟民等诸位老师从日常工作、生活到书稿写作都对我多有提点。史桂芳老师无私地借给我珍贵史料，段瑞聪老师不远万里帮我无偿购买书籍。同门的徐志民师兄和武向平师姐对我极尽爱护之心，代替老师尽心指导我的学业。马思宇博士不计名利，在百忙之中花费大量时间和精力，协助我查找、核对、整理史料。张展博士在日文史料方面给我颇多助力。《军事历史》编辑部的潘宏老师、刘翔鹏老师也给我提供了极具建设性的指正。此外，曾任步老师助手的徐波先生帮助我翻译了部分日文史料。

学界还有很多帮助过我的前辈、师友，在此一并致谢！当然，本书之中所有谬误之处皆为作者一人之过。

最后，谢谢我的家人们的无私付出，对你们的感恩，一切尽在不言中。

2021 年 3 月于北京寓所